高职高专汽车类专业技能型教育教材

汽车售后配件管理

第2版

张 彤 牛雅丽 编著

机械工业出版社

《汽车售后配件管理》旨在以供应链的视角解析汽车售后配件供应链的运行规律，运用供应链管理思想研究汽车售后配件管理问题，构建了一套比较完整的汽车售后配件管理体系。《汽车售后配件管理》共 10 章，包括绪论、汽车售后配件管理概述、汽车售后配件采购管理、汽车售后配件库存控制、汽车售后配件仓储管理、汽车售后配件配送管理、汽车售后配件销售管理、汽车售后配件的售后服务、汽车售后配件信息管理、汽车售后配件供应链绩效评价。

本书是作者多年教学、培训的积累和科研成果的结晶，也是对业界专家、学者和企业家研究与创新的总结。本书写作视角具有前瞻性，体系完整且规范，内容丰富且实用，可作为汽车营销与服务、汽车检测与维修、物流等专业的教材，也可作为业界研究者、管理者、培训者的参考书籍。

图书在版编目（CIP）数据

汽车售后配件管理/张彤，牛雅丽编著. —2 版. —北京：机械工业出版社，2016.7（2025.4 重印）

高职高专汽车类专业技能型教育教材

ISBN 978-7-111-53924-7

Ⅰ.①汽⋯ Ⅱ.①张⋯②牛⋯ Ⅲ.①汽车 – 配件 – 销售管理 – 高等职业教育 – 教材 Ⅳ.①F766

中国版本图书馆 CIP 数据核字（2016）第 117542 号

机械工业出版社（北京市百万庄大街 22 号 邮政编码 100037）
策划编辑：连景岩 杜凡如 责任编辑：连景岩 杜凡如 孟晓琳
责任校对：薛 娜   封面设计：鞠 杨
责任印制：刘 媛
涿州市般润文化传播有限公司印刷
2025 年 4 月第 2 版第 6 次印刷
184mm×260mm · 17.75 印张 · 365 千字
标准书号：ISBN 978-7-111-53924-7
定价：45.00 元

电话服务   网络服务
客服电话：010-88361066   机 工 官 网：www.cmpbook.com
          010-88379833   机 工 官 博：weibo.com/cmp1952
          010-68326294   金 书 网：www.golden-book.com
封底无防伪标均为盗版   机工教育服务网：www.cmpedu.com

第 2 版前言

《汽车售后配件管理》第 1 版是 2011 年 1 月出版的，距今已经过去整整 5 年了。

近 5 年，国内外汽车产业的外部环境发生了巨大变化，市场竞争激烈、产能过剩、汽车产销量下滑、价格下降、利润减少。整个汽车产业链的利润点不断缩小，并不断地向两端移动，从汽车服务市场挖掘利润已经成为业内的共识，汽车售后配件依然是汽车产业链上的利润增长点。伴随着信息技术和电子商务的崛起，以及消费者的需求变化，汽车售后配件管理模式和经营模式都发生了巨大的变化，汽车售后配件管理逐步从单一的汽车配件企业管理向汽车售后供应链一体化管理过渡，汽车售后配件经营模式从传统的"四位一体"向连锁经营、网络经营模式转变。近 5 年汽车售后服务理论和供应链管理理论都取得了突破性进展。正是这些变化，促使我们对《汽车售后配件管理》第 1 版进行修订。

第 2 版的修订是在第 1 版的基础上，借鉴和总结了最新研究成果和优秀企业实践，以供应链的视角解析汽车售后配件供应链运行规律，运用供应链管理的思想研究汽车售后配件管理问题，构建了一套比较完整的汽车售后配件管理体系。本书共 10 章，包括绪论、汽车售后配件管理概述、汽车售后配件采购管理、汽车售后配件库存控制、汽车售后配件仓储管理、汽车售后配件配送管理、汽车售后配件销售管理、汽车售后配件的售后服务、汽车售后配件信息管理、汽车售后配件供应链绩效评价。

第 2 版的修订更加注重体系结构的完整性，更能体现理论的前沿性，反映汽车售后配件管理的发展趋势，因此增加了绪论和汽车售后配件供应链绩效评价两章内容，更新了每章的案例，增加了延伸阅读。第 2 版修订工作由北京电子科技职业学院张彤和牛雅丽两人完成，张彤负责修订第 2~6 章，并编写第 1 章和第 10 章，牛雅丽负责修订第 7~9 章，张彤负责全书架构设计和编写体例设计，对全书进行了修改和统稿。

本书是作者多年教学、科研、培训的积累和研究成果的结晶，也是对业界专家、学者和企业家研究与创新的总结。本书写作视角具有前瞻性，体系完整且规范，内容丰富且实用，可作为高职汽车营销与服务、汽车检测与维修、物流等专业的教材，也可作为业界研究者、管理者、培训者的参考书籍。

在写作过程中，作者引用了诸多第三方的数据、资料和图片，在脚注和参考文献中尽可能详尽地提出了文献资料的来源，如有疏漏敬请谅解，在此向所引用资料的原作者表示诚挚的敬意和由衷的感谢；本书还得到了北京远华天地科技有限公司、机械工业出版社的大力支持，在此一并表示衷心感谢。

由于作者水平有限，加上汽车售后配件管理是一个多学科交叉的领域，对它的认识与研究还在不断地深入，因此书中难免会出现不足之处，希望业内专家和广大读者批评指正。

张彤

第1版前言

随着我国汽车保有量的迅速增长，衍生出一个庞大的汽车服务市场，汽车服务市场的利润相当可观。根据汽车发达国家的经验，汽车服务市场的利润可占整个汽车产业利润的60%~70%。在汽车服务市场中，售后配件业务占据汽车厂商10%的收入和30%的利润，以及经销商12%的收入和48%的利润，在整车利润空间受到挤压的情况下，汽车售后配件将成为汽车产业链上的一个新的利润增长点。

《汽车售后配件管理》是从供应链的视角研究汽车售后配件管理问题，在理论上具有创新性。同时以供应链的理论为基础，按照汽车售后配件物流的各个环节设计实训项目，对汽车配件生产和经营企业具有实际指导意义。

本教材的特色：

1. 本教材的编写理念：本教材在编写过程中融入了课程教学设计的理念，以学生为主体，以教师为主导，以培养学生的职业能力和创新能力为目标。理论教学与技能训练相结合，理论教学中所教授的理论以"够用"为度，技能训练按照汽车后市场中配件管理与销售岗位群的技能要求设计。旨在通过理论学习和技能训练，达到学以致用、强化技能培养的目的。

2. 本教材的结构框架：本教材以汽车售后配件供应链为主线，根据汽车售后配件管理的各个环节设计了采购管理、库存控制、仓储管理、配送管理、销售管理、售后服务、信息管理等学习项目，在整体结构上具有系统性，每个学习项目又是相对独立的，因此这种系统性和模块化相结合的教材结构，便于不同专业、不同实训条件、不同教学时数的学校剪裁使用。

3. 本教材的内容要素：教材内容精选学生在职业岗位上有用的基础理论和基础知识，融入汽车配件管理中的新观念、新制度、新方法，突出实用性和新颖性。加强"案例分析"和"实训项目"，引导学生在"做"中"学"，培养学生运用知识能力。

4. 本教材学习项目的设计：本教材以汽车售后配件供应链为主线，设计了若干个学习项目，每个学习项目的设计力求完整、清晰，便于教师和学生使用。每个项目都涵盖了学习目标、导读、学习单元、知识拓展、学习总结、思考与练习、案例分析、实训项目的内容。学习目标明确提出了知识目标和能力目标；导读是引导学生对将要学习的内容建立总体的认识；学习单元是介绍达到学习目标所需要掌握的基本知识和基本技能；拓展知识是围绕本学习项目的主体内容展开介绍一些相关知识，帮助学生拓宽思路，培养学生从多角度分析和解决问题的能力；学习总结是帮助学生对学习的知识和技能进行提炼，与导读部分相呼应；思考与练习帮助学生对学习成果的检验；案例分析是对学生进行的思维训练，要求学生用所学的知识去分析实际问题，提出解决方案；实训项目是对学生进行的技能训练，通过实践训练，使学生具备从事汽车配件管理和销售工作的基本素质和技能。

本书由北京电子科技职业学院张彤和牛雅丽共同编写，其中张彤负责编写学习项目一、学习项目二、学习项目三、学习项目四、学习项目五和"汽车售后配件供应链的关键绩效指标"；牛雅丽负责编写学习项目六、学习项目七和学习项目八；张彤负责拟定编写大纲，并对全书进行了修改和统稿。

在本书编写过程中，编者参阅了大量国内外公开发表和出版的文献资料，谨向原著作者表示诚挚的敬意和由衷的感谢。同时还得到了沈阳敏捷科技有限公司的大力支持，在此表示衷心的感谢。

由于供应链管理理论是新兴的理论，将供应链管理理论应用于汽车售后配件管理中在我国还刚刚起步，还面临着许多的困难，需要不断完善。汽车售后配件管理是一门跨专业的学科，需要具备管理知识、汽车技术等多学科的知识。目前我国汽车服务市场正在快速发展，新的服务理念和服务方式都会渗透到汽车售后配件管理中。加之编者的理论水平和实践经验有限，书中难免有不足之处，恳请各位专家和读者批评指正，以便我们不断完善。

编　者

目　录

第1章 绪 论

· **本章导读** ·

　　我国汽车连续六年产销量位居全球第一，成为名副其实的汽车大国。在汽车产业受到成本和价格的双重挤压下，利润不断下滑。因此从汽车售后服务中挖掘利润，寻找汽车产业新的增长点，已成为汽车行业的共识。本章将介绍我国汽车工业的发展及其趋势，汽车售后服务业的基本内容和特点，以及国内外汽车售后服务业和汽车售后配件市场的发展历程和未来发展趋势。

1.1 我国汽车产业的发展状况及其趋势

　　在中国制造业行业之中，汽车制造业占有重要地位。汽车制造产业关联性较强，其发展能带动大量上下游产业共同发展，并且汽车制造业技术含量较高，汽车制造业的发达程度在一定程度上代表着一个国家的制造业发达程度。

　　从中国第一汽车制造厂奠基算起，我国汽车工业已经走过60余年。从无到有，从小到大，我国汽车工业伴随着新中国一起成长。我国汽车工业从步履蹒跚到大踏步迈进，成为世界第一汽车制造大国，走出了一条独特的发展道路。

1.1.1 我国汽车产业发展现状

　　我国汽车工业发展迅速，汽车产销量已连续六年排名世界第一，且产量还在逐步增加。中国虽然已经成为世界汽车大国，但是与汽车强国相比还有很大的差距。随着国际化程度不断提高，跨国车企加快了在华产业布局，为我国汽车产业带来先进制造技术的同时，也加剧了国内汽车产业的竞争。

　　1. 汽车产销量逐年增加，已成为世界汽车制造大国

　　据中国汽车工业协会发布数据，2014 年我国汽车生产 2372.29 万辆，同比增长 7.26%，销售 2349.19 万辆，同比增长 6.86%。自 2009 年以来产销量连续六年蝉联全球第一。中国在全球汽车制造业的市场份额已经从 2000 年的 3.8% 提高至 2014 年的 27.4%，是名副其实的世界汽车制造大国。

　　2000—2014 年我国汽车产销量以及占全球汽车总销量比例情况如表 1-1 所示。

　　2. 汽车产业已成为国民经济重要的支柱产业

　　由于汽车工业产业链长、覆盖面广、上下游关联产业众多，对国民经济的支撑和拉动效应明显。随着我国汽车工业持续快速地发展，其在国民经济中的重要性不断提升，成为支撑

表1-1 2000—2014年我国汽车产销量以及占世界总销量比重

年份	产量			销量		
	中国汽车产量/万辆	世界汽车产量/万辆	中国占世界汽车总产量比例（%）	中国汽车销量/万辆	世界汽车销量/万辆	中国占世界汽车总销量比例（%）
2000	207	5759	4.2	209	5430	3.8
2001	233	5577	5.5	237	5259	5.5
2002	325	5878	5.5	325	5763	5.6
2003	444	6058	7.3	439	5964	7.4
2004	507	6450	7.9	507	6403	7.9
2005	571	6655	8.6	576	6540	8.6
2006	728	6922	10.5	722	6800	10.4
2007	888	7327	12.1	879	7120	12.2
2008	935	7053	13.3	934	6810	15.1
2009	1379	6170	22.4	1364	6540	25.0
2010	1826	7761	23.5	1806	7460	24.2
2011	1842	7999	22.99	1851	7790	23.8
2012	1927	8414	22.90	1931	8170	23.6
2013	2212	8730	25.34	2198	8539	25.74
2014	2372	9072	26.15	2349	8625	27.4

数据来源：2000—2009年的数据来源于《中国汽车产业发展报告》（2010年）

2010—2013年的数据来源于《中国汽车产业发展报告》（2014年）

2014年的数据来源于中国报告网（www.chinabaogao.com）

和拉动我国经济持续快速增长的主导产业之一。

（1）汽车产业增加值在GDP中所占比重日益攀升。汽车工业增加值在全国GDP中所占比重由1990年的0.65%上升到2013年的1.66%，年均增速1.35%。

2000—2013年我国汽车工业增加值以及占GDP比重如表1-2所示。

表1-2 2000—2013年我国汽车工业增加值以及占GDP比重

年份	汽车工业增加值/亿元	占GDP比重（%）	年份	汽车工业增加值/亿元	占GDP比重（%）
2000	864.06	0.87	2007	4141.4	1.66
2001	1055.6	1.08	2008	4104.1	1.36
2002	1518.8	1.44	2009	5378.9	1.58
2003	2153.4	1.83	2010	6759.7	1.69
2004	2187.8	1.60	2011	7451.7	1.58
2005	2209.9	1.20	2012	7940.4	1.53
2006	3362.7	1.61	2013	6927.8	1.66

数据来源：2000—2013年的数据来源于《中国汽车产业发展报告》（2014年）

（2）汽车产业的发展带动了上下游关联产业的发展。汽车产业具有产业关联度高、规模效益明显的特点，对关联产业具有很强的拉动作用。从汽车产业链的角度来看，一个汽车产业往往会带动100多个产业的发展。其上游可以拉动钢铁、机械、橡胶、有色金属、石油、电子、纺织等产业的发展，下游可带动销售、维修、金融、保险、租赁、培训、加油、餐饮等众多服务业的发展。《中国汽车产业发展报告》（2015年）指出，汽车制造业每增值

1元，可以带动上下游关联企业增值2.64元。汽车关联产业工业增加值占GDP比重达到8.7%。随着产业链条不断完善和相关产业的发展，我国汽车产业对关联产业的拉动作用会越来越明显。

（3）汽车产业的发展带动就业。据国家信息中心分析，汽车产业与相关产业的就业比例关系为1:7，即汽车产业每增加1个工作岗位，就可以带动相关产业增加7个就业岗位。目前汽车制造业汽车工业及关联产业就业人数超过4000万人，占全国城镇劳动人口比重约为10%。

（4）汽车产业对消费的拉动作用十分明显。2014年汽车行业累计实现营业收入31043.48亿元，同比增长10.4%。汽车消费占全社会消费品零售总额高达11.3%。

3. 汽车市场中的大型汽车企业占有主导地位

大型汽车企业在汽车市场中占据市场优势地位，引领车市发展。据中汽协会行业信息部2014年汽车销售数据，2014年汽车企业销量前十家生产企业总销量已达2107.66万辆，占全年总汽车销售量的89.72%，市场集中度进一步提高。如表1-3所示。

表1-3　2014年汽车分车型前十家生产企业销量排名

排名	汽车（按集团）		乘用车		商用车	
	企业名称	销量/万辆	企业名称	销量/万辆	企业名称	销量/万辆
1	上汽	558.37	一汽大众	178.09	北汽福田	54.79
2	东风	380.25	上海大众	172.50	东风公司	50.02
3	一汽	308.61	上海通用	172.39	金杯股份	28.38
4	长安	254.78	上海通用五菱	158.64	江淮	25.87
5	北汽	240.09	北京现代	112.00	江铃	24.88
6	广汽	117.23	重庆长安	97.33	一汽	23.38
7	华晨	80.17	东风日产	95.42	上海通用五菱	21.95
8	长城	73.08	长安福特	80.60	重汽	17.61
9	奇瑞	48.61	神龙	70.40	重庆长安	13.88
10	江淮	46.47	东风悦达	64.60	长城	11.83
合计		2107.66		1201.97		272.59
所占比重（%）		89.72		61.06		71.90

数据来源：《中国汽车产业发展报告》（2015年）。

4. 汽车市场乘用车保持增长，SUV增速较高

国民经济稳定发展，居民收入水平及购买力提高，新增购车需求与换购需求得以释放，进一步推动了汽车市场的增长。在中国私人汽车拥有量不断增加的情况下，乘用车占比持续增长。2014年乘用车主体地位进一步巩固，市场份额达到83.9%。

因消费者习惯变化引起的新一轮购车刺激了汽车消费。趋于年轻化、多元化、个性化的消费升级，加上良好的市场环境、相对宽松的政策环境以及企业加大研发投入等因素，使SUV保持了持续较高的增速。2014年SUV的销售量超过了400万辆，与轿车销量的比例达到1:3，同比增加26.7%。

5. 中国品牌汽车市场份额继续下降

受市场竞争加剧、产品竞争力较弱等因素的影响，中国品牌汽车企业销量增速降低，发展形势严峻。2014 年中国品牌汽车销售 1137 万辆，其中，中国品牌的乘用车共销售 757.33 万辆，同比增长 4.1%，占乘用车销售总量的 38.4%，占有率比上年下降 2.14 个百分点，降幅较上年进一步扩大。中国品牌的轿车销售量下降幅度较大，中国品牌的轿车共销售 277.44 万辆，同比下降 17.4%，市场占有率同比下降 5.55 个百分点。2014 年销售量排名前十位的均为外国品牌，已经连续三年没有中国品牌。中国品牌与外国品牌的差距仍然很大，中国品牌的未来发展依然任重道远。

6. 汽车出口继续回落，进口持续增长

2014 年我国汽车出口 91.04 万辆，同比下降 6.9%。目前汽车产品出口依然面临着技术、法规、贸易保护主义等壁垒，很难进入欧美发达国家市场。由于受到国际市场竞争加剧、人民币升值而日韩货币贬值等因素的影响，导致我国汽车出口下滑。目前，我国出口前三位的企业为奇瑞汽车、吉利汽车、上汽集团。

与出口低迷形成对比，汽车进口呈现出快速增长的势头。2014 年汽车整车累计进口 142.3 万辆，同比增长 21.6%，继 2011 年以来，连续四年进口量保持在百万辆规模。从进口汽车产品结构来看，SUV 是进口车市场上绝对的主导车型，市场份额从 2013 年的 61.9% 增加到 63.3%，且保持着高增速，轿车和 MPV 也实现了较快的增长，仍然是需求量最大的汽车产品。

1.1.2　我国汽车工业的发展趋势

中国汽车产业是世界汽车产业重要的组成部分，未来十年是中国汽车产业的黄金期，汽车产业已经完成了从小到大的发展过程，正在逐步实现由弱到强的巨大跨越，全球汽车工业将向中国和一些新兴经济体进一步转移，这对中国汽车工业来说仍是非常难得的历史机遇。目前，中国汽车市场不仅发展快，而且汽车消费需求变化也快，这对于中国汽车产业来说，将迎来下一个黄金十年，自主品牌将完成从"中国制造"到"中国创造"的发展过程。

1. 国内汽车增长快，潜力巨大，乘用车市场仍将继续扩大

按照目前的一个大环境来说，我国仍将处于工业化和城镇化同步加速发展的阶段，国内生产总值和居民收入将持续增长，国家也将继续出台有利于扩大内需的各项政策，加之二、三线城市及农村市场的汽车需求增加，预计我国汽车消费市场将进一步扩大。

2. 我国将逐步由汽车制造大国向制造强国转变

我国汽车产业一直居于"大而不强"的地位，但是，近年来具有国际竞争力的国内知名汽车企业逐渐涌现，汽车生产核心技术和新技术逐渐为国内企业所掌握，出口规模逐年扩大，我国已经具备了向汽车制造国转变的基础。随着整车及汽车零部件支持政策的陆续颁布，未来行业的发展重点着重体现在加强自主品牌企业技术开发力度；鼓励提高研发能力和技术创新能力；积极开发具有自主知识产权的产品和实施品牌经营战略。未来自主品牌汽车产品所占的市场份额可望逐步扩大，技术实力也会迅速提升，中国的汽车市场将逐步由汽车制造大国向制造强国转变。

3. 节能环保、新能源汽车是我国汽车发展的主要方向

我国汽车保有量大幅上升，对资源的需求急剧增加，同时造成的空气污染也日益严重。受益于节能环保政策的推出，未来节能环保、新能源汽车及相关零部件行业将是新的投资增长点，也是未来汽车工业的发展方向。

在现有产业结构、能源结构的背景下，鼓励低能耗、小排量汽车的生产和消费已成为汽车工业节能减排的有效途径。

4. 产业结构调整将进一步深化

我国汽车产业结构问题突出，未来产业结构的调整将进一步深化。需大力推进跨区域兼并重组，以进一步调整产业组织结构；需提高小排量汽车比重和大力发展节能与新能源汽车，以进一步优化产品结构；需大力提高核心零部件国产化的比重，以进一步促进零部件与整车的协调发展和提升行业整体竞争力；需进一步调整汽车消费城乡二元结构，大力开拓农村汽车市场。

5. 我国汽车市场在全球地位越来越突出

随着我国汽车产销量的逐年增加，我国汽车工业在全球汽车市场的地位发生实质性变化，跨国公司在中国的产量占其总产量的比重越来越高；中国成为其利润的重要来源地和增长地，对跨国公司在中国的战略决策机制将产生显著影响。跨国公司将会从产品研发开始注入更多的中国元素，未来还将针对中国市场专门开发新型汽车产品。

1.2 汽车售后服务业的发展

随着汽车数量的不断增加，汽车后市场需求也随之增大。汽车售后服务业作为汽车后市场的主要业务，不仅占据了汽车市场的重要利润源，而且其发展程度也代表了一个国家汽车市场的发展水平。

1.2.1 汽车售后服务的概念

汽车售后服务就是指消费者从购车起在该车上所有花费引起的商机，包括金融服务、汽车美容、车内装饰或改装、维修保养、事故救援、事故保险、索赔咨询、旧车转让与废车回收等活动。

1.2.2 汽车售后服务的特点

汽车售后服务需要贴近消费者，因此汽车售后服务往往服务点众多，遍布广泛，而且汽车售后服务内部分工细致，服务类型多样。汽车售后服务业经过一段较长时间的发展，已经逐步形成了其自身特点并区别于其他行业。

1. 涉及范围广泛，产业链较复杂

汽车的消费与其他商品的消费存在不同，一旦消费者购买了汽车，就需要定期地加油、保养、保险、维修以及缴纳各种费用，直到汽车报废、解体，其消费支出是以连续甚至持续的方式支付的，因此根据汽车消费的这个特点，汽车售后服务业涉及的范围相当广泛，其产业链与其他行业相比也比较复杂。

2. 重复使用与多次出售并行

在汽车产业的利润构成中，汽车售后服务业已超越汽车制造业，成为汽车产业利润的主要来源。这种现象与消费者对汽车售后服务业需求的快速增加有关，但作为汽车商品购买活动，往往是在固定的销售店面被消费者购买，体现了一次性的特点，而汽车售后服务作为消费品在使用过程中出现的服务，则在不同时间点被顾客重复使用与购买。

3. 具有较高的利润空间和弹性

由于汽车售后服务具有可以被消费者重复使用和购买的特点，使服务供应者可以多次对汽车服务消费者索价，同时服务具有一定的差异性，服务提供者可以利用自己垄断性的服务，在与消费者的讨价还价中索取高价，正是由于这个特定的索价机制，保证了汽车售后服务业具有较高的利润空间。

4. 既是产业链的终端又与始端有着密切的联系

汽车售后服务业一般处于汽车产业链的末端，作为联系汽车生产者与使用者的纽带，在信息沟通上具有一定的优势，保证汽车服务提供者在从生产者处获得利润反馈的同时又可以向消费者收取服务费用，从而维持汽车售后服务业的价格标准。

1.2.3 汽车售后服务在汽车产业中的地位和作用

随着汽车市场的逐渐成熟，汽车产业的生产和销售利润率逐渐降低，售后服务利润率逐步提高。这也与整个社会高利润率由第二产业转为第三产业的情况相符。汽车售后服务在汽车产业中地位凸显，也可以从以下几点看出：

1. 汽车售后服务是汽车工业的重要利润来源

国际著名咨询公司麦肯锡的研究结果显示，从销售额看，在成熟的汽车市场中，生产商仅占21%，配件占39%，零售占7%，服务占33%。在美国，汽车售后服务业被誉为"黄金产业"；在欧洲，汽车售后服务业也是汽车产业获利的主要来源。从销售利润看，国外汽车销售市场50%~60%的利润是在服务业中产生的。

2. 汽车售后服务市场是衡量汽车产业水平的重要指标

一个国家和地区的汽车市场是否发达，主要看两个市场，一是销售市场，二是售后服务市场。在汽车市场和消费者市场逐渐成熟的形势下，售后服务市场的地位就显得越来越重要。可以说，在整个汽车产业链中，汽车售后服务维修保养是市场竞争中最重要的环节之一。

3. 汽车售后服务是车企品牌的竞争热点

汽车售后服务已经成为当今乃至未来汽车企业扩大市场销售、占领市场份额和提高市场竞争力的新热点。而且，消费者已把一个企业的售后服务质量作为判断其产品可信度的首要条件，这种市场变化促使汽车企业将产品的售后服务问题提升到当前市场工作的首要高度。

1.2.4 国外汽车售后服务业的发展

汽车售后服务市场于20世纪30年代初在英美等国起步，随着汽车产业飞速发展，售后服务市场也随之日益壮大并逐渐走向成熟。目前国际上汽车售后服务主要有两种经营模式："四位一体"和"连锁经营"。

1. "四位一体"经营模式

"四位一体"就是将整车销售（sale）、零件供应（spare-part）、售后服务（service）、信息反馈（survey）（简称"4S"）这四大功能整合在一家售后服务提供商内部，由该服务提供商向消费者提供系统的售后服务。这种经营模式可以为消费者提供从销售到售后服务等一系列方便快捷的一站式服务。

"四位一体"经营模式起源于欧洲。欧洲的城市密布，城市间距离短，交通便利，汽车工业发达，各种服务设施完备。汽车保有结构方面的特点是车型集中，每种车型有较大的保有量。仅以德国为例，人口8100万，汽车拥有量5000万辆，其中轿车4200万辆，品牌多集中在欧洲本土生产的大众、奔驰、宝马等汽车集团旗下，故"四位一体"的经营模式得以存在和发展。

2. 连锁经营模式

连锁经营模式以美国为代表。汽车连锁服务在美国兴起的时间并不长，但在最近20多年时间里迅速发展起来。连锁的发起者不是整车厂，而是定位于汽车售后市场的集汽配供应、汽车维修、快速养护为一体的综合性服务商。目前，在美国超过500家连锁店的零配件公司有近20家，如NAPA、Auto Zone、Pep Boys等就是汽配连锁业的代表。它们的配件销量占美国汽配市场的70%，它们旗下的汽车养护中心已超过13 000家。

这种模式的优点是消费者能享受到一条龙的售后服务，比如汽车配件、维修、保养、汽车美容等，而且整合了各品牌汽车零配件的资源，打破了纵向的垄断，品种齐全，价格透明。在价格服务透明化的基础上，提供汽车保养、维修、快修、美容和零配件供应一条龙服务，车主可以一站式解决问题。

1.2.5 我国汽车售后服务业的发展

1. 我国汽车售后服务业的基本状况

随着竞争的不断深入，"买车 = 买服务"，已经得到越来越多的消费者的认可，只有开展良好的售后服务，厂家和消费者才能获得"双赢"。

虽然我国汽车产业发展已经经历了几十年的历史，但与发展时间更长的国外汽车行业发展历程相比，还有很大的差距。

（1）起步晚，基础薄弱 与国际汽车服务业相比，在我国汽车开始起步的时期，外国汽车工业已经开始走向成熟稳定的时期。汽车服务业随之起步的时期，国际汽车服务业已经形成了完备的理论体系和成熟的经营理念，相比之下，两者的差距十分明显。以改革开放为参考点，我国汽车市场是属于比较主动的卖方市场，用户对服务抱很大的期望；我国汽车服务市场封闭了很长时间，没有自由的竞争环境，使得整个行业发展缓慢。

（2）服务理念尚未深入普及 与国外汽车服务行业相比，目前我国汽车行业服务理念的落后是最大的差距。"以人为本，顾客至上"和全面实施用户满意等先进的服务理念，在我国汽车服务业内还只是停留在纸面上，没有使这些理念真正地深入人心，未能真正地体现在实际工作中。尽管在这个行业内大家都在争取与国际接轨，都在引入国际上先进的服务理念，但在实际上还是流于表面。很多厂商只重视生产，轻视服务，对汽车的售后服务投入不够；经销商往往只看到眼前的利益，忽视了在售后服务等方面的投入，没有真正发掘汽车后市场这个利润增长点，可以说是丢掉了一块大蛋糕。

（3）从业人员整体专业素养水平低 针对汽车这种技术密集型的产品，对从业人员有着相当高的要求，特别是技术方面的要求。在我国从事汽车维修行业的从业人员，很多情况下是采用师傅带徒弟这样的模式来传承技艺的，没有经过专业的培训，尽管最近几年，国内很多中高级技术学校继继开设了汽车维修的相关专业课程，但是即使这样，目前汽车服务业的从业人员技术水平还是没有得到显著的提高。整个行业的综合素质偏低，导致服务整体水平很难提高。

（4）技术水准有待提高。这里的技术行业指的是服务企业的硬件设施和技术设备，我国汽车服务业的技术水平还未能完全跟上汽车技术的发展速度，不能保证维修服务的质量。

总之，我国汽车服务业还存在许多不足之处，还需要借鉴发达国家的成功经验，认清自己的不足，取长补短，再结合自身情况，不断完善，缩小差距。

2. 我国汽车售后服务业的主要经营模式

目前，国内汽车售后服务业主要有五种模式：3S/4S店（特约维修站）、传统大中型维修企业、路边维修店、专项维修店、快修连锁店。

（1）3S/4S店（特约维修站）是整车生产厂商主导的非独立渠道，零配件主要通过整车厂商的销售部门直接到达3S/4S店或是特约维修站，少部分也会走分销渠道。这类渠道目前从数量上只占总数的10%，但由于依靠汽车生产厂家，所以销售规模较大，占了52%的市场份额。3S/4S店或是特约维修站整体形象好，服务系统周到、专业，人员素质高，管理系统流程化；维修、配件质量有保障，有整车厂商的支持和监督；但其投资成本高，服务费昂贵，维修车型单一，除大修外，留住常客有难度。同时地理位置有一定局限性，为了节省土地成本，地点一般位于近郊地区。

（2）传统大中型维修企业存在的时间比较长，厂房面积大，设备多，维修人员经验丰富。但投资成本高，服务收费高，环境不好，服务时间长，机制不够灵活。企业和保险公司通常有较好的合作关系。

（3）路边维修店的规模小，店面占地少，投资低，多为临时经营性质。相比以上两种模式，路边店维修人员少，且素质低，技术水平相对落后；产品来源无法确认，维修质量难以保证，整体形象差。但路边维修店的地理位置往往方便停车保养维修，并且收费低，常规服务反应快。

（4）专项维修店都有至少一项技术专长，形象不错，服务快捷。这类维修店投资低，场地及人员要求不高；专项维修技术高；专项服务规范化、系统化，质量有保证；服务项目比较单一。

（5）快修连锁店依托强势品牌，形象好；连锁企业网点多，且靠近车主活动区域；投资适中，人员及场地的要求一般；通常有统一服务和收费规范、服务质量的承诺；企业也存在维修水平良莠不齐的现象。

1.3 汽车售后配件市场的发展

汽车零部件行业的发展状况主要取决于下游整车市场和服务维修市场的发展，汽车保有量的迅速上升催生了一大批零部件生产企业，与各大车企在幕前的激烈竞争一样，属于汽车行业后市场的零部件市场竞争同样火热。

1.3.1 汽车售后配件市场的特点

发展程度不同的汽车市场造就了不同模式的汽车售后配件市场，综合来看，汽车售后配件市场仍存在一些共性。

1. 需求稳定

售后市场的汽车零部件需求主要来自于汽车维修保养的需要，具有刚性和重复性消费的特征，通常不会萎缩，受经济周期影响较小。

2. 以多品种、小批量为主

由于社会在用车型繁多，加之消费者越来越追求时尚化、个性化消费，各种形式的加装和改装行为日益普及，使售后市场的零部件需求呈现明显的多品种、小批量特征，要求零部件供应商具备独特的设计能力、创新能力和快速反应能力。

3. 市场集中度相对较低

尽管售后市场与配套市场的零部件在车型品种和技术条件（参数）方面完全相同，但对于维修所用零部件，售后市场的消费者可以根据自己的喜好、汽车受损程度以及需要维修的项目等情况进行不同性价比方案的选择，因而出售的零部件并不等齐划一，不限于配套厂件，更大量的是非配套厂件，包括进口件、通用件等。这为不同类型的汽车零部件制造商提供了生存和发展空间，市场集中度相对较低。

4. 流通环节较多，大型汽车零部件流通商具有较大影响力

在成熟市场，大型汽车零部件连锁经销商或批发商，依靠其庞大的连锁经销体系和仓储、配送能力，形成对一定区域市场的覆盖，产生较大影响，成为售后市场的最重要买家。在出口市场，零部件供应商一般通过贸易商进入到国外售后市场中的大型流通商所覆盖的市场，因此，如果零部件供应商能进入排名前列的汽车零部件连锁经销商或批发商中，如 Auto Zone、NAPA 等，将会在很大程度上开拓其销售范围，增强盈利能力。

1.3.2 国外汽车售后配件市场的发展

1. 美国汽车售后配件市场

美国汽车售后配件市场经过了几十年的发展，已发展成为比较成熟的市场。据统计，美国汽车零配件市场的年销售额大约占全球市场的 1/6。美国汽车售后配件市场具有以下几个特点。

1）汽车使用年限变长，汽车后市场发展稳定。自经济危机以来，平均汽车使用年限不断上升。根据 ACA（Auto Care Association，原美国 AAIA）数据，美国汽车平均使用年限已达到 11.4 年，持续上涨的汽车使用年限对汽车后服务市场起到了推动作用，尤其是对汽配维修产业。根据 ACA 的《Fact-book 2015》预测，美国汽车后市场总额在 2017 达到 3625.9 亿美元，年均复合增长率为 3.4%。

2）美国汽车汽配维修市场以独立厂商为主。美国的汽配维修市场以独立厂商为主，占据全部市场的 80%，比较知名的独立汽配修理的厂商有 Auto Zone、Advanced Auto Parts、O'Reilly 以及 Genuine Parts（NAPA），占据全行业约 30% 的份额。汽车销售商占据汽车后市场 20% 左右的份额，其市场份额主要来自于汽车保修期内的维修和养护。

3）DIY 市场逐步萎缩，DIFM 市场高速增长。DIY（Do It Yourself）是顾客购买配件自行维护和安装，DIFM（Do It for Me）是顾客购买配件，由汽修厂商进行维护和安装。近年来，美国的 DIY 市场逐步萎缩，DIFM 市场持续升温。根据 ACA 提供的数据，DIFM 占全部汽车后市场份额的 87%。随着汽车结构越来越复杂，客户更多地依靠汽修厂来完成维修和保养。目前美国主要的四大汽配零售商还在混业经营，同时提供 DIY 和 DIFM 服务。由于

DIFM 市场的持续增长，各方都在积极布局 DIFM 市场。Advanced Auto Parts 于 2013 年收购了 GPII 公司，使其成为 DIFM 市场最大的零售商。Auto Zone 积极布局供应链体系，以便在未来两年内将现有的 DIY 客户平稳导入到 DIFM 市场。

2. 欧洲汽车售后配件市场

欧洲售后配件市场以德国的平行式供应体系为代表，即整车厂商与汽车配件厂商各自平行发展，其配件厂商独立性较强，相互间保持着相对自由的企业关系。欧洲的汽车配件市场比较有序，其分销渠道主要以汽车生产企业为中心，形成了一级批发网点、二级批发网点、零售网点。一级批发网店点主要包括：整车厂售后部门、零售分销商和快修集中管理部门；二级批发网点包括：特许经销商和配件批发商；零售网点包括：特许经销商、独立维修站、车身车间、加油站（超市）与快修店等。

3. 日本汽车售后配件市场

日本也是世界最重要的汽车消费市场，日本汽车售后服务系统很封闭，非独立的售后服务体系占有重要地位。日本汽车保有量约为 8000 万辆，汽车零部件售后服务市场规模小于美国和欧洲。日本政府有严格的车检制度，要求车辆的大量车检项目必须到 4S 店完成。与严格的车检政策相关，日本的汽车配件售后服务市场呈现出如下特点：汽车配件售后服务市场密集，主要以整车厂的特约维修店为主体，平均每个维修店为 710 辆车服务，所使用的汽车配件 80% 以上是 OEM 产品。

1.3.3 我国汽车售后配件市场

1. 我国汽车售后配件市场发展历程

20 世纪 80 年代末至 90 年代，我国汽车零部件市场呈现出供不应求的状态。市场上主要以进口汽车原厂零件为主，零件销售商主要以特约、授权的形式，进行进口、批发、零售。2000 年之后，中国汽车零部件市场呈现出供需平衡的状态。市场上存在合资汽车品牌的原厂零件、正包、下线甚至假冒原厂的零件，形成以"4S 店专供"为代表的销售体系，合资车型呈现百花齐放的局面，中国各地都形成了有地域影响力的汽配市场。2000 年至 2010 年间，中国零件市场呈现供大于求的状态。市场中汽车品牌与零件品牌并存，而且除原厂零件外，假冒品牌件也多如牛毛。销售体系中，"4S 专供"和"售后品牌零件供应"角力，各路品牌零件发起了铺天盖地的营销攻势，竞争趋于白热化。

2. 我国汽车售后配件市场的现状

（1）汽车配件企业经营规模小。我国零部件生产企业规模小且分散。每一个大型整车生产企业周围，都有数目庞大的由零配件生产、供应企业群构成的垂直分布的单一配套体系，如一汽、二汽的零配件配套体系均由上千家零配件生产企业构成。同国外汽配经营行业相比较，国内汽配经营部门数量过大，规模太小，而且分布过于分散。这样导致各个经营部门资金投入不足，经营产品的品种单调，库存有限，缺乏国际竞争力。

（2）汽车配件经营效益低。国内、外的汽配连锁经销商的经营效益仍存在很大的差距。究其原因，主要是国内数量庞大的汽配经销商形成了各自独立的营销体系，在经营竞争中偏重于价格的恶性竞争，而忽视了产品品牌、品质、售后服务、信誉等的培养与保证，因此经营效益无法得到提高，这些都是中国汽车零部件经营行业目前亟待解决的问题。我国的零部件经营投资总量仍显不足，投资分散、重复，导致汽配企业经营规模与国外相比差距很大，无法形成专业化分工、分层次的合理配套的产业结构，因而难以形成规模化的经济效益。

（3）汽车配件经营机制落后。国外家庭轿车比较普及，汽车零配件多在超市、便利店里销售，而我国汽配零售则大部分局限在专门的汽车维修和零配件销售店。与国外相比，我国汽车零部件经销商普遍固守传统的经营意识与管理模式，缺乏推动建立适应国际商业竞争机制的经营理念。对比美国的产业链，一方面，我国既缺失类似 Auto Zone、O'Reilly 等大型的汽配连锁品牌，又缺失维修厂联盟。汽配销售产业的规模效应极强，能够快速形成规模并能最快获得用户认可的品牌将获得先发优势，赢得最多的市场份额。我国的汽配零售品牌现在还一片空白；另一方面，我国汽车维修厂比较分散，进货议价和供应链管理能力非常落后。

（4）汽配产品品质低劣，假冒伪劣汽车配件在我国大肆泛滥，严重扰乱了汽配市场的正常经营秩序。消费者在购买汽车零配件时对卖方的信用充满担忧，同时也对零配件的质量有所怀疑。汽车配件流通秩序比较混乱，有些不法配件生产商利用报废的配件进行翻新销售，严重损害了消费者的利益，甚至给汽车行驶埋下了巨大的交通事故隐患。由于假冒伪劣配件的冲击，一些正品汽配经营企业每年经济损失达数千万元甚至数亿元。正因为大量的假冒"名牌"产品的存在，使得消费者对正规厂家产品质量的信任度大打折扣，极大地降低了产品的信誉度和市场销量，从而严重制约了汽配经营业的健康发展。

1.3.4 我国汽车售后配件市场的发展趋势

整车企业、零部件巨头、外国商团等实力雄厚的新进者涌入，传统行业与互联网、保险业线上线下融合，2016 年我国汽配零售市场的竞争格局有望重塑。

1. 整车企业纷纷抢滩汽配市场

2014 年 9 月 18 日，交通运输部等 10 部委联合印发了《关于征求促进汽车维修业转型升级提升服务质量的指导意见》（以下称《指导意见》）重点部署了配件编码、同质配件、标准化、质量检测、连锁经营、电子商务 O2O 模式等领域或环节。在《指导意见》出台后不久，上汽集团就抢先瞄准售后服务市场，投资 14 亿元正式上线 A 车站。A 车站是上汽集团专门针对售后服务市场推出的售后服务连锁企业，也是国内第一家由整车企业推出的售后服务连锁企业。

当前，整车企业不是延伸做汽修服务，就是在配件上做文章。广汽集团成立了广汽长和与广汽商贸等汽车用品公司，一汽、东风、北汽、长安等多家整车企业都有意在汽配零售市场扩大发展。汽车后市场已成为整车企业延长产业链，进行下一步竞争的"重要阵地"。

2. 零部件巨头火速扩张

当前中国汽配零售市场环境、政策等各方面都在逐步健全，米其林、博世、德尔福、法雷奥、马瑞利等零部件巨头纷纷在中国扩张配件零售市场业务。

博世在美国等国家的汽配加盟模式已经非常成熟，近年来也开始将目光转向中国市场。2014 年 11 月 3 日，博世正式在华启动博世汽车专业维修特许加盟业务。博世向博世车联特许加盟商提供配件、汽修等全方位的服务与支持，确保全国范围内的汽车用户享受到统一的高标准汽车服务。目前博世在南京、深圳和台湾桃园都有专门生产售后配件的工厂。其中南京工厂投资 11 亿元，是整个博世汽车售后市场在全球投资最大的工厂。除北京、成都店外，2015 年博世在上海和广州设立博世车联直营店。据博世汽车售后市场大中华区总裁毛力民称："未来博世车联的加盟店，30%左右的配件产品由自己供应。预计未来三年内，博世将发展超过1000家特许加盟店。"

就在博世车联发布后的几天内，意大利零部件集团马瑞利也宣布其旗下快修连锁品牌"捷驶星"将进入中国。其目标是到2016年发展达到5000家。米其林驰加成为我国第一个突破1000家的汽配连锁企业。截至2014年5月，驰加汽车服务中心达到1000家，分布在全国31个省、超过230个城市。据悉，驰加是米其林针对发展中国家汽车后市场设立的一个汽配维修品牌，之所以能够发展到今天，原因在于解决了中国汽车后市场的部分发展痛点，如与各种资本达到共赢。这为今年打算在汽车后市场大干一场的新加入者提供了可供参考的成功案例。

3. 国外售后配件集团陆续进入

2014年12月8日，Alliance（美国售后汽车零配件联合集团）宣布成立中国汽车配件后市场联盟公司（CAAPA），CAAPA已经吸纳了五家中国汽车后市场上具备相当实力、成功运营的经销商加入其中，这些经销商将共同成为CAAPA的发起人会员，负责指导整个联盟在中国市场上的运营和发展。接下来，联盟会员将集体以Auto Value作为共同品牌，活跃在中国汽配后市场上。

Alliance是北美市场上最大的独立汽车零配件经销商项目集团，提供汽车零配件的全套服务，包括产品采购、销售并配送，以及市场营销、IT支持等。据悉，包括上海佳配电子商务有限公司、江苏康众投资公司、中驰汽配电子商务（山东）有限公司、上海双林汽车销售服务有限公司和绿铅电源（中国）有限公司在内的5家创始人会员合计拥有门店超过150家，覆盖国内15个省、市、自治区。该联盟于2015年1月正式建立，总部设在上海。

业内人士称，有很多诸如Alliance这样的国外汽车配件后市场联盟有意进入中国，一旦这些机构适应了中国的环境，加上与国内传统汽修企业的良好合作，积极发挥其成熟的连锁经营优势，会对现有的汽车配件市场竞争格局形成冲击。

4. 汽车售后配件市场导入电子商务新模式

截至2012年年底，中国电子商务市场交易规模达到8.1万亿元人民币，占全年社会消费品零售总额的6.3%。由此可见，电子商务在改变零售业格局的同时，正在向其他领域渗透。据悉，卡拉丁、途虎养车网、车蚂蚁等众多企业都以电子商务形式进入汽车配件市场。目前，车享平台已在上海、北京等八大城市设立车享服务网点。2014年10月20日，康众汽配连锁与民生电商签署了电商战略用品合作协议，同时发布康众汽配电商平台。将依托康众汽配连锁的全国100多家门店网络基础，利用电商平台，降低客户交易成本。双方互相输出优质资源，整合线上线下，力争为客户提供更好的服务，这被认为是2015年国内线下连锁与电商合作的典范。2014年11月3日，淘宝联手北京、上海等200多个城市线下超过3万个汽修服务网点，开启汽车后市场O2O项目。2014年12月23日，腾讯路宝联手嘉实多和人保推出"i保养"，向符合条件的投保人保的车主提供免费小保养服务。这种整合线上线下的O2O商业模式深受资本市场青睐。自2013年以来，易捷呀、车易安、有壹手、喂车车，以及又一车等多家汽配服务电商成功获得融资。电商平台在获得融资后开展大量优惠活动，在短期内引起大量客户关注，这给汽车售后配件市场带来一股新的强劲活力。

可以预测，线上传播、线下体验、大数据营销和物流配送的"四位一体"电子商务辅助实体物流配送的创新模式会逐渐成为汽车售后配件市场的主流。

─────── ★ **本章小结** ★ ───────

汽车售后服务的内容主要包括金融服务、汽车美容、车内装饰或改装、维修保养、事故救援、事故保险、索赔咨询、旧车转让与废车回收等活动。由于汽车产业利润的1/3来自于汽车服务，因此汽车售后服务业成为"黄金产业"，受到各国的高度重视。

汽车售后服务业最初是在欧美发展起来的，以欧洲为代表的"四位一体"服务模式和以美国为代表的"连锁经营"模式成为典型的汽车售后服务模式，被全球各国借鉴使用。与发达国家的汽车售后服务业相比，我国汽车售后服务业起步较晚，基础薄弱，技术水平和人员素质都有待提高。目前我国汽车售后服务业主要有五种模式：3S/4S店（特约维修站）、传统大中型维修企业、路边维修店、专项维修店、快修连锁店。

在汽车售后市场中，汽车售后配件市场一直占有主导地位。美国的汽车售后市场最为成熟，据统计其年销售额大约占到全球市场的1/6。相比之下，我国汽车售后配件市场规模小，效率低，经营机制落后，产品品质低劣，假货猖獗。因此规范市场行为，保证汽车售后配件市场持续健康发展任重而道远。

本章思考题

1. 什么是汽车售后服务业？它有哪些特点？
2. 为什么说汽车售后服务业是"黄金产业"？
3. "四位一体"和"连锁经营"模式的各自优势是什么？
4. 国外汽车售后配件市场发展给我们带来哪些启示？
5. 我国汽车售后配件市场的发展趋势是什么？

本章案例
通过完善的售后服务体系为客户提供最大化的价值

沃尔沃（Volvo）集团内最大的沃尔沃货车公司，始建于1928年，总部位于瑞典哥德堡，主要从事开发、制造和销售各种中型和重型货车。2001年1月沃尔沃集团建立起了全新的货车制造集团，包括沃尔沃货车公司、马克货车公司和雷诺货车公司，三家公司各自对其市场和客户服务负责。沃尔沃货车公司的跨国经营包括10家分布于全球的全资制造厂，市场遍布全球130多个国家。

沃尔沃货车的长期成功归功于它的经营理念，即它在出售自己产品前首先要做的是向用户传达"货车不是车，是赚钱盈利的机器"这一理念。为此，沃尔沃货车公司总结出物流客户价值公式：客户价值＝完好率×载重×速度×单位收费－运营费用－折旧完好率，通过建立完善的售后服务确保货车的完好率。

基于以上考虑，沃尔沃货车公司在中国高速公路网络上，通过特约维修服务中心及专业配置的"全动感"服务维修车辆构成了完善的服务体系，保证用户在500km内可以得到"全天候、全动感"的路边紧急救援服务。为此，沃尔沃货车公司在国内推广使用售后配件和维修管理系统LOS、计算机辅助故障诊断系统VCADS和经销商配件库存优化管理系统LPA，为客户及时获得沃尔沃原装进口配件提供了保障。此外，在上海浦东外高桥保税区，沃尔沃还建立了专门的配件库，库存配件达1.5万余种，97%的配件供应都可以在中国完成。

在售后配件领域，沃尔沃的全球物流系统能将其工厂生产的配件直接送到用户的货车旁边。只要用户告知货车的底盘号，沃尔沃的工作人员就可以准确地判断货车需要哪些配件。如果订购了配件后，距离最近的沃尔沃经销商没有库存，沃尔沃大库或是总部的工作人员会立即发货，而且每件沃尔沃配件的包装上都清楚地标明了产品名称和物件编号，这将发货错误率降至最低甚至为零。配件的及时供应，为用户节约了时间，有效地将用户因为等件修车而造成的经济损失降到最低限度。

延伸阅读
我国汽车后市场的变革和发展趋势

当前我们面临的是一个大变革的时代，汽车流通业面临着前所未有的挑战，模式创新将成为未来十年渠道变革的核心内容，主要表现在四个方面：

1. 渠道下沉

伴随着中国城镇化进程的加快和大中城市私家车趋于饱和，车市销售重心下沉已成为大势所趋，预计到2020年三线市场占全国市场的份额将提升到55%，一线市场可能会下降到15%。多家品牌已在县级区域内设置2S店销售汽车，从一定程度上说，谁能赢得农村市场，谁就能真正意义上赢得中国市场。

2. 跨界竞争

当前，更便利、更关联、更全面的商业模式正在形成，传统的汽车业、运输业、维修业、汽车服务业等面临变革——苏宁、国美、京东、天猫、一号店等一批电商，以及中国电信、联通、移动三大电信运营商和一大批传统地产企业，纷纷进入汽车后市场参与竞争。

3. 汽配电商

电商对传统汽车后市场的冲击已经成为事实，电商模式已成为汽车后市场转型升级的必由之路。车享网、车易安、车途邦、养车无忧、汽商中心、诸葛修车、酷配网等电商平台应运而生，淘宝、京东、国美、苏宁、车讯、易车等涉足汽车及后市场业务，中国电信开发的APP客户端车主管家已投入运营，中国联通开发的车友会、中国移动开发的智能交通也在调试之中，同时上汽集团、万向集团等实体企业也在布局建设电商平台。

4. 转型升级

未来的竞争必须倾向于规模化、品牌化、网络化、现代化、连锁化，国内汽配市场应参照家电与家居业连锁经营的模式，整合市场渠道资源，构建与整车厂的联系，建立起像国美、苏宁那样的实体品牌连锁与电子商务相结合的云商经营模式，市场才能得到进一步的提升和规范。美国的 Napa，Auto Zone，日本的黄帽子、澳德巴克斯等，都是我们未来的发展方向，但还需要很多的条件。

当前，我国汽车产业和汽车市场不断出台政策、规定和信息，汽车流通渠道及营销模式将发生重大变化。汽车4S店、汽车城市综合体、多品牌汽车超市、网上车市、小型2S店、城市展厅、汽车特约维修中心、大型汽车配件用品市场、大型二手车交易市场和大型二手车销售集团等渠道模式，将会进入到一个多元化的高速竞争时代。

我国汽车后市场有如下发展趋势。

1. 联盟化整合趋势

联盟在行业内已经非常明显。在美国有五大采购联盟做得非常成功，在中国，纵向联盟和横向联盟都有。纵向联盟如做本田配件的，它联合全中国 18 家大企业成立一个公司，让职业经理人来运作；横向联盟有各车型联盟，这个联盟在中国现阶段发展仍不成熟，这与我国目前的诚信和经销商目光的短浅有非常重要的关系。而且这其中还包括一整套的体制问题，如果这种机制建立不起来，这种联盟，某种程度上说就是乌合之众。现在汽车服务商希望形成采购联盟对向零部件流通企业；零部件流通企业希望形成采购联盟对向零部件制造企业；零部件制造企业抱团形成供应联盟供给零部件流通企业；零部件流通企业抱团集中起来为汽车服务商提供全车型、全车配件的服务。

制造企业面临的困惑：中国目前商用车售后市场还缺乏发达国家商用车备件市场的专业性和完善性；零部件产品的渠道供应比较零散、混乱，缺乏品牌影响力，运营和服务水准不够统一；我们的市场渠道链条过长；正规品牌和假冒伪劣产品混杂；品牌串货现象严重，难以形成真正的联盟。

2. 销售模式转型的趋势

现阶段汽车零部件流通企业，正由原来的店铺式销售逐渐向电子商务这样的仓储式销售＋物流配送方式转型。因为零部件不是一个需要体验的产品，不需要一个展示和交易的平台来做，所以今后汽配城的交易功能会越来越弱化，仓储配送功能会越来越强化。现在两三块钱的成本，未来会被五毛、八毛钱的仓储成本所取代。那时我们的经销商不再需要进入汽配城，它们完全可以利用网线、传真、电话和外界取得联系，用仓储就可以解决问题。

资料来源：中国报告网．［EB/OL］HTTP：//free. chinabaogao. com

第2章　汽车售后配件管理概述

·本章导读·

　　汽车售后配件主要是指汽车服务备件。在汽车售后服务中，汽车服务备件的使用频率最高，也是客户衡量汽车服务质量的重要因素，因此汽车售后配件管理在汽车售后服务中起到举足轻重的作用。随着汽车技术的飞速发展，全球化信息网络和全球化市场的形成以及消费者需求的日益多样化，汽车售后配件管理面临着严峻的挑战。如何应对挑战，完善汽车售后配件服务体系，实现高效的配件管理，是一个亟待解决的问题。本章将介绍汽车售后配件的相关知识，从供应链的角度解析汽车售后配件供应链的结构与运行，用供应链管理思想架构汽车售后配件管理的基本框架，这也是本书的基本内容。

2.1　汽车售后配件

2.1.1　汽车售后配件的概念

　　汽车售后配件是指构成汽车整体的各单元及服务于汽车的产品，主要包括发动机配件、传动系配件、制动系配件、转向系配件、行驶系配件、电器仪表系配件、车身及附件、汽车灯具、汽车外饰、汽车内饰、汽车维护工具、防护保养品等。

　　汽车销售过程中可选的配置或附件是一种特殊的配件。随着客户对个性化要求的不断提高，汽车厂商通常会在汽车下线之后，按照客户的需求添加某些配置，例如水杯托架、轮毂、CD播放机等，这些附件被看作特殊的配件。

2.1.2　汽车售后配件的分类

　　1. 按照汽车售后配件的来源分类

　　（1）原厂件：是指使用整车厂商标的装车件。为整车厂配套的厂家生产并从整车厂售后部门统一供给各4S店的备件，一般都印有主机厂的标识。

　　（2）配套件：是指为整车厂配套的厂家生产且直接销售给市场（包括直接销售到市场和通过非正常途径而销售给市场）的备件。

　　（3）副厂件：是指从事专业配套件生产的厂家生产的零件，是非整车厂OEM配套厂生产的产品（一般以假冒伪劣产品居多）。

　　（4）通用件：是指供不同主机厂且多种车型可以同时使用的备件（如机油、轮胎、各种通用的紧固件等)。

（5）进口件：是指从国外直接采购的备件。

2. 按照汽车售后配件的使用性质分类

（1）消耗件：在汽车使用过程中，一些自然老化、失效、到期必须更换的零部件，例如各种传动带、胶管、密封垫、电器零件、滤芯、轮胎、蓄电池等。

（2）易损件：在汽车使用过程中，一些因自然磨损而失效的零部件，如离合器摩擦片、离合器压盘、离合器分泵、分离轴承、里程表软轴、制动总泵和分泵、主销衬套、制动片、制动鼓、各种油封、活塞及活塞环等。

（3）维修件：汽车在一定运行周期内必须更换的零件，如各种胶管、传动带、橡胶密封垫、滤芯、蓄电池等。

（4）基础件：它们是组成汽车的一些重要零件，这些零件一般是全寿命零件，不易损坏，因此它们的价值较高，如曲轴、缸体、车架、桥壳、变速器壳等。

（5）事故件：在汽车发生交通事故后所损坏的零件，如前后保险杠、车身覆盖件、驾驶室、冷冻器、散热器等。

3. 按照最终用途分类

按照安装在汽车不同部位来分类，日本汽车零配件工业会将零配件分为 7 类，共 130 个，如表 2-1 所示。

表2-1　日本汽车零配件工业会的《产品出厂动向调查》中列入的主要汽车零配件

零部件分类	主要零部件	数量
发动机	活塞、活塞环、气缸垫、垫圈、气门、燃料泵、电控燃料喷射泵等	29
电气装置和电子装置	起动机、交流发电机、火花塞、发动机控制装置、制动系统控制装置等	12
照明、仪器等电气装置	前照灯、速度表、刮水器电动机及其他电动机、各种开关、转向锁、线束等	15
动力传动装置及操纵装置	离合器从动盘、手动变速器、自动变速器、转向助力装置、等速万向节、传动轴、车轮（钢质、轻合金质）、变速杆等	26
悬架及制动装置	钢板弹簧、减振器、制动装置、制动增力装置、制动软管等	20
车身	车架、燃料箱、窗框、车门把手及锁、座椅、座椅弹簧、座椅安全带等	19
附件	时钟、收录机、冷暖气装置、车轮罩、修理用涂料、汽车立体声音响装置等	9

4. 按照配件产品中的科技含量分类

中国汽车技术研究中心对《汽车行业贯彻执行国家产业政策实施办法》中规定的几个主导产品，任选 60 个零配件，请专家按照产品结构、生产技术、艺术含量 3 类 7 个指标进行评分，其结果如表 2-2 所示。

表 2-2　各种零配件按科技含量分类状况

科技含量	零件名称
高科技类（35～50 分）	发动机总成、齿形带、V 形泵、消声器、风扇离合器、空调设备、后视镜、座椅、油封、中央接线盒、汽车仪表、汽车铸件、模具、软内饰、特种油品、安全玻璃
科技类（25～35 分）	变速器总成、保险杠（大型塑料）、活塞、活塞环、气门、挺杆、燃油箱、轴瓦、油箱、空气滤清器、机油滤清器、燃油滤清器、离合器、盘式制动器、转向盘、刮水器、等速万向节、紧固件、灯具、汽车锻件、轴承、音响设备与车载电视、特种器材（轴瓦、散热器用）
一般类（<25 分）	轿车总成、高压油管、散热器、制动软管、转向器、传动轴、后桥、齿轮、减振器、钢板弹簧、钢圈、玻璃升降器、风窗洗涤器、暖风机、点火线圈、火花塞、喇叭、电线束、灯泡、随车工具、蓄电池

5. 按照汽车配件的重要程度分类

按照汽车配件重要程度可分为关键配件和非关键配件，关键配件又分为 3 类，如表 2-3 所示。

表 2-3　60 种汽车关键配件产品清单

第一类（3 种）	汽油机电控系统、制动系统的防抱死装置和防滑装置、安全气囊
第二类（22 种）	柴油机燃油系统、活塞及活塞环、轴瓦及轴瓦材料、气门及液压挺杆、增压器、滤清器、散热器、磨片离合器、转向机构、万向传动装置、减振器、空调装置、座椅调角器及滑轨、车锁、刮水器、后视镜、玻璃升降器、电动机、组合仪表、灯具、高强度紧固件、专用轴承
第三类（35 种）	薄壁缸套、无石棉缸垫、化油器、中央制冷器、风扇离合器、排气管消声器、齿轮箱、弹簧、车轮、推拉软轴、暖风机、组合开关、座椅、安全带、支撑气弹簧、分电器、点火线圈、火花塞、中央接线盒、电线束、免维护蓄电池、无石棉摩擦材料、粉末冶金件、燃油箱、保险杠、仪表板、成型地毯等内饰件、中央成型管、转向盘、密封橡胶件、传动橡胶件、减振器、软管、硬管、门窗密封条

2.1.3　汽车配件编码

汽车配件编码是赋予汽车配件的代表符号，其符号可以由数字、字母和特殊标记组成，代表汽车配件型号、品种和规格，是汽车配件销售和采购的重要依据。

1. 国产汽车配件（汽车零部件）编码规则

我国汽车配件的编码规则是执行中国汽车工业协会提出的《汽车零部件编号规则》。该规则是汽车配件编码标准，规定了各类汽车、半挂车的总成和装置及零件号编制的基本规则和方法，适用于各类汽车和半挂车的零件、总成和装置的编号。

2004 年 3 月 12 日中国汽车工业协会颁布了 QC/T265—2004《汽车零部件编号规则》，该标准是在 QC/T 265—1999《汽车零部件编号规则》（即 ZB/TY04005—1989）的基础上进行修订的，并于 2004 年 8 月 1 日实施。

（1）汽车配件（零部件）编号术语和定义

① 组（complete group）。表示汽车各功能系统的分类。

② 分组（subgroup）。表示功能系统内分系统的分类顺序。

③ 零部件（part and component）。包括总成、分总成、子总成、单元体和零件。

④ 总成（assembly）。由数个零件、数个分总成或它们之间的任意组合而构成一定装配级别或某一功能形式的组合体，具有装配分解特性。

⑤ 分总成（subassembly）。由两个或多个零件与子总成一起采用装配工序组合而成，对总成有隶属装配级别关系。

⑥ 子总成（subdivisible assembly）。由两个或多个零件经装配工序或组合加工而成，对分总成有隶属装配级别关系。

⑦ 单元体（unit）。由零部件之间的任意组合而构成具有某一功能特征的功能组合体，通常能在不同环境下独立工作。

⑧ 零件（part）。不采用装配工序制成的单一成品、单个制件，或由两个及以上连在一起具有规定功能且通常不能再分解的（如含油轴承、电容器等外购小总成）制件。

⑨ 零部件号（coding for part and component）。指汽车零部件实物的编号，亦包括为了技术、制造、管理需要而虚拟的产品号和管理号。

（2）汽车配件（零部件）编号表达方式

完整的汽车零部件编号表达式由企业名称代号、组号、分组号、源码、零部件顺序号和变更代号构成。零部件编号表达式根据其隶属关系可按下列三种方式进行选择，如图 2-1 所示。

a) 零部件编号表达式一：
　企业名称代号　组号　分组号　零部件顺序号　源码　变更代号

b) 零部件编号表达式二：
　企业名称代号　组号　分组号　源码　零部件顺序号　变更代号

c) 零部件编号表达式三：
　企业名称代号　组号　源码　分组号　零部件顺序号　变更代号

注：□表示字母；○表示数字；◇表示字母或数字。

图 2-1　汽车零部件编号的表达方式

（3）表达式中的术语说明

1）企业名称代号。当汽车零部件图样使用涉及知识产权或产品研发过程中需要标注企业名称代号时，可在最前面标注经有关部门批准的企业名称代号。一般企业内部使用时，允许省略。企业名称代号由两位或三位汉语拼音字母表示。

2）源码。源码用三位字母、数字或字母与数字混和表示，企业自定。

① 描述设计来源。指设计管理部门或设计系列代码，由三位数字组成。

② 描述车型中的构成。指车型代号或车型系列代号，由三位字母与数字混合组成。

③ 描述产品系列。指大总成系列代号，由三位字母组成。

3）组号。用二位数字表示汽车各功能系统分类代号，按顺序排列。

4）分组号。用四位数字表示各功能系统内分系统的分类顺序代号，按顺序排列。

5）零部件顺序号。用三位数字表示功能系统内总成、分总成、子总成、单元体、零件等顺序代号，零部件顺序号表述应符合下列规则：

① 总成的第三位应为零。

② 零件第三位不得为零。

③ 三位数字为001～009，表示功能图、供应商图、装置图、原理图、布置图、系统图等为了技术、制造和管理的需要而编制的产品号和管理号。

④ 对称零件其上、前、左件应先编号为奇数，下、后、右件后编号为偶数。

⑤ 共用图（包括表格图）的零部件顺序号一般应连续。

6）变更代号。变更代号为二位，可由字母、数字或字母与数字混和组成，由企业自定。

7）代替图零部件编号。对零件变化差别不大，或总成通过增加或减少某些零部件构成新的零件和总成后，在不影响其分类和功能的情况下，其编号一般在原编号的基础上仅改变其源码。

（4）汽车配件（零部件）编号中组号和分组号的编制

汽车配件（零部件）编号共有64个组号、1026个分组号。其分组情况如下：（各组内均有缺号，故起止号与各分组总数不尽相符）

1）组10，发动机，共28个分组，1000—1030；

2）组11，供给系，共51个分组，1100—1156；

3）组12，排气系，共10个分组，1200—1209；

4）组13，冷却系，共14个分组，1300—1314；

5）组15，自动液力变速器，共9个分组，1500—1508；

6）组16，离合器，共10个分组，1600—1609；

7）组17，变速器，共16个分组，1700—1722；

8）组18，分动器，共8个分组，1800—1807；

9）组20，超速器，共5个分组，2000—2004；

10）组21，汽车电驱动装置，共40个分组，2100—2151；

11）组22，传动轴，共14个分组，2200—2241；

12）组23，前桥，共12个分组，2300—2311；

13）组24，后桥，共10个分组，2400—2409；

14）组25，中桥，共12个分组，2500—2513；

15）组27，支撑连接装置，共21个分组，2700—2741；

16）组28，车架，共11个分组，2800—2810；

17）组 29，汽车悬架，共 35 个分组，2900—2965；

18）组 30，前轴，共 5 个分组，3000—3011

19）组 31，车轮及轮毂，共 13 个分组，3100—3113；

20）组 32，附加桥，共 4 个分组，3200—3203；

21）组 33，后轴，共 3 个分组，3300—3303；

22）组 34，转向系统，共 16 个分组，3400—3418；

23）组 35，制动系统，共 46 个分组，3500—3568；

24）组 36，电子装置，共 27 个分组，3600—3682；

25）组 37，电气设备，共 68 个分组，3700—3792；

26）组 38，仪器仪表，共 35 个分组，3800—3872；

27）组 39，随车工具及组件，共 25 个分组，3900—3926；

28）组 40，电线束，共 14 个分组，4000—4018

29）组 41，汽车灯具，共 31 个分组，4100—4136

30）组 42，特种设备，共 19 个分组，4200—4260；

31）组 45，绞盘，共 10 个分组，4500—4509；

32）组 50，车身，共 10 个分组，5000—5014；

33）组 51，车身地板，共 27 个分组，5100—5174；

34）组 52，风窗，共 8 个分组，5200—5207；

35）组 53，前围，共 9 个分组，5300—5315；

36）组 54，侧围，共 10 个分组，5400—5411；

37）组 55，车身装饰件，共 28 个分组，5500—5532；

38）组 56，后围，共 14 个分组，5600—5614；

39）组 57，顶盖，共 9 个分组，5700—5713；

40）组 58，乘员安全约束装置，共 18 个分组，5800—5834；

41）组 59，客车舱体与舱门，共 13 个分组，5901—5920；

42）组 60，车篷及侧围，共 6 个分组，6000—6005；

43）组 61，前侧车门，共 13 个分组，6100—6112；

44）组 62，后侧车门，共 13 个分组，6200—6212；

45）组 63，后车门，共 13 个分组，6300—6312；

46）组 64，驾驶员车门，共 10 个分组，6400—6409；

47）组 66，安全门，共 9 个分组，6600—6608；

48）组 67，中侧面车门，共 13 个分组，6700—6712；

49）组 68，驾驶员座，共 9 个分组，6800—6809；

50）组 69，前座，共 10 个分组，6900—6930；

51）组 70，后座，共 9 个分组，7000—7008；

52）组 71，乘客单人座，共 10 个分组，7100—7109；

53）组 72，乘客双人座，共 10 个分组，7200—7209；

54）组 73，乘客三人座，共 9 个分组，7300—7308；

55）组 74，乘客多人座，共 9 个分组，7400—7408；

56）组75，折合座，共8个分组，7500—7507；

57）组76，卧铺，共11个分组，7600—7611；

58）组78，中间隔墙，共6个分组，7800—7805；

59）组79，车用信息通信与声像设备，共20个分组，7900—7930；

60）组81，空气调节系统，共23个分组，8100—8123；

61）组82，附件，共31个分组，8200—8240；

62）组84，车前后钣金零件，共6个分组，8400—8405；

63）组85，车厢，共14个分组，8500—8516；

64）组86，货厢倾卸机构，共17个分组，8600—8617；

2. 国产汽车标准件的编号规则

汽车标准件编号按照现行的《汽车标准件产品编号规则》（QC/T 326—2013）进行统一编号。该标准是由中华人民共和国工业和信息化部于2013年10月17日发布，2014年3月1日开始实施的。

（1）汽车标准件编号的组成。汽车标准件由七个部分组成，依次是：

第1部分：汽车标准件特征代号。

第2部分：品种代号。

第3部分：变更代号。

第4部分：尺寸规格代号。

第5部分：机械性能或材料代号。

第6部分：表面处理代号。

第7部分：分型代号。

如图2-2所示。

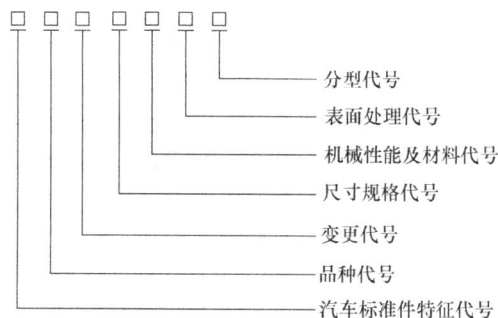

图2-2 汽车标准件编号的组成

编号各部分的表示方法及含义如下：

1）汽车标准件特征代号。汽车标准件特征代号以"汽"字的汉语拼音首字母大写"Q"表示。

2）品种代号。品种代号由三位数字表示，或由数字与字母组合表示。

① 代号的首位为汽车标准件产品类别，由数字表示；第二位为该产品类别的品种分类号，用数字或字母表示，仅当该类别的品种组数大于10时，才可使用字母，并从"A"（不使用字母"Q"）开始顺序使用；末位为品种的组内序号，由数字或字母表示，仅当组内产

品序号数大于 10 时，才可使用字母，并从"A"（不使用字母"Q"）开始顺序使用。结构或功能相近的品种尽可能同组。

② 淘汰产品的品种代号 10 年内不允许分配给其他产品。

③ 汽车行业已采用的汽车标准件产品类别代号和分组代号见表 2-4。

表 2-4　汽车标准件产品类别代号和分组代号

品种		类别代号								
		1	2	3	4	5	6	7	8	9
		螺柱/螺栓	螺钉	螺母	垫圈/挡圈/铆钉	销/键	螺塞/箍/管接件/夹/卡扣	润滑件/密封件/连接件	管接件	通气塞/保险阀/铅封
分组代号	0		自钻自攻螺钉		平垫圈			滑脂嘴	管接件	通气塞/保险阀
	1	焊接螺柱	普通螺钉		锁紧垫圈/弹性垫圈		螺塞		管接件	铅封
	2	双头螺柱	螺钉组合件	法兰面螺母/锁紧螺母	组合件用垫圈	销	螺塞	密封件		
	3		螺钉组合件	锁紧螺母	挡圈					
	4	螺栓组合件	螺钉组合件	普通螺母	抽芯铆钉	钉	管夹	连接件		
	5	六角头螺栓	普通螺钉	普通螺母	铆钉	键	管接件			
	6		自挤螺钉	普通螺母/焊接螺母	铆钉		管接件			
	7	六角头螺栓	自攻螺钉	焊接螺母/塑料螺母	铆钉	环/箍				
	8	法兰面螺栓	紧定螺钉	开槽螺母			夹片			
	9	异形螺栓/焊接螺栓	木螺钉	异形螺母/盖形螺母			卡扣			
	A		塑料用螺钉							

3）变更代号。变更代号由一位字母表示。

由于产品标准修订，产品尺寸、精度、性能或材料等内容发生变更，以致影响产品的互换性时，应给出变更代号。变更代号由字母"B"（不使用字母"Q"）开始顺序使用。产品首次纳入或从未发生影响互换的变更时，变更代号默认省略。当标准内容不影响产品的互换性，但涉及制造和/或验收的依据存在差异时，在标准实施的过渡期内，由制造商同用户协商过渡性编号区分方式。

4）尺寸规格代号。尺寸规格代号由位数不固定的数字表示。

代号应以产品的主要尺寸参数表示，不适宜直接表示的以主要尺寸参数折算的相应整数表示，仍不宜表示的以该品种内规格系列的顺序号表示，应以最少的尺寸参数表示产品规格，且应能与规格一一对应。

当产品主要参数含有带小数规格时，以该小数规格 10 倍整数表示，若与其余整数规格混淆时，则以该参数全部规格 10 倍的整数表示。

① 由一个主要尺寸参数表示的尺寸规格代号。由一个主要尺寸参数即可表示产品规格代号时，直接以该参数值的两位或三位数字表示。当参数仅一位数时，应以两位数字表示，于参数左边加"0"补足两位；当参数以英寸为单位时，以两位数字表示，其首位为整英寸数，末位为 1/8 英寸的整倍数，若参数小于 1 英寸，于整倍数的左边加"0"补足两位。

② 由两个或两个以上主要尺寸参数表示的尺寸规格代号。需由两个或两个以上主要尺寸（一般为公称直径和杆部公称长度）参数表示产品规格代号时，应按主次及习惯顺序直接以参数表示。其中第一参数值仅一位数的，于参数左边加"0"补足两位，其余参数直接表示，不补位。

5）机械性能及材料代号：机械性能或材料代号由字母或字母和数字的组合进行表示。一个品种仅有一种代号时，默认省略该代号；若有两个或两个以上代号，则省略推荐采用的基本代号，其他代号应在编号中注明。汽车标准件机械性能及材料代号见表 2-5。

表 2-5　汽车标准件机械性能及材料代号

代号	机械性能及材料牌号	采用标准	适用产品
T	钢 10.9	GB/T 3098.1	螺柱、螺栓、螺钉
T1	钢 8.8	GB/T 3098.1	螺柱、螺栓、螺钉
T2	钢 8	GB/T 3098.2, GB/T 3098.9, GB/T 3098.4	螺母
T3	钢 9	GB/T 3098.2, GB/T 3098.9	螺母
T4	黄铜 H62	GB/T 5231	铆钉、管接头、垫圈
T5	纯铜 T3	GB/T 5231	铆钉、垫圈
T6	2A01	GB/T 3195	铆钉
T7	1035	GB/T 3195	铆钉
T9	钢 22H	GB/T 3098.3	紧定螺钉
T10	钢 33H	GB/T 3098.3	紧定螺钉
T11	钢 5	GB/T 3098.2, GB/T 3098.9	螺母
T12	钢 6	GB/T 3098.2, GB/T 3098.4 GB/T 3098.9	螺母
T13	钢 10	GB/T 3098.2, GB/T 3098.4 GB/T 3098.9	螺母
T14	钢 12	GB/T 3098.2, GB/T 3098.4 GB/T 3098.9	螺母
T15	钢 05	GB/T 3098.2, GB/T 3098.4	螺母
T16	钢 200HV	GB/T 848, GB/T 97.1 GB/T 97.4	平垫圈
T17	钢 10、15 钢 ML10Al, ML15Al	GB/T 699, GB/T 6478	铆钉
T18	11	GB/T 12619	抽芯铆钉
T19	30	GB/T 12619	抽芯铆钉

（续）

代号	机械性能及材料牌号	采用标准	适用产品
T21	钢 5.6	GB/T 3098.1	螺柱、螺栓、螺钉
T22	钢 5.8	GB/T 3098.1	螺柱、螺栓、螺钉
T23	钢 4.8　含碳量≤0.25%	GB/T 3098.1	焊接螺柱、焊接螺钉、焊接螺栓
T24	钢 5.8　含碳量≤0.25%	GB/T 3098.1	焊接螺柱、焊接螺钉、焊接螺栓
T25	钢 8.8　含碳量≤0.25%	GB/T 3098.1	焊接螺柱、焊接螺钉、焊接螺栓
T26	钢 04	GB/T 3098.2，GB/T 3098.4	薄螺母
T28	钢 300HV	GB/T 848，GB/T 97.1 GB/T 97.4	平垫圈
T29	10	GB/T 3098.19	抽芯铆钉
T30	不锈钢 A2 – 70	GB/T 3098.6，GB/T 3098.15	螺母、螺栓、螺柱、螺钉
T31	不锈钢 A2 – 50	GB/T 3098.6，GB/T 3098.15	螺母、螺栓、螺柱、螺钉
T32	钢 12.9	GB/T 3098.1	螺柱、螺栓、螺钉
T33	钢 45H	GB/T 3098.3	紧定螺钉
T60	软聚氯乙烯	GB/T 8815	卡扣
T61	硫化橡胶	HG/T 2196	卡扣、管夹

6）表面处理代号。表面处理代号由字母或字母和数字的组合进行表示。一个品种仅有一种代号时，默认省略该代号；若有两个或两个以上代号，则省略推荐采用的基本代号，其他代号应在编号中注明。汽车标准件表面处理代号见表 2-6。

表 2-6　汽车标准件表面处理代号

代号	表面处理	适用产品类型	参考标准
F	不处理，钢质件涂油防锈	全部	—
F10	镀锡	非螺纹件	
F13	镀铬	车轮螺母，非螺纹件	
F19	镀铜	全部	
F2	防蚀磷化		
F3	镀锌　彩虹色钝化		
F30	镀锌　橄榄绿色钝化		
F31	镀锌　黑色钝化		
F32	镀锌　漂白钝化		QC/T 625
F33	镀锌　高耐蚀性钝化	钢质件	
F35	镀锌　非光亮钝化（锌原色）		
F36	镀锌　彩虹色钝化（三价铬钝化）		
F37	镀锌　橄榄绿色钝化（三价铬钝化）		
F38	镀锌　黑色钝化（三价铬钝化）		
F39	镀锌　漂白钝化（三价铬钝化）		
F4	涂塑	非螺纹件	见产品标准
F40	涂硫化橡胶		

（续）

代号	表面处理	适用产品类型	参考标准
F5	防护氧化	铝质件	
F6	锌铝铬涂层　银灰色		QC/T 625
F60	锌铝铬涂层　黑色		
F61	锌铝涂层　银灰色		
F62	锌铝涂层　黑色	钢质件	
F70	锌—镍合金电镀层　无色		
F71	锌—镍合金电镀层　黑色		
F75	锌—镍合金电镀层		
F9	氧化		

7）分型代号。分型代号由字母表示，根据产品需要可由一个或多个分型代号组成。

以一种产品结构型式为基础，通过改变局部结构型式、尺寸或增加新的技术内容所派生出的具有新增或不同功能的产品，包括基本型在内的所有分型均应给出型式代号，而品种代号应与基本品种一致。型式代号由字母"A"（不使用字母"F"和"T"）开始，在该品种范围内顺序使用，也可采用产品标准中已规定的型式代号或采用具有指定含义的代号。同类产品的同类分型尽可能采用同一字母作为型式代号，不同类产品的分型在不致混淆的条件下，允许采用相同的字母作为型式代号。产品基本型式的分型代号应默认省略。

3. 进口车配件编号规则

我国汽车进口汽车品牌繁多，各汽车制造厂的零件编号并无统一规定，由各厂自行编制，其配件编号规格各不相同。

例如：大众车系中甲壳虫后视镜编码：

113 857 501 AB 01C
① ② ③ ④ ⑤

① 车型或机组代码。113 表明该车型为甲壳虫。

② 大类及小类。8 为大类，称为主组，表示车身、空调暖风控制系统。57 为小类，称为子组，表示后视镜。

③ 配件号。由 000～999 三位数组成；501 为后视镜的配件编码。

④ 设计变更号。由一个或两个字母组成。AB 表示设计更改号。

⑤ 颜色代码。由三位数字或字母组合表示。01C 表示黑色带有光泽。

2.1.4　汽车配件目录

汽车配件目录是将种类繁多的备件关键信息进行科学分类、汇总形成的便于查询的信息集合。通过备件目录能够便捷、准确地查找到备件相关信息，例如：备件号、备件应用条件、备件装配位置、拆散关系图等。

1. 配件电子目录

配件电子目录是指存放所有配件目录信息的电子数据库，其表现形式为信息软件。

配件电子目录是配件部日常工作查询的重要手段，是快速解决用户难题指导经销商工作的快捷方式。

2. 配件目录分类：

各汽车制造厂一般均有多款产品，汽车又是一种涵盖多领域、多学科的产品。它涵盖了如冲压、焊接、机加、电子等领域。

例如，一汽—大众车型的配件目录是依据配件所在车辆的不同位置和配件的不同功能进行分类的，可以使很多位置相近的配件能够集中在一个目录图板中体现，便于用户根据备件名称推测出备件所在的大类。目前大众集团将汽车配件分为十个类别进行管理。

1 大类：发动机。如：缸体、缸盖、曲轴、活塞、凸轮轴、离合器等。

2 大类：燃油箱、排气系统、空调冷却系统。

3 大类：变速器。如：变速器总成及内部部件。

4 大类：前轴、转向装置、前减振器。

5 大类：后轴、后轮驱动差速器、后减振器。

6 大类：车轮、制动器。

7 大类：制动系统、踏板机构。

8 大类：车身、空调壳体及内部零件。如：车身总成、前后保险杠。

9 大类：电子设备。如发电机、控制器、起动机、灯具、线束等。

10 大类：附件与油漆材料。如：千斤顶、收音机等。

2.2　汽车售后配件供应链

2.2.1　汽车售后配件供应链的基本结构

汽车售后配件的信息流、物流、资金流经过"整车厂（售后配件的供应商）—配件配送中心—经销商——最终用户"几个环节，形成了一个完整的汽车售后配件供应链，如图2-3所示。

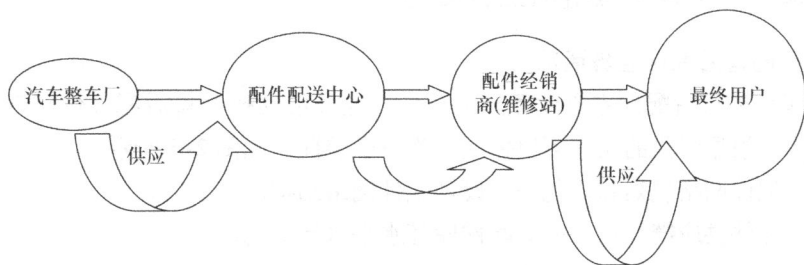

图 2-3　汽车售后配件供应链结构

售后配件供应链是汽车行业里最为复杂的供应链，涉及诸多成员，业务流程之间相互作用和影响，整车厂作为这条供应链的中心，需要一套完备的管理、监督和协同机制将它们有效地管理起来。

2.2.2 汽车售后配件供应链上的节点企业

车主和整车厂对车辆的定期保养、维修、服务行动、召回等产生了配件需求，引发了从供应商到最终客户的一系列活动，中间涉及整车厂、中央配件中心或地区配件仓库、运输商、第三方服务提供商、客户服务部门或现场维修人员、经销商或维修站等诸多环节。此外，还必须考虑到由于召回或报废导致的逆向物流情况。如图 2-4 所示。

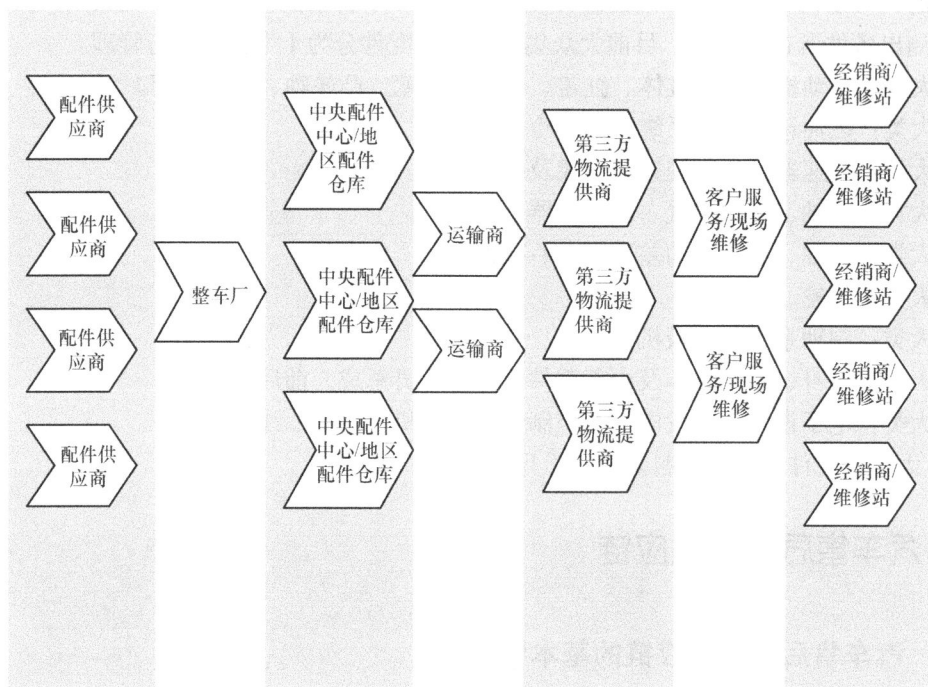

图 2-4　汽车售后配件供应链上的成员

2.2.3 汽车售后配件供应链的业务活动

1. 整车厂的售后配件业务活动

（1）整车厂的售后配件主要业务。整车厂的业务活动按照售后配件供应链管理的范畴和分层级结构，根据时段的长短可以依次分为三个层面，如图 2-5 所示。

层面一：配件网络规划和优化——设计配件网络结构。

层面二：配件供应链计划——对配件库存水平进行优化。

层面三：配件供应链操作——监控和实时库存调配。

（2）汽车售后配件供应链的主要业务操作。对于绝大多数汽车厂商而言，其售后配件供应链上都会包括相似的一组业务流程。例如：采购订单处理、收货确认、收货包装及入库、质量保证和控制、库存管理与仓库管理、盘点、交叉转运、市场活动、销售订单处理、出库包装和出库、运输管理、退货处理以及与供应商、第三方服务提供商和客户的协同等。这些操作主要是在各级配件配送中心完成的，如图 2-6 所示。

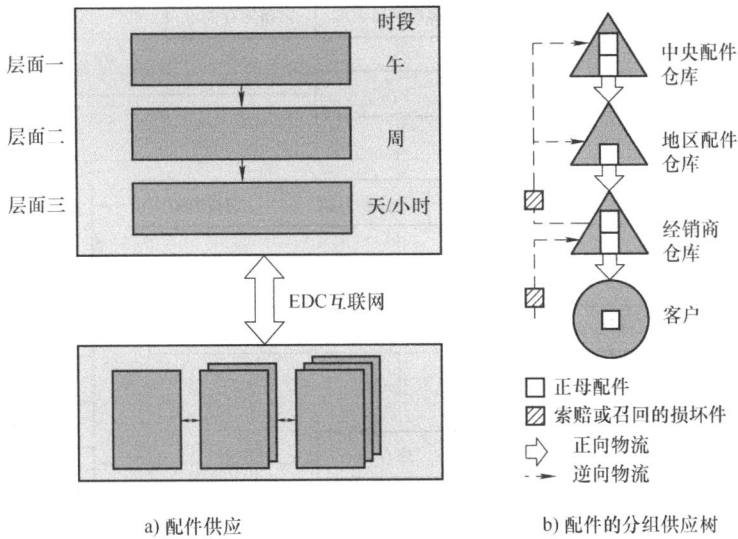

层面一　时段　午

层面二　周

层面三　天/小时

EDC互联网

a) 配件供应

中央配件仓库

地区配件仓库

经销商仓库

客户

□ 正母配件

▨ 索赔或召回的损坏件

⇨ 正向物流

⇢ 逆向物流

b) 配件的分组供应树

图 2-5　整车厂的售后配件供应链管理业务流程

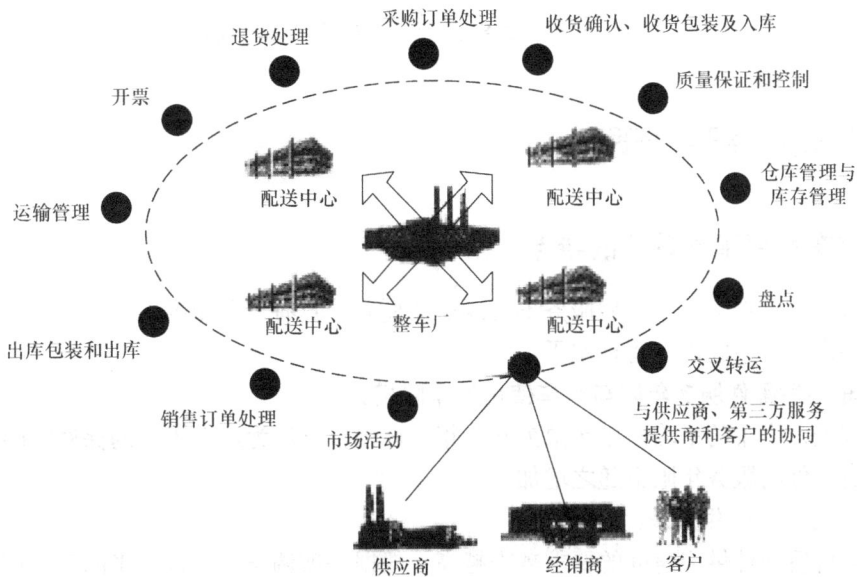

退货处理　采购订单处理　收货确认、收货包装及入库

开票　质量保证和控制

配送中心　配送中心

运输管理　仓库管理与库存管理

整车厂

出库包装和出库　配送中心　配送中心　盘点

交叉转运

销售订单处理　市场活动　与供应商、第三方服务提供商和客户的协同

供应商　经销商　客户

图 2-6　汽车厂商在售后配件供应链上的业务操作

2. 经销商的售后配件主要业务

从配件的需求来看，包括客户专订（通常来自车辆维修的要求）、库存补充订货、采购申请和调拨申请几种类型；从配件的领用来看，通常包括维修领用、零售外销以及调拨等几种情况。经销商的配件管理流程如图 2-7 所示。

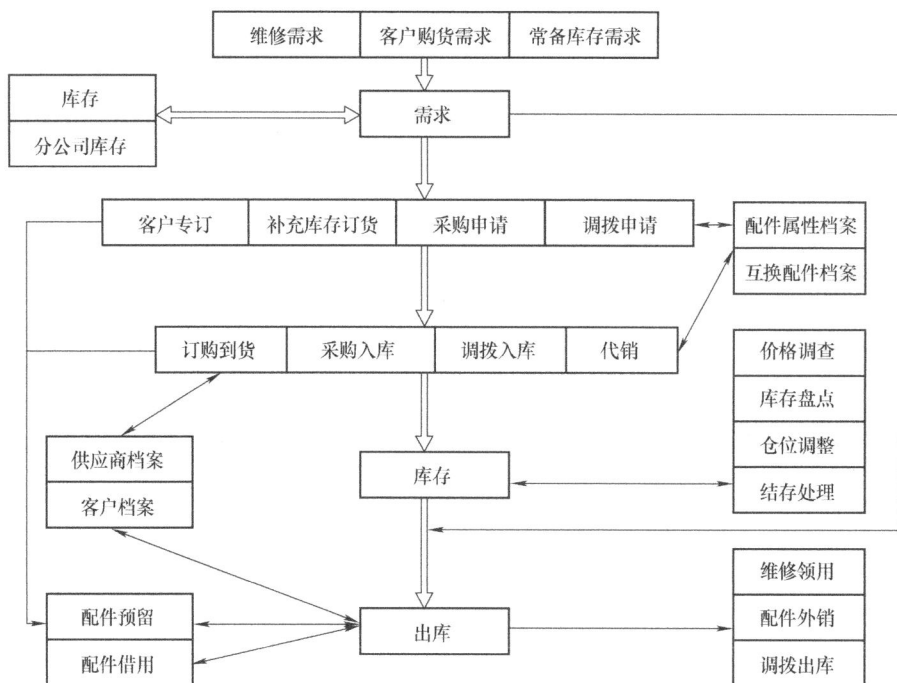

图 2-7　经销商的售后配件供应链管理业务流程

2.3　汽车售后配件管理

2.3.1　汽车售后配件管理的特点

汽车售后配件作为汽车售后服务不可缺少的要素，具有十分重要的特点，它在很大程度上影响和决定着售后配件的管理水平。

1. 汽车售后配件服务年限与汽车使用的年限相关

根据调查，汽车的平均使用年限为 9.3 年，许多整车厂为新车提供的保修时间延长，因此汽车售后配件的服务年限也随之增加。

2. 汽车售后配件供应及时化

客户对售后配件供应速度的要求越来越高，根据一项调查，将近一半的整车厂都承诺在24 小时内将需要的配件配送给经销商，因此在售后配件供应领域，优先级最高的是响应时间。

3. 汽车售后配件管理协同化

汽车售后配件服务需要汽车企业内部各个部门和跨企业之间的协同。在企业内部，配件管理主要涉及销售、制造、仓库、采购和物流等部门。在企业外部，配件管理涉及经销商和第三方物流。汽车厂商主要依赖经销商为终端客户提供服务，服务时限可达数十年，在配件物流领域主要依赖第三方物流商进行运输、仓储以及配件中心仓库运营。

4. 汽车售后配件管理智能化和信息化

汽车售后服务的目标是获得客户满意，要实现这个目标，客户的需求、客户的满意度、配件产品的质量和可靠性、对客户的响应速度等方面的信息非常重要，因此汽车企业需要通过智能化手段收集、整理和使用来自售后配件的信息，为管理决策提供依据。

2.3.2　汽车售后配件管理面临的挑战

由于汽车技术飞速发展，全球化信息网络和全球化市场形成，消费者需求日益多样化，使得汽车售后服务市场的竞争中心已经由产量竞争、质量竞争、成本竞争发展到服务竞争和时间竞争。整车厂和经销商在售后配件管理上都面临着严峻的挑战。

1. 汽车售后配件的需求具有不确定性和不连续性，很难准确预测

售后配件的需求主要来自车辆维修、事故、定期保养、车主自行维修，这些需求有些可以事先预测，有些则是完全被突发事件所驱动的，具有不确定性。售后配件的消耗时断时续，具有不连续性。配件需求的不确定性和不连续性导致很难准确预测，给库存计划的制订带来了很大的困难。

2. 汽车售后配件的种类飞速膨胀

由于每个车型都有几千种不同的配件，车型的多样化放大了配件的多样化。丰田公司在北美提供近 30 种不同车型，需要储存 25 万种零部件。随着新车型的不断推出，库存配件的种类和数量增长迅猛，面对成千上万不同的库存存储单元（SKU），如何实行高效的仓库管理，对整车厂和经销商是一个极大的考验。

3. 客户对售后配件供应的响应速度要求越来越高，近于苛刻

随着生活节奏的加快，客户对汽车售后服务时间的要求越来越高。顾客到 4S 店修车，要求维修的时间越短越好。据调查，如果 4S 店因缺少配件而不能及时修车，14% 的客户不愿意等待，选择离开。即使客户把车留在 4S 店继续维修，对 4S 店的满意度也会大打折扣。同样，汽车 4S 店对整车厂的交货时间要求也越来越高了，为了减少库存，同时保证及时维修，不仅要求整车厂按时交货，而且要求交货期也越来越短。

面对这些挑战，如何提高售后配件管理水平已成为摆在整车厂和经销商面前的重要课题。

2.3.3　引入供应链管理理念进行汽车售后配件管理

供应链管理是对供应链中的物料流、信息流、资金流、业务流以及贸易伙伴关系等进行的计划、组织、协调与控制一体化管理过程。它是一种新型的管理策略，把不同企业集成起来以增加整个供应链的效率。

1. 在汽车售后配件管理中运用供应链管理的好处

（1）可以实现供求的良好结合。在供应链管理中，供应链把供应商（整车厂）、分销商、经销商紧密连接在一起，并对之进行协调、优化管理，使企业之间形成良好的相互关系，使产品、信息的流通渠道缩至最短，从而可以使消费者的需求信息沿着供应链逆向准确地、迅速地反馈给生产厂商。生产商据此做出正确决策，保证供求的良好结合。

（2）可以促进企业采用现代手段。在供应链管理中，信息技术的广泛利用是成功的关键。在整个供应链中，各节点企业为共同的整体利益而努力。要达到这个目标，整个供应链的物料流、资金流、信息流必须保证畅通无阻，供应链上的各个企业都采用先进技术与设备以及科学的管理方法，为客户提供良好的服务。生产、流通和销售规模越大，则物流技术、信息技术、管理手段则越需要现代化。

（3）可以降低库存，降低成本。供应链管理要求各环节都达到优化，建立良好的相互关系，采用先进的设备。产品和信息在网络间迅速流动，减少了库存量，避免了浪费，减少了资金占用，从而降低了库存成本。

（4）有效地减少流通费用。供应链通过各企业的优化组合，构建了快捷的流通渠道，消除了中间不必要的流通环节，大大缩短了流通路线，从而有效地减少了流通费用。

2. 汽车售后配件管理的内容

在供应链管理环境下，汽车售后配件管理主要包括以下内容：

（1）汽车售后配件采购管理。从汽车售后配件采购分析入手，分析汽车售后配件的需求量，按照一定的采购流程进行采购。在采购过程中进行供应商的选择、采购渠道的选择、采购方式的选择、采购时间和采购数量的确定等采购决策，除此之外还有采购订单的管理以及采购配件质量的鉴别。汽车售后配件采购管理是基于供应链环境下，运用供应链管理思想和管理方法进行的管理。

（2）汽车售后配件库存控制。库存控制是汽车售后配件管理中的一个重要问题。由于汽车售后配件供应链的多层级性，每个层级上都需要设置库存，库存是一把双刃剑，库存过高和过低都会影响汽车售后配件管理绩效。因此，在汽车售后配件库存控制中，需要解决如何有效地进行库存控制，如何在一定服务水平下设置合理的安全库存，如何对汽车售后配件供应链多级库存进行优化等问题。

（3）汽车售后配件仓储管理。汽车售后配件仓储管理主要包括配件入库、配件保管和保养、配件出库、配件盘点以及配件仓库安全管理等内容。其中每一个环节的管理质量将直接影响着汽车售后配件的仓储管理质量，因此，在供应链环境下汽车售后配件的仓储管理需要进一步优化。

（4）汽车售后配件配送管理。汽车售后配件配送是汽车售后配件物流中的重要环节，汽车售后配件配送工作的好坏直接影响客户满意度和配件企业的经济效益。汽车售后配件管理包括配送模式的选择、配送业务流程管理、配送中心规划以及配送合理化策略等，其目的是以较低的物流成本为客户提供安全、快捷、优质的物流服务，提高客户满意度。

（5）汽车售后配件销售管理。汽车销售是实现汽车配件经营企业利润的关键环节。汽车售后配件销售管理侧重于销售渠道和经营模式的管理。随着电子商务的发展，基于电子商务的汽车售后配件销售逐渐成为汽车配件营销的主导模式。

（6）汽车售后配件售后服务。汽车售后配件售后服务作为汽车配件销售的后续服务，对于维系客户，提高客户的满意度至关重要。因此，汽车售后配件售后服务管理应侧重于客户服务，从维持与客户良好关系、增加客户黏度的角度实施一系列管理策略。汽车售后配件售后服务主要包括客户服务、汽车售后配件的替换与索赔服务。

（7）汽车售后配件信息管理。随着信息技术的广泛应用，建立汽车售后配件管理信息系统成为必然。汽车售后配件实行信息系统管理，有利于加强汽车配件企业的进销存管理，提高运营水平，减少库存，降低成本，提高客户服务水平，为企业决策提供科学的依据。汽车售后配件信息管理系统主要包括汽车配件基本信息管理、出入库管理、库存管理、财务管理及查询统计等系统模块。

（8）汽车售后配件绩效评价。绩效评价是汽车售后配件管理的重要内容之一。运用供应链绩效评价的理论与方法对汽车售后配件供应链绩效进行评价，包括汽车售后配件供应链绩效评价体系的构建、关键绩效指标的设定以及绩效评价方法的运用。

———————★ 本 章 小 结 ★———————

汽车售后配件是指构成汽车整体的各单元及服务于汽车的产品，按照配件的使用性质可分为消耗件、易损件、维修件、基础件和事故件。汽车用户在使用过程中因维修产生了对汽车配件的需求，从而构成汽车售后配件市场。在汽车配件市场中，主要的经营主体是大型的汽车配件供应商、汽车配件经销商和各种汽车维修站。随着汽车消费的大众化，汽车配件市场需求激增，竞争日趋激烈。随着国外汽车配件企业的进入，市场将朝着全球化、品牌化、规范化的方向发展。

汽车售后配件的信息流、物流、资金流经过"整车厂（售后配件的供应商）—配件配送中心—经销商——最终用户"几个环节，形成了一个完整的汽车售后配件供应链。在汽车售后配件供应链上，由于整车厂和经销商的职能不同，他们所开展的业务活动也不同，整车厂的业务活动主要包括配件网络规划和优化、配件供应链计划及配件供应链操作等。经销商的业务活动是根据用户的需求而进行的订购、入库、储存、发货等工作。

由于汽车售后服务市场环境的不断变化性和汽车售后配件管理自身的复杂性，无论是整车厂还是经销商，都应更新管理观念，引入先进的供应链管理思想，在供应链管理环境下进行汽车售后配件管理，实现配件管理一体化。

本章思考题

1. 汽车售后配件是如何进行分类的？
2. 汽车配件如何编码？
3. 如何通过配件电子目录迅速地找到汽车配件？
4. 什么是汽车配件供应链？供应链上的主要成员有哪些？
5. 汽车生产企业和经销商的售后配件业务是什么？
6. 如何运用供应链管理优化汽车售后配件管理？

本章案例
S 公司汽车售后配件服务供应链

1. S 公司的基本情况介绍

S 公司成立于 1997 年，是中国汽车工业的重要领军企业之一。目前拥有上海浦东金桥、烟台东岳、沈阳北盛 3 大生产基地和一个研发中心，共 4 个整车生产厂、2 个动力总成厂。

金桥基地：占地面积 79.2 万 m²，成立于 1997 年，年生产整车 32 万辆，发动机 51 万台，自动变速器 8 万台，公司连续七次获"最受尊敬企业称号"，三度蝉联中国信息化 500 强第一名和"中国最佳企业公民"称号。

东岳基地：占地面积 166.7 万 m²，成立于 2003 年，年生产整车 24 万辆，发动机 36 万台，自动变速器 30 万台。

北盛基地：占地面积41.3万 m^2，成立于2004年，年生产整车20万辆。

工程技术中心：占地面积为18万 m^2，成立于1997年。

S公司坚持"以客户为中心、以市场为导向"的经营理念，不断打造优质的产品和服务，目前已拥有三大品牌，共20多个系列的产品，覆盖了从顶级豪华车到经济型轿车各梯度市场，以及高性能豪华轿车、MPV、SUV等细分市场。

2. S公司汽车售后配件组织结构

S公司售后配件部门是售后服务的关键部门，是售后服务体系发展的基础，同时也是售后服务体系的利润之源。售后配件销售额和利润率不仅是售后配件的绩效指标，更是整个售后服务体系绩效考核的重要依据。在S公司汽车营销战略中，非常侧重快速市场反应和营销能力的发展，这对售后配件管理能力提出了很高的要求，需要售后配件部门能针对国内配件市场特征，形成自己的竞争优势，提升客户的满意度和忠诚度，提升配件业务销售收入和利润。

2005—2010年S公司的配件销售额持续大幅度增长，如图2-8所示。

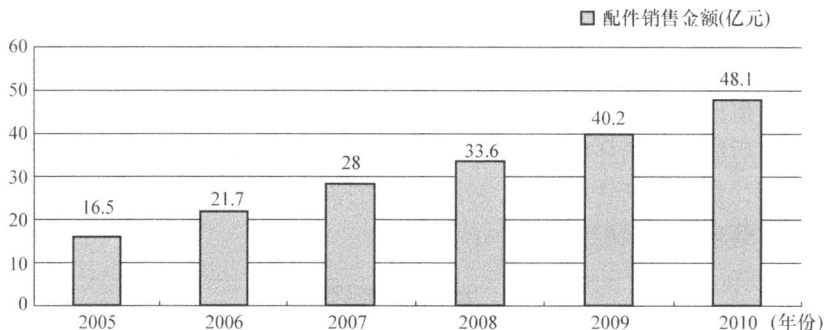

图2-8 S公司2005—2010年汽车配件销售额

S公司的汽车售后配件部门下设配件计划与控制、配件物流、配件销售、附件业务四个业务单元。S公司售后配件的组织架构如图2-9所示。

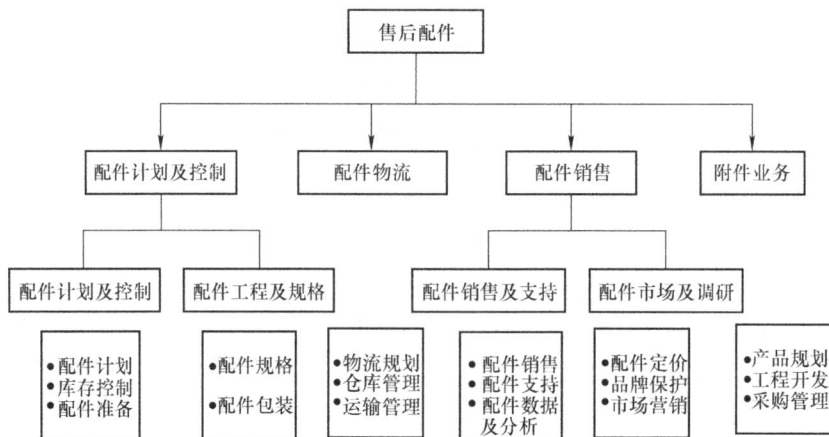

图2-9 S公司售后配件组织架构

配件计划及控制主要负责各类配件的安全库存设定及控制、快流件的跟踪；负责进口、国产、自制配件的需求计划制订和实施；负责各类配件的订购工作，包括确认订单、交货日期和数量；负责各配送中心间的库存平衡和调拨工作；负责该项目配件的准备状态等。

配件工程负责配件编号的制定，通过电子配件目录系统为配件计划提供采购清单，负责配件光盘的发放和更新，负责配件的包装工艺、设计和规格，负责附件的开发和设计。

配件物流主要负责配件的物流规划、方案和实施，配件的日常仓储管理，全国各经销商（ASC）的各类订单的处理，配货、配载及发货等。上海通用售后在全国设有 3 个配送中心（PDC）——上海 PDC、烟台 PDC 和广州 PDC。

PDC 均由第三方物流公司运作。PDC 对常规订单的完成周期是 48 小时，第一天接受经销商提交的订单，第二天 PDC 进行系统订单处理，并做配货、装箱、开票和发运。紧急订单的完成周期是 PDC 在接收到订单后 2 小时完成配货、装箱、开票和发运。配件运输由专业运输公司运作。物流成本约占整个配件销售成本的 15%。

配件销售主要负责年度销售计划及销售管理工作，对各 ASC 在配件方面的管理、检查和业务指导及对配件部门的验收、考核、评定，配件方面的技术咨询及帮助各 ASC 协调解决配件的缺件等问题，配件的业务培训，反馈质量问题等。配件销售支持致力于完成年度销售目标，包括各类常规配件、附件的销售，同时联合供应商进行促销活动，如燃油添加剂促销，联合品牌机油进行销售等各类活动。为及时高效地解决 ASC 配件相关问题，专门成立配件支持中心（PAC），专人负责接听电话，协调有关功能块解决问题。

配件市场调研主要负责配件营销相关信息的收集及市场调研，制定、调整配件的销售价格，配件营销政策、配件管理手册的制定和实行，配件营销活动的策划、实施及效果评估工作等。

3. S 公司售后配件经营模式

S 公司汽车售后配件采用单层次、环闭式的经销模式。所谓"单层次"是指配件从生产厂商处直接供货给别克品牌授权服务中心，大幅度减少了配件从厂家到达用户的中间环节，从根源上降低了配件的价格，保证了别克配件市场的有序性和可靠性。"环闭式"是指对一些技术含量较高、对于维修操作的专业技术水平要求也较高的重要配件，专门由别克服务中心为用户提供服务。实施这种模式的好处是：第一，确保纯正配件供应；第二，全国统一的配件价格；第三，保护 ASC 的利益。S 公司售后配件的经营模式如图 2-10 所示。

4. S 公司售后配件供应链

S 公司汽车配件售后服务供应链是一条推 – 拉混合型供应链。一方面，汽车配件售后服务供应链是由 S 公司推动的。即配件计划根据配件工程释放的配件号，根据历史销量、年限和现有库存，计算出最佳补货点，统一下订单给所有配件供应商（包括国外和国内），之后供应商根据订单的交货周期准时准确地通过各种物流方式将配件送货至 S 公司配送中心。经过配送中心的入库、包装后进入库房管理。当 ASC 通过 DMS 销售系统提出配件需求并下订单时，DMS 销售系统根据目前库存信息，安排配送中心发货，经过陆运或空运等各种配送方式将配件准时、准确地送达 ASC，从而满足客户需求。另一方面，汽车配件售后服务供应链是由客户拉动的。即遇到客户提出的紧急需求时，配件计划通过 DMS 得到 ASC 需求信息并匹配库存信息，当库存不能满足客户需求时，即马上向配件供应商下紧急订单，然后供应

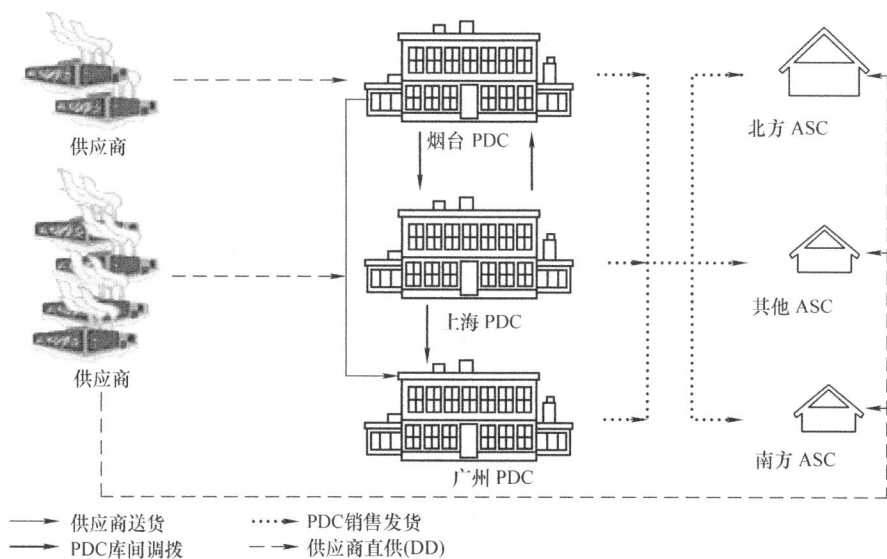

图 2-10　S 公司售后配件经营模式

商以最快的速度交货至配送中心，之后通过紧急空运方式运至 ASC 处。

S 公司汽车售后配件服务供应链的业务流程如图 2-11 所示。

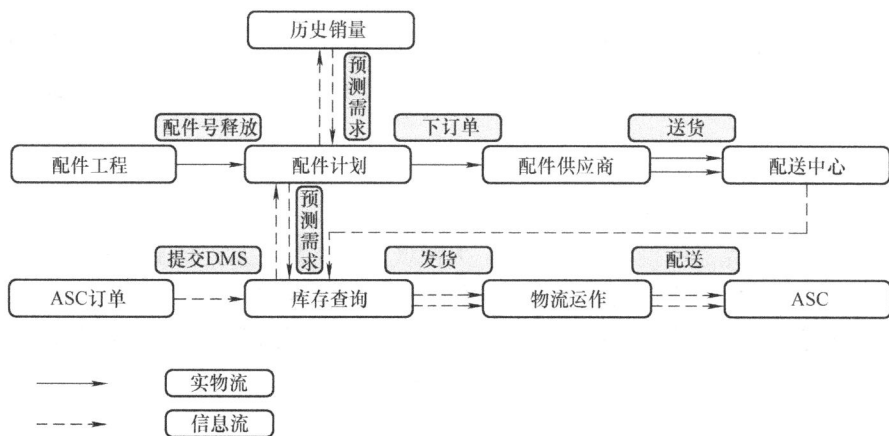

图 2-11　S 公司汽车售后配件服务供应链流程图

延伸阅读
供应链和供应链管理

1. 供应链

（1）供应链的概念。供应链（supply chain，SC）是指围绕核心企业，通过对信息流、物流、资金流的控制，将产品生产和流通中涉及的原材料供应商、制造商、分销商、零售商以及最终用户连成一体的功能网链结构。

供应链既是一条从供应商之供应商到用户之用户的物流链，又是一条价值增值链，还是一种新的组织结构模式。

（2）供应链的结构。供应链是由围绕核心企业的供应商、供应商的供应商和用户、用户的用户组成的一个网链结构。每一个企业在供应链中都是一个节点，节点企业之间是一种需求与供应的关系。每个节点企业既是其客户的供应商，又是供应商的客户。

根据供应链的实际运行情况，在一个供应链系统中，有一个企业处于核心地位。该企业起着对供应链上的信息流、资金流、物流的调度和协调中心作用。从这个角度出发，供应链系统的结构如图 2-12 所示。

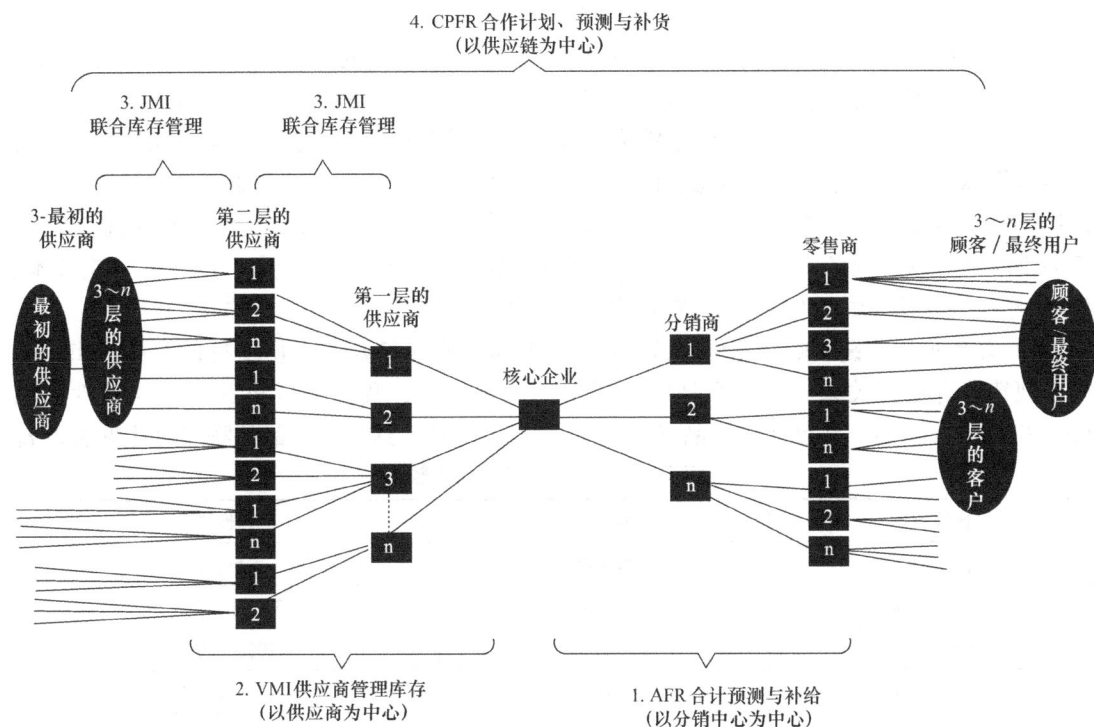

图 2-12　供应链系统的分层结构

从图 2-12 可以看出，供应链由所加盟的节点企业组成，其中有一个核心企业（可以是制造企业，也可以是零售型企业），其他节点企业在核心企业需求信息的驱动下，通过供应链的职能分工与合作（生产、分销、零售等），以资金流、物流或服务流为媒介实现整个供应链的不断增值。

（3）供应链的特点

1）复杂性。供应链是由多个、多类型甚至多国企业构成，供应链节点企业组成的跨度（层次）不同，其结构模式比一般单个企业的结构模式更为复杂。

2）动态性。供应链管理因企业战略和适应市场需求变化的需要，各节点企业需要动态地更新，这使供应链具有明显的动态性。

3）面向用户需求。供应链的形成、存在和重构都是基于一定的市场需求而发生的，并且在供应链的运作过程中，用户的需求拉动是供应链中信息流、产品或服务流、资金流运作的驱动源。

4）交叉性。节点企业可以既是这个供应链的成员，同时又是另一个供应链的成员，众多的供应链形成交叉结构，增加了协调管理的难度。

（4）供应链的类型

1）稳定的供应链和动态的供应链。根据供应链在市场环境中的运作特点，可以将供应链分为稳定的供应链和动态的供应链。基于相对稳定、单一的市场需求而组成的供应链稳定性较强，而基于相对频繁变化、复杂的需求而组成的供应链动态性较强。在实际管理运作中，需要根据不断变化的需求，相应地改变供应链的组成。

2）平衡的供应链和失衡的供应链。根据供应链综合能力与用户需求的关系可以分为平衡的供应链和失衡的供应链。每一个供应链在一定时期、在相对稳定的生产技术和管理水平条件下，由所有节点企业，包括供应商、制造商、运输商、分销商、零售商等形成一定的设备容量和生产能力。当供应链的综合能力能满足用户需求时，供应链处于平衡状态，各项技术经济指标可以达到比较好的状态；而当市场需求变化加剧，供应链企业不是在最优状态下运作，造成供应链成本增加、库存增加、浪费增加等现象时，供应链则会处于失衡状态。平衡的供应链可以实现各主要职能（采购/低采购成本、生产/规模效益、分销/低运输成本、市场/产品多样化和财务/资金运转快）之间的均衡。

3）效率型供应链和响应型供应链。供应链构成类型及特点与它所支持的产品在市场上的表现特点有很大关系。根据产品在市场上的表现特点，我们可以将其分为功能性产品（functional products）和创新性产品（innovative products）。这两类产品的特点对比见表2-7。

表2-7 产品需求特征的比较

比较项目	功能性产品	创新性产品
需求特征	可预测	不可预测
产品寿命周期	>2年	3个月至1年
边际收益	5%~20%	20%~60%
产品多样性	低（10~20）	高（上百）
平均预测误差幅度	10%	40%~100%
平均缺货率	1%~2%	10%~40%
平均季末降价比率	几乎为0	10%~25%
MTO产品的提前期	6个月至1年	1天至2周

在实施供应链管理的时候，应该根据不同的产品特点，选择和设计不同类型的供应链系统。根据支持功能性产品和创新性产品的不同，人们根据在实践中总结的经验，提出了两种类型的供应链：效率型供应链（efficient supply chain）和响应型供应链（responsive supply chain）。效率型供应链主要体现供应链的物料转换功能，即以最低的成本将原材料转化成零部件、半成品、产品以及在供应链中的运输等；根据供应链的功能模式可以把供应链分为有效性供应链和反应性供应链。有效性供应链主要体现供应链的物理功能，即以最低的成本将原材料转化成零部件、半成品、产成品，以及在供应链中的运输等。响应型供应链主要体现供应链的市场中介的功能，即把产品分配到满足用户需要的市场，对未预知的需求做出快速反应等。两类供应链特点的比较如表2-8所示。

表 2-8　响应型供应链与效率型供应链的比较

比较项目	效率型供应链	响应型供应链
主要目标	需求的可预测性，能预测出最低的生产成本的有效需求	快速响应不可预测的需求，减少过期库存产品的减价损失
制造过程的重点	维持高平均利用率	消除多余的缓冲能力
库存战略	追求高回报，使通过供应链上的库存最小	消除大量的零部件和成品缓冲库存
提前期	在不增加成本的前提下缩短提前期	采取主动措施缩短提前期
选择供应商的方法	选择的重点是依据成本和质量	选择的重点是依据速度、柔性和质量
产品设计策略	绩效最大，成本最小	使用模块化设计，尽量延迟产品差异化

　　4）敏捷型供应链。效率型供应链和响应型供应链的划分主要是从市场需求变化的角度出发的，重点是供应链如何处理市场需求不确定的运作问题。在供应链管理实际过程中，不仅要处理来自需求端的不确定性问题，而且还要处理来自供应端的不确定性问题。在有些情况下，来自供应端的不确定性对整个供应链运作绩效的影响可能更大一些。

　　从供应和需求两个不确定性方面对供应链运作管理的影响出发，人们进一步细分了供应链的类型，如图 2-13 所示。

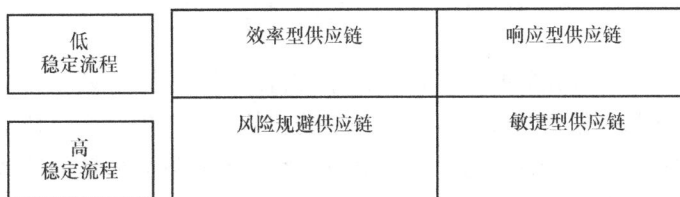

图 2-13　考虑需求不确定性和供应不确定性的供应链类型

　　敏捷型供应链应该是一种综合能力最强的供应链系统，它能够对来自需求和供应的不确定性做出及时反应，使自己始终能够围绕运行环境的变化而变化。

　　2. 供应链管理

　　（1）供应链管理的概念。最早人们将供应链管理的重点放在管理库存上，作为平衡有限的生产能力和适应用户需求变化的缓冲手段，通过各种协调手段，寻求把产品迅速、可靠地送到用户手中所需要的费用与生产、库存管理费用之间的平衡点，从而确定最佳的库存投资额。因此其任务是管理库存与运输。现在的供应链管理则把供应链上的各个企业作为一个不可分割的整体，使供应链上的各企业分担采购、生产、分销和销售等职能，成为一个协调发展的有机体。供应链管理是一种集成的管理思想和方法，执行供应链中从供应商到最终用户的物流的计划和控制等职能。

　　供应链管理（supply chain management，SCM）就是使供应链运作达到最优化，以最少的成本，令供应链从采购到满足最终顾客的所有过程，包括工作流（work flow）、实物流（physical flow）、资金流（funds flow）和信息流（information flow）等均高效地操作，把合适的产品以合理的价格及时准确地送到消费者手上。

　　（2）供应链管理的内容。供应链管理主要涉及六个主要领域：需求管理（demand management）、生产计划（schedule planning）、订单交付（fulfillment）、物流管理（logistics management)、供应（sourcing）和回流（return）。供应链管理是以同步化、集成化生产计划为指导，以各种技术为支持，尤其以网络技术为依托，围绕需求管理、供应、生产作业、物流、订单交付来实施的，其目标在于提高用户服务水平和降低总的交易成本，并且寻求这两个目标的平衡点，如图2-14所示。

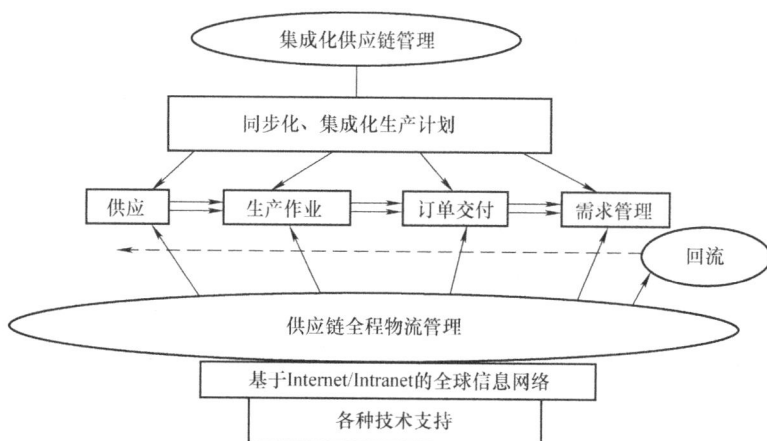

图2-14 供应链管理所涉及的领域

以需求管理、计划、物流管理、供应、订单交付及回流这六个领域为基础，可以将供应链管理细分为职能领域和辅助领域。职能领域主要包括产品开发、产品技术保证、采购、制造、生产控制、库存控制、仓储管理、分销管理、市场营销等。而辅助领域主要包括客户服务、设计工程、会计核算、人力资源等。

由此可见，供应链管理关心的并不仅仅是物料实体在供应链中的流动。除了企业内部与企业之间的运输、仓储和实物分销以外，供应链管理还包括以下主要内容。

1）战略性供应商和用户合作伙伴关系管理。

2）供应链产品需求预测和计划。

3）供应链的设计（全球节点企业、资源、设备的评价、选择和定位）。

4）企业内部各工序与企业之间物料供应与需求同步管理。

5）基于供应链管理的产品设计与制造管理、生产集成化计划、跟踪和控制。

6）基于供应链的用户服务和物流（运输、库存、包装等）管理。

7）企业间资金流管理（汇率、成本等问题）。

8）基于Internet的供应链交互信息管理等。

（3）供应链管理与传统管理模式的区别。从供应链管理的内容可以看出，它与传统的企业内部物料管理与控制有着明显的区别，主要体现在以下几个方面：

1）供应链管理把供应链中所有的节点企业看作一个整体，供应链管理涵盖整个供应链上物流的、从供应商到最终用户的采购、制造、分销、零售等职能领域过程，如图2-15所示。

2）供应链管理强调和依赖战略管理。"供应"是整个供应链中节点企业之间共享的一个概念（任两节点之间都是供应与需求关系），同时它又是一个具有重要战略意义的概念，因为它影响甚至可以说它决定了整个供应链的成本和市场占有份额。

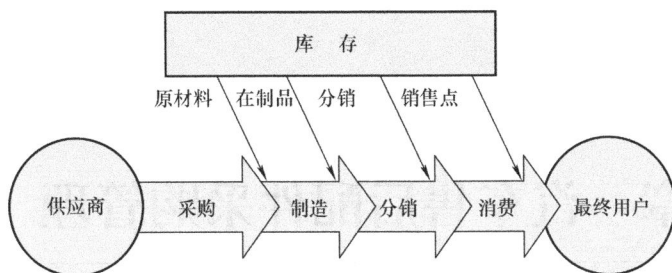

图 2-15　供应链管理的范围

3）供应链管理的关键是对所有相关企业采用集成的管理思想和方法，而不仅仅是把各个节点企业的资源简单地连接起来或者将业务外包出去。

4）供应链管理强调在企业间建立合作伙伴关系，通过提高相互信任程度和合作关系水平来提高整个供应链对客户的服务水平，而不是把企业之间的业务往来简单地看作是一次商业交易活动。

5）建立供应链管理的协调与激励机制是最具挑战性的任务。如果没有供应链企业之间的协调运作，以上所提出的供应链管理的目标都是很难实现的。这种协调运作必须靠激励机制保证，这是传统企业管理不曾遇到的问题。

第3章 汽车售后配件采购管理

·本章导读·

汽车售后配件采购管理是汽车配件管理的重要组成部分。一般而言，配件采购管理是指为保障售后配件供应而对企业采购活动进行的管理，其目标是在确保适当质量的前提下，能够以适当的价格，在适当的时期，从适当的供应商那里采购到适当数量的配件。汽车配件的采购流程是信息流、物流和资金流的交互过程，其核心是判断在什么时间、与谁、以什么方式进行交互，因此涉及配件采购需求分析、采购渠道和采购方式的选择、采购时间和采购数量的确定、供应商的选择、采购订单的管理以及配件质量的验收等一系列问题。本章就这些问题进行探讨。

3.1 汽车售后配件采购需求分析

3.1.1 汽车售后配件的采购需求分析

汽车售后配件的采购需求就是对汽车配件的特征描述。采购需求的一项重要内容是技术规格，如质量、性能、功能、体积、符号、标志、工艺与方法等，技术规格一方面反映了采购的要求，另一方面也是对供应商响应情况的评审依据。经销商一般采取一些简单有效的方法编制配件采购计划，从而得到采购订单和调拨单的建议方案。

例如：某经销商管理系统确定配件采购需求的一般流程如图 3-1 所示。

由图 3-1 可以看出，在确定配件的采购需求时一般会考虑几个因素：

（1）历史销售次数：在过去一段时间里（如 12 个月）该配件被销售的次数。

（2）历史销售数量：在过去一段时间里（如 12 个月）该配件被销售的数量。

（3）季节性因素：根据季节不同，对配件的需求也不同。

（4）配件消耗趋势：随着时间的变化，配件的消耗常常会表现出明显的趋势。如随着新车型的上市，相关配件的消耗从无到有，呈现出逐渐增加的明显趋势。

（5）配件消耗的波动性。

由此可见，汽车售后配件的需求受到配件销售和配件消耗两个因素的影响，配件的消耗直接决定该配件的需求量。从宏观上看，售后配件的消耗是由车辆的社会保有量框定的，某一地区某一车型的保有量越大，对应配件的需求量也就越高；从微观上看，售后配件的需求是由个体车辆在生命周期中的使用情况决定的，无论是保养、故障处理还是交通事故，最终

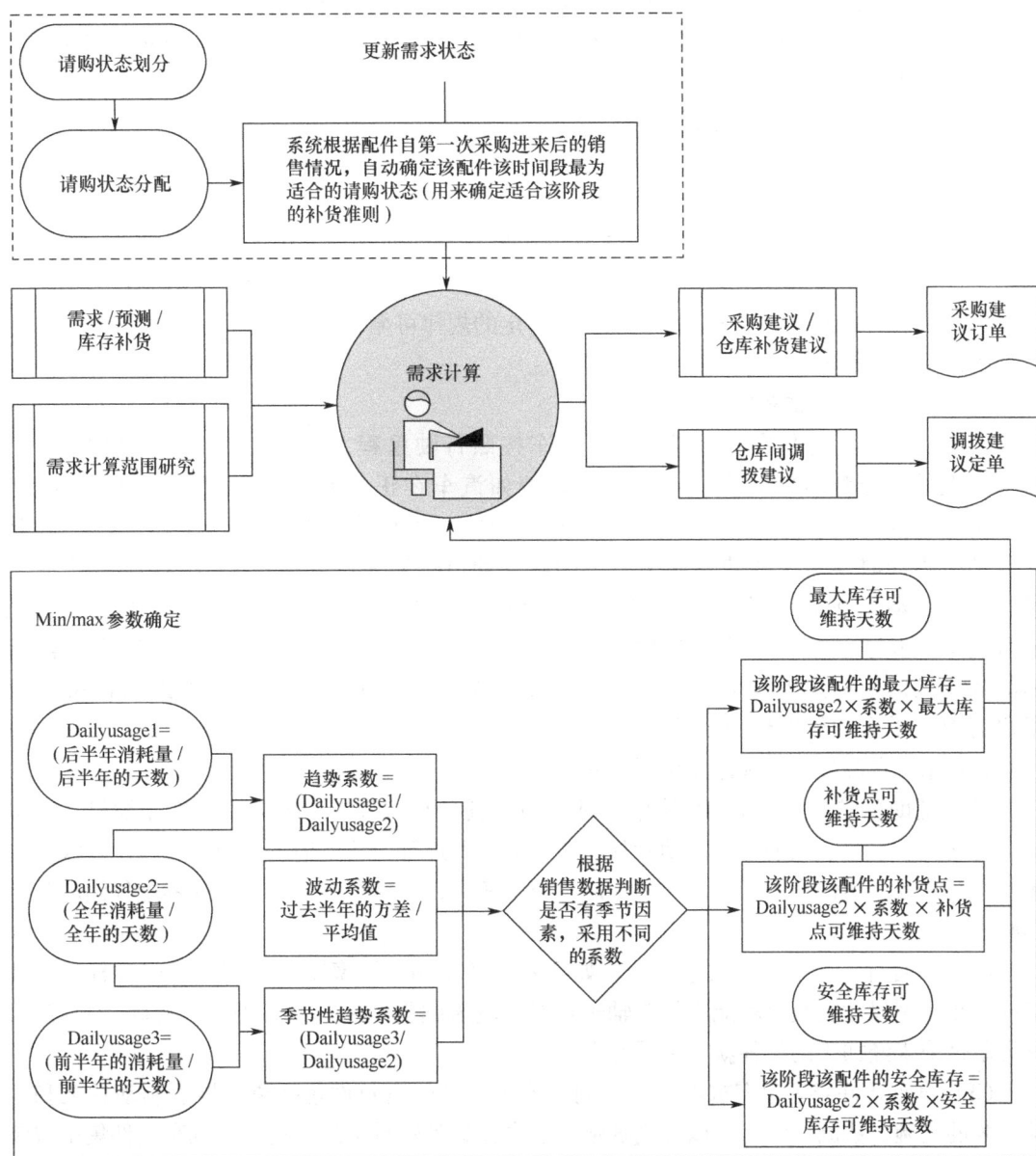

图 3-1　某经销商管理系统计算采购需求的流程

都会导致配件消耗，形成一定的需求。

3.1.2　汽车售后配件的需求预测

充足的备件供应能够满足售后维修的需求，提高用户满意度，对巩固市场和开拓市场起着重要的作用。但备件储备量过多会导致库存积压，资金占用，备件功能失效，存储费用增加，浪费资源。备件储备量过少则会导致备件供应断货，不能及时满足用户需求，造成用户投诉，影响品牌形象。因而，企业应当追求合理的库存储备，做到既满足供应需求，又节约仓储成本，这就需要科学预测。因此配件需求预测的目标是合理储存各种配件的数量，包括车型停产后的车辆所需配件的储存。选择合适的预测方法可以对未来某一时间的配件需求进行较准确的预测。

1. 影响汽车售后配件需求的因素

（1）从宏观上看，售后配件的需求是由车辆在社会上的保有量决定的，某一地区单一车型的保有量越大，对应备件的需求量也就越大。

（2）从微观上看，售后配件的需求是由车辆本身在使用周期中的情况而定的，车辆保养、正常维修、交通事故，都需要大量的配件消耗。

因此，售后配件的需求根据消耗情况有一定的规律可循，对以往的配件消耗历史记录进行分析，可得出较准确的未来备件需求情况。

2. 汽车配件消耗的规律性

汽车配件的消耗是有一定规律的。汽车按照行驶里程，有各级维护和修理的规定，每种类型的维修都需要调换若干种配件。例如汽车在正常使用寿命期，零配件的损坏是随机的、偶发的。如果其设计和制造质量较好，损坏率一般很低。又如活塞一般是在发动机大修时才需更换的，如某车型的新发动机平均大修里程是 24 万 km，那么有一半左右的发动机在这个里程之前需要更换活塞。再如矿山、油田、专业运输公司、机关事业单位及建筑施工单位，在用车辆都有一定的配件消耗定额以及按照这个定额编制的各车型的配件采购计划。因此，掌握车辆配件消耗的规律性，就可以根据市场和用户需求，采取积极的经销措施。

近年来汽车配件消耗规律发生了一些变化：

（1）辅助总成换件增加。维修中经常更换的辅助总成件有分电器、空气压缩机、发电机、起动机、水泵、汽油泵、制动蹄片、离合器摩擦片等。遇有辅助总成故障，用户大多要求换上新总成，旧件换下维修后作备件用。与之相应，组成这些辅助总成的零配件消耗就急剧减少了。

（2）组合件、成套件的大量使用。如活塞带环带销、活塞带环带销并且带连杆、精加工成各级修理尺寸且装上就能用的曲轴轴瓦等，越来越受到用户和修理工的青睐。相应地，这类单件或未经加工的品种就会遭受冷遇。

（3）汽车备件修理包需求增加。车辆保养中必换的密封件包括离合器、制动总泵和制动分泵的皮碗、垫圈、油封，以及气缸垫、油底壳垫等密封垫片，把这些汽车配件集中包装制成的各种修理包，尤其受到用户和修理工的欢迎，需求量增加。

（4）小规格容器包装的润滑油（脂）和特种液，因其具有携带加注方便、较少废弃的优点，尤其适合单台车辆使用，非常受车主的喜爱。随着私家汽车数量的增加，这种配件的需求量也在大幅增加。

3. 汽车售后配件预测的方法

进行售后配件的需求预测，需要建立一定的数学模型，进行定量的预测分析，通常是依据某种车型某些零件的年消耗量，结合其车型的保有量或按照历年备件的实际消耗进行一定的数学分析。一般采用基于时间序列预测法和基于产品生命周期预测法。

（1）基于时间序列预测法　时间序列是指以按时间先后顺序排列而成的各种经济指标统计数据。时间序列预测法就是将购买力增长、经济发展等变数相同的一组观察值，按时间的顺序加以排列，构成同级的时间序列，并运用一定的数学方法使之向外延伸，由此预计时差带来的发展变化趋势，最终确定市场预测值。

时间序列预测法主要有简单平均法、移动平均法和指数平滑法三种。

1）简单平均法。简单平均法是通过一定观察期内时间序列的数据求得平均数，以平均数为基础确定预测值的方法。这是市场预测中最简单的时间序列预测法。

简单平均法最常用的计算方法有算术平均法和加权算术平均法。

① 算术平均法。根据对 n 个观察值计算平均值作为预测值，算术平均法的数学模型为：

$$Y_{n+1}^t = \frac{\sum_{i-1}^n Y_i}{n} = \frac{Y_1 + Y_2 + \cdots + Y_n}{n}$$

式中 Y_{n+1}^t 为第 $n+1$ 期销售量的预测值；

Y_i 为第 i 期的实际销售量；

n 为所选期数。

例1：某汽车配件企业前12个月的汽车配件销售量依次为30万元、35万元、20万元、26万元、32万元、38万元、47万元、50万元、42万元、36万元、55万元和58万元。利用算术平均法预测第13个月的销售量。

解：

$$y_{13} = \frac{30 + 35 + 20 + 26 + 32 + 38 + 47 + 50 + 42 + 36 + 55 + 58}{12} = 39 \ （万元）$$

从上述计算结果可知：该市场第13期的汽车配件销售量预计为39万元。

算术平均法计算简单，因而用起来很方便，但把用全部资料之和除以资料个数而求得的算术平均值直接作为预测值，其精确度不会很高，而且因为使用的都是过去统计的资料，无法反映市场状况的变化及发展趋势，预测结果往往与实际结果有偏差。

② 加权算术平均法。加权算术平均法是在预测中根据每个实际观察值的重要性给予不同的权数。加权算术平均法根据越是近期数据对预测值影响越大这一特点，对近期数据给予较大的权数，对较远期的数据给予较小的权数，以此来弥补算术平均法的不足。加权算术平均法的数学模型为：

$$y_w = \frac{\sum_{i=1}^n w_i x_i}{\sum_{i=1}^n w_i}$$

式中 y_w——预测值（观察值的加权算术平均数）；

x_i——第 i 期实际观察值；

w_i——x_i 的对应权数；

n——所选期数。

例2：某配件企业2009年1～6月的销售额分别为26万元、27万元、24万元、28万元、26万元和25万元，假定给予这6个月观察值相应的权数依次为1、2、3、4、5和6，用加权算术平均法预测该配件企业7月的销售额。

解：用加权算术平均法计算的7月的预测值为：

$$y_w = \frac{\sum\limits_{i=1}^{n} w_i x_i}{\sum\limits_{i=1}^{n} w_i} = \frac{1 \times 26 + 2 \times 27 + 3 \times 24 + 4 \times 28 + 5 \times 26 + 6 \times 25}{1 + 2 + 3 + 4 + 5 + 6} = 25.9(万元)$$

2）移动平均法。移动平均法是在算术平均法的基础上发展起来的预测方法，它是根据已有的时间序列统计数据，加以平均化，以此推断未来发展趋势的预测方法。

移动平均就是将已有的时间序列数据分段平均，并逐期移动，经移动平均后，就能消除季节性、周期性变动或突发事件等影响因素。这种方法一般适用于变动不大的、比较单纯的预测对象的短期预测。

移动平均法可分为简单移动平均法和加权移动平均法。

① 简单移动平均法，又称为一次移动平均法，即通过一次移动平均进行预测的方法。它按照选定段的大小，对已有的时间序列数据逐段平均，每次移动一个时期。具体做法就是把最后一期的移动平均值作为下一期的预测值。其计算公式为：

$$y_{n+1} = \frac{1}{k} \sum_{i=n-k+1}^{n} y_i$$

例3：大众汽车制造厂生产的宝来车摩擦片 L1J0698151D 在 2011 年前 10 个月的销售数量见表3-1。

现分别取移动跨期 $k=5$ 和 $k=7$ 来计算第 11 个月的销售额的预测值。

表3-1 宝来车摩擦片 L1J0698151D 销售额预测计算表

月份	销售量/片	5 期移动平均数 $k=5$	7 期移动平均数 $k=7$
1 月	5102		
2 月	5213		
3 月	4805		
4 月	4011		
5 月	5602		
6 月	5217	4928	
7 月	6958	4969	
8 月	5762	5318	5256
9 月	4855	5510	5367
10 月	7960	5679	5316
11 月		6150	5766

解：计算结果见表3-1。

当 $k=5$ 时，则第 11 个月的预测值为：

$Y_{11} = 1/5 \times (5217 + 6958 + 5762 + 4855 + 7690) = 6150$（片）

当 $k=7$ 时，则第 11 个月的预测值为：

$Y_{11} = 1/7 \times (4011 + 5602 + 5217 + 6958 + 5762 + 4855 + 7960) = 5766$（片）

从此例可以看出，应用简单移动平均法时要注意的关键问题是移动跨期 k 的取值，k 的取值不同，则移动平均值也不同。k 取值大，移动平均数对其干扰的敏感性低，预测值的趋势性比较平稳，但可能落后于发展的趋势。k 取值小，移动平均数反映实际趋势较敏感，但也因此而易造成错觉。k 的取值应视具体情况来定。一般来说，若时间序列数据波动大，k 宜取大值，反之 k 应取小值。同时，k 的取值还应考虑资料中给出期数的多少。

② 加权移动平均法。加权移动平均法是指在移动平均的基础上加以优化，在预测时对近期的数据给以较大的权重，对远期的数据给以较小的权重的一种预测方法。

加权移动平均法认为近期的预测趋势可信度高，反映敏感度高，故加以较大权重；认为远期的预测趋势可信度低，信息比较迟滞，所以加以较小权重。

加权移动平均法的计算公式：

$$y_{t+1} \frac{a_0 x_t + a_1 x_{t-1} + \cdots + a_{N-1} x_{t-N+1}}{N} = w_0 x_t + w_1 x_{t-1} + \cdots + w_{t-N} x_{t-N+1}$$

式中　y_{t+1}——（$t+1$）期的一次移动平均预测值，即 $y_{t+1} = \hat{x}_t$；

　　　a——每期权重；

　　　N——移动跨期；

　　　w_t——加权因子，即 $\sum\limits_{t=1}^{N-1} wt = 1$。

3）指数平滑法。指数平滑法的原理就是认为最新的观察值包含了更多的未来信息，因而应赋予最大的权重，离现在越远的观察值则应赋予的权重越小。通过这种加权的方式，平滑掉观察值序列中的随机信息，找出发展的主要趋势。

指数平滑法按平滑次数不同分为一次指数平滑法、二次指数平滑法和三次指数平滑法。

一次指数平滑（First-Order Exponential Smoothing，FOES）模型基于少量的历史需求信息，使用一次指数平滑技术来确定未来的需求。

FOES 的计算公式是：

$$F(p+1) = \alpha \times V(p) + (1-\alpha) \times F(p)$$

式中　$F(p+1)$——对时间阶段（$p+1$）的预测；

　　　$F(p)$——对时间阶段 p 的预测；

　　　$V(p)$——上一个时间阶段 p 的实际数值；

　　　α——平滑指数。

简单地说，FOES 的算法是"对时间阶段（$p+1$）的预测值等于时间阶段 p 的实际值的 α 倍，然后加上时间阶段（p）的预测值的（$1-\alpha$）倍"。也就是说，FOES 根据上一阶段的实际需求和预测需求来预测下一阶段的需求，两者的权重分别为 α 和（$1-\alpha$）。

FOES 的计算公式也可以表示为：$F(p+1) = F(p) + \alpha \times [V(p) - F(p)]$

例4：如表 3-2 所示，用 FOES 模型进行需求预测（$\alpha = 0.7$）。

表3-2　使用 FOES 模型进行需求预测

月份	实际需求	预测值
1 月	35	35
2 月	32	35
3 月	36	32.9
4 月	34	35.07
5 月		34.32

FOES 是一种权数为 α 的加权预测。它既不需要存储全部历史数据，也不需要存储一组数据，因此大大简化了数据存储问题，甚至有时只需要一个最新观察值、最新预测值和 α 值，就可以进行预测。FOES 适合于进行短期预测和非季节性的、没有趋势的需求预测。

4）时间序列预测方法的综合分析。汽车售后配件预测方法的确定要根据预测值与实际值的对比而定，通过以上时间序列预测方法的介绍，以一汽大众汽车厂的迈腾变速器油底壳（编号 09G321361A）为例，将 2010 年 6 月至 2011 年 6 月的销售数据，分别用简单移动平均法、加权移动平均法、一次指数平滑法进行了预测，通过系统测算，将上述各个预测方法的预测值与实际值的曲线进行综合对比，如图 3-2 所示。

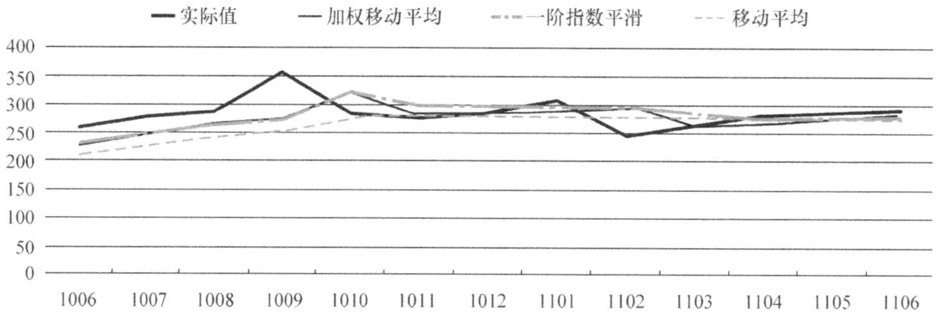

图 3-2　不同时间序列预测方法分析比较

再通过系统计算，得出这几种预测方法的均方值结果，如表 3-3 所示。

表 3-3　不同时间序列预测方法的均方值

序号	预测方法	方法描述	均方值
1	简单移动平均法	前 6 个月平均	179
2	加权移动平均法	前 6 个月平均 ×0.4 + 前 1 个月 ×0.6	141
3	一次指数平滑法	前 1 个月实际值 ×α + 前 1 个月预测值 ×(1 − α)	135

结果显示一次指数平滑法的均方值最低。所以，对于迈腾变速器油底壳（编号 09G321361A），最接近实际值的预测方法是一次指数平滑法，在实际工作中就可以用此方法对变速器油底壳等配件的需求量进行预测。半年之后，可以再进行预测方法数值的对比，如果一次指数平滑法的预测结果依然接近实际值，可继续沿用此方法；如果其他方法接近实际值，可进行综合分析，重新选择预测方法。

（2）基于产品生命周期预测法　产品生命周期就是产品从进入市场到退出市场所经历的市场生命循环过程。不但汽车有其产品生命周期，配件也存在生命周期。

1）汽车售后配件的生命周期。汽车售后配件的生命周期通常指从对应车型进入市场后开始，直到该车型退出使用领域这一阶段。该车型生命周期的不同发展阶段决定了售后配件库存的特征。

随着某种新车型市场保有量的增加，售后配件的需求迅速增长，经过或长或短的销售期，随着该种车型停产和新车型上市，配件的需求会逐渐下降直到为零。

2）汽车售后配件的生命周期各阶段需求特点。

① 导入期：新车型上市，汽车制造商必须准备足够的售后配件以保证故障车辆的维修

使用。由于新车型刚投放市场，车辆销售情况和市场反应存在着不确定性，因此售后维修配件的需求量也具有极大的不确定性，且在时间上存在滞后期。

② 增长期：随着新车型推向市场时间的累积，市场保有量不断增加，售后配件需求也在快速增加。

③ 成熟期：新车型的保有量趋于稳定，售后配件的需求也随之趋于稳定。

④ 衰退期：由于车型的改款和换代，汽车售后配件的供应从正常供应转为生命末期供应。一般而言，汽车制造商需要保证停产车型未来 15 年的配件需求，因此在该车型停产后，汽车售后配件需求量会大幅减少，但不会戛然而止。

在进行需求量预测时，需要充分考虑到配件和对应的车型各自的产品生命周期，汽车售后配件在生命周期不同阶段的需求量如图 3-3 所示。

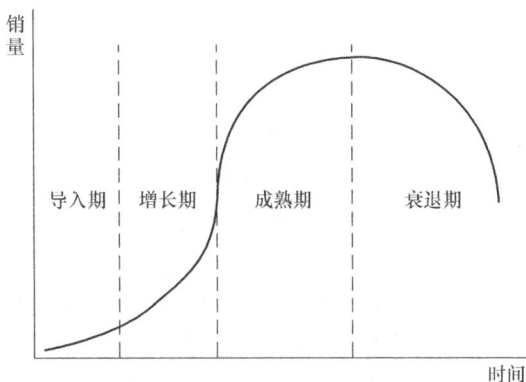

图 3-3　产品不同生命周期的需求量

3）基于产品生命周期预测模型

① 基于配件寿命的预测模型。这种方法是根据配件寿命来预测配件的需求量。汽车配件的需求可以根据以下四个参数来预测：该配件安装车辆在某地区的社会保有量、车辆平均行驶里程、配件的使用寿命、配件在每台车上的数量。

例 5：

假定：该地区车辆数 $A = 1000$ 辆；

每辆车月平均行驶里程 $B = 2000\text{km}$；

滤芯的使用寿命 $G1$ 为 5000km，活塞的使用寿命 $G2$ 为 100 000km；

每辆车安装的滤芯 $D1$ 为 1 个，活塞 $D2$ 为 4 个。

预测机油滤芯和活塞的年需求量。

解：（1）每年所需的滤芯数量：

$$A \times B \times 12 \times D1/C1 = 1000 \times 2000 \times 12 \times 1/5000 = 4800 \text{ 个}$$

（2）每年所需的活塞数量：

$$A \times B \times 12 \times D2/c = 1000 \times 2000 \times 12 \times 4/100000 = 960 \text{ 个}$$

这种方法只适用于规律性磨损及规律性保养的需求，带有一定的局限性，但是仍然具有十分重要的参考价值。

② 新配件需求预测模型。对新配件的需求预测应运用上升需求模型（Phase-in）。由于没有任何历史数据，因此预测的依据来自类似配件的历史数据。

③ 停产车型配件需求预测模型。停产车型配件需求预测模型（Declining Demand Model）是用来对已经停产的车型上的配件进行需求预测。虽然车型已经停产，但是仍然需要在一定的时间段里保留一部分配件，以确保售后服务能够正常开展。由于这段时间配件的总需求不能确定，因此通常需要借鉴其他停产车型的配件消耗情况及车辆的保有量概况，采用一些随机模型来分析。

3.2 汽车售后配件采购业务

汽车售后配件采购业务过程是指以购买的方式，由买方支付对等的代价，向卖方换取物品的行为过程。

3.2.1 汽车售后配件采购原则

（1）积极合理地组织货源，保证汽车配件适合用户的需要，坚持数量、质量、规格、型号、价格全面考虑的采购原则。

（2）贯彻按质论价的政策，优质优价，不抬价、不压价，合理确定汽车配件的采购价格；坚持按需进货、以销定进的原则。

（3）加强质量的监督和检查，防止假冒伪劣汽车配件进入企业，流入市场。在汽车配件采购过程中，不能只重数量而忽视质量，只强调工厂"三包"而忽视对产品质量的检查，对不符合质量标准的配件应拒绝购进。

（4）购进的汽车配件必须有产品合格证及商标。实行生产认证制的产品，购进时必须附有生产许可证、产品技术标准和使用说明。

（5）购进的汽车配件必须有完整的内、外包装，外包装必须有厂名、厂址、产品名称、规格型号、数量、出厂日期等标志。

（6）要求供应商按合同规定发货，以防应季不到或过季到货，造成汽车配件缺货或积压。

3.2.2 采购渠道的选择

由于汽车配件生产厂家的规模、设备、技术水平不同，造成配件质量差异很大。一些紧缺配件和销售数量大的配件，常有假冒伪劣产品混在其中，所以选择配件采购渠道十分重要。

汽车配件的采购一般有以下几种途径：
（1）从国资配件公司订货；
（2）直接从生产厂订货；
（3）从各汽车制造厂所设的维修站点订货；
（4）零星采购，只适用于少量和临时急需配件。

此外还可以从二手或多次转手的配件经销商处采购订货。一般前两种订货途径比较可靠，其他途径应当慎重。

国外进口汽车配件的采购还要注意防止走私品和假冒伪劣、非配套厂家生产的配件。

3.2.3 采购方式的选择

汽车配件采购应根据企业的类型、各类汽车配件的进货渠道以及汽车配件的不同特点，合理选择采购方式。采购方式一般有以下四种类型。

1. 集中进货

企业设置专门机构或安排专门采购人员统一进货，然后分配给各销售部（组、分公司）

销售。集中进货可以避免人力、物力的分散，还可加大进货量，受到供货方重视，并可根据批量差价，降低进货价格，也可节省其他进货费用。

2. 分散进货

由企业内部的配件销售部（组、分公司）自设进货人员，在核定的资金范围内自行采购。

3. 集中进货与分散进货相结合

一般是外埠采购及其他非固定进货关系的一次性采购，流程是由各销售部（组、分公司）提出采购计划，由业务部门汇总审核后集中采购。

4. 联购合销

由几个配件零售企业联合派出人员，统一从生产企业或批发企业组织进货，然后由这些零售企业分销。此类型多适合小型零售企业之间或中型零售企业代小型零售企业联合组织进货。这样能够相互协作，节省人力，凑零为整，拆整分销，并且有利于组织运输，降低进货费用。

上述几种进货方式各有所长，企业应根据实际情况扬长避短，选择适合自己的采购方式。

3.2.4 采购量的确定

控制采购量是汽车配件销售企业确定每次最佳进货量的业务活动，在采购时应该综合分析，合理确定每一次的采购数量。

1. 确定汽车售后配件采购量的原则

（1）遵循销售规律，确定进货数量。有些汽车配件的需求量是按一定的规律变化的，必须在市场调查的基础上，分析实际销售数量和有关因素的影响，从而找出销售规律，以便确定进货重点。例如：对于销售上升的配件，应保证常年销售不断货；对于具有平稳性、周期性、季节性的配件，应根据实际情况制订进货计划，并注意迎"季"进货，季末销完；对于受随机因素影响的配件，则采取按用户预约登记，及时组织进货的方法。

（2）遵循供求规律，确定进货数量

① 对于供求平衡、货源正常的配件，应采取勤进快销、多销多进、少销少进的办法，保持正常的周转库存；

② 对于供大于求、销售量又不大的配件，要少进，采取随进随用、随销随进的办法；

③ 对于暂时货源不足、供不应求的紧俏配件，要开辟新的货源渠道，挖掘货源潜力，适当多进，多进多销；

④ 对于大宗配件，则应采取分批进货的办法，使进货与销售相适应；

⑤ 对于高档配件，要根据当地销售情况，少量购进，随进随销，随销随进；

⑥ 对于销售面窄且销售量少的配件，可以多进样品，加强宣传促销，严格控制进货量。

（3）按照配件产销特点确定进货数量。常年生产、季节销售的配件，应掌握销售季节，季前多进，季中少进，季末补进；季节生产、常年销售的配件，要掌握生产季节，按照企业常年销售情况，进全进足，并注意在销售过程中随时补进；新产品和新经营的配件，应根据市场需要少进试销，宣传促销，以销促进，力求打开销路；对于将要淘汰的车型配件，应少量多样，随用随进。

（4）按照供货单位的远近确定进货数量。当地进货，可以分批次进货，每次少进、勤进；外地进货，适销商品多进，适当储备。

（5）按进货周期确定进货时间。进货周期就是每批次进货的时间间隔，每批次进货能够保证多长时间的销售，这就是一个周期。进货周期的确定既要保证汽车配件销售的正常需要，又不能使汽车配件库存过大，要坚持以用定进、勤进快销的原则。

进货周期的确定，要考虑以下因素：配件销售量的大小、配件种类的多少、距离供货单位的远近、配件运输的难易程度、货源供应是否正常、企业储存保管配件的条件等。确定合理的进货周期，使每次进货数量适当，既能加速资金周转，又能保证销售正常进行。

2. 汽车售后配件采购量确定方法

（1）经济订货批量法。采购汽车配件既要支付采购费用，又要支付保管费用。每次采购量越少，采购的次数越多，采购费用支出也就越多。但每次采购量越少，保管费用也就越少。由此可以看出，采购批量与采购费用成反比，与保管费用成正比。根据这一原理，可以用经济订货批量法来控制进货批量。

1）经济订货批量的概念。经济订货批量（EOQ），就是从经济观点出发，在各种库存情况下，考虑怎样选择订货批量，使库存成本和订货成本合计最低。这个使库存成本和订货成本合计最低的订货批量即为经济订货批量。

经济订货批量基于这样的思考：在年需求量一定的情况下，采购批量越大，会导致库存增加，从而使库存费用增加，但采购次数减少，采购费用降低。减少采购批量，频繁采购，会使库存费用降低，而订货费用增加。所以存在理想的订货数量，使库存费用与订货费用的总值最低。

2）经济订货批量的确定方法。一般而言，经济订货批量的确定有三种方法：列表法、图示法和公式法。

① 列表法

● 汇总历史资料。

● 计算出平均库存量（件）、进货费用平均数、储存保管费用平均值、年总费用等数据。

● 将上述数据，按项目列表。

例1：某配件销售公司全年需要购进某种汽车配件8000件，每次进货费用为5元，单位配件平均保管费用为0.5元。求该汽车配件的经济订货批量。

用列表法进行计算，表3-4为经济订货批量计算表。

表3-4 经济订货批量计算表

年进货次数	每次进货量/件	平均库存量/件	进货费用/元	保管费用/元	年总费用/元
(1)	(2)	(3)=(2)/2	(4)=(1)×5	(5)=(3)×0.5	(6)=(4)+(5)
1	8000	4000	5	2000	2005
2	4000	2000	10	1000	1010
4	2000	1000	20	500	520
5	1600	800	25	400	425
8	1000	500	40	250	290

（续）

年进货次数	每次进货量/件	平均库存量/件	进货费用/元	保管费用/元	年总费用/元
10	800	400	50	200	250
16	500	250	80	125	205
20	400	200	100	100	200
25	320	160	125	80	205
40	200	100	200	50	250

由表 3-4 可以看出，所列 10 种进货批量，以全年进货 20 批次，每次进货 400 件计算，全年最低的总费用为 200 元，即等分为 20 批购进，则全年需要的该种配件费用较低。

从表 3-4 的数据还可以清楚地看到，由于平均库存数量下降而引起储存费用下降，因进货次数增多而引起进货费用上升，当储存费用下降时，进货费用上升。只有当进货费用与储存费用趋于平衡时，才会使总费用降到较低的程度。当以上两项费用完全相同时，总费用可降到最低水平。

② 图示法

由图 3-4 可以看出，进货批量与持有成本（保管费用）成正比关系；

进货批量与订货成本（进货费用）成反比关系；

持有成本与订货成本相等时的总成本最低，此时的采购量为经济订货批量。

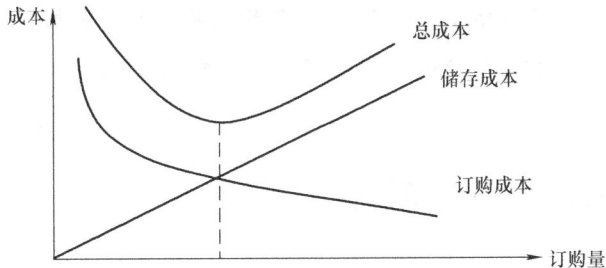

图 3-4　订购量与成本之间的关系

③ 公式法

通过建立数学模型来计算进货量。

EOQ 的计算如下：

$$EOQ = \sqrt{\frac{2SR}{H}} = \sqrt{\frac{2SR}{CI}}$$

式中　EOQ——经济订货批量；

R——年需求量；

C——配件的购入成本；

S——每次订货的订购成本；

$H = CI$——每单位每年的储存成本；

I——以单位成本系数表示的年储存成本。

例 1 中，$S = 5$ 元，$R = 8000$ 件，$H = 0.5$ 元，将这组数值代入以上公式，可计算出：

经济订货批量：$EOQ = 400$（件/次）

最佳年进货次数：$R/Q = 8000/400 = 20$（次）

最低年总费用：$R/Q \times S + Q/2 \times H = 20 \times 5 + 400/2 \times 0.5 = 200$ 元。

（2）费用平衡法。费用平衡法是以进货费用为依据，将存储费用累积和进货费用比较，当存储费用累积接近但不大于进货费用时，便可确定其经济进货量。

存储费用 = 销售量 × 单价 × 存储费用率 × （周期 – 1）

例2：某一品种配件预计第一个到第五个周期的销售量各为 50、60、70、80、70，单价为 12 元，进货费用为 65 元，每周期的存储费用率为 2.5%。求经济订货批量 Q。

第一周期：销售量为 50，存储费用：0，存储费用累积为 0。

第二周期：销售量为 60，存储费用：60×12 元 $\times 2.5\% \times 1 = 18$ 元，

存储费用累积为 $18 + 0 = 18$ 元。

第三周期：销售量为 70，存储费用：70×12 元 $\times 2.5\% \times 2 = 42$ 元，

存储费用累积为 $18 + 42 = 60$ 元。

第四周期：销售量为 80，存储费用：80×12 元 $\times 2.5\% \times 3 = 72$ 元，

存储费用累积为 $60 + 72 = 132$ 元。

第五周期：销售量为 70，存储费用：70×12 元 $\times 2.5\% \times 4 = 84$ 元，

存储费用累积为 $132 + 84 = 216$ 元。

由此可见，第三周期存储费用累积 60 元，最接近并小于进货费用 65 元，所以可将第一周期到第三周期销售量之和（$50 + 60 + 70$）作为一次进货批量，那么本期的经济订货批量就是 180。

3.3 汽车售后配件采购订单管理

采购订单管理是采购业务管理的重要内容。采购订单描述了采购所需要的数量、规格、质量要求、价格、交货日期、交货方式及送货地点等重要信息。采购订单是采购计划的具体实施，采购订单和物流贯穿整个采购过程。

3.3.1 汽车售后配件订货流程

在汽车售后配件供应链上，汽车厂商（含配件仓库）订货和经销商的配件订货的方式是不同的。

1. 汽车厂商的配件订货方法

对于汽车厂商来说，要在确定配件需求的基础上制订订货计划。汽车厂商在计算配件需求时通常是基于消耗的预测方法，即基于预测计划，利用各种数学模型对历史数据进行评价和分析。

2. 经销商的配件订货方式

经销商是根据配件用途将汽车配件订货分为一般订货（库存补货）、特殊订货（根据客户需求订货）和紧急订货（维修厂急需订货）三种基本形式，其流程如图 3-5 所示。

```
                        ┌──────────┐
                        │ 订购汽车配件 │
                        └──────────┘
        ┌──────────────────┼──────────────────┐
   ┌─────────┐        ┌─────────┐        ┌─────────┐
   │ 维修工厂急件 │        │  客户订件 │        │ 库存补充件 │
   └─────────┘        └─────────┘        └─────────┘
        │                  │                  │
┌────────────┐    ┌────────────┐    ┌─────────────┐
│由订货组根据销售助理│    │办理订货有关手续,│    │凭库存电脑缺货单│
│签核进行分类批核  │    │开订单,收取订金 │    │做好零件库存分析│
└────────────┘    └────────────┘    └─────────────┘
        │                  │                  │
 ┌──┬──┬──┐       ┌────────────┐    ┌────────────┐
 │市│市│境│       │交收款员订金   │    │写出订单报告   │
 │内│场│外│       │并开收据     │    └────────────┘
 │采│采│采│       └────────────┘           │
 │购│购│购│              │          ┌────────────┐
 └──┴──┴──┘       ┌────────────┐    │交主管、经理审批│
    │    │        │订货员收集资料,按│   │后按指定商进货 │
┌────────┐┌──────┐│情况落实订件   │    └────────────┘
│填写采购单并交││联络境外││└────────────┘      ┌────┬────┐
│采购员办理  ││协助进货││      │          │国内│国外│
└────────┘└──────┘┌────────────┐│进货│进货│
  ┌──┬──┐    │    │订货员时刻做好订│   └────┴────┘
  │有货│无货│    │    │件追踪      │        │
  └──┴──┘    │    └────────────┘ ┌─────────────┐
      │      │          │       │货到交仓管员验货 │
┌────────────┐│    ┌────────────┐│后上货架      │
│货到通知销售助理││   │货到通知客户前来│  └─────────────┘
│及工厂      ││    │取货       │
└────────────┘│    └────────────┘
      │      │          │
┌────────────┐│    ┌────────────┐
│交营业员按正常程││   │客户凭订单,及订金│
│序办理      ││   │收据办理     │
└────────────┘│    └────────────┘
                         │
                  ┌────────────┐
                  │订货员打单,交收款│
                  │员收款      │
                  └────────────┘
                         │
                  ┌────────────┐
                  │交货给客户    │
                  └────────────┘
```

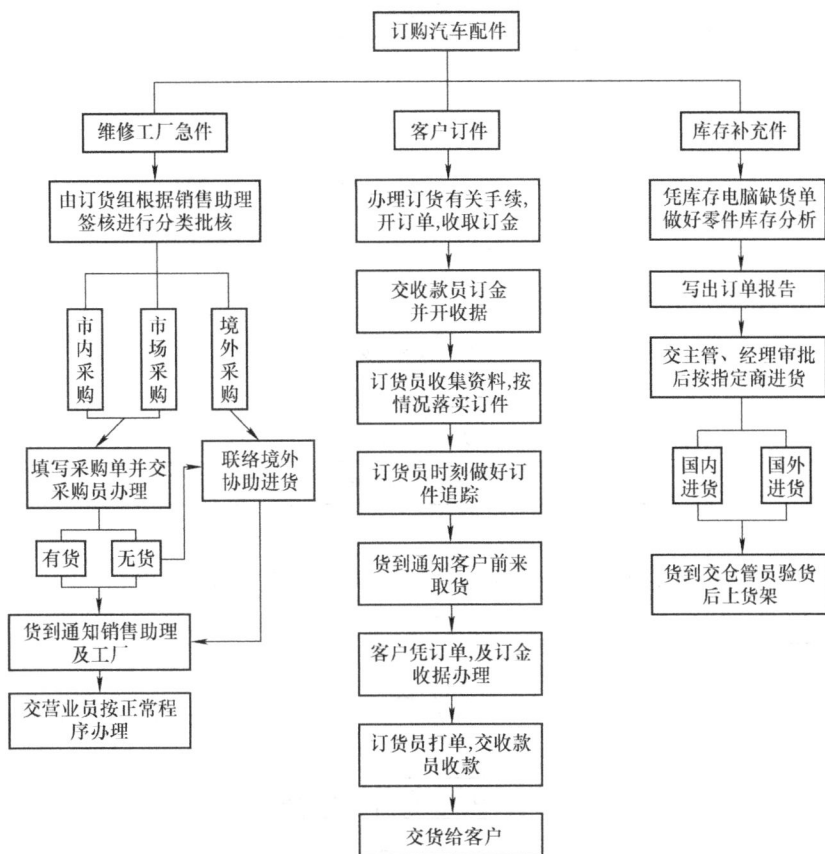

图 3-5　汽车配件订货流程

3.3.2　汽车售后配件订单的形成

1. 汽车售后配件订单的类型

由于汽车配件有三种基本订货方式,因此形成了两种类型的订单:

(1) 正常采购订单。按照商定的供货价格供货,供货周期相对较长,适合正常的配件供应。

(2) 紧急采购订单。供货周期通常为 1~2 天,适合紧急需求下的配件供应。汽车配件配送中心在接到经销商的订单后,根据配件采购订单生成销售订单,检查经销商的信用额度,分配库存,然后指导发货。配送中心对于不同类型的采购订单,提供不同的服务等级,由此处理的优先级也不同。紧急采购订单的处理频率要高于正常采购订单,例如,对于紧急采购订单每天处理 4 次,对于正常采购订单每天处理 1 次,而紧急采购的库存分配的优先级也高于正常采购。

2. 汽车售后配件订单的形成

采购需求有多种表现形式,生产制造过程企业常通过标准的采购订单来描述产品或零部件等实物需求。汽车配件采购订单如表 3-5 所示。

表 3-5　某汽车服务有限公司配件采购订单

款 接 员		订 件 员		日 期		
工作卡号		底盘号码				
车牌号码		车身号码				
序号	零件号	名称	数量	报价	期限	订件
零件部签收			经办人			
备			第一次到货签收			
			第二次到货签收			
			第三次到货签收			
注			全部到货签收			

零件部经办人：　　　　　修理工：　　　　　报购员：

一般而言，汽车售后配件采购订单的形成过程如图3-6所示。

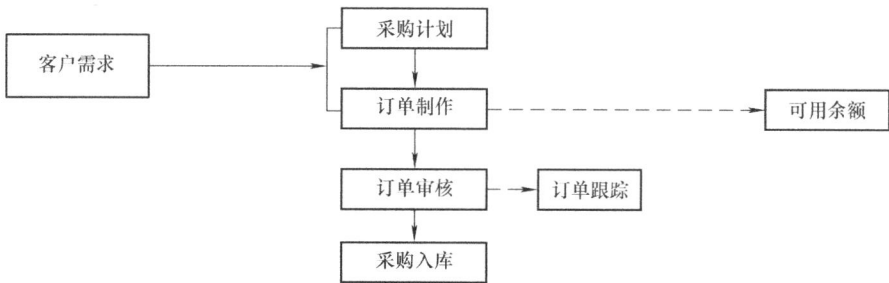

图 3-6　汽车售后配件采购订单的形成过程

根据采购需求制订采购计划，确定采购配件的时间、种类和数量。根据采购计划制作采购订单。采购订单生成后，需要专职人员审核采购订单所描述的信息是否与采购合同相符、供应商是否合格、到货期是否符合订单计划的到货要求等内容。审核无误的采购订单转入执行，同时订单人员对订单进行实时跟踪，确保订单执行。

3.3.3　汽车售后配件订单的管理

从订单的形成过程可知，汽车配件经销商对订单的管理主要集中在以下几个关键环节：

1. 订单准备

订单人员应该事先准备所要订购的配件清单，选择订货时间和送货时间，了解可用订购余额，同时要预测可能订购不到的配件。

2. 订单制作

拥有ERP信息管理系统的企业，在供应商认证或签订采购合同时，就会将供货能力、供货周期、最小供货批量、供货价格等信息输入系统中，订货人员可直接在信息系统中生成订单，供应商通过系统接受客户需求信息，作为供货依据。

3. 订单跟踪

为了确保供应商供货安全、及时、准确、保质、保量，订单人员应该在订单下达后，及时跟踪订单执行情况，及时了解生产秩序、仓库发货、发运以及运输过程是否正常，是否存在缺货现象等情况。一旦发现供应商没有履行合同或发生突发事件，跟踪订单人员应及时向有关部门反映，以便采取补救措施。

4. 订单验收

采购订单下达后，供应商按期送货到公司，仓库要将订单与送货单进行核对，并对货品进行实物检查，订单与送货单相符、货物检查合格，即可办理入库手续。

汽车售后配件订单管理程序如图 3-7 所示。

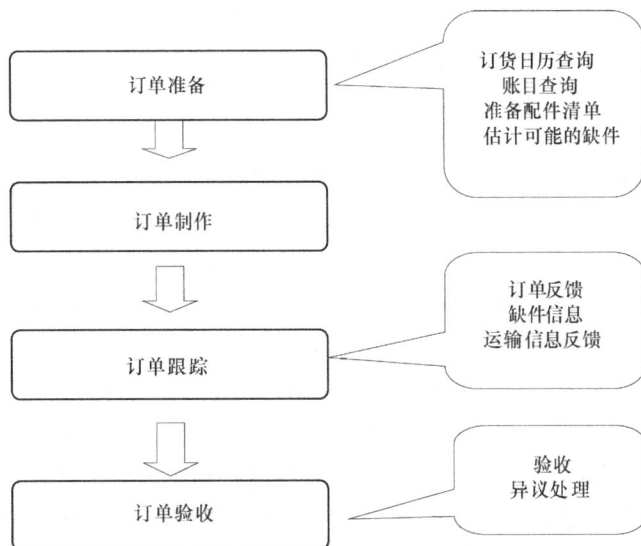

图 3-7　汽车售后配件订单管理程序

3.4　汽车售后配件质量的鉴别

由于汽车配件销售企业经营的车型较多，品种较复杂，对采购的汽车配件质量做出正确的、科学的鉴别非常困难。但是汽车配件的质量优劣关系到销售企业的声誉和消费者的利益，因此汽车销售企业对购进的汽车配件质量检测是十分必要的。企业可根据实际情况，添置必备的技术资料和通用检测工具，如所经营的主要车型的主机厂的图样或汽车配件目录，各类汽车技术标准等技术资料，游戏卡尺、千分尺、百分表、千分表、量块、V 形架、平板、粗糙度比较样块、硬度计等检测工具，以便具有一定的检测能力。

3.4.1　对一般汽车配件质量的鉴别

一般来说，汽车配件销售企业对购进的汽车配件的质量可以通过以下几个方式进行初步鉴别。

1. 根据进货渠道不同采取差别化的检测策略

（1）对全国名牌和质量信得过产品基本免检，但应该注意观察这些产品质量的稳定性，防止仿冒产品的渗入，所以要定期进行抽检。

（2）对长期批量采购后，经使用未发现质量问题的产品，可抽检几项关键项目，查其质量稳定性。

（3）对以前未经营过的配件，按照标准规定的抽检数，在技术项目上尽可能做到全检，以求得对其产品质量得出一个全面结论，作为今后采购的参考。

（4）对以前用户批量退货或少量、个别换货的产品，应尽可能全检，并对不合格部位重点检验。对再次发现问题的，不但拒付货款，还要注销合同，不再购买。

（5）对一些小企业的产品，往往由于其合格率低，而且一旦兑付货款后很难索赔，因此尽量不要购进这类产品，如确需采购，在检验时要严格把关。

2. 采用目测法鉴别汽车配件质量

一般的汽车配件销售企业没有完备的检测手段，大都根据经验用目测比较的方法识别汽车配件优劣。

（1）看产品表面质量。产品表面质量是评定产品优劣的首要标准。质量低劣的产品，其表面质量往往是差的。用目测法主要是看商品后道工艺的表面处理。表面处理指电镀工艺、油漆工艺、高频热处理、包装工艺等。因为表面处理涉及很多现代科学技术，国际上和国内的名牌企业在利用先进工艺上投入资金很大，特别对后道工艺更为重视，投入资金比重较大。而一些小企业和小作坊是没有能力做到的。

① 检查汽车配件油漆工艺。采用先进工艺生产出的配件表面，与采用陈旧落后工艺生产出的配件表面有很大差异，目测时可以看出前者表面细腻、有光泽、色质鲜明，而后者则色泽暗淡、无光亮，表面有气泡，用手抚摸有砂粒感，相比之下，真假非常分明。

② 检查镀锌技术和电镀工艺。镀锌工艺在汽车配件的表面处理中占的比重较大。镀锌工艺技术过关的，配件表面金黄闪闪，全部表面一致性好。批量之间一致性也没有变化，有持续的稳定性。有的产品镀锌后，其表面色泽光亮，很容易分辨真伪优劣。关于电镀的其他方面，如镀黑、镀黄等，大企业在镀前处理用的除锈酸洗比较严格，清酸比较彻底。这些工艺需看其是否有泛底现象。镀铝、镀铬可看其镀层、镀量和镀面是否均匀，以此来分辨真伪优劣。

③ 检查电焊工艺。在汽车配件中，减振器、钢圈、前后桥、大梁、车身等均有电焊焊接工序。专业化程度很高的企业，电焊工艺技术大都采用自动化焊接，能定量、定温、定速，有的还使用低温焊接法等先进工艺。产品焊接整齐、厚度均匀，表面无波纹形，直线性好，即使是定位焊，焊点、焊距很有规则，这些工艺是手工操作无法实现的。

④ 检查表面热处理工艺。汽车配件产品经过精加工以后，要进行高频感应加热淬火处理，因此淬火后各种颜色都原封不动地留在产品上，如汽车万向节内、外球笼经淬火后，就有明显的黑色、青色、黄色和白色，白色面是受摩擦面，所以也是硬度最高的面。在目测时，凡是全黑色和无色的，肯定没有经过高频感应加热淬火处理。

⑤ 检查橡胶制品。对汽车上使用的橡胶件均有特殊的要求，比如耐高温、耐油、耐压、复原性好等。由于橡胶件所使用的原料是一种氨醇的配方，它的原料成本比一般橡胶原料高出许多，而且这种氨酸在制造橡胶配件时对模具有着强烈的腐蚀作用，模具损耗很大。在鉴别橡胶件的质量好坏时，橡胶件表面乌黑光亮的不一定是好产品。因此要了解生产厂家的生产过程，并在实际应用中观察辨别。

⑥ 检查汽车配件非使用面的表面伤痕问题。通过对汽车配件非使用面的伤痕分析，可

以分辨正规生产企业产品和非正规生产企业产品。表面伤痕若是出现在中间工艺环节上，则是由于产品工艺过程中互相碰撞产生的。优质的产品是靠先进的工艺技术制造出来的。在一个管理规范的企业，不可能出现产品在中间工艺过程中互相碰撞的状况。以此推断，凡是在非使用面留下伤痕的产品，肯定是非正规企业生产的劣质产品。

（2）看表面包装和表面商标。汽车配件是互换性很强、精度很高的产品，为了能较长时间存放，不变质、不锈蚀，需在产品出厂前用低度酸性油脂涂抹。正规企业对包装纸盒的要求十分严格，要求其无酸性物质，不产生化学反应。有的采用硬型透明塑料抽真空包装。考究的包装能提高产品的附加值。箱、盒大都采用防伪标记，常用的有激光、条码、暗印等，在采购配件商品时，要认真检查包装，同时还要查看其商标、厂名、厂址、等级和防伪标记是否真实。另外，在商标制作上，正规的厂商在配件表面有硬印和化学印记，注明零件编号；型号、出厂日期，一般采用自动打印，字母排列整齐、字迹清晰，非正规企业一般是做不到的。

（3）查看文件资料。首先要查看汽车配件的产品说明书，产品说明书是生产厂家进一步向用户宣传产品，为用户做某些提示，帮助用户正确使用产品的资料，通过产品说明书可增强用户对产品的信任感。一般来讲，每个配件都应配一份产品说明书（有的厂家配有用户须知）。但也有一些厂家，几个配件配一份产品说明书。如果交易量相当大，还必须查询技术鉴定资料。

（4）看规格型号是否与订货要求相符。大多数汽车配件都有规定的型号和技术参数。凡主机厂的配套产品，为了满足主机厂的设计要求，零部件为了适用不同机型（如基本型及变型产品）多进行改进，既保留了基本车型的优点，又适应不同车辆的动力性和经济性。因此在订购配件时，一定要熟悉整车与配件的型号，根据车辆的具体型号准确地订购零配件。

3. 用简单技术手段鉴别汽车配件质量

（1）检查配件表面硬度是否达标。各配件表面硬度都有相应的规定，在征得厂家同意后，可用钢锯条的断茬去试划，划时打滑无划痕的，说明硬度高；划后稍有浅痕的，说明硬度较高；划后有明显痕迹的，说明硬度低（注意试划时不要损伤工作面）。

（2）检查配件结合部位是否平整。零部件在搬运、存放过程中，由于振动、磕碰，常会在结合部位产生毛刺、压痕、破损等，影响零件使用，选购和检验时要特别注意。

（3）检查配件的几何尺寸有无变形。有些零件因制造、运输、存放不当，易产生变形。检查时，可将轴类零件沿玻璃板滚动一圈，看零件与玻璃板贴合处有无漏光来判断是否变形；选购离合器从动盘钢片或摩擦片时，可将钢片、摩擦片举在眼前观察其是否翘曲；在选购油封时，带骨架的油封端面应呈圆形，能与平板玻璃贴合无翘曲，无骨架油封外缘应端正，用手握使其变形，松手后应能恢复原状；在选购各类衬垫时，也应注意检查其几何尺寸及形状。

（4）检查总成部件有无缺件。正规的总成部件必须齐全完好，以保证顺利装配和正常运行。一些总成件上的个别小零件若缺失，将使总成部件无法工作，甚至报废。

（5）检查转动部件是否灵活。在检验机油泵等转动部件总成时，用手转动泵轴，应感到灵活无卡滞。检验滚动轴承时，一手支撑轴承内环，另一手打转外环，外环应能快速自如转动，然后慢慢停转。若转动部件转动不灵，说明内部锈蚀或产生变形。

（6）检查装配记号是否清晰。为保证配件的装配关系符合技术要求，在一些零件，如正时齿轮表面刻有装配记号。若无记号或记号模糊无法辨认，将给装配带来很大困难，甚至装错。

（7）检查胶接零件有无松动。由两个或两个以上零件组合成的配件，零件之间是通过压装、胶接或焊接而组合成的，它们之间不允许有松动现象，如油泵柱塞与调节阀是通过压装组合的；离合器从动摩擦片与钢片是铆接或胶接的；纸质滤清器滤芯骨架与滤纸是胶接而成的；电器设备的接头是焊接而成的。检验时，若发现松动，应予以调换。

（8）检查配件表面有无磨损。若配件表面有磨损痕迹，或涂漆配件拨开表面油漆后发现旧漆，则多为废旧件翻新。当表面磨损、烧蚀或橡胶零件材料变质时，在目测看不清的情况下，可借助放大镜观察。

4. 外观质量问题及其检验标准

在采用目测法检验汽车零部件外观质量时，根据产品各部位对品质影响的程度，我们把产品检验面划分为 A、B、C 三个面，如图 3-8 所示。

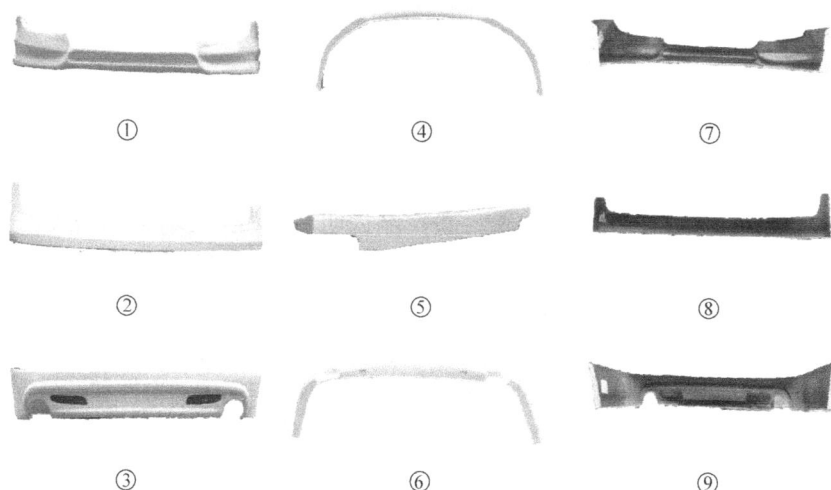

图 3-8　汽车零部件的截面图

（备注：A 面为①②③，B 面为④⑤⑥，C 面为⑦⑧⑨）

A 面：影响外观明显的部位。主要包括：车身外侧表面、组装后的外露表面等。

B 面：影响外观，但组装后不易看到的部位。主要包括：车身外侧底部，被零件、内饰件覆盖的表面，组装后不能直接看到的外露表面等。

C 面：产品的背面以及组装后完全看不到的部位。

在检验过程中，汽车零部件检出的问题大致分为色差，尘点、颗粒，流痕、波浪纹，缩孔，橘皮，擦伤、划痕，砂纸纹，气泡，开裂脱落，涂层不干 10 类。以上问题在零部件各个截面的检验标准不尽相同，具体情况如表 3-6 所示。

表 3-6　汽车零部件外观质量的问题分类及其检验标准

序号	缺陷名称	说明	A 面	B 面	C 面
1	色差	颜色与样板不一或色泽不均匀	不允许	不允许	不允许
2	尘点、颗粒	漆膜中有点状异物	直径不超过 0.3mm，15cm² 内允许有一个，整个喷漆面不超过 3 个且应光滑	直径不超过 0.5mm，15cm² 内允许有一个，整个喷漆面不超过 3 个	不查

（续）

序号	缺陷名称	说明	A 面	B 面	C 面
3	流痕、波浪纹	涂料回流的痕迹，严重时称为流挂	不允许	长度小于 2mm，且无刮手的感觉	不查
4	缩孔	在漆膜上产生针状小孔，且达到底层	不允许	在 10cm² 内允许有 < 5 个，但直径 ≤ 0.2mm，且不露底	不查
5	橘皮	涂料的展平性差，整个漆面呈现橘皮状纹路	允许轻微存在但不影响外观	允许有但不严重影响外观	不查
6	擦伤、划痕	漆膜受外力划伤	不允许	允许轻微存在但不影响外观	不查
7	砂纸纹	本体或底漆用砂纸打磨的痕迹	不允许	低视角隐约可见，面积小于 100mm²	不查
8	气泡	漆膜内含水或空气而出现鼓包	直径不超过 0.2mm，15cm² 内允许有一个，整个喷漆面不超过 3 个。但碳纤制品不允许有气泡	直径不超过 0.3mm，15cm² 内允许有一个，整个喷漆面不超过 5 个。但碳纤制品不允许有气泡	不查
9	开裂脱落	漆膜产生切断现象，漆膜呈片状脱落	不允许	不允许	不允许
10	涂层不干	漆膜烘干不良	不允许	不允许	不允许

3.4.2　对进口汽车配件质量的鉴别

进口汽车配件可从包装、内在质量、产品价格和进货渠道等方面进行鉴别。

1. 从包装鉴别进口汽车配件质量

纯正部件及国外专业配套厂配件的包装制作精美，色彩、花纹、样式都有一定的规则，一般是很难仿制的。仿制的包装制作比较粗糙，较容易辨别。但有些仿制者依靠现代先进的印刷技术，将零件包装制作得很逼真，如不仔细辨认，也很难区别。

进口汽车配件一般都有外包装和内包装。从外包装箱（盒）来看，进口的包装箱（盒）质地紧挺，图案清晰，包装盒上一般都印有生产厂商和纯正部件的标记，而仿制的包装虽然也印有这些标记，但色彩不正，图案不清晰。有的国外公司为防止伪造，在其包装标签上设有防伪标记，可在鉴别时加以注意。而内包装一般多为包装纸、纸袋或塑料袋，包装上印有纯正部品和公司标记。包装纸的花纹、色彩和图案，仿制品很难与其相同。

鉴别进口配件包装时还应注意，工程机械及汽车制造厂都有自己的专业配套厂零部件供应商。在进口厂家配件时，包装盒上既有整机厂的标记，也有配套厂的标记。

2. 从产品质量鉴别进口汽车配件质量

由于受到利益驱动，有的经销商将进口的纯正零件组装成整机后，再用纯正部件的包装装上非纯正品向市场销售，因此必须对产品的内在质量进行检验，才能确认进口配件的真伪。对产品质量的鉴别主要进行以下观察、检查和试验。

（1）检查产品外观。看其产品外表的加工是否精细，颜色是否正常。如果有纯正部件的样品，可进行对照检查，一般仿制品表面都比较粗糙，产品颜色也不正。

（2）检查产品标识。纯正进口零件上都打印有品牌标记、零件编号和特定代码等。有些产品上还铭刻有制造厂及生产国。如日本三菱柴油发动机的活塞，在其顶部刻有零件编号、分组号标记 A、B、C 和 UP 方向标记；活塞裙部内侧铸有机型和三菱标识，并有配套厂的 IZUMI 标识，铸字清楚，容易辨认。仿制品可能会漏铸或字迹模糊不清，很难达到正品的效果。

（3）检查产品的尺寸。通过专用工具测量产品的尺寸，看其是否符合要求。有些厂商还专门为客户提供测量工具，以防假冒。

（4）对产品进行性能试验。有些零件从外观检测还无法辨别真伪，需用专用仪器进行检测。如喷油器、柱塞要在试验台上进行性能试验，检测其喷油压力、喷油量、喷油角度等。

（5）对产品进行理化性能试验。这种情况一般是在对产品内在质量产生怀疑或使用中出现问题时，为向厂家寻求索赔才使用的方法。

3. 从产品价格鉴别进口汽车配件质量

同样的配件，纯正部件、专业厂件、国产件和仿制品的差别很大。纯正部件的价格最高，专业厂件次之，国产件和仿制品价格最低。一般纯正部件的价格可超出仿制品的 1～2 倍，有的甚至还多；国外专业配套厂件比整机厂纯正部件略低。定期批量进口的配件执行外商谈判的协议价，平时零星采购的配件则执行外商每年的统一目录价，有时外商还有定期处理配件的优惠价。一般来说，配件的报价是按照当时的进口汇率计算的，再加上关税、运输费等，然后将其换算成配件单价，形成行业的常规价格。若配件价格低于常规价格，即可判断为非纯正部件或专业厂件。值得注意的是，进口环节中减税和中间经销商加价也会使配件的价格偏离常规价格。

4. 从进货渠道鉴别进口配件质量

目前进货渠道较多，一般包括两个方面：一是直接从国外进口，二是从经销商那里购买。直接从国外整机厂和零部件配套厂进口的配件，质量都有保证。如果是从经销商那里购买或从港澳转口进来的配件，就要根据上述方法加以鉴别。此外，所有直接从国外进口的机械配件，均有订购合同、提单、运单、装箱单及发票。如果从进口公司采购配件，可让其出示上述手续，否则可判断为非进口正品。

总之，在鉴别进口汽车配件时，不要使用单一的方法，而是要根据不同的配件种类采取不同的鉴别方法，并综合运用以上方法来鉴别进口配件的质量。

示例：进口活塞的鉴别

进口活塞品种较多，不同的发动机所配装的活塞型号也不同，而我国以日本进口的居多。就工程机械和重型汽车而言，主要厂家有日本自动工业公司，品名为 IZUMI；川合精密公司，品名为 KSK；富士樱兴产业公司，品名为 SAKURA。其中 IZUMI 品牌的活塞在我国进口工程机械及重型汽车上使用最多。

1. 检查外包装

首先看包装箱与原进口的质地是否一样，应着重查看包装箱上的纯正部件标签，纯正部件的标签上印有"GENUINE PARTS"、零件编号、名称（PISTON）和生产厂的标记，这些标识均为英文，且印刷清晰、色彩一致。

2. 检查活塞的标识

活塞上均有品名、零件编号、生产厂商等标记。以日本三菱柴油发动机为例，活塞裙部内侧铸有机型 8DC8、8DC9、6D22 等，在机型上面铸有"三菱"标记；活塞裙部的另一侧铸有活塞生产厂商标识 IZUMI，所铸标识为凸出状，工整精确，容易辨认，活塞顶端刻有零件编号，根据外径的尺寸不同，刻有分组号（A、B 或 C），标准活塞刻有 STD 字样，加大活塞刻有 0.25.0.50、0.75 或 1.00 数字；活塞顶刻有安装方向的标记 UP↑，活塞顶部所有的刻印标记都很清晰、规则。

3. 检查活塞外表的表面粗糙度

纯正活塞的加工工艺精细，无任何疵点，仿制活塞则加工粗糙。从活塞裙部表面和活塞孔部分比较容易区分出活塞加工工艺的好坏。

4. 进口活塞外观尺寸的测量

活塞的顶部为圆形，直径最小，从第一道压缩环槽以下开始呈椭圆形，椭圆形逐渐加大，至油环槽处为最大，从油环槽向下又逐渐减小，至裙部下方处则略呈椭圆形，活塞裙部的中间部位的直径为最大。如不符合上述标准，则不是纯正品。虽每种型号的活塞都不一样，但其规律是相同的。

5. 对同机型的一组活塞进行称重，看重量是否相同

纯正活塞制造都很精细，同型号的纯正活塞件，其重量应该一样。有些活塞顶部刻有质量参数，检查时如与同组的几只活塞不符，则不是纯正品。

有的进口活塞其第一道活塞环槽上镶有耐腐蚀的高镍铸铁，如三菱 8DC 系列发动机的活塞。这也是识别活塞是否是纯正部件的一个标准。

──────★ **本 章 小 结** ★──────

汽车售后配件的采购管理是指为保障售后配件供应而对企业采购活动进行的管理，包括采购需求分析与预测、采购决策、采购订单管理和采购质量的监控等内容。

汽车售后配件需求主要受配件消耗和配件销售两个因素的影响，配件的消耗直接决定着配件的需求量。运用基于时间序列和基于产品生命周期的预测方法可以准确地预测配件需求。汽车售后配件的采购决策主要是选择采购渠道和采购方式、确定采购数量。一般是通过汽车配件公司、汽车生产企业及其维修站点、二手或多次转手的配件经销商等多种渠道进行集中进货、分散进货、联购合销等采购方式进行采购。汽车售后配件采购决策的难点是要确定在什么时间采购多少配件，因此汽车售后配件采购管理中的采购订单管理主要集中在订单准备、订单制作、订单跟踪、订单验收几个关键环节。为了保证采购物品质量，在采购过程中进行采购质量控制，目前通行的做法是根据配件采购人员的经验目测配件产品质量，或采用简单的技术手段鉴别配件产品质量。

本章思考题

1. 汽车配件需求预测有哪些特点？

2. 汽车售后配件采购应遵循哪些原则？

3. 汽车配件经销商应该如何选择采购渠道和采购方式？

4. 经销商对汽车售后配件订货有几种方式？

5. 经销商怎样对库存配件进行补货？

6. 鉴别汽车配件的方法有哪几种？

本章案例
北京汽车股份有限公司如何采购零部件

2013 年，北京汽车股份有限公司（以下简称"北汽"）越来越多地呈现出市场挑战者的姿态，开始试图在中国汽车市场谋求更多的份额。5 月份，北汽首次推出了自己的高端车型——绅宝，并一举把竞争战线突破到 15 万元以上，与合资企业开始了正面的交锋。但是汽车企业的竞争从来不仅仅是单一产品和技术的比拼，其背后的供应链才是决定胜负的关键因素，目前在国际市场上富于竞争力的企业大都拥有自己强有力的供应链体系。

刚刚发展起来的北汽，作为一家成立仅两年多且将主要精力放在自主品牌经营上的汽车企业，其自身原本的供应链体系显然不足以支撑其日渐"高端化"的迫切需求。

因此，打造一流的供应链以适应其发展是北汽的工作重点，而对于汽车零部件企业来说，目前应该也是进入北汽零部件采购目录的最好时机。那么，汽车零部件企业如何才能进入北汽的采购体系，并成为其"核心伙伴"呢？

1. 北汽如何选择采购商

虽然成立仅两年多，但北汽股份公司目前已进入全面运营阶段，随着其自主品牌重要产品"绅宝"的上市，北汽在不断凸显其"欧洲技术、高端品牌、中国创造、世界市场"的自主品牌宗旨。对于供应商的产品和服务质量，北汽股份公司也提出了更高的要求。"简单地说就是以'保证供货质量，优化成本'为原则"，北汽股份公司采购总监祝庆对此直言不讳。

作为北汽的"采购总管"，祝庆很清楚自己的工作责任，他认为，"在整车制造成本中，采购成本占了大头。而在整车的质量问题统计中，供应商质量问题又占了大头，所以供应链管理对于整车企业有多重要，是不言而喻的。"

事实上，供应链是一个包含供应商、物流以及客户等多个主体的综合系统。供应链管理也是一种体现着整合与协调思想的管理模式。它要求组成供应链系统的成员企业协同运作，共同应对外部市场复杂多变的形势。而面对经济全球化时代复杂多变的市场环境，企业要实现高效率的供应链管理相当不易。

为此，北汽甚至新成立了一个集中的采购中心，在这个采购中心里，有 170 人从事着与采购和供应链管理相关的各种工作。整个北汽的采购中心由零部件开发部、供应商管理部和综合采购部组成。北汽内部的人都知道，这个 170 人的采购中心的"权力"很大，他们主要负责自主品牌零部件采购和其他综合采购，以及供应商的综合管理。

作为新成立的部门，采购中心当然也面临着很多困难，"重点零部件采购是我们目前需要克服的主要难点"，祝庆说。而且随着中国消费者对于汽车的购买需求越来越多元化，消费者快速变化的需求对汽车生产企业的供应链体系也提出了"快速应变"的更高要求，也就是说，汽车企业的供应链不仅要满足消费者不断更新的需求，而且要保证供应产品的质量和供应稳定并控制价格。因此目前祝庆在北汽集团里主要抓的事情是，供应链平台化和一体化建设，并且建立集团化物流体系和采购信息系统——而在其他企业里，这些体系早已建立完成并日渐成熟。

不过，相比其他企业，祝庆认为北汽也有自己的优势。"我们北汽麾下的海纳川、北京现代和北京奔驰等企业，不但发展势头良好，而且其供应链体系也较为成熟。"因此，祝庆目前所采取的主要策略是，"借助优势力量加强与供应商的深度合作，以此打造自己的核心供应商体系。"

在汽车行业，核心供应商大都是助力企业发展的重要伙伴，世界上主流品牌的整车企业也都基本拥有自己稳定的核心供应商体系。目前，北汽股份已经发展的汽车零部件供应商主要有：博世、大陆、海拉、米其林、采埃孚等，这些市场表现卓越的国际一流汽车零部件供应商不但为北京奔驰、北京现代等北汽股份公司成员单位提供着服务，而且也为北京汽车自主品牌汽车产品的发展提供支持。

此外，针对其不同的产品特点，北汽还设立了两个不同的供应链体系：一个是以"成本为导向"的微车业务的供应链体系，在保证质量基础的前提下，规划低成本能力强的供应商为主导供应商，充分发挥现有供应链的优势；另一个是以"品质为导向"的中高端产品的供应商网络，规划和引入现代、奔驰以及国内外一流的、处于行业内领先的供应商为主导供应商，以此提高北汽供应链的质量与水平。

"例如萨博平台的乘用车系列，原则上以萨博的原供及国际品牌供应商为主。国际品牌的供应商在中国有工厂的，基本上都吸收过来，这些企业在供应商中占比为70%，而其采购金额占比近80%"，祝庆说。他还表示，"自主品牌车型，尤其是基于萨博平台的轿车系列，品牌供应商至少要过50%，这是最低的要求。"

除了对世界品牌供应商加强培养，北汽股份公司还形成了区域供应商培养体系。目前在北京、株州等地分别设立有分公司的北汽股份公司充分利用当地资源，实现了就近配套。比如座椅，北汽股份公司选择了向北京现代、奔驰提供配套的江森、李尔来生产；保险杠则选用的是给北京地区奔驰、现代供应保险杠的北汽模塑。

2. 解密北汽的采购流程

不仅仅是采购商的选择，在采购流程上，北汽股份公司也力争与国际接轨。祝庆说，"我们采购流程里含有潜在供应商评估、多家比价定点、零部件鉴定批准、供应商质量管理等，这一整套的流程完全与国际一流企业接轨，与通用、大众的流程别无二致。"

祝庆认为供应链的优化不但能使整车企业更快地应对市场需求的变化，同样，优化的供应链还能够有效降低汽车企业的生产成本。为了保证供应链质量，降低成本，北汽股份公司对供应商的管理还形成了一套完整的竞争机制。祝庆说："我们至少要找符合要求的三家供应商，或者更多供应商竞标，告诉他们车型，描述我们的产量，以及技术要求是什么，让他们进入到我们的竞争体系内。我们不但评价供应商的报价，也在技术、质量，包括它的质量管理体系方面都做评估。同时，我们也让供应商主动做技术优化，降低成本，比如说材料工艺的改善，降低废品率。包括将生产场地挪到北京附近来，这一系列的工作可以主动帮它降低成本。这样对双方都更有利，也有助于双方的持续发展。"

除此之外，北汽股份公司还有一个供应商评估 PSA 的流程。就是对潜在供应商的研发能力、质量保障、生产能力，以及包括物流等诸多方面依次来打分。祝庆介绍道，"我们遵照汽车行业公共标准 TS16949，根据 PSA 评分表对供应商打分后，产生三种结论：完全批准、有条件批准、拒绝。有条件批准就是有一些问题，但是这些问题不是很严重，调整后能达到标准的，我们会给他改善的机会。"

3. 北汽的采购策略

事实上，北汽股份公司现在对供应商的期望越来越高。祝庆说，一款车型从开始研发到完成量产，质量控制贯穿始终。这个过程既是开发过程，也是采购的过程，同时还是质量控制的过程。祝庆说，"原理相同的质量管理流程被不同的企业应用，由于企业在技术上的差距和执行力的强弱，最后生产出的产品的质量差距会很大。"而通过对瑞典萨博核心技术的收购，北汽股份公司将萨博近70年的造车经验全面导入到整车及核心零部件的研发体系、供应商管理体系、生产制造体系和质量控制体系中。"我们所有的流程源于萨博，高于萨博。"祝庆对绅宝供应商的期望是，"能够像整车企业一样钻研技术，开发一些新产品，给整车不断注入新的活力。"

祝庆认为汽车供应链系统是环环相扣的，汽车制造商和零部件供应商必须加强供应链协作，共同追求整体利益最大化，以形成共同经济利益，提升供应链的整体竞争力。因此，对于能力稍弱的供应商，北汽股份公司还有一套供应商发展机制。

在2013年的北汽供应商年会上，北汽股份公司正式发布了北汽供应商质量管理体系，这个供应商质量管理体系大约要经过16个环节。祝庆介绍说，"概括来讲，可以分为以下几步：第一，选供应商之前必须经过严格把关。第二，在定点之后，进入项目开发环节。包括对风险的评估、供应商决定干预程度等重要的内容。第三，在开发的过程中，由SQE团队，即供应商质量工程师团队深入到整个零件的开发过程中。从开发阶段一直到出样品，到小批试装，再到量产阶段，全程参与跟踪。包括像现在样品的鉴定，对过程的审核，这些都是采用萨博质量管理的标准技术。第四，每一个零件都要得到PPAP批准，即生产件批准程序。必须把所有的问题解决掉，最后得到整个批准之后，才允许供应商批量生产和供货，这是一整套完整的程序。"

不仅如此，融合奔驰、现代的做法，北汽股份公司还制定了自己的供应商质量管理手册，目的是指导供应商更好地满足生产要求。除了大众、通用这样的合资品牌，在自主品牌中目前只有上汽和北汽两家企业发布了自己的供应商质量管理手册。祝庆表示，北汽在这方面的优势，"主要得益于我们源于萨博的管理技术，也得益于来自奔驰、现代的一批管理人员的成熟经验。"

此外，本着互相促进的理念，北汽股份公司也会主动对优秀供应商信息进行传播。祝庆说："经销商、消费者对自主品牌采用了哪些国外优秀品牌的零部件非常感兴趣。对供应商信息的传播也能提升我们整车的品质，提高大家的认知，对我们整个品牌的宣传是很有好处的。"

资料来源：中汽协会《汽车纵横》杂志社

延伸阅读
基于供应链的采购管理

供应链管理环境下的采购对供应和采购双方是典型的"双赢"。对采购方来说，可以降低采购成本，在获得稳定且具有竞争力的价格的同时，提高产品质量和降低库存成本水平。通过与供应商的合作，还能取得更好的产品设计和对产品变化更快的反应速度；对于供应方来说，在保证有稳定的市场需求的同时，由于同采购方的长期合作伙伴关系，能更好地了解采购方的需求，改善产品生产流程，提高运作质量，降低生产成本，获得比在传统采购模式下更高的利润。

1. 基于供应链的采购管理模型

采购管理是供应链管理的重要一环，是实施供应链管理的基础。基于供应链的采购管理模型如图 3-9 所示。

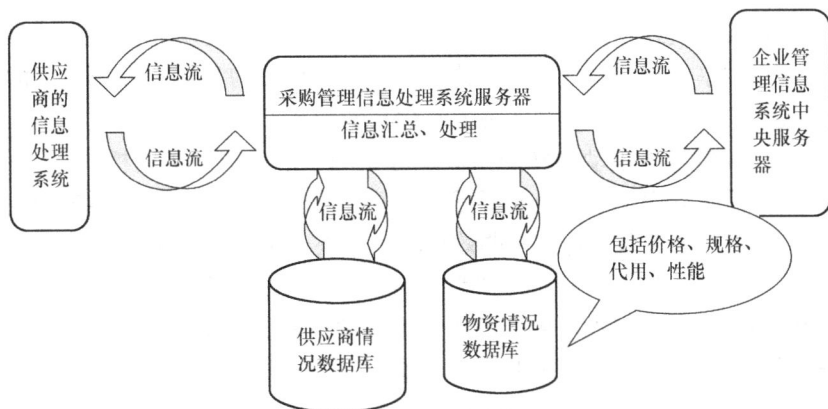

图 3-9　基于供应链的采购管理模型

在该模型中，采购部门负责对整个采购过程进行组织、控制、协调，它是企业与供应商联系的纽带。生产和技术部门通过企业内部的管理信息系统根据订单编制生产计划和物资需求计划。供应商通过信息交流处理来自企业的信息，预测企业需求以便备货，当订单到达时按时发货，货物质量由供应商自己控制。

该模型的要点是以信息交流来降低库存，以降低库存来推动管理优化，畅通的信息交流是实现基于供应链的采购管理的必要条件。

2. 供应链环境下采购管理的转换

（1）采购目的从为库存的采购转变为为订单而采购。在传统的采购模式中，采购的目的是补充库存。采购部门并不关心企业的生产过程，不了解生产的进度和产品需求的变化，因此采购过程缺乏主动性，采购部门制订的采购计划很难适应制造需求的变化。在供应链管理模式下，采购活动是以订单驱动方式进行的，制造订单的产生是在用户需求订单的驱动下产生的，然后，制造订单驱动采购订单，采购订单再驱动供应商。

（2）采购管理从内部管理转变为外部资源管理。传统的采购管理立足于企业内部，千方百计地从采购中获得利益。但是企业的力量毕竟是有限的，需要充分利用企业外部资源。供应链管理下的采购管理的实质就是充分调动供应商的积极性，增加与供应商的信息联系和相互合作，建立新的供需合作模式。

实施外部资源管理也是实施精细化生产、零库存生产的要求。供应链管理中的一个重要思想就是在生产控制中采用基于订单流的准时化生产模式，使企业的业务朝着精细化生产努力，即实现生产过程的"零"化管理：零缺陷、零库存、零交货期、零故障、零（无）纸文书、零废料、零事故、零人力资源浪费。

供应链管理思想强调系统性、协商性、集成性、同步性，外部资源管理是实现供应链管理思想的一个重要步骤——企业集成。从供应链企业集成的过程来看，它是供应链企业内部集成走向外部集成的重要一步。

（3）供需双方从一般买卖关系转变为战略协作伙伴关系。在传统的采购管理模式下，供应商与需求企业之间是一种对抗性的买卖关系，相互封锁信息，相互防备或坑害，因此无法解决一些涉及全局性、战略性的供应链管理问题。而在供应链环境下的采购管理模式中，供应商和需求企业之间是一种战略合作伙伴关系，为解决这些问题创造了条件。

在供应链采购管理模式下，通过供需双方的战略合作伙伴关系，建立信息系统，进行信息沟通，实现信息共享，利益共享，责任共担，由此避免了信息不对称而造成的决策失误，也消除了供应过程中的组织障碍，为实现准时化采购创造了条件。

（4）采购形式从需求方主动型转变为供应方主动型。传统的采购模式是一种典型的需求方主动型采购，需求方为了购进企业所需物品进行采购活动，但是市场需求变化迅速，供需双方是一种简单的交易关系，造成采购效率不高，缺乏应付需求变化的能力。

在供应链环境下，采购模式是一种典型的供应方主动型采购，采购不仅由采购人员操作，供应商操作的力量也在加大。由于需求企业的需求信息可以连续、及时地向供应商传递，供应商根据需求信息预测用户未来的需求量，并根据这个预测需求量制订生产计划和送货计划，主动小批量、多频次地向用户补充货物，主动跟踪用户需求，适时适量地满足用户的需要。由于供需双方是利益共同体，供应商会更加主动地关心产品质量和采购成本。

第4章　汽车售后配件库存控制

・本章导读・

　　汽车售后配件供应链具有多层级性，每个层级上都需要设置库存，如果对配件库存不进行合理的控制，会导致整个配件供应链上库存的大量增加；库存成本增加；反之，如果每个层级的库存过低，会产生配件缺货现象，造成销售受损。因此，汽车售后配件供应链中库存控制是十分重要的。本章将讨论如何有效地控制汽车售后配件库存，安全库存与服务水平存在什么关系，服务水平的高低对安全库存有何影响，在一定服务水平下如何设置合理的安全库存，以及如何优化汽车售后配件供应链多级库存等问题。

4.1　汽车售后配件库存概述

4.1.1　汽车售后配件库存及库存链

1. 汽车售后配件库存

（1）库存（Inventory）：指供应链中一切闲置的、用于未来的、有经济意义的资源。

（2）汽车售后配件库存：指为了及时满足客户的订货需求，在各个流通环节之间设置的必要储备。

2. 汽车售后配件库存链

在汽车售后配件供应链上，从供应商、制造商、经销商到零售商，每个环节都存在库存，因而对应地形成一条库存链，如图4-1所示。

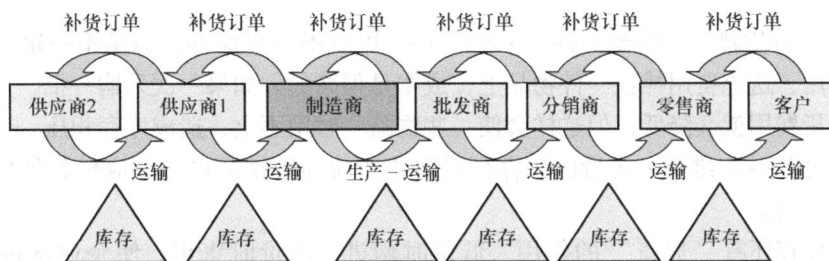

图4-1　汽车售后配件库存链

库存链中每一个节点的库存不仅影响着某一节点企业的成本，而且也制约着上下游企业之间，甚至整个供应链的综合成本、整体性能和竞争优势。因此，根据供应链管理的思想，供应链中的节点企业不能以各自为政、局部最优的思想指导其库存管理，而应该更多地从库存链的角度，从供应链企业伙伴关系的角度考虑供应链库存管理战略，提高供应链库存管理的效益。

4.1.2　汽车售后配件库存的种类

从经营过程的角度分类，汽车售后配件可以分为以下几类：

（1）经常库存：指企业在正常的经营环境下为了满足日常的需要而建立的库存。

（2）安全库存：指为了防止由于不确定因素（如大量突发性订货、交货期突然改变等）而准备的缓冲库存。

（3）季节性库存：指为了迎接销售高峰而提前准备的库存。

（4）促销库存：指为了对应企业的促销活动产生的预期销售增加而建立的库存。

（5）投机库存：指为了避免货物价格上涨造成的损失或为了从商品价格上涨中获利而建立的库存。

（6）沉淀库存或积压库存：指因配件品质变坏而失效的库存或滞销的库存。

4.1.3　库存在配件供应链中的作用

从库存的功能可知，库存是用于应付需求变化、订货提前期、货物运输情况、生产时间等各种各样的不确定性。为了保证供应链的正常运行，必须保有一定数量的库存。由于库存存在于配件供应链的各个环节中，库存控制的能力和效果会直接影响到供应链运作成效和成员间的整体利益。

1. 库存在配件供应链中的积极作用

为了抵御这些无法控制的因素对整体供应链运作的影响，在供应链中或者在企业内部保留一定数量的库存是必要的。在供应链的运作中，库存起着很重要的积极作用。

（1）避免缺货，缩短供货周期。预先建立一定的库存，可以在接到用户的订货后，最大限度地缩短响应时间，帮助企业争取用户，提高占领市场的能力。

（2）通过库存调节季节性需求波动，使生产过程均衡、平稳。在当代竞争激烈的社会中，外部需求的不稳定性是正常现象，外部需求的不稳定性经常引起内部生产的波动。而生产的均衡性是企业内部组织生产的客观要求。既要保证满足顾客的需求，又要使生产均衡，就需要维持一定的产品库存。成品库存将外部需求和内部生产分隔开，起到稳定生产的作用。

（3）分摊订货费用。需要一件就采购一件，可以不需要库存，但是不一定经济。订货需要一笔费用，这笔费用摊在一件物品上，成本是很高的。如果一次采购一批，分摊在每件物品上的订货费用就会降低，但这样会使一些物品一时用不上，造成库存积压。

（4）防止短缺。维持一定量的库存可以防止短缺和脱销，也可以应付各种变化，起到应急和缓冲作用。

此外，库存还有"居奇"的作用，低价时购进，高价时售出，使企业从进出差价上获益。

2. 库存在供应链中的消极影响

通过库存可以获得许多好处，同时也必须付出代价。库存是暂时闲置的资源，要占用大量的资金（物料本身的价值），使这些流动资金不能周转。此外，企业还要为维护库存支付一定的费用（如管理费、保险费、房屋租金、利息等），这些费用的增加使企业的利润下降，甚至出现亏损。

4.1.4　库存成本结构

无论是汽车整车厂还是汽车配件经销商，库存一定数量的汽车配件有许多益处，但是库存也带来了成本。通常情况下库存成本主要包括：采购成本、订购成本、库存持有成本和缺货成本。

1. 采购成本

采购成本是指采购产品所支付的费用。在通常情况下，采购成本可通过供应商的报价表或者采购发票得知。

2. 订购成本

订购成本是指所有因发出订单和接受额外订购而增加的成本。这些额外成本与订购的批量无关。包括：

（1）订购手续成本，如订购所花的人工费用、事务用品费用、主管及有关部门的审查费用。

（2）运输费用，固定的运输费用通常并不受订购批量的影响。

（3）接收成本，指不随订购批量而变化的接收成本，例如采购与订购的匹配及更新库存记录有关的工作。按订购数量来计算的接收成本不应包括在内。

3. 库存持有成本

库存持有成本是指企业持有库存时所发生的成本。包括：

（1）资本成本：经常被看成是资本的机会成本。

（2）仓储成本：仓库的租金及仓库管理、盘点、维护设施（如保安、消防等）的费用。

（3）搬运成本：存货数量增加，则搬运和装卸的机会也会增加，搬运工人与搬运设备同样增加，搬运成本增加。

（4）报废成本：或是由于市场原因，或是因为产品质量退化，产品价值会衰减。产品的报废成本取决于所保有的产品的类型。

（5）其他成本：比如存货的保险费用及其他管理费用等。

4. 缺货成本

缺货成本是指库存短缺时所引起的成本。包括销售损失和延期交货成本。

（1）销售损失：当出现缺货时，如果客户放弃购买，就会产生销售损失，以及缺货对未来销售造成的消极影响。这部分成本是本应获得的销售利润。

（2）延期交货成本：当出现缺货时，如果客户愿意等待下一批订货，就会出现延期交货。与延期交货相关的成本包括管理费用、商誉的损失、未来订单的损失、经济订单、加急订单等相关成本。

4.1.5　汽车售后配件库存特点

汽车售后配件的库存不同于一般产品，有其自身特点，主要表现在以下几个方面。

1. 库存种类繁多，并且价值差别很大

构成一辆整车的零配件不仅数量繁多，而且大小各异，价值千差万别。以奥迪 A6 为例，按2008年初的服务备件价格表，最贵的服务备件单价为109 263.23元（01V300048M变速器），而最便宜的一种单价仅为0.2元（Noll67016 Washer）。在售后服务中，任何一种服务配件无法快速、准确地送到消费者手中都会使消费者感觉不满意。

2. 库存规模相对较小

虽然汽车售后配件的库存种类繁多，但是具体到某一类配件，其库存规模却很小。从物流量上看，汽车售后配件物流量明显小于汽车生产所需零配件的物流量。由于汽车售后配件是用于维修的，维修量一定会小于或等于生产量。随着现代服务技术的不断发展，一般说来，配件物流量会比汽车生产所需零配件的物流量小很多。由于物流量小，难以获得规模效益，决定了汽车售后配件库存的高成本。

3. 库存周转慢

对汽车售后配件的需求大多是用于汽车故障的维修。随着汽车质量的提高，故障率越来越低，因此，汽车售后配件的库存周转率要低于一般消耗性产品。例如，华晨汽车公司的服务配件的年库存周转次数为2，上海通用汽车公司的服务配件的年库存周转率为3。

4. 库存体系呈现多级分布

由于汽车售后配件中的相当一部分用于汽车维修，这就要求汽车售后配件供应具备较快的响应速度。例如，如果需要维修的是一辆私家车，将影响到车主的工作和生活；如果需要维修的是一个物流公司的汽车，将影响到一个物流公司的运作。因此，为了实现售后配件的快速响应，汽车服务企业需要尽量在靠近用户的所在地设置区域库存分库，这样汽车售后配件的库存体系就会呈现出多级分布。

4.2　汽车售后配件库存控制

汽车售后配件库存控制是研究以最佳的方法控制配件库存的种类和数量，一方面满足客户的需求，另一方面降低库存成本。

4.2.1　汽车售后配件库存控制的目标

由于汽车配件销售的随机性很大，客户何时需要什么样的配件很难预测，而汽车配件经销商一方面要尽量减少库存，用最少的资金占用获得最大的经济效益；另一方面要提高及时供货率，以不丧失任何一个销售机会。降低库存量与提高及时供货率是相互矛盾的，一般而言，要提高及时供货率，势必要增加库存量，从而引起库存成本的增加。因此进行库存分析的目的就是明确两个基本性的问题：库存什么配件？库存多少配件？

1. 库存什么配件

一辆汽车的零件总数超过几十万个，不可能库存所有的零件，因此要合理地确定库存品种。合理的库存品种结构意味着：

（1）把现有配件的控制在合理的水平上；

（2）杜绝向库存中加入不必要的产品；

（3）将一些不再使用的配件从库存中剔除出去。

2. 库存多少配件

库存数量过大，会导致库存成本和资金占有量的增加；库存数量过小，会导致缺货，不能满足客户的需求，丧失销售机会，从而影响企业的利润和商誉。因此要使客户服务水平保持在可接受的水平基础上，实现库存水平最小化。

库存量的大小往往与订货量和订货时间有关。订货时间早了，就会延长配件库存时间，增加库存量，造成保管费用增加；订货时间晚了，又容易造成缺货，使缺货成本增加。订货数量过多，增加库存，也会造成库存资金量增大、周转时间加长，增加库存成本；订货量太少，增加订货次数，引起订货费用上升。

由于库存的种种矛盾，需要管理者进行权衡。因此汽车售后配件库存控制的目标是：通过对企业的库存水平进行控制，力求尽可能降低库存水平，在库存成本的合理范围内，达到满意的顾客服务水平。

4.2.2　汽车售后配件库存品种和库存数量的确定

由于汽车配件的流动具有明显的倾向性，通常是根据以往的销售记录和近期市场的情况来确定库存配件品种的变化和库存的数量。

1. 根据汽车配件的特性确定

根据配件特性的不同，汽车售后配件可分为：低值易损件、维护保养件、修理常用件、基础及总成件、事故车辆修理用件五大类。

低值易损件包括：灯泡、保险片、油封、密封垫、螺栓、螺母等，一般占库存总额的3%左右；维护保养件包括：齿轮油、机油、制动液、"三滤"、缓冲胶块、制动块等，一般占库存总额的20%左右；修理常用件包括：活塞、活塞环、缸套、连杆、气门、曲轴轴瓦、离合器从动盘、齿轮、同步器以及制动分泵、制动鼓、制动蹄等，一般占库存总额的32%左右。这三类配件占配件总数的55%，但是占销售总量的75%。

由于低值易损件和维护保养件在实际中需求量较大，因此必须有库存，否则会流失顾客，造成损失。企业只需要库存低值易损件和维护保养件，它们占配件总数的55%。

2. 根据汽车配件的流动性确定

汽车配件的流动有明显的流动性，可将汽车配件分为流动件和非流动件。以丰田汽车公司的零件订货及库存的动态分析为例进行说明。

丰田汽车的零件编号约有30万件，其中有库存的约有10万件，但是每月的订货数量为60万~70万件，如图4-2所示。

从零件订货的情况来看，接到零件订货项目的90%集中在3万个零件号中，接到零件订货项目的7%集中在7万个零件中，这两类零件称为流动件；剩余的3%的订货项目是从20万个无库存零件号中发出的，这类零件称为非流动件。从丰田公司的零件订货和库存情况来看，企业只需要库存流动件，它们占订货的97%，而只占零件总数的30%。

3. 根据汽车配件流通级别确定

汽车配件的流通级别是指汽车配件在流通过程中的周转速度，根据汽车配件的流通级别，将它们分为快流件、中流件和慢流件。有些汽车配件经销商将年销售量在25万~50万件的零件作为快流件，年销售量在6万~24万件的零件作为中流件，年销售量在1万~5万件的零件作为慢流件。汽车制造商和汽车零配件经销商的统计结果表明，快流件的数量占零件总数的10%，销售收入占销售总额的70%，中流件的数量占零件总数的20%，销售收入占销售总额的20%，慢流件的数量占零件总数的70%，销售收入只占销售总额的10%，所

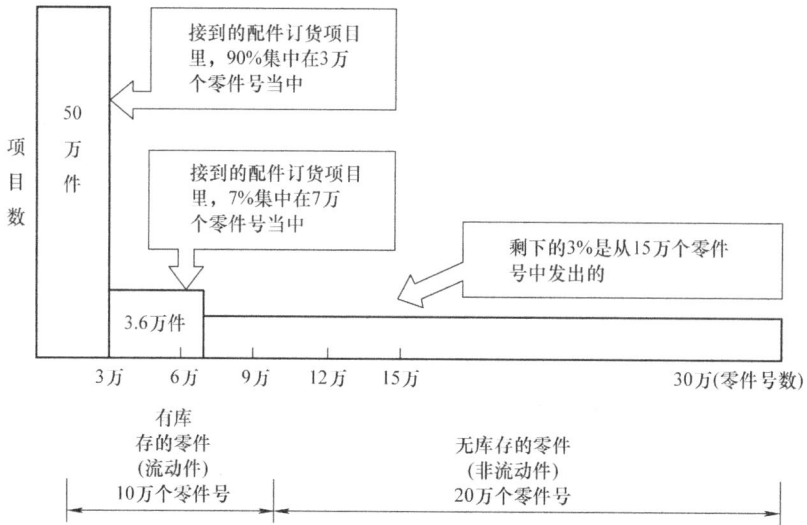

图 4-2　丰田汽车公司汽车配件库存件及其销售量分布

以企业库存零配件的 30% 就可以保证获得 90% 的销售收入。零件流通级别与销售额之间的关系如图 4-3 所示。

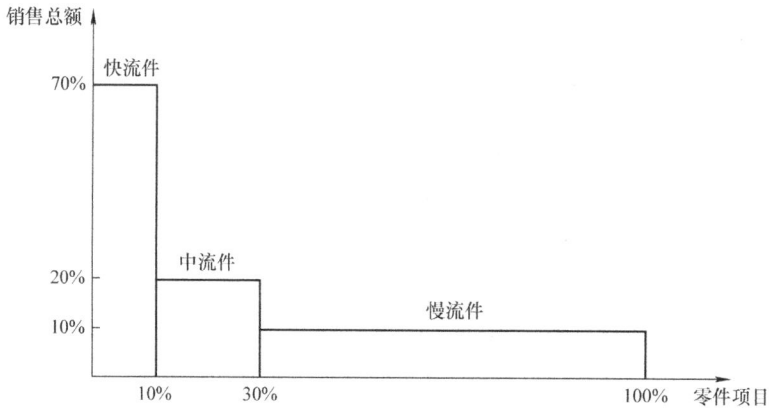

图 4-3　汽车售后配件流通级别与销售额之间的关系

因此企业只需要库存快流件和中流件，库存数量占零件总数的 30%。

例如：日本五十铃汽车公司推荐的零件流通级别，如表 4-1 所示。

表 4-1　零件流通级别分类

推荐级别	零件使用和更换情况	
A	需要定期更换的零件（在一年内更换的零件），如三格	
B	需要定期更换的零件（在二年内更换的零件），如制动蹄	
C	碰撞时首当其冲的零件	在第二年内需要更换的零件，如保险杠
D		各种灯具、反光镜等零件
E		其他零件

（续）

推荐级别	零件使用和更换情况	
F		如油封
G	易磨损件	高速的相对运动零件
H		表面接触应力很高的相对运动零件
I	不易磨损件	在汽车生命周期内不用更换的零件

值得注意的是，零件的流通级别不是一成不变的，快流件可能会变成中流件，甚至变成慢流件；而中流件和慢流件在一定时期内可能变成快流件。影响和决定零件流通级别的因素是多方面的，主要有以下几个方面的因素。

（1）车辆投放市场的使用周期。一般车辆使用寿命为 10 年，前 2~3 年零件更换少，中间 4~5 年是零件更换高峰期，最后 1~2 年零件更换逐渐减少。

（2）制造、设计上的问题。材料选择不当、设计不合理，如汽油泵，一般不会出现故障，但有些车的汽油泵频频发生故障，这就属于设计上的问题。

（3）使用不合理。比如某种汽车设计用于寒冷地区，如果把它用于热带地区，就会出现故障。节温器在深圳地区不需使用，但是在北方地区没有节温器的发动机会发热过多，甚至造成冷却系统结冰导致汽车故障。

（4）燃油、机油选择不当或油质有问题，也会影响零件的寿命。

（5）道路状况。车辆长期在好的路面上行驶，振动小，零件使用寿命长；如果在不平路面或市区内频频制动，也会影响零件的使用寿命。

（6）季节性。冬天到来之前，点火、起动系统配件要准备充足；夏季来临前，空调系统配件要多储备。

（7）配件保养的需要。有些配件如三格（即空气滤清器、燃油滤清器和机油滤清器）等，即使没有出现故障，也要按照保养规定的里程或时间，定期及时更换有些配件，如果出现故障后再去修理或更换，势必会影响正常使用。

4.2.3　汽车售后配件库存储备量的确定

汽车售后配件合理储备量包括两个方面的内容：一方面是指库存储备的总金额趋于合理；另一方面是指单一品种储备量与市场需求大致接近，即按车型、品种的配件库存结构合理。这两个方面是密切相关的，前者是总体需求，对于后者有指导性的约束，后者是前者的具体体现，是前者的基础。否则就会造成配件储备总额合理，但是单一品种结构畸形，不利于资金周转，也将影响销售量。因此确定配件合理储备量的原则是满足客户需要，有利于资金周转，保证配件在流通中流而不断、储而不阻，真正起到"蓄水池"的作用。

1. 汽车售后配件储备总额的确定

影响汽车售后配件库存储备总额的因素

①汽车配件经销商所承担供应范围内拥有的车型和数量，供应范围大、涉及的车辆多，则配件储备总额就大。

②汽车配件经销商本身所拥有的流动资金数量以及所必须达到的资金周转次数。如果

所用流动资金少、资金周转天数少，就必须加速库存周转，因此配件储备额就不能过大。

③ 汽车经销商单车的年供应水平。如果单车供应水平高，配件储备总额就需要大一些，而单车供应水平又与车辆技术状况、路面等级、车辆出车率及其运输性质有关。

2. 汽车售后配件库存储备总额的确定

$$W = qg/f \qquad (4-1)$$

式中　W——库存储备总额，单位为元；

　　　q——单车年供应平均水平，单位为元/辆；

　　　g——供应的车辆总数，单位为辆；

　　　f——要求达到的资金周转指标，单位为次/年。

为了使计算更为准确，现设 i 为任意一种车型，则算式 $W = qg/f$ 还可表示为：

$$W = q_1 g_1/f_1 + q_2 g_2/f_2 + \cdots + q_n g_n/f_n \qquad (4-2)$$

由上式可知，企业库存合理储备总额等于其所供应的各种车型应储备的金额之和。

现用以下数据进行说明，见表4-2。

表4-2　数据说明表

车型 项目	桑塔纳	CAJ091	EQ1091	BJ1022	BJ2020N
供应车辆数/辆	1802	2215	325	500	219
单车供应平均水平/元·辆	934	273	123	874	140
资金周转指标/次·年	1.6	1.2	1.2	1.5	1.2

将表4-2中的数据代入式（4-2）中可得：

$W = 934$ 元/辆 $\times 1802$ 辆/1.6 次/年 $+ 273$ 元/辆 $\times 2215$ 辆/1.2 次/年 $+ 123$ 元/辆 $\times 325$ 辆/1.2 次/年 $+ 874$ 元/辆 $\times 500$ 辆/1.5 次/年 $+ 140$ 元/辆 $\times 219$ 辆/1.2 次/年 $= 1906025.8$ 元/次·年

但是，上式中各个量不是一成不变的，是随着市场形势的变化而不断变化的，所以储备量应定期核定，以取得符合市场变化的最佳值。

3. 单一品种合理储备量的确定

单一品种合理储备量主要是以该品种历史期（一般为上年）销售水平为依据，同样考虑市场流通的快慢，即库存周转的次数，一般可用下式表示：

$$W = M(1 + k\%)/f \qquad (4-3)$$

式中　W——单一品种储备数；

　　　M——单一品种历史销售平均数；

　　　f——应达到的库存周转数；

　　　k——该品种因各种因素而变化所取得的储备量增减系数。

k 取值时，如为发展车型的配件，取增量值；如为淘汰车型的配件（或有替换产品的配件），取减量值。即具体配件品种要具体分析，这样才能使单一品种库存储备趋于合理，从而使整个库存结构合理。

根据一汽大众汽车有限公司与服务站签订的意向协议书，为确保售后服务的正常进行，服务站、大用户、专卖店开始订货前，应制定出服务站的储备定额及每一种备件的最低库存，并根据保有量的变化情况，每半年或一年修改一次。储备定额及最低库存量确定后，应成为服务站订货的主要依据。

（1）已签协议的服务站、大用户、专卖店，当地保有量在100辆以下时，配件的储备应不少于12万～15万元；当地保有量达到100辆以上时，每增加一辆，配件的储备定额需要增加2000元。

（2）已开业的服务站，当地保有量在250辆以下时，配件的储备应不少于30万元；当地保有量达到250辆以上时，每增加一辆，配件的储备定额需要增加2000元。

4.2.4　汽车售后配件库存控制方法

1. ABC分类管理法

通过不断地盘点、采购、收货、发货等工作来维持配件库存无疑要耗费大量的时间和资金。当这些资源有限时，汽车配件企业就会很容易想到最好的方式，那就是利用有限的资源来对库存进行控制。换句话说，此时企业库存管理的重点应该集中于重要的配件。

（1）ABC分类法原理。ABC分类法是意大利经济学家巴雷特在1879年研究社会财富分配时，收集了许多国家的收入统计资料，得出收入与人口关系的规律为：占人口比重不大（20%）的少数人的收入占总收入的大部分（80%），而大多数人（80%）的收入只占总收入的很小部分（20%），所以分布不平等。由此，他提出了所谓"关键的少数和次要的多数"的关系理论，用来表示这种财富分配不公平的现象的统计图称为巴雷特曲线，如图4-4所示。

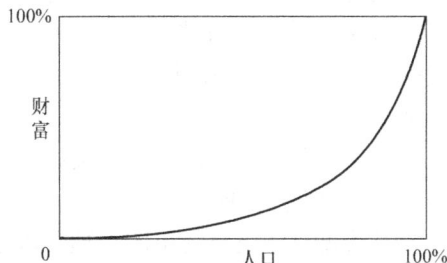

图4-4　巴雷特曲线分布图

（2）ABC分类法在汽车售后配件库存控制中的应用。通过配件数据的收集、整理和分析，对于一家经销商来说，产品和销售量的关系排列为：常备件、定期保养件是A类产品，占经营产品的5%，但与80%的销售活动有关；重要部件是B类产品，占经营产品的15%，与15%的销售活动有关；交通事故件（交通事故发生与大风、大雨、大雾、大雪、大霜、结冰、交通路况差、初学驾照上路的驾驶人的多少等有直接或间接的关系）、非易损件和专用零部件为C类产品，占经营产品品种的80%，但只与5%的销售活动有关，如图4-5所示。

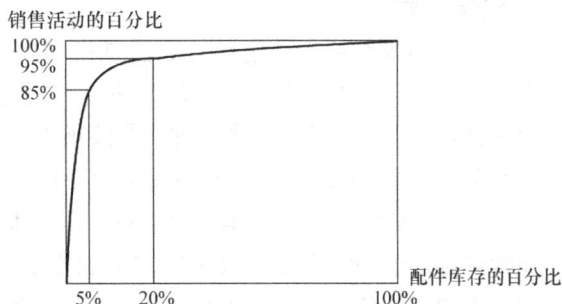

图4-5　库存配件ABC分类法

丰田汽车公司对海外代理行的销售情况进行了统计，结果表明：按照销售额高低的顺序排列，在流动件中15%的件号（A）占销售额的80%，流动件25%的件号（B）占销售额的15%，剩下的60%的件号（C）占销售额的5%，如图4-6所示。

（3）对于不同级别汽车售后配件的库存控制。对汽车售后配件按照一定的标准进行

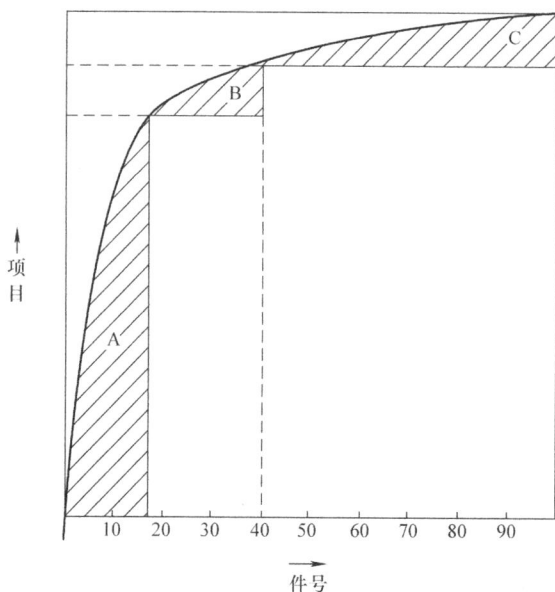

图4-6 丰田汽车公司海外代理行汽车零件销售额分布

ABC分类之后，企业可以根据自身的经营策略对不同级别的库存进行不同的管理和控制。

①A类配件：实行严格的集中管理，进行经常性的盘点检查，应采取定期订货方式，尽量控制订货批量，每次批量按下一期的实际需要订购。尽量减少安全库存，以避免过多占用资金。

②B类配件：在管理上实行集中管理与分散管理相结合的管理方式，采取一般的管理方法，适当建立安全库存。

③C类配件：进行简单的管理，应采取定量订货方式，一般可进行较大批量进货、减少这类库存的管理人员和设施、拉长库存检查时间间隔等，以便有更多的精力集中抓好A类配件的管理，使安全库存高一些。

2. 定量订购法

（1）定量订购法原理。定量订购法是指当库存量下降到预定的最低库存量（订购点）时，按规定（一般以经济批量为标准）进行订货补充的一种库存控制方法，如图4-7所示。

当库存量下降到订购点（X）时，即按预先确定的订购量（Q）发出订货单，经过交货周期（LT），库存量继续下降，到达安全库存量（S）时，收到订货（Q），库存水平上升。

采用定量订购法必须预先确定订购点（X）和订货量（Q）。

通常订购点的确定主要取决于需求率和交货周期这两个要素。在需要是固定的、均匀的、交货周期不变的情况下（理想状态），不需要设安全库存，这时订购点由下式确定：

$$X = LT \times R \tag{4-4}$$

式中　X——订购点的库存量；

　　　LT——交货周期；

　　　R——需求率。

但在实际工作中，常常会遇到各种波动的情况，如果需要发生变化或交货周期因某种原

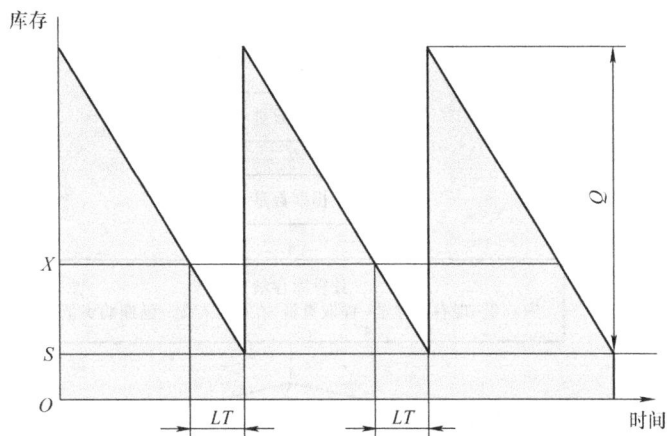

图 4-7　定量订购法

因而延长等，这时必须设安全库存 S，订货点则应用下式确定：

$$X = LT \times R + S \tag{4-5}$$

式中，S 为安全库存量

（2）定量订购法的利弊

1）定量订购法的优点

① 能及时了解和掌握库存的动态。每次订货前都必须对库存情况进行详细了解、盘点，测算库存是否降到了订购点。

② 操作简便、易行。每次订购物料的数量均是固定的，所以只需按预先计算好的经济批量操作即可。

③ 能使仓库总成本降至最低。定量订购的经济批量能使订购费用和储存费用之和达到最佳。

2）定量订购法的缺点

① 工作量大。该种订购方式需经常对库存物料进行详细的检查、盘点，从而增加了仓库保管作业维持成本。

② 库存成本高。该种订购方式要求对每个品种单独进行作业，这样增加了订货成本和运输成本。

（3）定量订购法的作业流程。定量订购法的作业流程如图 4-8 所示。

定量订购法适用于品种数目少但占用资金大的 A 类库存。

3. 定期订购法

（1）定期订购法的原理。定期订购法是一种请购期固定而请购量不固定的存量控制方法。定期订购法是事先决定固定的期限，然后补充库存量，订购量是指当时的定期存量与最高存量的差额，因此每次的订购数量变化而订购间隔期不变。

在定期订购法中，配件的数量要按固定的时间间隔期进行检查，在每一时期开始时必须对配件的现存量加以盘点。

在定期订购法下，订购的数量是不固定的，物控人员为反映需求率的变化，会改变订购

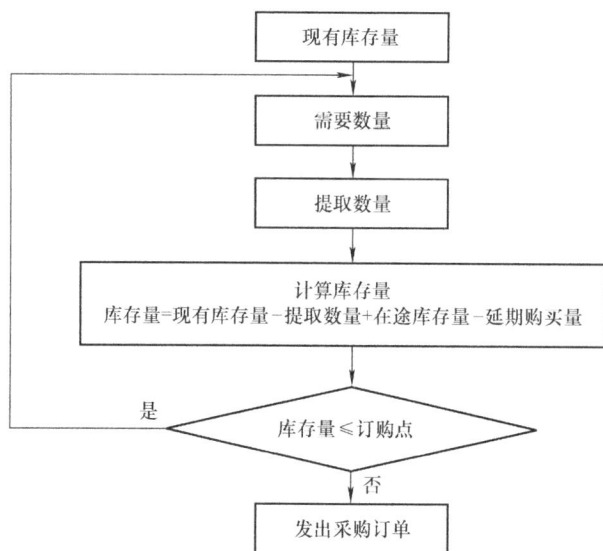

图 4-8 定量订购法的作业流程

量。在这种方法下，检查期是固定的；订购量、需求率和订购点是可变的；前置时间可能是固定的或可变的。图 4-9 用单一配件描述了定期订购法的变化过程。

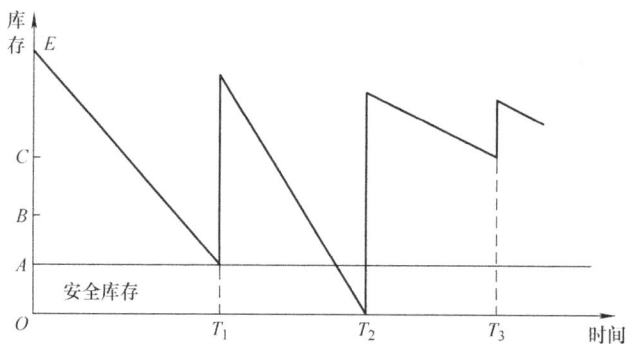

图 4-9 定期订购法的示意图

在定期订购法下，每当物料出库时并不检查其存量。通常都是在检查日通过实际盘点来计算配件的存量。补充订购的数量是可变的，并取决于配件的存量。

（2）定期订购法的特点

① 定期订购法的特点是需求率不确定、订购点不确定、库存检查或订购间隔期固定、订购量不确定。

② 在定量订购法下（不断检查），在库存水准刚降到订购点时便进行补充订购。而在定期订购法下（不连续检查），只在规定的时间间隔期才对配件的存量进行检查。

（3）定期订购法的作业程序。定期订购法的作业流程如图 4-10 所示。

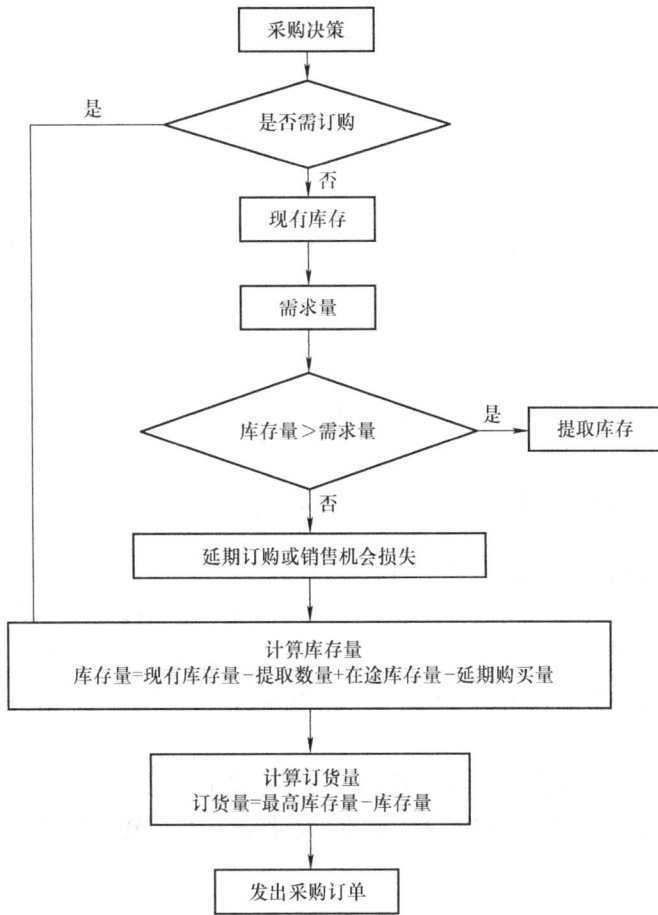

图 4-10　定期订购法的作业流程

4.3　汽车售后配件供应链库存控制

由于供应链的各节点企业都是独立的经济单位，都有自身独立的经济利益，加之供应链整体观念不强，各成员企业基本上都是各自为政，彼此之间缺乏应有的合作、协调和沟通，许多汽车厂商和经销商多是依赖大量的库存来满足配件的及时供应，而忽视了从供应链全局的角度通过上下游企业之间紧密协作来达到优化的运作目标。

在配件的供应领域，除了传统的由经销商自行对配件需求进行预测然后订货补充的方式之外，出现了三类协同计划的手段或调度策略：

- 整车厂主导的连续补充库存计划 CRP（Continuous Replenishment Planning）；
- 整车厂和经销商协作下的联合库存管理 JMI（Jointly Managed Inventory）；
- 面向维修站/零售商的平级转运策略 LTP（Lateral Transshipment Policy）。

如图 4-11 所示。

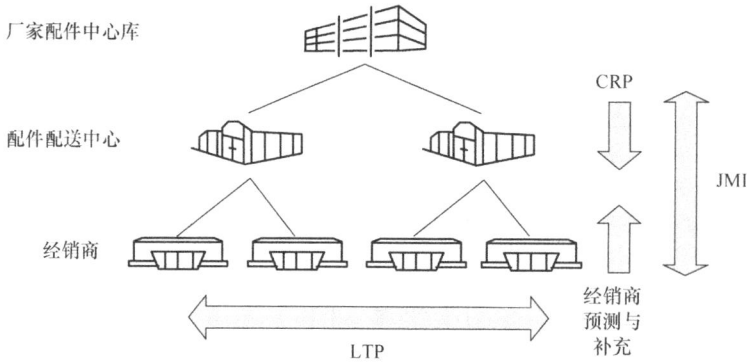

图4-11 汽车售后配件供应链协同方式

4.3.1 连续补充库存计划（Continuous Replenishment Planning，CRP）

连续补充库存计划是一种供应链上的纵向协同手段。汽车厂商通过网络技术对经销商管理系统进行监控，掌握终端的销售、库存和需求的信息，主动提高向经销商交货的频率。这样将汽车经销商向汽车厂商发出订单的传统订货方法，变为汽车厂商根据经销商的库存和销售信息决定配件的补给数量，主动补充库存，不仅提高了配件的及时供货率，也降低了库存水平。

将配件库存控制的工作交由上游厂家（例如帮助供应商做出配件需求的预测），有利于消除不规则的订单波动、控制运输频率和成本以及加快库存周转，无疑也增加了整车厂的竞争优势。

4.3.2 联合库存管理（Jointly Managed Inventory，JMI）

联合库存管理要求整车厂和经销商都参与到库存的计划和管理中去，双方在共享配件库存信息的基础上，以服务水平和客户满意度为中心，共同制订统一的配件库存计划。

联合库存管理的方法是由整车厂对经销商的库存进行主动管理，整车厂不仅要负责对配件库存的及时补充，并且还要考虑最终客户的维修完成率，因此整车厂通过和经销商共同分担风险来调动经销商的积极性。由于配件补货的决策权力由经销商转移到了整车厂，因此由双方共同承担经营风险和成本支出。如果经销商发生缺货，整车厂必须承担紧急发运或从其他经销商调拨的费用。如果配件在经销商的仓库里长期存放而没有售出，那么经销商也可以要求全额退款。因此联合库存管理强调供应链企业之间的互利合作关系，这在一定程度上体现了供应链管理的战略联盟思想。

4.3.3 平级转运策略（Lateral Transshipment Policy，LTP）

平级转运策略是一种供应链上的横向协同手段。通过网络技术，在汽车4S店、维修站、汽配零售商之间进行配件的交换，以应对配件需求的不稳定性和维修中对关键配件的急需。随着新车型的不断推出，一些老车型的配件已经停止供应，造成缺货，平级转运是一种最有效的方法。目前国外已经出现了配件交换中心，运用配件管理系统和配件定位系统，为经销商提供配件订货服务。实践已证明，通过配件交换中心，可以将经销商的配件库存降低40%，将配件的满足率提高到98%，实现减少库存、提高服务水平的目标。

4.4 汽车售后配件安全库存与服务水平

在汽车售后配件供应链上，由于客户需求的不确定性和供应商供货的不稳定性，容易造成配件的缺货。在供应链上各节点设置安全库存是防止缺货损失最简单有效的方法。

4.4.1 汽车配件缺货对配件经销商的影响

1. 客户面对缺货的反应

每当客户的需求不能通过现有的库存得到满足的时候，就出现了缺货。

这时客户会有两种选择：

选择1：客户愿意付出时间等待产品的到来，在这种情况下，客户的需求实际上是通过延期交货的形式得到满足的。

选择2：客户不愿意付出时间等待，而转到其他的汽车4S店，这对于企业来说，无疑是失去了一次销售机会。

2. 客户的行为对汽车配件经销商的影响

当汽车配件经销商出现缺货时，就产生了缺货成本。如果客户选择了其他供应商，对企业来说，就产生了销售损失；如果客户选择了等待产品到货，就产生了延期交货成本，如紧急订货而产生的额外费用、商誉的损失、未来订单的损失等。因此，缺货成本是由销售损失和延期交货成本两个部分组成的。

汽车配件的缺货不仅直接影响了汽车配件经销商的利润，而且还会降低他们的服务水平和客户满意度，从而影响消费者对汽车品牌的忠诚度。据调查，当出现缺货时，14%的顾客会流失。

在汽车服务市场日益激烈、产品多样化和替代程度日益提高的情况下，由于缺货使现有客户流失，转移到其他竞争对手那里，而企业挖掘一个潜在客户的成本又在不断增加，对于汽车企业来说，缺货的代价太大了，这时企业就必须在库存和缺货之间进行权衡。

4.4.2 安全库存和服务水平

1. 安全库存的概念

在汽车售后配件的供应链中，由于市场需求的不确定性以及供应商的不稳定性，使汽车经销商出现缺货现象。为了有效地防止缺货，提高供应的安全保障，汽车经销商在预测需求的基础上，会持有更多的库存。这些库存其实是一种缓冲库存，在通常情况下不会被投入使用，只是为了应对由于需求波动或交货延误引起的超出预测的需求而保持的额外库存形成了安全库存（Safety Stock，SS）。

安全库存是指为了满足顾客需求，在给定的周期里，拥有超过预测数量的库存量。它是一种额外持有的库存，是一种缓冲器。由于自然界或环境的随机干扰，使市场需求或订货提前期的变化无法准确预测，而安全库存则可用来补偿在订货提前期内市场需求超过期望需求量时所产生的短缺，如图4-12所示。

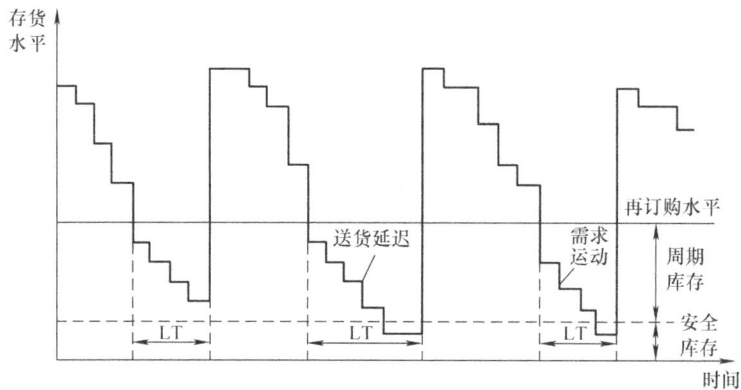

图4-12　用安全库存进行缓冲

2. 服务水平

虽然安全库存的设置能够避免企业缺货的可能性，然而基于成本的考虑，企业不可能持有过多的安全库存。很多情况下，会出现这样的情形：当补充订货到来时，剩余的库存不是过量积压就是短缺。因此，企业必须根据一个指标来确定安全库存量，这个指标即为服务水平。因此，安全库存是以服务水平为标准来设置的。服务水平就是指从订货到交货的提前期内，用库存满足顾客需求的比率，通常用补给周期供给水平和订单满足率（及时供货率）两个指标来衡量。

（1）补给周期供给水平 CSL（Cycle Service Level）。补给周期供给水平是指在所有的补给周期中，能满足顾客所有需求的补给周期所占的比率。它测量补给周期内不发生缺货的概率。补给周期是指连续两次订货之间的时间间隔。例如，某汽车配件经销商将其库存控制在补给周期供给水平为80%，这就意味着在给定的10个补给周期中，有8个补给周期能够满足顾客的需要，不会出现缺货。

（2）订单满足率（Fill Rate）。订单满足率是指在所有的顾客需求中，用库存来满足的那部分需求所占的比率。它与产品的市场需求中由库存可提供的市场需求的概率相等。在北京地区的汽车4S店和配件中心，汽车配件的第一次满足率平均约为82%，最终的配件交货率平均约为89%，这就意味着在配件服务中（包括维修和零售），每十笔业务中有近两笔业务不能做到以正常的库存一次性供货，其中一笔业务最终也无法按照客户的要求准时供货。

目前国内大多使用补给周期供给水平作为服务水平的测量工具，该方法的优点是计算简单，从概率的角度易于理解。但是该方法有两处主要的不足，第一，物理意义不明显，不能准确地反映库存管理的客户服务水平。如前面所说的供给水平为80%，指的是10个补给周期中有8个补给周期不发生缺货。而在可能出现缺货的2个补给周期中，并不是所有的顾客需求都没有得到满足，而是实际上大部分的客户需求都满足了，只是在补给周期的最后阶段到达的客户需求没有得到满足。因此，一个80%的补给周期供给水平，其对应的订单满足率往往能超过80%。第二，这一指标与每次补货量无关，而小批量多批次的补货与大批量少批次的补货所产生的库存成本是不同的，因此该指标不能准确地反映出客户服务水平与成本的关系。

国外的一些学者都采用订单满足率这一指标来体现企业的客户服务水平。这一指标具有两个优点：第一，物理意义清晰，容易理解。该指标清晰地表明了企业设置的库存水平能够满足多大的市场需求，又有多少订单因为库存不足而丢失等，容易被企业管理者所理解和接受。第二，这一指标与补货量有关，间接反映了服务水平与库存成本的关系。但是该指标也有不足之处，计算比较复杂，需要查阅相关的正态分布表，推导过程也比较抽象，较难理解。

3. 安全库存与服务水平的博弈关系

安全库存的存在能够缓解缺货现象，减少缺货损失，提高服务水平。安全库存量越大，在库存周期内出现缺货的概率就越小，满足客户需求的机会就越大，客户的满意度越高，服务水平就越高，如图 4-13 所示。

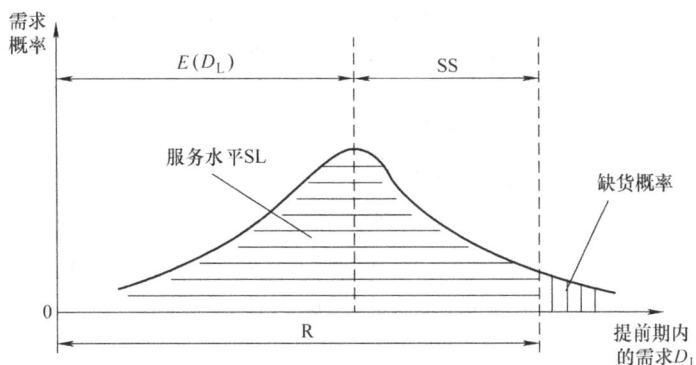

图 4-13　安全库存与服务水平的关系

从图中可以看出，左边横线部分表示不发生缺货的概率，可以作为服务水平；右边竖线部分表示发生缺货的概率。如果没有安全库存，缺货的概率可以达到 50%。安全库存越大，缺货概率就越小。

由于安全库存是一种额外库存，很容易造成库存积压，增加库存成本，由此可见，安全库存与服务水平是矛盾的。在实践中，汽车 4S 店往往既追求"低安全库存"，又追求"高服务水平"。其实，这两个目标是相互冲突、相互博弈的。一方面，高服务水平要求有大量的库存保证，而大量的库存必然导致库存成本的增加，从而增加供应链成本；另一方面，要降低库存成本，势必会减少库存量，由于较低的库存量，容易发生缺货，难以保证一次性满足客户的需求，导致服务水平下降。因此需要在因增加库存所带来的成本和因缺货所造成的损失之间进行权衡，利用最低的库存成本保证预期的服务水平。

从实际运作情况看，当服务水平较低时，增加较少的安全库存，可以使服务水平大幅度增加；当服务水平达到一定程度时，要提高服务水平则需要大幅度增加安全库存。也就是说，安全库存的边际增加量随着供给水平的增大而增加。

4. 以合理的服务水平为标准设立安全库存量

由于库存成本与服务水平是相互矛盾的，服务水平越高，库存量越大，库存成本也就越高，但是服务水平过低，将会失去客户，减少利润，因此确定适当的服务水平是十分重要的。在确定服务水平时，需要综合考虑储存成本和缺货成本，100% 的客户服务水平通常是不经济的。虽然从理论上可以推导出理想的服务水平，但在实际操作中，往往是由竞争条件决定的。例如，对于一些常用配件，考虑到竞争的因素和客户的耐心，经销商的服务水平应该达到99%，否则会出现销售损失，因此必须有较高的安全库存。而对于一些特殊配件，服务水平在70%就足够了，不需要有较高的安全库存，甚至可以没有安全库存。再如快流件的销售收入占销售总额的70%，中流件的销售收入占销售总额的20%，慢流件的销售收入只占销售总额的10%，所以快流件可以保证获得70%的销售收入，是不能缺货的，需要有安全库存。

4.5 汽车售后配件供应链多级库存优化控制

在汽车售后配件供应链上，如何在提高客户服务水平的同时有效地控制库存成本，进行供应链的整体优化控制，是整车厂和经销商面临的重要课题。多级库存优化控制就是利用有效的控制策略，实现供应链中库存总成本和客户服务水平的优化控制。

4.5.1 汽车售后配件供应链多级库存结构

汽车售后配件的信息流、物流、资金流经过"整车厂（售后配件的供应商）—配件配送中心—经销商—最终用户"几个环节，形成了一个完整的汽车售后配件供应链。供应链上的所有加盟企业都要保持一定的库存，以保证配件供应的连续性，构成多级库存，因此汽车售后配件供应链是一个典型的多级库存结构，如图4-14所示。

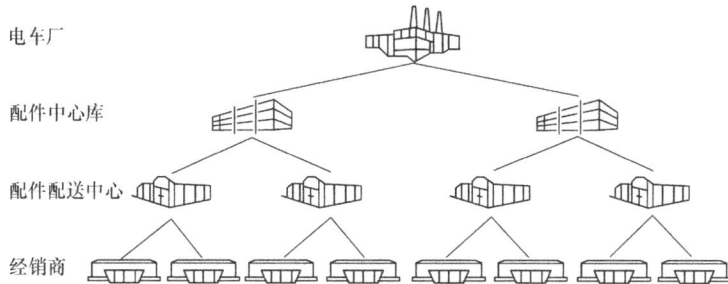

图4-14 汽车售后配件的多级库存结构

4.5.2 汽车售后配件供应链的多级库存优化应该考虑的问题

1. 库存优化目标是什么？

在汽车售后配件供应链的库存控制中，库存优化的目标是什么，成本还是时间？成本是一个必须考虑的因素，成本优化是企业永远应该追求的目标。但是现在售后配件供应链的竞争更加强调时间竞争，强调对顾客需求的及时满足。仅仅优化成本这一个参数显然是不够的，应该把时间的优化作为库存优化的主要目标来考虑，从提高用户响应速度的角度提高供应链的库存管理水平。因此多级库存优化的目标是成本优化和时间优化。

2. 库存优化边界是什么？

供应链库存管理的边界即供应链库存管理的范围。在汽车售后配件供应链的库存控制中，需要库存优化的边界是什么？由于汽车售后配件库存只是涉及整个汽车产业链的下游，因此多级库存优化的边界是"整车厂—配送中心—经销商"的三级库存优化。

4.5.3　基于成本优化的汽车售后配件供应链多级库存优化

基于成本的库存控制是在既定的客户服务水平的基础上，通过优化算法，计算得出最佳的安全库存、订购点和订货量，最终使供应链总成本达到最低。

1. 供应链的库存成本

供应链中所发生的成本是指货物在到达、经过各个节点的过程中所耗费的费用，包括库存维持费用、交易费用和缺货费用。

（1）维持费用（holding cost，C_h）。指在供应链的每个阶段都维持一定的库存，以保证供应的连续性。这些库存维持费用包括资金成本、仓库及设备折旧费、税收、保险金等。库存费用与库存价值和库存量的大小有关。

（2）交易费用（transaction cost，C_t）。指在供应链企业之间的交易合作过程中产生的各种费用，包括谈判要价、准备订单、商品检验费用、佣金等。交易费用随着交易量的增加而减少。

（3）缺货费用（shortage cost，C_s）。由于供不应求，即库存大于零的时候，造成市场机会损失以及用户罚款等。缺货成本与库存大小有关，库存量大，缺货成本低，反之，缺货成本高。

供应链总成本（C）$= C_h + C_t + C_s$

2. 库存控制策略

基于成本优化的多级库存策略有两类：分布式库存控制策略和集中式库存控制策略。

（1）分布式库存控制策略。分布式库存控制策略是各个库存点采取各自的库存策略，相互之间的策略是独立的。这种策略是把供应链的库存控制分为三个成本归结中心，即制造商成本中心、分销商成本中心和零售商成本中心，各自根据自己的库存成本优化做出优化的控制策略，因此在管理上比较简单。分布式库存控制策略要取得整体的供应链优化效果，需要增加供应链的信息共享程度，使供应链的各个部门都共享统一的市场信息。分布式库存控制策略能够使企业根据自己的实际情况独立快速做出决策，有利于发挥企业自己的独立自主性和灵活机动性。

（2）集中式库存控制策略。集中式库存控制策略是将控制中心放在核心企业上，由核心企业对供应链系统的库存进行控制，协调上游与下游企业的库存活动。这样核心企业也就成了供应链上的数据中心（数据仓库），担负着数据的集成、协调工作。对于汽车售后配件供应链来说，供应链有三层，即整车厂—配送中心—经销商，其中整车厂是处于核心地位的核心企业，在一个信息中心的前提下完全可以实施好集中式策略并带来供应链的整体优化。

4.5.4　基于时间优化的汽车售后配件供应链多级库存优化

1. 时间优化指标

汽车售后配件多级库存的时间优化就是最大限度地缩短配件在供应链上的时间，保证及时供应，实现对客户需求的快速反应。它主要是优化以下几个指标。

（1）节点企业内部的库存时间。汽车售后配件库存时间过长会影响质量，例如有些金属配件会因为库存时间过长而腐蚀和生锈，塑料器件、橡胶制品、车内使用的电线因库存时间过长会发生老化等。有些大型配件库存时间过长，会长期占用较大的仓库面积，影响仓库的使用率。库存时间过长还会产生高额的库存维持费用。因此缩短库存时间，既有利于减少库存，降低库存成本，又有利于库存控制。

（2）节点企业之间的物流时间。由于供应链节点企业的位置不同，距离不同，售后配件的交接、储存、运输的时间耗费巨大。供应链越长，物流时间越长，库存周期就越长，库存量就越大。缩短节点企业之间的物流时间，可以减少不必要的库存，提高企业对顾客需求的响应速度。

（3）供应提前期。供应提前期是多级库存时间优化的重要指标。在汽车售后配件供应领域，优先级最高的是供应提前期。由于汽车厂商不允许经销商外购售后配件，及时供货就显得更加重要。根据国外的一份调查资料显示，近50%的汽车厂商的供应提前期是24小时，25%的汽车厂商的供应提前期是48小时。经销商的供应提前期是受顾客需求限制的，一般常用的维修配件是能够保证及时供应的，事故车的维修配件的供应为2~3天。缩短供应提前期，保证及时供货，可以提高顾客的满意度。

（4）信息提前期。理论上，运用信息技术，信息流可以即刻从供应链的一端传到另一端。实际上，由于信息流在供应链上逐层传递，导致信息传递时间过长，产生了信息提前期。信息提前期不仅会造成信息失效，而且还会进一步扭曲供应链上的需求，增加库存。

（5）库存周转率。库存周转率在很大程度上反映了库存管理水平和资金的利用率。库存周转率较低，会增加资金成本。提高库存周转率可以减少资金的占用，盘活库存，也可以根据市场的情况，及时调整库存配件的种类和数量。

2. 基于时间优化的多级库存优化措施

（1）搭建信息平台，实现信息共享。信息共享是实现多级库存时间优化的前提条件和基础。在汽车行业，整车厂拥有关于配件属性、库存分布、库存水平、库存消耗速度等数据，经销商拥有关于汽车和配件的故障率信息、客户的需求、配件库存和消耗水平等数据，而这些信息都存在于多个分散的、互不兼容的系统中，给数据交换和信息整合带来了困难。

建立以整车厂为中心的共享数据库系统，这个系统包括从汽车4S店实时收集配件需求，对各地区的配件库存进行实时调度，向整车厂下达配件订单等多方面的功能。整车厂将配件中心库、配件配送中心、汽车4S店的信息通过网络连接起来，通过对信息的集成与协调，对供应链上的各级库存进行调度，及时向整车厂下达生产任务。以整车厂为核心的信息网络，基于Web方式提供集中式运用，直接表现为面向供应链的各节点企业的综合门户。供应链各节点企业都能够在系统中迅速获得各自所需要的信息，实现了信息共享。

（2）运用协同库存管理模式，保证售后配件及时供应。缩短交货期、保证及时供应是售后配件多级库存时间优化的一个重要方面。目前许多汽车厂商和经销商多是依赖大量的库存来满足配件的及时供应，而忽视了从供应链全局的角度通过上下游企业之间紧密协作来达到优化的运作目标。

随着供应链管理理论的发展和实践的深入，以及信息技术的广泛运用，出现了各种多级库存协同管理模式，如供应商管理库存（VMI），联合管理库存（JMI），合作计划、预测和补给管理（CPFR）。将这些管理模式引入到汽车售后配件多级库存管理中，可以加强汽车厂商和经销商之间的战略合作，有效地提高整个供应链的运作效率，缩短供应提前期。

在供应链的同一层级上的企业也可以横向协作，通过相互协调库存，可以在最短的时间内解决缺货的问题。如在经销商中建立"配件共享团体"，实现经销商之间的配件共享。

（3）建立合理的配件网络，缩短节点企业间的物流时间。许多整车厂在中心区域建立了中心库辐射全国网点，在各地区设立配件配送中心辐射本地区内网点，形成了"配件中心库—地区配件配送中心—销售终端配件仓库"的配件网络。在整个配件网络中，配件配送中心根据对本地区配件需求的预测保持必要的库存以确保经销商的需求。一旦发生需求，订单通过电子网络传送到配送中心，然后委托第三方物流公司快速送到经销商仓库。通过分级管理方式，实现了小批量、多批次的配件供应，从而加速从供应商到经销商的发运过程，提高了配件业务运转速度，缩短了交货期。

对北京多家汽车 4S 店的调查结果显示，大部分整车厂的供货期是 3 ~ 7 天，丰田公司的供货期是 24 小时。而且整车厂还承诺对经销商的供货满足率，上海通用汽车的供货满足率是 97% ~ 98%，广州本田的供货满足率是 96%，一汽丰田的供货满足率是 95%，东风日产一周的供货满足率是 95%，24 小时供货满足率是 85%，及时供货满足率是 60%。

丰田、福特等汽车厂商与物流公司合作共同建立"每天配件优势（DPA）"网络，将配件配送给经销商。福特汽车公司建立 DPA 网络以后，将配件的供货期由 3.5 天降低到大部分配件可 12 个小时到达，经销商的配件进货由原来的每周一次变为每天一次，95% 的客户在车辆维修时无须等待配件，车辆需要隔夜维修的比例下降了 72%，客户对维修的满意度提高了 10%。这种做法值得国内企业借鉴。

在配件网络中还要充分发挥第三方物流的作用。根据国外的一项研究报告，整车厂借助第三方物流，配件库存周转率提高 7%，准时交货率达到 90%，缺货比例可降低 80%。

（4）运用先进的仓库管理技术和现代化的仓库设备，提高仓库管理效率。由于售后配件库存种类的快速增长，要求企业采用高效的仓库管理模式。目前国外一些大型汽车厂商运用仓库管理系统（WMS）对库存配件实施实时控制。

WMS 能够将仓库管理流程的各个业务集成起来，通过无线数据终端或视频显示终端、条码系统、无线射频识别等信息技术，对收货、储存、订单处理、拣选、发货等环节的工作提供灵活、有效和自动的支持，提高了仓库作业效率。

配置现代化的装卸搬运设备、检测设备、储存设备、分拣设备、计量设备和流通加工设备，也有利于提高仓库作业效率，节省人力和时间，降低库存成本。

（5）利用信息技术，建立信息快速通道，保证信息实时传递。压缩信息提前期的有效方法是利用信息技术，建立信息快速通道，使售后配件的市场需求信息同时流向供应链的各节点企业，确保了信息的及时和准确。目前采用的信息技术主要有：电子数据交货系统（EDI 系统）、条码技术、无线射频识别技术等。但是运用最广泛的信息技术仍然是 EDI 系统，它不仅能够提供快速、准确的信息共享，而且能够提供较高的信息保密水平。

在汽车售后配件供应链上用库存来保证配件的及时供应，提高客户需求的响应速度，但是过多的库存会导致库存成本的增加。因此库存优化不能只是片面地考虑时间优化，忽略了成本因素，而是应该将成本和时间作为库存优化的两个主要目标，在客户需求的响应速度和库存成本之间进行合理定位，以低成本及快速有效的客户反应，实现库存的整体优化。

———————★ 本 章 小 结 ★———————

汽车售后配件库存控制主要解决两个基本问题：一是库存什么样的配件，二是库存多少配件。实践中，根据以往的销售记录和近期的市场情况确定库存配件品种的变化和库存数量，采用传统的 ABC 管理法、订货点进行库存控制。随着供应链管理理论的发展和信息技术的广泛运用，出现了一系列协同计划和调度策略来控制汽车售后配件供应链库存。

由于客户需求的不确定性和供应商供货的不稳定性，造成配件缺货。为了防止缺货，在汽车售后配件供应链的各节点设置安全库存，但是安全库存是一种额外库存，它和服务水平是矛盾的，因此企业要在因增加库存所带来的成本和因缺货所造成的损失之间进行权衡，以最低的库存成本保证预期的服务水平。

汽车售后配件供应链是一个典型的多级库存结构，多级库存优化目标是成本优化和时间优化。基于成本优化的库存控制是在既定服务水平的基础上，设置最佳的安全库存、订货点和订货量，使供应链总成本降至最低。基于时间优化的库存控制目标是最大限度地缩短配件在供应链上的时间，保证及时供应，快速响应客户需求。因此汽车售后配件供应链的多级库存优化是在客户需求的响应速度和库存成本之间进行合理定位，以低成本及快速有效的客户反应，实现供应链库存的整体优化。

本章思考题

1. 简述汽车售后配件库存在汽车配件供应链中的作用。
2. 简述汽车售后配件库存控制的目标。
3. 如何确定汽车售后配件库存的种类和数量？
4. 简述安全库存与服务水平的关系。
5. 试述设置汽车售后配件安全库存的思路。
6. 如何优化汽车售后配件多级库存。

本章案例
整车厂与经销商在配件库存管理上的协同

这是国外的某汽车厂在一个外部咨询团队的帮助下，在其经销商网络中针对售后配件开展的协同库存管理（Collaborative Inventory Management，CIM）项目。取得的效果是不但增加了销售额、提高了用于批发和零售的配件库存的使用率，而且还提高了汽车厂对销售终端需求数据的可视化程度。

该项目是从数据分析工作入手的。首先，CIM 小组收集了每个经销商的产品、客户和市场的战略，通过调整 CIM 项目的内容，使其尽可能满足经销商的需求。然后，根据经销商的输入、门店销售、经销商所在地区的人口、新车销售和批发销售预测等数据，CIM 小组给经销商提出一个配件库存计划的建议。经销商然后会和 CIM 小组一道审视和修改这些建议。按照协同的精神，最终由经销商对所有的库存计划参数做出最终决策。

在汽车厂做出技术投资决策，将 CIM 计划的成果用软件固化下来之前，CIM 小组采用了一种明智的发布策略：即先从小开始，通过有限的投资来证明概念（Proof of Concept，POC）、流程和协同库存管理的益处，然后再加以推广。遵循这一实施路线，第一步是挑选一些经销商，就有限数量的库存品种进行试验，以便理解汽车厂和经销商之间的动态协同过程，辨别出有哪些好处和限制。被挑选出进行试验的库存品种代表了配件、附件和一般商品种类中的快流件和慢流件等不同类型。

一旦选定了用来试验的库存品种，CIM 小组就开始开发、设计和测试用于计算配件配送和补料的算法。试验结果对于双方都非常有利：对于参与试验的经销商，其零售产品的可获得率上升了，由此提高了经销商的零售收入和汽车厂的批售收入。

根据试验的结果，项目小组开发和总结了将 CIM 流程加以自动化和进一步拓展的技术蓝图。在考虑了经销商网络的规模大小以及是否可以与汽车厂和经销商历史遗留系统集成等因素后，项目小组选择了高级计划与排产系统 APS，最后实现了 APS 与经销商管理系统 DMS 的集成，如图 4-15 所示。

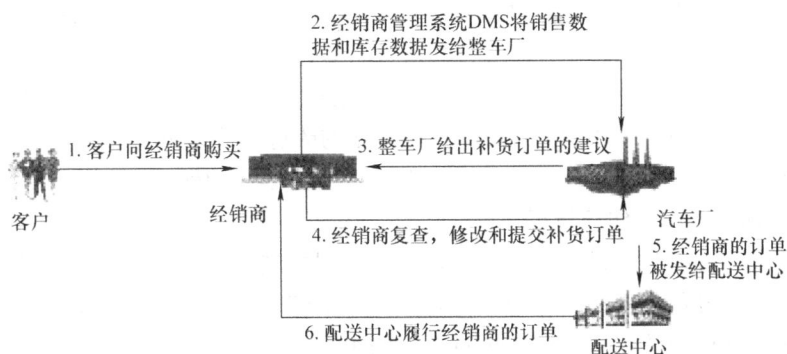

图 4-15　CIM 项目中对经销商的配件补货过程

整个配件补货过程实现了汽车厂与经销商之间的无缝集成。流程中的每一方——汽车厂和经销商都按照既定的步骤和协同的方式更改库存计划参数。此外，计划参数也会根据需求的变化、新产品的上市和经销商的季节性需求加以调整。

CIM 项目取得了十分明显的效果。对于那些采纳了 CIM 建议的解决方案的经销商，既在存储配件时有了很大的选择面，又能够同时提高柜台交易时的配件可获得率（对于配件提高了 14%，对于一般商品提高了 19%）。此外，经销商还提高了库存的周转率（对于配件提高了 11%，对于一般商品提高了 4%）。

除此以外，以汽车厂为主导推行的经销商项目的另一个好处是汽车厂也可以获得很大的利益。在本案例中，整车厂的收益体现在销售的逐步增长，其主要来源是：

（1）经销商加入 CIM 项目后的初始库存订单；

（2）CIM 项目给出了一些以前经销商没有存货的补货订单；

（3）减少了失去配件零售和批售机会的情况。

对使用了 CIM 的经销商，整车厂的配件和附件的批发销售相比没有使用 CIM 的经销商增加了 6.4%，对于一般商品，差距幅度为 15%。

延伸阅读
战略库存控制：工作流管理

1. 关于库存管理问题的新理解

对于库存的理解，我们习惯地认为它是资源的储备或暂时性的闲置，因此，长期以来对库存作用的理解就存在两种截然相反的看法——库存是因"储备"而存在？还是因"闲置"而存在？前者观点认为库存是维持生产正常、保持连续、应付不测需求所必需的，而后者观点认为库存是一种浪费，它掩盖了管理中的问题，因此主张消除库存，通过无库存生产方式不断地降低库存水平，暴露管理问题，然后解决问题，使管理工作得到改进，达到一个新的水平。这是一个循环往复、不断改进的过程，JIT思想集中体现了这种理念。

深层次的研究发现，库存并不是简单的资源储备或闲置，而是一种组织行为问题，这是我们关于库存管理新的理解。

库存是企业之间或部门之间没有实现无缝连接的结果，因此，库存管理的真正本质不是针对物料的物流管理，而是针对企业业务过程的工作流管理。

基于传统的库存观点，库存管理就是物料管理，因此人们花大量的时间与精力去优化库存（物料成本优化），但效果却总是无法达到人们的预期。这种只看树木不看森林的管理思维一直没有得到突破。因此，人们对库存管理总是围绕物流管理、仓库管理等问题展开，或者基于浪费的角度考虑，采用JIT方式进行无休止的改进以降低库存，虽然这些都是库存管理的有效方法，但从根本上来说，仍然没有解决库存的本质问题。

2. 战略库存控制：工作流管理

从传统的以物流控制为目的的库存管理向以过程控制为目的的库存管理转变是库存管理思维的变革。基于过程控制的库存管理将是全面质量管理、业务流程重构、工作流技术、物流技术的集成。这种新的库存管理思想对企业的组织行为产生重要的影响，组织结构将更加面向过程。供应链是多个组织的联合，通过有效的过程管理可以减少乃至消除库存，如图4-16所示。

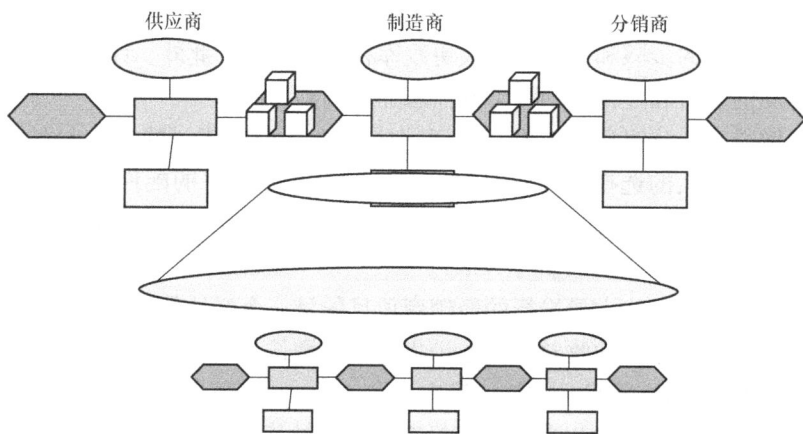

图4-16 通过正确的过程管理消除库存

在供应链库存管理中，组织障碍是使库存增加的一个重要因素。不管是企业内部还是企业之间，相互的合作与协调是实现供应链无缝连接的关键。在供应链管理环境下，库存控制不再是一种运作问题，而是企业的战略性问题。要实现供应链管理的高效运行，必须增加企业的协作，建立有效的合作机制，不断进行流程革命。因而，库存管理并不是简单的物流过程管理，而是企业之间工作流的管理。

基于工作流的库存管理能够解决传统的库存控制方法无法解决的库存协调问题，特别是多级库存控制问题。多级库存管理涉及多组织协作关系，这是企业之间的战略协作问题，采用传统的订购点方法解决不了关于多组织的物流协作问题，必须通过组织的最有效的协作关系进行协调才能解决。

基于工作流的库存控制策略，把供应链的集成推到了一个新的战略新高度——企业间的协作与合作。

在强调基于时间的竞争和供应链管理的今天，企业不仅要按需生产，更重要的是要能够对市场的需求以最低的成本做出快速反应，采取最有效的物流运作模式和库存管理模式来快速满足市场需求，实现在合适的时间将合适数量的、合适的产品交付给用户的目标。供应链中产品对最终用户的响应周期应是全过程的累积效应，也就是所谓的多阶响应周期，而不是单指哪一个环节；如果能够缩短供应链多阶响应周期，而不是仅仅缩短单个企业的响应周期，就可以在供应链与供应链竞争中保持时间竞争优势，可以说多阶响应周期就是供应链运作的时间瓶颈。

从库存管理的角度来说，单纯强调某一个环节库存的快速响应也是没有实际意义的，必须从整个供应链的角度出发研究面向缩短多阶响应周期的库存管理模式，建立有效的库存理模式和决策支持模型，只有这样，才能真正提高某种产品在最终用户市场上的竞争力。但大多数的文献都是仅从单个企业的角度出发研究单个企业对市场的响应周期和相应库存理模式，没有从供应链整体运作的角度进行考虑，这里建立了基于缩短多阶响应周期的 Push/Pull（推动式与拉动式）结合的库存管理体系，并对其中的具体内容进行了阐述分析。

第5章　汽车售后配件仓储管理

·本章导读·

　　汽车售后配件仓储管理是汽车售后配件管理的重要组成部分，它为汽车配件销售服务提供物资基础。一般而言，汽车售后配件仓储管理包括配件入库、配件保管和保养、配件出库、配件盘点以及配件仓库安全管理等内容。其中每一个环节的管理质量将直接影响着汽车售后配件的仓储管理质量。本章将会对汽车售后配件仓储每个环节的业务流程和管理方法进行详细描述，进一步探讨汽车售后配件的仓储管理优化问题。

5.1　汽车售后配件仓储管理概述

5.1.1　汽车售后配件仓储管理的概念和特点

1. 汽车售后配件仓储管理的概念

　　汽车售后配件仓储管理是指对汽车配件的到货接收、待检、合格品入库上架、盘点、分装、流通加工、包装、出库与配送等仓储业务和作业进行计划、组织、监督和控制等活动的统称。

2. 汽车售后配件仓储管理的特点

　　（1）汽车配件因仓储而增加成本。汽车配件仓储管理会因进行保管、装卸作业的劳动支出而增加成本，仓储成本包括库房和设备折旧、能源消耗、人员工资和物料损耗等。如何加快物料周转、提高仓库利用率、减少作业环节、降低仓储成本是降低企业物流成本的主要途径，也是仓储管理的主要任务。

　　（2）汽车配件仓储具有不均衡性和不连续性。汽车配件的仓储活动是以满足用户需求为宗旨的。仓储作业具有不均衡性和不连续性的特点，主要反映在进出库的时间、批量、品种规格等方面的不确定性。仓储作业的不均衡性和不连续性会使仓储设施利用率和劳动生产率下降，从而增加仓储成本，因此，如何搞好仓储规划，建立仓储信息管理系统，简化作业环节，不断提高仓库利用率，由传统的领料制、送货制向配送制转化是新形势下对仓储管理提出的新挑战。

　　（3）汽车配件仓储具有服务性。用户需要各种类型的汽车配件，因此汽车配件的仓储对销售具有服务功能。随着市场竞争日益加剧和降低物流成本的压力日益增加，企业对仓储管理的要求越来越高，希望通过加强仓储管理，提升仓储服务水平和快速响应能力。仓储的服务质量反映在仓储人员热情主动、配件收发准确和及时、做好汽车配件维护和保养、主动沟通信息和科学的现场管理等方面。

汽车配件仓储管理是一个系统工程。在现代市场经济环境下，仓储部门面临着销售计划的多变、汽车配件品种数激增、进出批量减少及仓储条件有限性等诸多挑战。如何搞好仓储管理，提高服务水平，是迫切需要解决的问题。

5.1.2　汽车售后配件仓储管理的任务

仓储业务包括入库验收、保管保养和出库供应三个阶段，这三个阶段构成了仓储管理的统一体。入库验收是仓储管理的基础，保管保养是仓储管理的中心，出库供应是仓储管理的关键。因此，仓储管理的基本任务就是做好汽车售后配件的进库、保管和出库工作，在具体工作中，要求做到保质、保量、及时、低耗、安全地完成仓储保管工作的各项任务，并节省保管费用。

1. 保质

保质就是要保持库存配件原有的使用价值。加强仓库的科学管理，在配件入库和出库的过程中要严格把关，凡是质量或其包装不符合规定的，一律不准入库和出库；对库存配件，要进行定期或不定期检查或抽查，凡是需要进行保养的配件，一定要及时进行保养，以保证库存配件质量随时都处于良好的状态。

2. 保量

保量就是仓库保管按照科学的储存原则，实现合理的库存量。在汽车配件的保管活动中，变动因素较多，比如配件的型号、规格、品种众多，批次不同，数量不同，进出频繁且不均匀，不同性能的配件其保管要求不同。因此要按不同的方法分类存放，既便于出入库，又保证储量。

3. 及时

在保证工作质量的前提下，汽车配件在入库和出库的各个环节中都要体现一个"快"字。在入库验收过程中，要加快接货、验收、入库速度；在保管保养过程中，要安排好便于配件进出库的场地和空间；在配件出库过程中，要有足够的备货力量，安排好转运装卸设备。

4. 低耗

将配件在保管期间的损耗降低到最低限度。配件在入库前由于制造商或运输、中转单位的原因，可能会发生损耗或短缺，所以应严格进行入库验收把关，剔除残次品，及时发现短缺数量，并做好验收记录，明确损耗或短少责任，以便为降低保管期间的配件损耗、短缺创造条件。配件入库后，要采取有效措施，如装卸搬运作业时，要防止野蛮装卸；正确堆码苫垫，合理地选择垛型及堆码高度，防止压力不均造成倒垛或挤压坏产品及包装。对上架产品，要正确选择货架及货位。散失产品能回收的应尽量回收，以减少损失，千方百计地降低库存损耗。同时要制订各种产品的保管损耗定额，限制超定额损耗，把保管期间的损耗降到最低限度。

5. 安全

做好防火灾、防盗窃、防破坏、防工伤事故、防自然灾害、防霉变残损等工作，确保汽车配件、设备和人身安全。

6. 节省费用

节省汽车配件的进库费用、保管及出库费用等成本。为此必须加强仓库的科学管理，挖掘现有仓库和设备的潜力，提高劳动生产力，把仓库的一切费用成本降到最低水平。

5.1.3 汽车售后配件仓储作业流程

汽车配件仓储管理包括入库、储存、出库三个阶段,仓储作业的具体内容包括:到货验收、待检、合格品入库上架、盘点、分装、流通加工、包装、出库和配送等。

仓储操作各个业务环节的相互关系如图 5-1 所示。

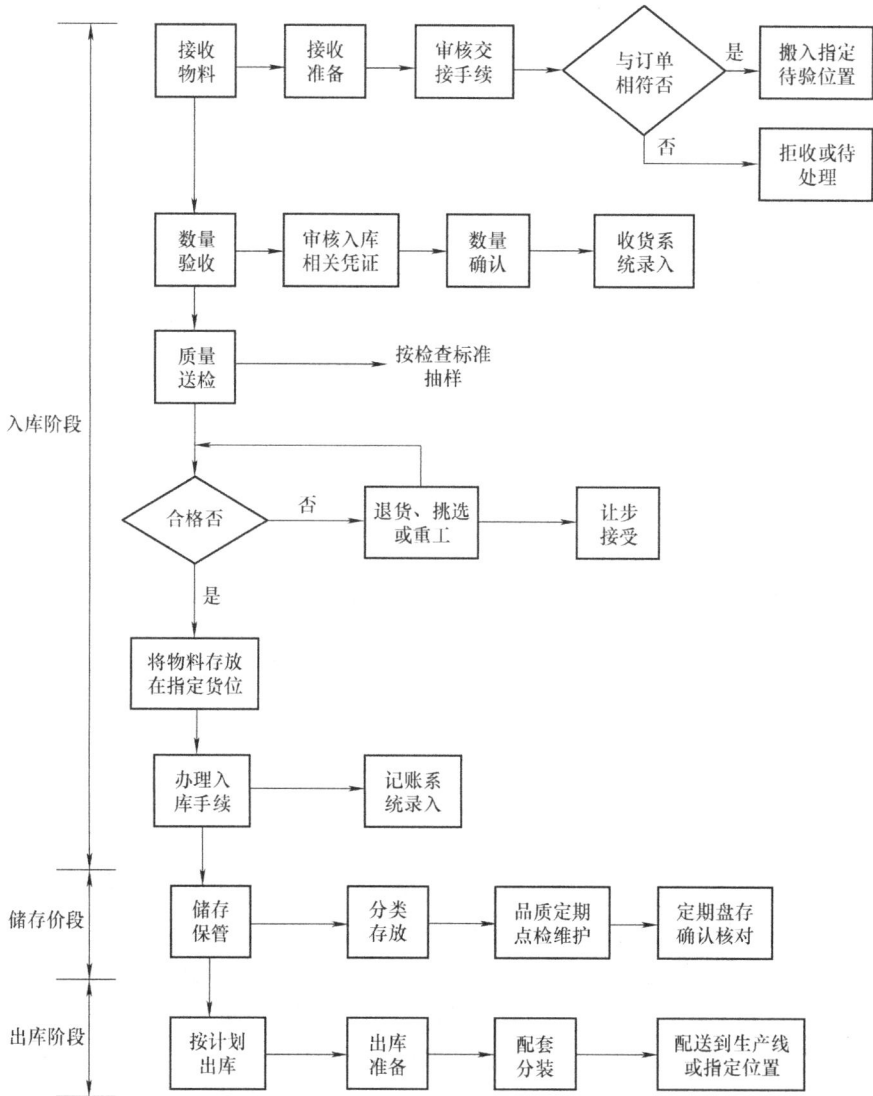

图 5-1　仓储作业流程图

5.2　汽车售后配件入库

汽车售后配件入库主要包括接运、验收和办理入库手续等环节。

5.2.1　汽车售后配件接运

汽车售后配件接运是仓库根据到货通知,向承运部门或供货单位提取配件入库的工作。

1. 汽车售后配件接运的重要性

配件接运是配件入库业务流程的第一道作业环节,也是配件仓库直接与外部发生的经济联系。它的主要任务是及时而准确地向交通运输部门提取入库商品,要求手续清楚、责任分明,防止把在运输过程中或运输之前已经发生的配件损害和各种差错带入仓库,减少或避免经济损失,为验收和保养创造良好的条件。

2. 汽车售后配件接运的方式

配件接运根据不同情况,可分为专用线接运,车站、码头提货,仓库自行提货及库内接货等几种形式。

(1) 专用线接运。专用线接运是指在建有铁路专用线的仓库内,当整车到达后,在专用线上进行卸车。

① 卸车前的检查。卸车前的检查工作目的在于防止误卸和划清配件运输事故的责任。检查结果应及时与车站取得联系,并做出文字记录。

检查的主要内容有:

* 核对车号。
* 检查车门、车窗有无异状,施封是否脱落、破损或印纹不清、不符。
* 配件名称、箱件数与配件运单的填写是否相符。
* 对盖有篷布的敞车,应检查覆盖状况是否严密完好,尤其是应查看有无雨水渗漏的痕迹和破包、散捆的情况。

② 卸车中的注意事项

* 应按车号、品名、规格分别堆码,做到层次分明,便于清点,并标明车号及卸车日期。
* 注意外包装批示标志,正确钩挂、铲兜,轻起、轻放,防止包装损坏和配件损坏。
* 妥善苫盖,防止受潮和污损。
* 对品名不符、包装破损、受潮或损坏的配件,应另行堆放,写明标志,并会同承运部门进行检查,编制记录。
* 力求与保管人员共同监卸,争取做到卸车和配件件数一次点清。
* 卸后货垛之间留有通道,并与电杆、消防栓等保持一定距离,与专用铁轨外部距离1.5m以上。
* 正确使用装卸工具和安全防护用具,确保人身和配件安全。

③ 卸车后的清理。卸车后应检查车内是否卸净,然后关好车门、车窗,通知车主取车。做好卸车记录,连同有关证件和资料尽快向保管人员办理内部交接手续,及时取回捆绑器材和苫布。

(2) 车站、码头提货。到车站、码头提货是配件仓库进货的主要方式。

① 接到车站、码头到货通知书后,仓库提货员应了解所到配件的件数、重量和特性,以及装卸搬运注意事项等,并做好运输装卸器具和人力的准备。

② 到车站提货,应向车站出示领货凭证,如在提货时领货凭证尚未收到,亦可凭单位证明或加盖了单位提货专用章的货票存查联将货提回。到码头提货时,提货人事先在提货单上签

名并加盖公章或附单位提货证明,然后到码头货运室取回货物运单,方可到指定库房提货。

③ 提货时应认真核对配件运号、名称、收货单位和件数是否与运单相符,仔细检查包装等外观质量,如发现包装破损、短件、受潮、油污、锈蚀、损坏等情况,应会同承运部门一起查清。对于短缺损坏情况,凡属于承运方面责任的,应做出商务记录,属于其他方面责任且需要承运部门证明的应做出普通记录,由承运部门的运输员签字。

④ 货到库后,提货员应及时将运单连同提回的配件向保管员点交清楚,然后由保管员在仓库到货登记簿上签字,以示负责。

(3)仓库自行提货。订货合同规定自提的配件,应由仓库自备运输工具直接到供货单位仓库自行提货。自提时付款手续一般与提货同时办理,所以提货员应在供应方当场检查货物外观质量,点清数量,并做好验收记录,接货与验收合并一次完成。

(4)库内接货。供货单位将配件直接运送到仓库进行储存时,应由保管员或验收人员直接与送货人员办理交接手续,当面验收并做好记录。若有差错,应填写记录并由送货人员签字证明,据此向有关部门提出索赔。

5.2.2　汽车售后配件验收入库

汽车售后配件入库验收是配件进入仓库保管的准备阶段。入库前的配件情况比较复杂,有的在出厂之前就不合格,有的在出厂时虽然是合格的,但是经过几次装卸搬运和运输,致使已经失去了部分使用价值,有的甚至完全失去使用价值。这些问题都要在入库前弄清楚,划清责任界限。因此搞好入库验收工作,把好收货关,就是为提高仓库保管质量打下良好的基础。

1. 汽车售后配件入库验收的基本要求

(1)及时。验收要及时,以便尽快建卡、立账、销售,这样就可以减少配件在库停留时间,缩短流转周期,加速资金周转,提高企业经济效益。

(2)准确。配件入库应根据入库单所列内容与实物逐项核对,同时对配件外观和包装认真检查,以保证入库数量准确,防止以少报多或使张冠李戴的配件混进仓库。要严格实行一货一单制,按单收货、单货同行,防止无单进库。

(3)严格。验收人员应明确汽车配件验收的要求和方法,并严格按照仓库验收入库的业务操作程序办事。

2. 汽车售后配件入库验收的程序

汽车售后配件入库验收作业程序:验收准备—核对资料—检验实物—填写验收记录。

(1)验收准备。仓库接到到货通知后,应根据汽车配件的性质和批量提前做好验收前的准备工作,主要包括:搜集和熟悉验收凭证及有关订货资料;准备并校验相应的验收工具,准备装卸搬运设备、工具及材料;配备相应的人力;根据配件数量及保管要求,确定存放地点和保管方法等。

(2)核对资料。凡要入库的汽车配件,必须具备下列资料:入库通知单;供货单位提供的质量证明书、发货明细表、装箱单;承运部门提供的运单及必要的证件。仓库管理人员需对资料进行整理和核对,无误后才可进行实物检验。

(3)检验实物。所谓检验实物是根据入库单和有关技术资料对汽车配件品种、数量、质量进行检验。

① 对配件品种的检验。对配件品种的检验应按合同规定的要求,对配件的名称、规格、型号等认真查验。如果发现产品品种不符合合同规定的要求,应一方面妥善保管,另一方面在规定的时间内向供方提出异议。

② 对配件数量的检验。对配件数量的检验要对照进货发票，先点收大件，再检查包装及其标志是否与发票相符。一般整箱配件，先点件数，后抽查细数；零星散装汽车配件点细数；贵重配件逐一点数；对原包装汽车配件有异议的，应开箱开包点验细数。接收方应注意查验配件的分批交货数量和商品的总货量。无论是自提货物还是供方送货，均应在交货时当面点清。供方代办托运的，应按托运单上所列的数量清点。

③ 对配件质量的检验。对配件质量的检验应采用国家规定的质量标准的，按国家规定的质量标准验收；采用双方协商标准的，按照封存的样品或按样品详细记录下来的标准验收。接收方对配件质量提出异议的，应在规定的期限内提出，否则视为验收无误。当双方在检验或试验中对质量发生争议时，按照《中华人民共和国标准化管理条例》规定，由标准化部门的质量监督检验机构执行仲裁检验。在数量庞大、品种规格极其繁杂的汽车配件生产、销售中，发现不合格品，数量短少或污残损坏等，是难以避免的。如果在提货时发现上述问题，应立刻联系有关部门进行解决。

（4）填写验收记录。收料单详细地记录了验收的过程，收料单是汽车配件销售企业收到供应商供货的主要原始凭证，也是向供应商索赔的依据，因此客观、正确地填写收料单极其重要。

5.2.3 办理入库手续

汽车售后配件经过验收后，对于质量完好、数量准确的汽车配件，应及时办理入库手续，进行登账、立卡、建档，妥善保管配件的各种证件及账单资料。

1. 登账

仓库管理人员对每一品种规格及不同级别的物资都必须建立收、发、存明细账，它是及时、准确地反映物资储存动态的基础资料。登账时必须以正式收发凭证为依据。

2. 立卡

物卡是一种活动的实物标签，它反映了库存配件的名称、规格、型号、级别、储备定额和实存数量，一般直接挂在货位上。

3. 建档

应将历年来的技术资料及出入库有关资料存入档案，以便查阅和积累配件保管经验。档案应一物一档，统一编号，以便查找。

5.2.4 入库验收中发现问题的处理

（1）在验收大件时，发现有少件或多件，应及时与有关部门和人员联系，在得到他们同意后，方可按实数签收入库。

（2）凡有质量问题，或者品名、规格串错，证件不全，包装不合乎保管、运输要求的，一律不能入库，应将其退回有关部门处理。

（3）零星小件的数量误差在2%以内、易损件的损耗在3%以内可以自行处理。若超过上述比例，应报请有关部门处理。

（4）凡是因为开箱点验被打开的包装，一律要恢复原状，不得随意损坏或者丢弃。

5.3 汽车售后配件保管

汽车售后配件的储存保管业务是仓储业务的重要组成部分，是保持其原有使用价值及保管空间的有效手段，它是一项综合性、技术性和科学性很强的工作，是现代仓储作业的中心环节。

汽车售后配件储存保管是指仓库根据汽车配件自身的自然属性及特点，安排适当的储存场所，采用一定的科学储存保管方式和养护措施，确保物料质量完好和数量准确。

5.3.1 汽车售后配件储存保管的任务

汽车售后配件储存保管的基本任务是，根据配件本身的特性及其质量变化的规律，合理规划并充分有效地利用仓容及仓储设施、设备，采取各种技术措施，确保在库物料的质量与安全，并为其他环节的服务提供支持。具体任务包括：

1. 制定汽车售后配件的储存规划

配件的储存规划是根据现有仓库的设施、设备及当年的储存任务，对计划入库的各种配件进行时间上和空间上的合理安排，同时制定各类物料的储存定额，为科学规划提供依据。

2. 及时掌握入库配件的信息

对于即将入库的各类配件，应在入库前充分了解并掌握其性质、特点、变化规律、养护方法及消防要求等；入库后，应对配件的储存信息进行跟踪和记录，发现问题及时处理，并及时向有关业务部门和货主沟通信息。

3. 提供良好的储存保管条件

不同的配件由于具有不同的物理、化学性质，所以要求的储存保管条件也各不相同，而保管条件主要是通过创造适宜的保管环境来实现的，即应为入库配件创造一个有利的储存环境，有适宜的温度和湿度，能够防霉、防虫、防锈、防老化、防爆炸、防火的安全储存环境。

4. 降低损耗、提高效益

配件储存保管业务管理应采取一系列养护措施和管理方式，使在库物料在储存保养阶段的损耗降低到最低限度。对于每一笔入库的配件，都应有相关的经济核算，努力加快物件的周转速度，降低成本，提高效益。

5.3.2 汽车配件储存规划

汽车配件储存规划是指根据仓库总平面布置和储存任务，具体确定各类配件的存放地点和储存方法，确定各种配件的仓容定额和整个仓库储存能力的计划。合理的储存规划既有利于提高仓库设施的利用率，便于储存物料的收发、分拣和配送作业，又有利于配件的分类储存保管，做到账物相符，质量完好。

1. 仓库规划

（1）汽车配件仓库规划的原则

① 有效利用有限的空间

- 根据库房大小及库存量，按大、中、小型、长型进行分类放置，以便节省空间。
- 用纸盒来保存中、小型零部件。
- 用适当尺寸的货架及纸盒。
- 将不常用的放在一起保管。
- 留出用于新车型零部件的空间。
- 无用配件要积极报废。

② 防止出库时发生错误

- 将零件号完全相同的零部件放在同一纸盒内。
- 不要将零部件放在通道中或货架的顶上。
- 备件号接近、配件外观接近的配件不宜紧挨着存放。

③ 保证零部件的质量

- 保持清洁。
- 避免高温、潮湿。
- 避免阳光直射。
- 禁止吸烟，必须放置灭火器。

（2）汽车配件仓库规划的基本要求

① 仓库各工作区域应有明显的标牌，如：配件销售出货口、车间领料口、发料室、备货区、危险品仓库等，应有足够的进发货通道和配件周转区域。

② 货架的摆放要整齐划一，仓库的每一过道要有明显的标志，货架应标有位置码，货位要有零件号、零件名称。

③ 一般不直接将配件堆放在地上，为避免配件锈蚀及磕碰，必须保持完好的原包装。

④ 易燃易爆物品应与其他配件严格分开管理，存放时要考虑防火、通风等问题，库房内应有明显的防火标志。

⑤ 非仓库人员不得随便进入仓库内，仓库内不得摆放私人物品。

⑥ 索赔件必须单独存放。

（3）汽车配件仓库的基本设施

① 配备专用的配件运输设施。

② 配备一定数量的货架、货筐等。

③ 配备必要的通风、照明及防火设备器材。

（4）汽车配件的分区分类保管规划。分区分类保管规划就是根据库存配件的类别、性能和特点，结合仓库的建筑结构情况、容量及装卸设备等条件，确定各储存区域存放配件的种类、数量，然后分区分类编成目录并绘制平面图。

① 分区分类的概念。分区分类就是对储存配件在"三个一致"（配件性能一致、养护措施一致、消防方法一致）的前提下，把配件储存区划分为若干个保管区域，根据配件大类和性能等划分为若干类别，以便分类集中保管。

② 分区分类的作用。把物料储存区划分为若干个保管区域，同一种类的物料集中存放于相对固定的货区保管，有利于收发货与保管业务的进行。具体作用有：

- 可以缩短物料收、发作业时间。
- 可以合理使用仓容。
- 可以使保管员掌握物料进、出库活动规律，熟悉物料性能，提高保管技术水平。
- 可以合理配置和使用机械设备，提高机械化操作程度。

③ 分区分类的方法。汽车配件分区分类大体有以下几种方法：

- 按部、系、品种系列分库存放。按部、系、品种系列分库存放就是所有配件不分车型，一律按部、系、品种顺序，分系集中存放。这种方式的优点是仓容利用率高，而且比较美观，便于根据仓库的结构适当安排储存品种。缺点是顾客提货不太方便，特别是零星用户提少量几件货，也要跑几个库，保管员在收发货时，容易发生差错。

- 按车型系列分库存放。按车型系列分库存放就是按所属的不同车型分库存放配件。例如：东风、桑塔纳等车型的配件，分别设东风牌汽车配件库、桑塔纳牌汽车配件库等。这样存放，顾客提货比较方便，又可以减少保管员收发的差错。缺点是仓容利用率较差，对保管员的业务技术水平要求较高。

- 按单位设专库存储。在一个库区内同时储存属两个单位或两个以上单位的配件时，可以按单位设专库存储。不论是按部、系、品种系列还是按车型系列，如果是按单位设专库储存，即按两个以上单位（含两个单位）混合储存，都要为单位立卡和登账。要与这些存货单位的分类建账结合起来，实行对口管理，这样便于工作联系和清仓盘点，也有利于提高工作效率。

④ 分区分类应注意的事项

- 按汽车配件性质和仓库设备条件安排分区分类。性质相近的汽车配件摆放在一起，以提高货位的空间利用率，尤其是大件和重件（如驾驶室、车身、发动机、前后桥、大梁等）要集中储存，以便发挥仓库各种专用设备，特别是机械吊装设备的作用，如图 5-2 所示。

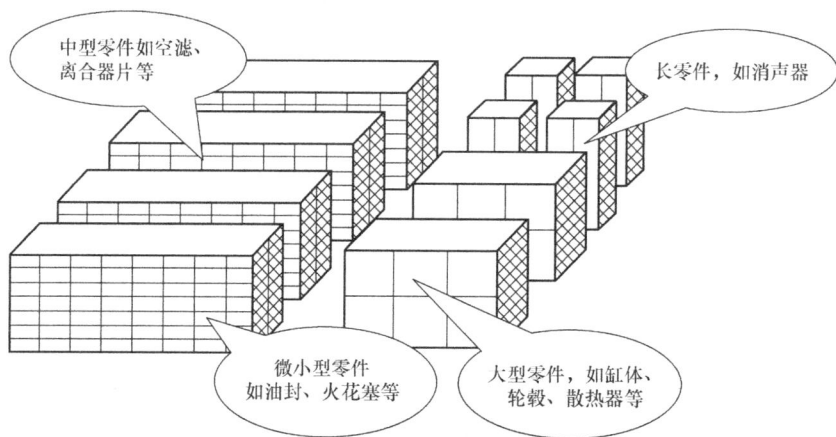

图 5-2　相似的汽车配件的摆放

- 互有影响，不易混存的汽车配件，一定要隔离存放。

- 出入库频繁的汽车配件，要放在靠近库门处；粗、重、大的汽车配件，不宜放在库房深处；易碎配件要注意存放的安全。

- 消防灭火方法不同的汽车配件不得一起存储。

2. 汽车配件的货位编码

货位编码是仓库规划的重要内容之一，也是仓库规范操作的要求。

（1）位置码的概念

① 位置码是标明配件存放位置的代码。

② 位置码是空间三维坐标形象的表现。对于空间三维坐标，任何一组数字都可以找到唯一的一个点与它相对应，也就是一个点确定一个位置，一个位置只能放置一种配件。

（2）位置码编制的依据。位置码编制的依据是"三点系统"。

①"三点系统"是指由配件仓库、车间柜台、用户柜台构成的系统，它是仓库平面布置的基础。

②"三点系统"的作用是保证使用较少的工作人员，走相对较短的距离，使各种控制更加便利。货架系统集中在配件仓库的中心区域能获得最大的储存空间。

（3）位置码的编制要求

① 使配件的存放位置与操作工位相适应；

② 流动量频繁的配件应存放在前排，方便配件人员查找及获取；

③ 流动量相对比较缓慢的配件应存放在后排货架；

④ 大件、笨重件应在距专用出口最近处存放。

（4）位置码的编制方法。位置码是四位码，位置码应根据"区、列、架、层"的原则进行安排，如图5-3所示。

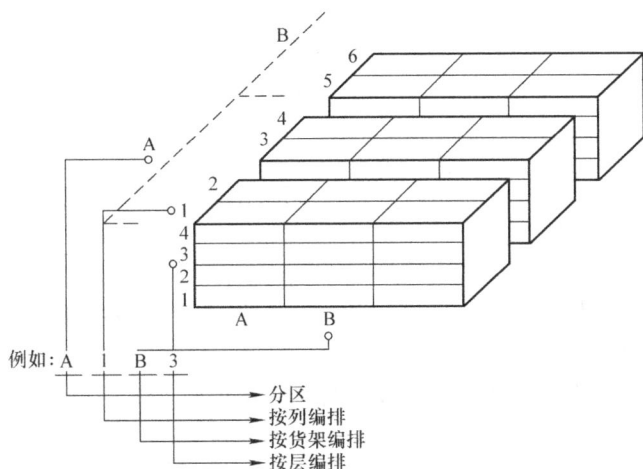

图5-3　位置码编排示意图

① 按区分类：位置码的第一位是在仓库中的分区，用 A、B、C……表示。

根据零部件的形状对货架要求的不同进行分区，分区见表5-1。

表5-1　仓库分区情况表

区域	说明	区域	说明
A	小件	G	车
B	中型件	H	玻璃
C	大型件	I	存放箱
D	车身部件	J—W	预备料位
E	镶条、电缆	X—Z	清理件料位
F	导管		

② 按列编排：位置码的第二位表示的是第几列货架，用1、2、3……表示。

③ 按货架编排：位置码的第三位表示的是每列货架的第几货架，用A、B、C……表示。

④ 按层编排：位置

A	B	C	D	E
A	B	C	D	E

码的第四位表示的是每个货架的第几层，用

1、2、3……表示。

⑤ 把所有配件的号码在指定位置标注出来。

（5）位置码编制的补充说明

位置码中的数字要通过英文字母分开书写，当26个英文字母不够用时，可将26个英文字母排列组合，以增加表示的范围，如：AA、AB、AC等；同一过道或同一货架，以下字母最好不要同时使用（Cc、Ii、Jj、Kk、Oo、Pp、Ss、Uu、Vv、Ww、Xx、Zz），否则容易发生混淆。

① 列号编排的顺序。以配件仓库的入门处为三维坐标的原点，位置码的列号从左起横向依次增大，如图5-4所示。

② 货架号编排的顺序如图5-5所示。

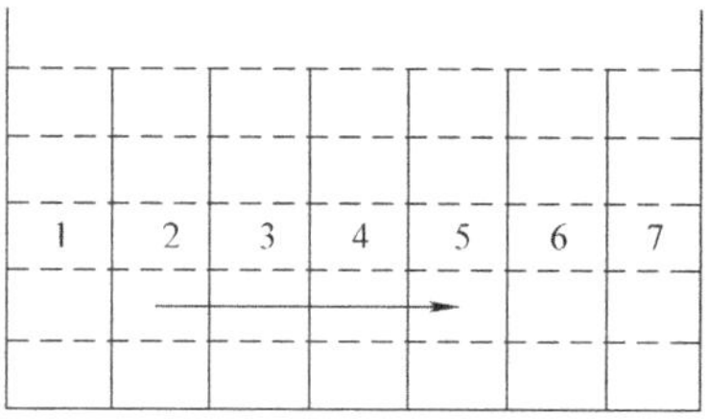

图5-4　列号编排顺序

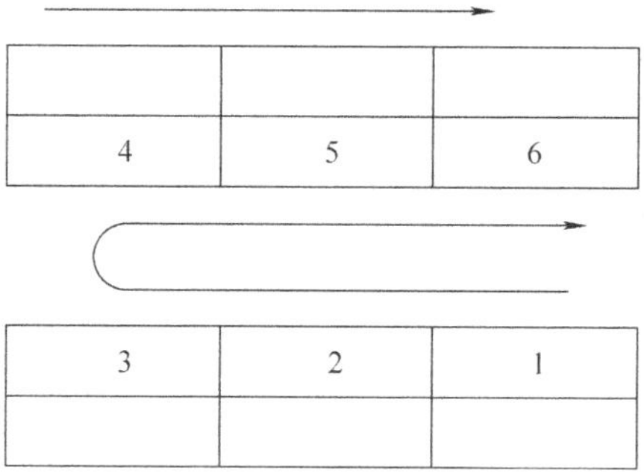

图5-5　货架号编排顺序

③ 层号编排的顺序

货架层号一般从下层向上层依次编号，如图5-6所示。

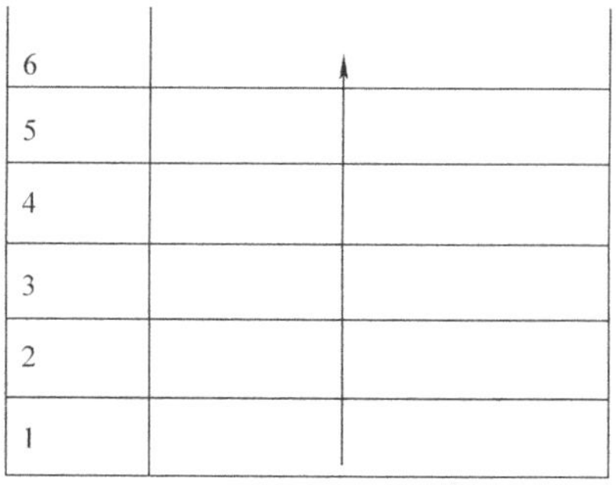

（6）具体实施步骤

① 根据库房、货架实际情况确定编制方案，以区/库、架/过道、列、层等形式进行设计。

② 编写出具体的位置码系列。

③ 根据汽车配件号的规则，按配件号组号、分组号的先后顺序存放，即最前面是各种车型/型号的号码，然后是主组、分组的号码。

图5-6　货架层号编排顺序

④ 根据配件销售频率、体积、重量的大小（即流动量的大小）进行编号。

⑤ 打印、张贴位置码标牌于货架上，标牌内容如下：

配件号	配件名称
位置码	数　量

5.3.3　汽车配件堆码技术

汽车配件堆码指的是仓储汽车配件堆存的形式和方法，又称堆垛。汽车配件进入仓库存储，应根据汽车配件的性能、数量、包装、形状以及仓库的条件，按照季节变化的要求，采用适当的方式和方法，将汽车配件进行堆放。

1. 堆码的要求

仓库里的配件堆码，必须贯彻"安全第一"的原则，不论在什么情况下，都要保证仓库、配件和人身的安全。同时还要做到文明生产，配件的陈列堆码一定要讲究美观整齐。

（1）货垛堆码要保证人身、汽车配件与仓库的安全。堆码严禁超载，不许货垛重量超过仓库地面或货架的设计负重。货垛不宜过高，垛顶与库房梁和灯要保持安全距离。货垛与墙、柱和固定设备之间，以及货垛与货垛之间都应有一定的间隔距离，以适应汽车配件检查操作和消防安全的需要。

（2）货垛堆码要便于汽车配件出入库操作。为了使汽车配件满足先进先出、快进快出的要求，货垛不可阻塞通道，或堆成死垛。货垛的位置应统筹安排，货垛之间、货垛与设备之间的距离以及过道的设置要合理，以切实保证收、发货和配件检查养护等作业的方便。

（3）货垛"五距"要符合安全规范的要求。货垛的"五距"是指垛距、墙距、柱距、顶距和灯距。堆码货垛时，不能依墙、靠柱、碰顶、贴灯；不能紧挨的货垛之间须留有一定的间距。无论采用哪一种垛型，库房内必须留出相应的过道，方便货物的进出和消防工作。

① 垛距。垛距是货垛与货垛之间的必要距离，常以过道作为垛距。垛距能方便存取作业，起到通风和散热的作用，方便消防工作。库房的垛距一般为 0.3～0.5m，货场的垛距一般不少于 0.5m。

② 墙距。为了防止库房墙壁和货场围墙上的潮气对商品的影响，也为了散热通风、消防工作、建筑安全、收发作业，货垛必须留有墙距。墙距可分为库墙距和货场墙距，其中，库房墙距又分为内墙距和外墙距。内墙距是货物离没有窗户墙体的距离，一般距离为 0.1～0.3m；外墙距是货物离有窗户墙体的距离，一般距离为 0.1～0.5m。

③ 柱距。为了防止库房柱子的潮气影响货物，也为了保障仓库建筑物的安全，必须留有柱距，一般距离为 0.1～0.3m。

④ 顶距。顶距是货垛堆放的最大高度与库房、屋顶横梁间的距离。顶距便于装卸搬运作业，能通风散热，有利于消防工作，有利于收发和检查，一般距离为 0.5～0.9m。

⑤ 灯距。灯距是货垛与照明灯之间的必要距离。为了确保储存商品的安全，防止照明灯发出的热量引起附近商品燃烧而发生火灾，货垛必须留有足够的灯距，一般不少于 0.5m。

（4）货垛堆码要美观整齐。堆垛要稳，不偏不斜，不歪不侧，货垛货架排列有序，上下左右中摆放整齐，做到横看成行，竖看成线。包装上的标志一律朝外，不得倒置。某些配件需露天存放时，也要美观整齐，且要上盖下垫，顶不漏雨，下不浸水，四周要通风，排水要良好。

2. 堆码的方法

堆码方法需根据配件的基本性能和外形进行选择，一般常用的方法有以下几种：

（1）重叠法。按入库汽车配件批量，视地坪负荷能力与可利用高度，确定堆高层数，摆定底层汽车配件的件数，然后逐层重叠加高。上一层每件汽车配件直接置于下一层每件汽车配件之上并对齐。硬质整齐的汽车配件包装、长方形的包装和占用面积较大的钢板等适宜采用这种方法，可以使垛体整齐、稳固，操作比较容易。但不能堆太高，尤其是孤立货垛以单件为底，如重叠过高容易倒垛。

（2）压缝法。根据长方形汽车配件包装的长度与宽度成一定比例，将汽车配件每层压缝堆码，即上一层汽车配件压在下一层两件以上的汽车配件，下纵上横或上纵下横，货垛四边对齐，逐层堆高。采用这种方法可以使每层汽车配件互相压缝，堆身稳固，整齐美观，又可按小组出货，操作方便，易于腾出整块可用空仓。每层和每小组等量，便于层批标量，易于核点数量。

（3）衬垫法。某些汽车配件包装不够平整，高低不一，堆码不整齐，堆码时在每一层或每两层汽车配件间加进衬垫物（如木板或硬纸），利用衬垫物使货垛的横断面平整，配件之间相互牵引，防止倒垛。这种方法可与重叠法、压缝法配合使用，如图5-7所示。

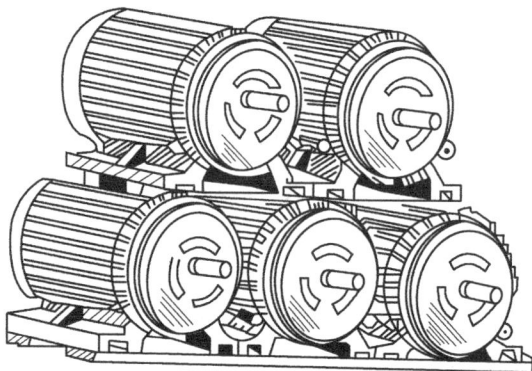

图5-7 衬垫法堆码

（4）通风法。根据储存的要求，有的汽车配件需要通风散潮，在堆垛时汽车配件之间要留一定的空隙以利于通风。这种堆码的形式多种多样，常见的有"井"字形、"非"字形、"示"字形、旋涡形等。这种堆码方法适合于需要通风散热、散潮、防霉的汽车配件，如图5-8所示。

（5）行列法。零星小批量汽车配件，不能混进堆垛，应按行排列，不同汽车配件背靠背成两行，前后都面对过道，形成行列式堆码，可以避免堆"死垛"（堆放垛中无通道，存取不便）。

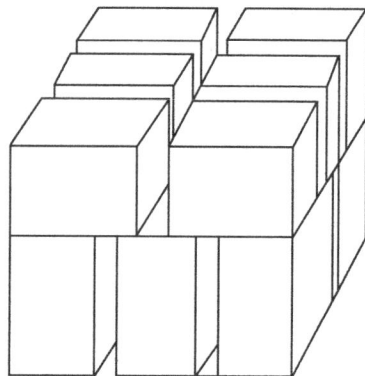

图5-8 通风法堆码

桶装、听装的液体汽车配件，排列成前后两行，行与行、桶与桶之间都留有空隙；堆高上层对下层可压缝，即上一件跨压在下两件的"肩"部，以便于检查有无渗漏。

（6）"五五"法。"五五"法堆垛就是以五为基本计算单位，堆码成各种总数为五的倍数的货垛，以五或五的倍数在固定区域内堆放，使货物"五五成行、五五成包、五五成堆、五五成层"，堆放整齐，上下垂直，过目知数，便于货物的数量控制、清点盘存，收发快，效率高，适合于按件计算的汽车配件的堆码，如图5-9所示。

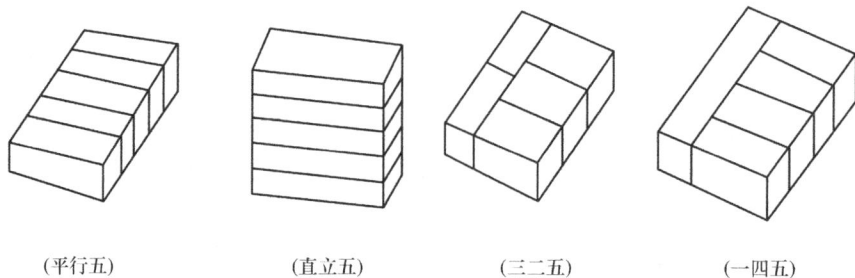

| （平行五） | （直立五） | （三二五） | （一四五） |

图5-9 "五五"法堆码

5.3.4　货架和储物盒的使用

1. 货架的使用

货架在仓库中占有非常重要的地位，随着现代工业的迅速发展，物流量的大幅度增加，为了实现仓库的现代化管理，不断提高仓库利用率，要求货架数量多、功能多，能符合实现机械化、自动化的要求，而且要求合理使用货架。

（1）货架的作用

① 可以充分利用仓库的空间，提高仓容利用率。

货架是一种架式结构物，可以向空间延伸，货架的储存能力根据货架的层数而倍增，简单而有效地提高了储存能力。

② 完整保证物料本身的功能，可减少汽车配件的损失。由于有货架隔板的承托作用，存入货架中的汽车配件互不挤压，物料损耗小。

③ 有利于汽车配件的存取拣选作业，提高作业效率。存入货架中的汽车配件，由于有货架层格的分隔作用，存取作业方便，便于清点及计量，操作速度快，而且易于定位，操作准备时间短。

④ 有利于实现仓库的机械化、自动化管理。有些新型货架的结构及功能有利于进一步实现机械化、自动化、电子化，从而减少人力消耗，降低成本，提高效率。

（2）货架的种类

① 按货架的发展可分为：传统式货架和新型货架。传统式货架包括层架、层格式货架、抽屉式货架、U 形货架、悬臂架、栅架、气罐钢瓶架、轮胎专用货架等。新型货架包括旋转式货架、移动式货架、装配式货架、调节式货架、托盘式货架、驶入式货架、驶出式货架、阁楼式货架、重力式货架等。

② 按货架的适用性可分为：通用货架和专业货架。

③ 按货架的结构可分为：层架、层格架、抽屉架、橱架、三脚架、U 形架、悬臂架等。

④ 按货架的可动性可分为：固定式货架、移动式货架、旋转式货架、组合式货架、可调节式货架等。

⑤ 按货架的高度可分为：低层货架（高度在 5m 以下）、中层货架（高度在 5～15m）、高层货架（高度在 15m 以上）。

⑥ 按货架的重量可分为：轻型货架（每层货架或隔板载重量在 150kg 以下）、中型货架（每层货架或隔板载重量在 150～500kg）、重型货架（每层货架或隔板载重量在 500kg 以上）。

（3）常见的几种货架

① 托盘货架。托盘货架是指连同托盘可以一起放置的货架，或带有托盘的台板式货架。这种货架存取方便，拣取效率高；又可以任意调整组合，施工简易，经济实惠；出入库不受先后顺序的影响，一般的叉车都可配合使用；但是储存密度较低，需要较多的通道，如图 5-10 所示。

② 重型货架。重型货架采用优质冷轧钢板经过冲压成型，立柱可高达 6m 且中间无接缝，横梁选用优质方钢，承重力大，不易变形，横梁与立柱之间的挂件为圆柱凸起插入，连接可靠，拆装容易，并使用锁钉，以防叉车工作时将横梁挑起，如图 5-11 所示。

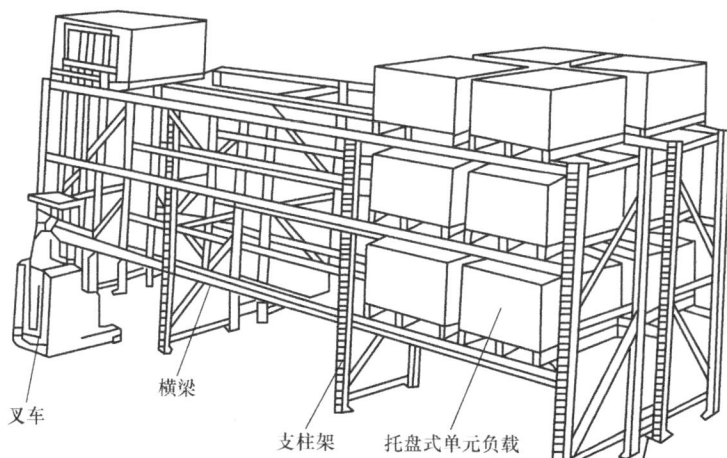

叉车　横梁　支柱架　托盘式单元负载

图 5-10　托盘货架

③ 驶入式货架。驶入式货架是指托盘的存放由里向外逐一存放的货架。叉车进出使用货架相同的通道，储存密度非常好，但存取性差，不宜做到先进先出的管理。适合少品种大批量储存。不宜存放太长、太重的物料。货架高度可达 10 多 m，如图 5-12 所示。

图 5-11　重型货架

图 5-12　驶入式货架

④ 驶出式货架。与驶入式货架不同之处在于驶出式货架是通透的，没有拉杆封闭，前后均可安排存取通道，可实现先进先出管理，如图 5-13 所示。

⑤ 流动式货架。流动式货架是由向前倾斜的辊式输送机、滚轮式输送机构成的货架，是把静态储存变为动态储存的货架形式。在货架立柱上装有一定的倾斜度的纵梁轨道，用带有轮子的台车借助配件自身的重力或人力推动，使其向前移动。这种货架无须设通道，是一种高密度储存系统，如图 5-14 所示。

⑥ 专业货架。由于汽车配件存储的特殊性，为此设计了一些专用货架。例如管子货架

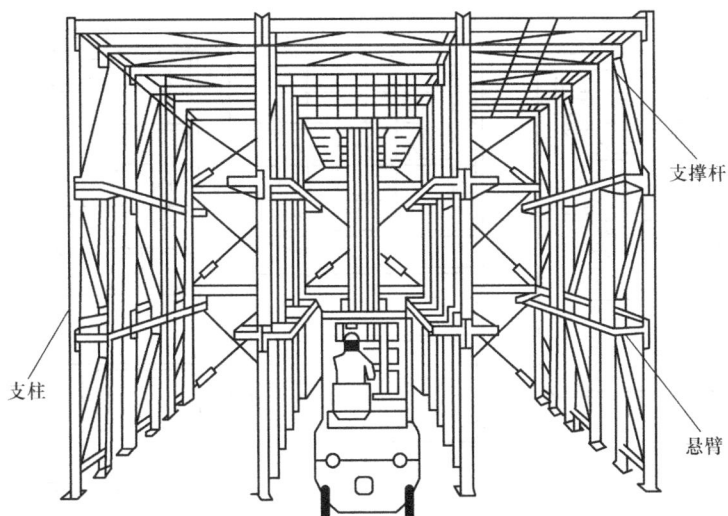

图 5-13　驶出式货架

（图 5-15）、轮胎货架。为防止轮胎受压变形，也需要专门货架保管，这种可以是固定的，也可以是拆装的。

图 5-14　流动式货架　　　　　图 5-15　管子货架

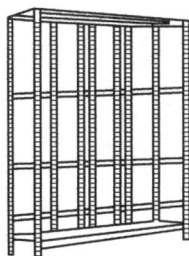

（4）汽车配件货架的使用

① 货架的布置。摆放货架（中型货架、小型货架、专用货架）可根据实际情况实施，货架可以"背靠背"或单排摆放。

② 配件存放在货架上，要考虑预留空货位，它可作为配件号的更改及品种增加时的补充，这些预留货位可以直线排列、对角排列或间隔排列，如图 5-16 所示。

③ 一般货架与特殊订购货架分开放置。

④ 货架间员工可无障碍通过，其标准宽度为 90mm，若要搬运辅料或钣金等大件通过，要求标准宽度为 130mm。

⑤ 无零件伸出货架并挡住通道，货架保持清洁。

2. 储物盒的使用

小的汽车配件应该放在硬质纸盒或塑料盒中，如图 5-17 所示。

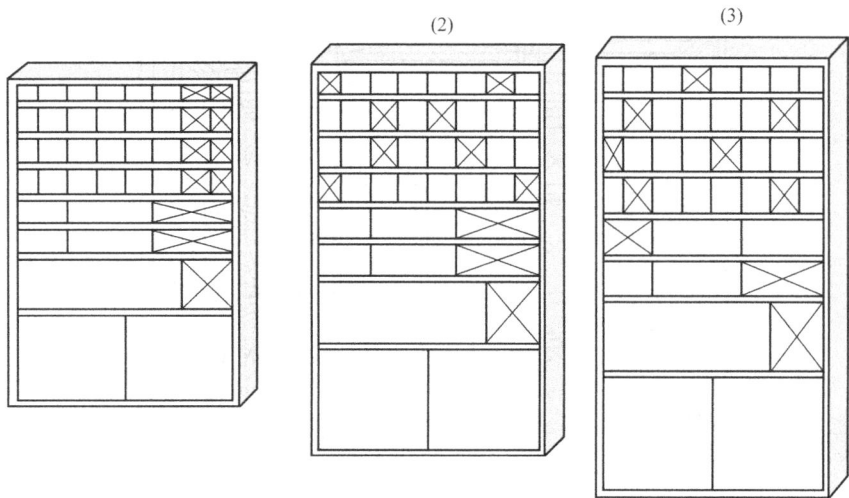

图 5-16　货架预留货位排列图

图 5-17　汽车配件存放盒

5.3.5　仓容定额的利用

1. 仓容定额的概念

仓容定额是指在一定条件下，仓库单位面积允许合理储存汽车配件的最高数量。单位面积一般以"平方米"计算，允许存放的汽车配件最高数量，一般以重量单位"吨"计量。

所谓一定条件，指的是仓储经营条件、生产条件、自然条件等，如仓库的管理水平、生产组织状况、作业机械化程度、物料养护的设施设备、库房的建筑结构等。仓容定额大小取决于仓库地坪承载能力的大小，库房的高度，储存配件的性质、特点、安全要求等。

2. 合理利用仓容定额的方法

仓容定额的利用是指在安全、方便、节约的前提下最大限度地发挥仓容的使用效能。

对汽车配件的储存，要根据库区的实际情况，结合配件的特点，对仓库的利用做出合理的布局，充分发挥仓库管理人员、库房、设备的潜力，做到人尽其能、库尽其用，以最小的代价获得最大的收益。

合理利用仓容定额的方法主要有：

（1）合理规划布局，扩大仓库有效面积

① 可通过改进货垛垛形和排列方法，使货位布局紧凑，尽量扩大货垛实占面积。

② 尽量将非储存空间设置在角落，就是将楼梯、办公室、清扫工具室等设施尽量设置在保管区域的角落或边缘，以免影响保管空间的整体性，这样可增加储存物料的保管空间。

③ 减少通道面积，相对就会增加保管面积，但可能会因通道变窄变少而影响作业车辆通行及回转，因此要在空间利用率与作业影响之间寻求平衡点，不要因为一时的扩展保管空间而影响了整个作业的方便性。

（2）向上发展，提高空间利用率。除了要合理规划布置货位、通道、非储存空间，以增加空间利用率外，更重要的是向上发展。向上发展应结合配件的性能和包装，根据可供利用的库房高度和地坪载重情况，利用货架向上发展。例如在高层货架或普通货架的最上面加一层铺盖楼板，用以储存轻抛配件，如汽车灯泡、灯罩、仪表等。

（3）合理地利用库房面积。各种配件体积重量相差很大，形状各异，要把这些不同大小、不同重量、不同形状的配件安排适当，以求得最大限度地提高仓容利用率。如汽车的前后桥、发动机、驾驶室等重件和大件物品，可以将他们放在地坪耐压力强、空间高、有起吊设备的库房。此外还要根据配件的性能、特点和外形，配备一定数量的专用货架和搁架等设备。

5.3.6　在库配件账卡的管理

在汽车配件储存保管期间，要求做到账、卡、物相一致。"有动比对"是保证三者相符的有力措施。每发完一批货，必须当时就将卡片的结存数量与库存实物结存数量进行核对，一定要保证卡片的结存数与仓库的实物结存数相符。如果发现卡片的结存数与仓库的实物结存数不符，必须在配件出库之前进行核查，并妥善处理，否则不允许出库。

另外还要把好"盘点关"。应该做好日常检查和定期盘点，对于出入频繁的配件要经常进行检查，实行动态管理。如发现问题，应及时与业务部门联系，查明原因，及时处理，保证卡物随时相符。

5.3.7　特殊汽车配件的存放

1. 不能沾油的汽车配件的存放

（1）轮胎、水管接头、V 带等橡胶制品，怕沾柴油、黄油，尤其怕沾汽油，若常与这些油类接触，就会使上述橡胶配件质地膨胀，加速老化，加速损坏报废。

（2）干式纸质空气滤清器滤芯不能沾油，否则灰尘、砂土黏附在上面，会将滤芯糊住。这样会增大气缸进气阻力，使气缸充气不足，影响发动机功率的发挥。

（3）发电机、起动机的炭刷和转子沾上黄油、机油，会造成电路，使之工作不正常，甚至致使汽车不能起动。

（4）风扇传动带、发电机传动带沾上油，就会引起打滑，影响冷却和发电。

（5）干式离合器的各个摩擦片应保持清洁干燥，若沾上油就会打滑，制动器的制动蹄片如沾上油，则会影响制动效果。

（6）散热器沾上机油、黄油后，尘砂黏附其上，不易脱落，会影响散热效果。

2. 不能磕碰的汽车配件的存放

（1）爆燃传感器的存放。爆燃传感器受到重击或从高处跌落会损坏，为防止取件时因失手跌落而损坏，这类配件不应放在货架或货柜的上层，而应放在底层，且每格放一个，底部垫以海绵之类柔软有弹性的减振材料。

（2）玻璃及其制品的存放。玻璃及其制品应该存放在平稳的货位，避免碰撞、倒垛。

（3）精加工的零件和薄壁或中空的铸铁件的存放。精加工的零件和薄壁或中空的铸铁件如有磕碰，会使表面产生划痕、变形、损伤，严重时会失去使用价值，因此应该存放在平稳的货位。

3. 不能平放的汽车配件的存放

（1）减振器的存放。减振器在车上是承受垂直载荷的，若长时间水平旋转，会使减振器失效。因此，在存放减振器时，要将其垂直放置。水平放置的减振器，在装上汽车之前，要在垂直方向上进行手动抽吸。

（2）轮胎的存放。轮胎不能平放、叠放，应该立放于专用货架上。

（3）内部有油（液体）的总成和部件的存放。内部有油（液体）的总成和部件应该垂直放置，底部垫以防止倾倒的垫块或捆扎牢靠。

4. 不能压置的汽车配件的存放

电器配件、橡胶制品配件、玻璃制品、弹簧和海绵等轻抛制品等汽车配件因自重小，不能碰撞和重压，否则将使这些配件的工作性能丧失，发生变形或破碎，故应设立专仓储存，而且在堆垛时应十分注意配件的安全。

5. 不能混放的汽车用品的存放

（1）易燃易爆物不能放在同一个库房。

（2）易腐蚀和易腐败物应相隔一定的距离。

（3）互抵性物（如酸碱中和物体）要密封盖紧，控制仓库的温度和湿度。

（4）易受侵害物和侵害物不能放在一起，防止破损和液体外泄。

6. 发动机总成的维护

发动机总成的储存期如超过半年，则必须对其进行维护。其方法是将火花塞（汽油机）或喷油器（柴油机）自气缸盖上拆下，螺孔中注入少许车用机油，以保持气缸中摩擦副零件有良好的润滑油膜，防止因长期缺油生锈。如超过一年，除应做上述维护外，还应在气缸壁上涂覆车用机油，且应更彻底和均匀，然后旋上火花塞和喷油器。

7. 蓄电池的储存

对于蓄电池的储存，应防止重叠过多和碰撞，防止电极及机盖因重压受损，而且应注意加注电解液塞的密封，防止潮湿空气进入。至于极板的储存，则应保持仓间干燥，储存期一般规定为六个月，必须严格控制。

另外对于软木纸、毛毡制油封及丝绒或呢制门窗嵌条一类储存期超过半年以上的配件，除应保持储存场地干燥外，在毛毡制油封或呢制门窗嵌条包装箱内，应放置樟脑丸，以防止霉变及虫蛀侵入。

5.4　汽车售后配件养护

汽车售后配件品种繁多，由于使用的材料和制造方法的不同而各具特点。有的怕潮，有的怕热，有的怕阳光照射，有的怕压，在储存中因受自然因素的影响而发生变化，影响到汽车配件的质量。

5.4.1　汽车售后配件养护的基本原则

1. 掌握汽车配件的性质，适当安排储存场所

汽车配件的性质、状态不同，对储存环境的要求也有所不同。为了确保其质量不变，应根据汽车配件的性质，选择适当的储存地点，同时要注意避免同库储存性质互有抵触的汽车配件，同种配件的养护方法必须一致。

2. 严格入库验收

汽车配件在入库之前，经过运输、搬运、装卸、堆垛等环节，可能受到雨淋、水湿、沾污、操作不慎以及运输中的振动、撞击，致使配件受到损坏；也可能存在供应商发货短缺或品质不良等情况，通过入库验收就能及时发现问题，以便分清责任界限，确保入库物料质量完好和数量准确。

3. 合理堆垛苫垫

入库物料应根据其性质、包装条件、安全要求采用适当的堆垛方式，达到安全牢固、便于堆垛且节约仓库面积的目的。为了方便检查、通风、防火和库房建筑安全，应适当地留出垛距、墙距、柱距、顶距、灯距以及一定宽度的主通道和辅助通道。为了防止配件受潮和满足防汛需要，货垛的垛底应适当垫高，对怕潮物料垛底还需要加垫隔潮层。露天货垛必须严密苫盖，达到风吹不开、雨淋不湿的要求。垛底地面应稍高，货垛四周应无杂草，并有排水沟以防积水。

4. 加强仓库温湿度管理

各类物料在储存过程中都会发生质量变化，多数是由于受到空气温度和湿度的影响。因此，不同的物料在储存过程中都要求有适宜的温度、湿度范围，这就需要工作人员掌握自然气候变化规律，并采取各种措施，使库房内的温度和湿度得到控制与调节，创造适宜物料储存的温湿度条件，以保护物料的质量不受影响。

5. 建立在库检查制度

对在库储存的汽车配件要建立定期和不定期、重点和一般相结合的检查制度。汽车配件在储存期间受到各种因素的影响，在质量上可能发生变化，如未能及时发现，就可能造成损失，因此需要根据其性质、储存条件、储存时间以及季节气候变化分别确定检查周期、检查比例和检查内容，分别按期进行检查或进行巡回检查。在检查中如发现异样，要扩大检查比例，并根据问题情况，及时采取适当的技术措施，防止物料受到损失。

5.4.2　影响汽车售后配件质量的因素

1. 温度对储存配件质量的影响

温度是指空气的冷热程度，又叫气温。空气温度的变化对汽车配件储存有很大的影响。一般汽车配件在常温或常温以下都比较稳定，但是高温和低温都会影响汽车配件的质量。例如，橡胶类配件在25~30℃时，柔软而富有弹性；在高于40℃时，则软化发黏；但在10℃以下，又会变硬变脆，从而失去弹性，强度下降。一些酚醛塑料制品在40℃以上时，就会发生变形；某些有油漆防护层的配件也会出现龟裂现象；金属制品对温度也有一定要求，因

为金属配件表面涂有保养油或蜡，遇到高温时，保养油或蜡也易熔化发生干黏。

2. 湿度对储存配件质量的影响

湿度指空气中水蒸气含量的程度，空气湿度通常用"绝对湿度""饱和湿度""相对湿度"表示。绝对湿度是指空气中实际所含的水蒸气，即每立方米空气中所含水汽的质量。饱和湿度是指在一定气温、气压条件下，单位体积空气中所含有的水蒸气的最大重量。相对湿度是指空气中实际含有的水蒸气（绝对湿度）与当时温度下饱和水蒸气（饱和湿度）的百分比，它表示在一定湿度下，空气中的水蒸气距离该温度时的饱和水蒸气量的程度。相对湿度愈大，说明空气愈潮湿，反之愈干燥。

库房的湿度对汽车配件质量有很大的影响，湿度过高或过低都不利于汽车配件的储存。如果仓库的湿度过大，对具有吸潮性的配件损害较大，会使怕潮配件生霉腐蚀。金属配件在潮湿时容易氧化生锈，表面上形成一层淡红色或暗褐色的细状粉末（即氧化铁）。由于氧化铁结构疏松，容易继续吸湿，如不及时清除保养，会进一步氧化锈蚀，出现蚀坑，破坏配件表面精度。石棉制品，如汽车各类衬垫（片）受潮后，会出现片状锈斑，使其技术性能降低。电器配件及绝缘制品在相对湿度大于85%，气温30%以上时会受潮，性能下降。相反，相对湿度过低（一般小于50%），对某些配件也会产生不良影响，如油封用的橡胶和皮革会干裂、发脆，各种纸垫块、木纸等也会发生伸缩变形。据有关资料介绍，黑色金属配件在相对湿度100%，温度42℃以上时，只需2~3小时即会生锈。

3. 空气中的氧及有害气体对储存配件质量的影响

空气是由各种不同气体混合而成的，空气中约含21%的氧气。氧元素非常活跃，空气中的氧气会使金属配件氧化，空气中的二氧化碳、二氧化硫等有害气体与水蒸气相遇形成碳酸、亚硫酸等，附着在金属表面成为电解质溶液，导致金属的电化学腐蚀，从而影响配件质量。例如一些铜制的配件，在储存中铜与空气中的氧接触后，会产生绿锈，镀铜的配件与二氧化碳及酸接触后，表面会产生绿斑，影响美观。一些铝制的配件，在储存中铝与空气中的氧接触，产生一层氧化铝，氧化铝薄膜也起到一定的阻止继续氧化的作用，但是铝与空气中的酸和碱接触后，会产生铝锈。

4. 日光对储存配件质量的影响

日光是由各种不同波长的光线组成的。日光中含有热量、紫外线、红外线等，对汽车配件起着正反两个方面的作用。一方面，日光能够加速受潮配件的水分蒸发，杀死杀伤微生物和病虫害，对有些配件起到保护作用；但是另一方面，日光照射在某些配件上会产生不良影响，如橡胶制品、转向盘、分电器盖、蓄电池壳等长期在日光照射下，会很快失去光泽并发生老化、龟裂，发黏，失去弹性。有油漆防护层的配件受到阳光辐射的影响，会发生褪色和脆裂。汽车玻璃在长期日照和冷热温度变化较大的环境下，会发生自然碎裂。金属制品、收录机等经长期日光照射也会受损。

5. 各种虫害对储存配件质量的影响

各种虫害对库存汽车配件的质量和安全也有很大影响，蛀虫、老鼠等经常咬坏一些线织布质配件和坐垫以及配件包装物（含包装木箱、纸箱、纤维板箱等），而且还会毁坏建筑物上的木材部分以及木质垫板、枕垫等。

6. 仓库卫生条件对储存配件质量的影响

良好的仓库卫生条件可以保证配件的质量和安全，但是卫生条件不好，不仅使灰尘、油垢、垃圾等污染配件的包装，而且还会滋生微生物和仓库虫害。例如尘土和杂物会加速金属配件锈蚀，并使电器元件的绝缘性变差，影响仪器仪表的精密度和灵敏度。如果灰尘长期包裹在各种镀铬配件表面，镀层会失去光泽，逐渐变暗。

5.4.3　汽车售后配件养护措施

1. 注意各种配件的储存期限

各类汽车配件出厂时都规定了保证产品质量的储存日期，但在进货及仓库保管中常被忽视，如在正常保管条件下，各类金属配件自出厂之日起，在一年内不会锈蚀。橡胶制品规定在一年内保证其使用性能符合标准要求。制动盘、离合器片也规定在一年内保证其质量。蓄电池在二年储存期内应具有干荷电的性能，二至三年内应具有一般电池的性能。蓄电池从出厂之日起，在正常条件下可保管三年以上，外表面仍保持光亮，不呈灰白色。因此，要注意配件的储存期限，做到在储存期限内尽快销售或领用。

2. 安排适当的库房和货位

各种配件的性能不同，对储存保管的要求也不一样，所以在安排库房和配件进库后安排具体货位时，对于不同类型、不同性质的配件，应根据其对储存条件的要求，分别安排到适当的仓库和货位上。

汽车配件在同一车型系列中，甚至在一个系中，可能有几种不同性能的配件。对于怕潮的金属配件，就应该集中放在通风、向阳的位置；对于怕高温的配件，就应该放在阴凉的位置；对于防尘、防潮、防高温要求高的配件，应设专柜储存，专人保管。对于高档的或已开箱的配件，如收放机、仪器、仪表、轴承等，在条件允许的情况下，可以在密封室或专用储存柜中储存。

3. 加强仓库的温度和湿度的控制

汽车配件在储存保养过程中，仓库中的温度、湿度对汽车配件质量的影响很大，一般来讲，汽车配件的储存温度在20℃左右为宜，相对湿度保持在70%左右为宜。但是不同质的汽车配件又各不一样，如，汽车轮胎保管的相对湿度以50% ～80%为宜，软木质保管的相对湿度以40% ～70%为宜。还有些汽车配件特别怕潮，如车用收放机、电气元件，受潮后会影响使用效果，仪器、仪表受潮后会影响其灵敏度。因此要根据汽车配件的特性和储存要求，结合仓库中温度和湿度的变化规律采取科学合理的养护方法，调节库房的温度、湿度。

具体可采取以下措施：

（1）通风。通风是根据空气自然流动的规律，有计划地使库内外的空气互相流通交换，以达到调节库内空气温度、湿度的目的，这是调节库内温度、湿度的简便易行的有效方法。主要可采取自然通风、机械通风的方式。根据不同季节、不同的自然条件，采取必要的通风措施。当库内湿度大于库外湿度时，可将门窗适当打开；当库内湿度降到与库外湿度基本平衡时，就将门窗关闭；如果库外湿度大于库内湿度，则不要打开窗户。收货、发货必须开门时，作业完毕后，一定及时关门。除了自然通风之外，还可以采取机械通风法，在库房的上部装置排风扇，在下部装置送风扇，这样可以加速库内空气流通，起到降温、除湿的作用。

（2）密封。密封措施是仓库内温湿度控制和调节的基础，没有密封措施，就无法利用通风、吸潮、降温、升温等方法调节温湿度。对库房采用密封就能够保持库内温湿度处于相对稳定状态。密封储存不仅能够达到防潮、防热、防干裂、防冻、防熔化等目的，还可以收到防霉、防虫、防锈蚀、防老化等多方面的效果。

（3）吸潮。当库内和库外湿度都很高时，可采取吸潮的方法。吸潮的方法有吸潮剂吸潮和机械吸湿。吸潮剂主要有生石灰、氯化钙、氯化锂，汽车配件一般采用氯化钙。在使用吸潮剂吸潮时，必须关闭门窗和通风孔洞，以保证吸潮效果。湿度过大时，比较好的办法是使用空气去湿机。

4. 注意保护汽车配件包装

配件包装是为了防潮、防尘、防磕碰，保护配件质量，因此凡是有包装的配件，一定要保持其内外包装的完好，一旦损坏了包装，就会影响配件的质量。

5. 搞好库内外清洁卫生

搞好库内外清洁卫生，做到库房内外无垃圾，无杂草、杂物，加强环境绿化，以防尘土、脏物的污染和虫害的滋生。经常检查库房内孔洞、缝隙及建筑的木质结构等，一旦发现虫害，及时采取消灭措施。

5.5　汽车售后配件出库

汽车售后配件的出库业务，是指汽车配件发出时仓库各业务部门所需办理的手续及其作业全过程。汽车配件的出库标志着储存保管阶段的结束，把好"出货关"是全库管理工作的重要一环。

5.5.1　汽车售后配件出库的要求

1. 发货要凭单发货

汽车配件出库必须根据业务部门或客户开具的商品调拨通知单进行，仓库保管员不准随意动用或外借库存商品。在特殊情况下，企业自备仓库可根据上级主管业务部门的电传、电话（必须先做好记录）先行出库，后补办手续。在出货单据内容有误、填写不规范、手续不完备的情况下，仓库保管员不予以发货。

2. 发货要及时准确

在办理出库手续时，要求迅速、及时，简化环节，提高出库效率。一般大批量发货不超过两天，少量发货随到随发。凡要求快件的货物，要在装箱单上注明"快件"字样，以便优先发货。发出的配件在品种、规格、质量上必须完全符合出库凭证上规定的内容。

3. 发货要贯彻"先进先出，存新发旧"的原则

仓库保管员要坚持"先进先出，存新发旧"的原则，以免造成因汽车配件积压时间过长而发生变质报废。因为汽车更新换代很快，配件的制造工艺也在不断更新，如果配件在仓库存放时间过长，很有可能成为老旧产品，从而被淘汰。

4. 发货要保证包装完好

由于配件出库要经过数次的装运才能转到用户手里，因此配件出库时，要根据不同的性质、特点进行包装，箱内要填塞紧密，捆扎要牢固。尤其是易燃品和易碎品，怕热、怕冻、怕震的配件要严格包装，并附有特殊标记，以确保运输安全。

5. 装箱单证要齐全

汽车配件装箱时，对包装配件要逐项填写装箱单。有技术证件的，要一起放在箱内易见的位置，便于收货人开箱时核对清点。对于无包装或不易识别的商品（如外形、尺寸近似等），要标上标签，便于收货单位点收。

6. 仓库管理部门要严格执行签发手续

当商品发出后，保管部门应在原出库凭证上注明发货时间和实发数量，并加盖主管人和承办人的印章（或签字），逐级退回上一级主管业务部门，作为账务处理的依据。如果是自提配件，提货人应在出库凭证上签字。

7. 汽车配件出库完毕，应及时销账，及时清理现场，并将提货凭证注销后归档存查

8. 仓库管理部门要增强服务意识，提高为用户服务的水平，减少并力争杜绝差错事故的发生

5.5.2　汽车售后配件出库的业务流程

1. 验单

保管员接到业务部门开出的供应单据（包括供应发票，转仓单，商品更正通知单，补发、调换、退货通知单等）后，应先审查凭证上的印签是否齐全、相符，凭证有无涂改等，再核对单据的各项内容是否正确。保管员审核无误后，方可备货。如发现问题，应及时与有关部门联系解决，在问题未解决前，不能发货。

2. 登账

对于审核无误的出库配件，仓库会计要按凭证所列项目登记，核销存储量，并在发货凭证上标注发货货物存放的货区、库房、货位编号以及发货后的结存数等。同时，开具配件出库单，连同收货单位开制的商品提货单一起交给仓库保管员查对备货。

3. 备货

备货有两种形式：一种是将配件发到理货区，按收货单位分别存放并堆码整齐，以便复核；另一种是外运的大批量货物，为了节省人力，可以在原垛就地发货，但必须在单据上注明件数和尾数的颜色。

如果配件在出库之前还需要进行拼装、加固、换装，应由仓库保管人员对配件按照要求进行包装。对配件包装的要求是：封顶紧密，捆扎牢固，衬垫适当，标志正确、清楚。

包装完毕，经复核无误的待出库配件均需集中到理货场所，准备发货。

4. 复核

备货后要按照单据内容逐项复核。复核的内容包括三核对、三齐全、三不走、三清点。

"三核对"：核对单据、核对品名规格、核对数量和质量。

"三齐全"：配套齐全、证件齐全、随商品资料齐全。

"三不走"：包装不好不走、数量和质量不符不走、装载不合安全规则不走。

"三清点"：仓库保管员清点、库房负责人清点、押运员或收发人员清点。

5. 装箱

经过复核无误后，用户自提的可以当面点交，属于外运的需要装箱发运，将单据的随货同行联和配件一起装箱，并填写装箱单。如表5-2所示。

表5-2 仓库装箱单

收货单位：_____ 制单日期： 年 月 日 发货仓库：_____

发票号码	品名	规格	数量	装箱情况					合计重量
				木箱		纸箱		捆	
				原箱	拼箱	原箱	拼箱		
货款结算	货款及管理费			运杂费		合计金额	托收时间号码	运输工具	
	单据 货款 管理费			单据 金额				标签号	
								货票号	
								承运时间	

如果是拼箱发运，应在单据的仓库联上注明，如果编有箱号，应注明拼在几号箱内，以备查考。无论是整箱或拼箱，都要在箱外写上运输标志，以防在运输途中发错到站。

6. 报运

配件经过复核、装箱、查号码后，要及时过磅称重，然后按照装箱单的内容逐项填写清楚，报送运输部门，向承运单位申请准运手续。

7. 交付

仓库发货人员在备齐商品，并经复核无误后，必须当面向提货人或运输人按单列货物逐件点交，明确责任，办理交接手续。如是用户自提，则将商品和全部证件向提货人员当面点交，办清交接手续。如是运输部门凭装箱单到仓库提货，保管员先审查单据内容、印章及经手人签字等，然后按单据内容如数点交。

8. 销账

发货完成后，需核销保管账、卡上的存量，以保证账、卡、货的一致。

5.5.3 商品出库业务的后续工作

办完交接手续后，该商品的保管作业阶段基本完成，保管员应做好清理善后工作。

1. 清理现场

该并垛的并垛，该清点的清点，该转移的转移，并清扫腾空的垛底，整理好工具和苫盖材料。

2. 登记账卡

账卡要做到日清月结，当天登记，随发随注，查对账卡上的结存数字与实物是否相符。一批商品出库完毕时，应查实耗情。在规定的损耗率以内者，填报主管业务部门或存货方核销；若在规定的损耗率外，应查明原因，专案处理。

3. 总结经验和清理档案

一批配件发放完毕后，应根据商品出入库时的情况、保管方法等进行比较，以便总结保管方面的优缺点，并把这些资料进行归档，妥善保管。

4. 处理回执

商品出库后，仓库业务部门应及时将"商品调拨通知单"回执退送业务部门或存货方

5.5.4　配件出库中发生问题的处理

（1）如果业务主管部门或存货方开出的出库凭证所列品名、规格、型号、数量等与账面和库存实物不符，仓库应主动向业务主管部门反映或在出库凭证上签署意见，退回用料单位，以便收货单位与业务主管部门联系处理。

（2）在发货中遇到配件叫法不同，型号有新旧等级之差，或者规格说法不同者，应查对有关对照表或产品目录，确定后发货。如品名、规格、性能、用途相同，只是叫法不同，可以发货，但必须在出库凭证上给予注明。如果收货单位提出疑问，可请示业务部门处理。

（3）若在出库凭证上出现下列情况：质量不合格、规格不符、缺件不配套、包装不牢，以及未经仓库检验点收或无技术证件等，仓库应主动向业务部门或存货方说明情况。

（4）由于工作不细、业务不熟造成差错问题，一经发现，要向上级业务部门报告，按有关规定处理，并及时向错发单位进行调换或补发。

（5）商品发运过程中差错的处理

① 运输途中造成的多件、少件或串件及包装破损、丢失、损坏等，应由收货单位向承运单位索取商务记录，由承运单位负责处理。

② 发运的配件件数相符，但是品种或质量与调拨单凭证不符，应由发货单位负责处理。

③ 双方协商确实无法解决的难题，要报相关部门，经批准后按批准办法处理。

5.6　汽车售后配件盘点

汽车配件的盘点是指仓库定期对库存的汽车配件的数量进行核对，清点实存数，查对账面数。通过盘点，彻底查清库存数量已有或隐蔽的、潜在的差错事故，发现在库汽车配件的异状，及时抢救，减少和避免损失。

5.6.1　盘点的目的

1. 查清实际库存量

储存过程经常会出现盈亏，如：有时会多记、少记、误记；有时会损坏、遗失；有时验收或发货时会误点、误数；有时盘点本身也会出现误盘、重盘、漏盘。通过盘点可发现问题，查明原因，及时调整。

2. 计算企业资产损益

库存商品占用了很大比例的流动资金，了解库存能正确计算出企业的实际损益。

3. 发现管理中存在的问题

通过盘点查到盈亏原因，暴露出管理上的缺陷，便于对症下药，加以改进。

5.6.2 盘点的内容

（1）检查汽车配件的数量。

（2）盘存汽车配件的重量。

（3）检查汽车配件实有数量与账面数量是否相符。

（4）检查收发情况以及有无按照先进先出原则发放配件。

（5）检查各种配件有无超储积压、损坏、变质等情况。

（6）检查仓库的配件账与卡是否相符，仓库的配件账是否与业务部门的配件账相符。

（7）检查汽车配件的堆放以及维护情况。

（8）检查仓库内的安全设施和安全情况。

（9）检查对不合格品及呆滞品、废品的处理情况。

5.6.3 盘点的方法

目前汽车配件仓库盘点最常用的有以下两种方法。

1. 账面盘点法（永续盘点）

账面盘点是将每一种配件分别设立"存货账卡"，然后将每一种配件出入库数量及有关信息记录在账面上，逐笔汇总出账面库存结余数额。这样随时可以从电脑或账册上查询配件的出入库及库存结余量。

2. 现货盘点法（实地盘点）

现货盘点是在仓库实地清点调查仓库内的各种配件的库存数，再根据它们各自的单价，计算出实际库存余额。

要确保盘点无误，最直接的方法就是确定账面盘点数与现货盘点数完全一致。根据盘点时间和频率的不同，现货盘点可分为两种：

（1）期末盘点。期末盘点是在规定的周期末对库存所有配件都进行盘点。由于盘点配件的范围广、数量多，一般需仓库内全体员工一齐出动，分组进行盘点。盘点小组每组至少三人（盘点、复盘、监盘各一人），可以互相牵制，避免舞弊。

（2）循环盘点。循环盘点是将每天或每周作为一个周期进行盘点。由于循环盘点只针对少数重点配件进行，所以工作量相对较小，无须让仓库全体职工参加，只需专门人员利用工作间隔负责清点即可。

5.6.4 盘点作业的基本程序

一般来说，配件仓库的盘点分为日常盘点和定期盘点，其基本工作程序如图 5-18 所示。

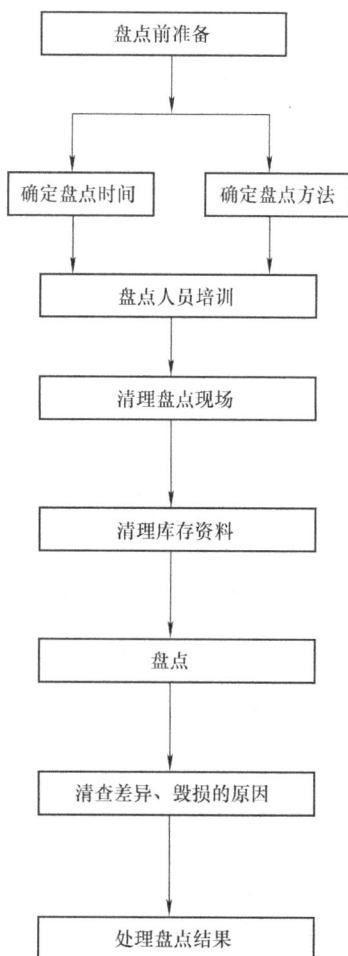

图 5-18 盘点作业程序

5.6.5　盘点结果的处理

盘点结束后，若发现账货不相符，即库存与盘点结果在数量上和金额上有盘盈或盘亏现象，应立即查找原因，采取改进措施。

1. 库存盈亏原因分析

盈亏原因分析是整个盘点工作流程中很重要的一环，它有利于找到仓储管理中存在的漏洞，改进工作。盈亏原因分析可从以下因素着手：

（1）物料盘点的相关规章制度是否已建立健全，制度中是否有漏洞，是否存在员工偷窃、客户偷盗的可能。

（2）记账人员的素质，包括工作责任心、敬业精神、业务能力及整理原始单据、统计台账、收集整理的规范程度等。

（3）进出库作业人员的素质，包括工作认真负责精神及相关的业务水平等。

（4）配件盘点方法是否妥当，是否有漏盘、错盘和重盘。

（5）配件的特性如何，盘点差异是否在允许范围内。

（6）盘点差异是否可事先预防，如何预防以及如何降低账货差异等。

2. 库存盈亏处理

（1）储耗。对易挥发、易潮解、易溶化、易散失、易风化等物资，允许有一定的库存储耗。凡在合理的储耗标准以内，由保管员填报合理储耗单并批准后，即可转财务部门核销。储耗的计算，一般是一个季度进行一次，计算公式如下：

合理储耗量＝保管期平均库存量×合理储耗率

实际储耗量＝账存数量－实存数量

储耗率＝保管期内实际储耗量/保管期内平均库存量×100%

如果实际储耗量超过合理储耗部分，做盘亏处理，凡因人为的原因造成丢失或损坏，不得计入储耗内。

（2）盈亏和调整。在盘存中发生盘盈或盘亏时，应反复落实，查明原因，明确责任。由保管员填制库存物资盘盈盘亏报告单，经仓库负责人审签后，按规定报经审批。

（3）报废和削价。由于保管不善，造成霉烂、变质、锈蚀等配件；在收发、保管过程中已损坏并已失去部分或全部使用价值的配件以及因技术淘汰需要报废的配件，经有关方面鉴定，确认不能使用的，由保管员填制物资报废单，报经审批。

由于上述原因需要削价处理的，经技术鉴定，由保管员填制物质削价报告单，按规定报上级审批。

（4）事故。由于被盗、火灾、水灾、地震等原因及仓库有关人员失职，使配件数量和质量受到损失的，应作为事故向有关部门报告。

5.6.6　呆料处理

在库存的配件中，一些多余的或暂时不用的配件成为呆料。呆料占用仓位，影响物料周转，浪费劳动力，因此应利用盘点的机会，将呆料进行统计并上报，督促相关部门及时处理。同时，应将呆料从货位中取出，集中到一处，统一堆码，并挂上待处理标志。

5.7 汽车售后配件储存安全

汽车配件的仓储安全管理是其他一切管理工作的基础和前提，在仓储管理中具有十分重要的意义。仓库中不安全的因素很多，如火灾、水灾、爆炸、盗窃、破坏等；此外，还有放射性物品、腐蚀性物品、有毒物品等均会对仓库管理人员的人身安全和健康造成威胁。因此必须杜绝一切不安全的因素，确保仓库储存配件的安全。

5.7.1 汽车配件仓库安全管理的要求

（1）为了确保仓库人、财、物的安全，必须建立和健全消防、保卫、保密、安全操作等规章制度，并设专人负责。

（2）建立和健全各项安全制度相应的执行、监督机制，组织日常检查、定期检查、节假日重点检查等，真正把各项安全制度落到实处。

（3）培养一支消防队伍，设立专职或兼职的消防人员，仓库领导中应有人分管消防工作，配备相关的消防设备，并确定专人负责。

（4）严格管理各类火源、电源、水源等，严禁将各类火种及易燃品带入仓库。储货区与生活区应该严格隔离。

（5）建立保安值班和干部值宿制度，重要的仓库、危险品仓库还须配备武装保安人员。仓库应组织巡逻和夜间值班，严防偷窃和破坏。门卫要加强对进出仓库的车辆、人员及物料的检查，凭进出仓库的有效凭证放行，并做好登记工作。

（6）仓库中进行装卸、搬运、堆垛作业及操作使用各种机械设备时，必须严格遵守操作程序和规则，防止各类工伤事故的发生。

5.7.2 汽车配件仓库的消防工作

火灾是指失去控制并造成一定损失的燃烧现象。火灾是仓库的最大威胁，消防就是消灭火灾和防止火灾。消防工作应当贯彻"预防为主，防消结合"的方针。

1. 火灾产生的条件

（1）产生火势的条件。可燃物质、燃烧环境和火源是产生火势的三个必备条件，这三个条件必须同时具备，相互结合、相互作用，才会发生燃烧。

① 可燃物质：一般将能与空气中的氧气或其他氧化剂起剧烈反应的物质称为可燃物质。

② 助燃物质：能支持和帮助燃烧的物质（如空气中的氧气或氧化剂）。

③ 火源：能引起可燃物质燃烧的热能源。

（2）火源的种类

① 直接火源：明火、电火花、雷电等。

② 间接火源：加热自燃起火和物料本身自燃起火。

防火灭火的基本原则和措施都是为了消除燃烧的三个条件，如能消除其中一个条件，大火就不会产生或会很快熄灭。

2. 仓库防火措施

（1）普及防火知识。坚持经常性的防火宣传教育，普及消防知识，不断提高全体仓库职工防火的警惕性，让每个职工都学会基本的防火灭火方法。

（2）遵守《建筑设计防火规范》。新建和改建的仓库要严格遵照《建筑设计防火规范》的规定，不得擅自搭建违章建筑，也不得随意改变建筑的使用性质。仓库的防火间距内不得堆放可燃物品，不得破坏建筑物内已有的消防安全设施，消防通道、安全门、疏散楼梯、走道等要保持畅通。

（3）存放易燃、易爆危险品的仓库必须符合防火防爆要求。凡是储存易燃、易爆危险品的仓库，进出的车辆和人员必须严禁烟火；储存危险品应专库专储，性能相抵触的物料必须严格分开储存和运输；专库须由专人管理，防止剧烈振动和撞击；易燃、易爆危险品仓库内，应选用不会产生电火花的电器开关。

（4）电气设备应始终符合规范的要求。仓库中的电气设备不仅在安装时要符合规定要求，而且要经常检查，一旦发现绝缘损坏要及时更换，不应超负荷运行，不应使用不合规格的保险装置。电气设备附近不能堆放可燃物品，工作结束应及时切断电源。

（5）明火作业须经消防部门批准，方可动火。若需电焊、气割、烘烤、安装锅炉等，要有防火安全措施，并需有关的消防部门批准，才能动火工作。

（6）配备适量的消防设备和火灾报警装置。根据仓库的规模、性质、特点，配备一定数量的防火灭火设备及火灾报警器，按防火灭火的要求，分别布置在明显的和便于使用的位置，并定期进行维护和保养，使之始终处于完好状态。

（7）遇火警或爆炸应立即报警，并做好后期工作。如遇仓库发生火情或爆炸事故，必须立即向当地的公安消防部门报警。事故过后，认真追查原因，严肃处理事故责任者，并以此教育广大职工。

3. 仓库灭火措施

（1）灭火的基本方法

① 冷却灭火法。冷却灭火法是将灭火剂直接喷洒在可燃物上，使可燃物的温度降至燃点以下，从而使其停止燃烧。水、酸碱灭火器、二氧化碳灭火器等均有一定的冷却作用。

② 拆移灭火法。拆移灭火法又称隔离灭火法，是将燃烧物与附近可燃物质隔离或疏散开，从而使燃烧停止。例如，将火源附近的易燃易爆物质转移到安全地点；关闭设备或管道上的阀门，阻止可燃气体、液体流入燃烧区；拆除与火源相毗连的易燃建筑结构，建立阻止火势蔓延的空间地带等。

③ 窒息灭火法。窒息灭火法是采用适当的措施，使燃烧物与氧气隔绝。火场上运用窒息法扑救火灾时，可采用石棉被、湿麻袋、沙土、泡沫等不燃或难燃材料覆盖燃烧物或封闭孔洞；用水蒸气、惰性气体（如二氧化碳、氮气等）充入燃烧区域或用水淹没（灌注）的方法进行扑救。

④ 抑制灭火法。抑制灭火法是将化学灭火剂喷入燃烧区参与燃烧反应，中止反应而使燃烧停止。采用这种方法可使用的灭火剂有干粉和卤代烷灭火剂。灭火时，将足够数量的灭火剂准确地喷射到燃烧区内，使灭火剂阻止燃烧反应。同时还需采取必要的冷却降温措施，以防复燃。

（2）常用的灭火器材

1）常用的灭火器

① 干粉灭火器：不导电、不腐蚀、毒性低。可用于扑救易燃液体、有机溶剂、可燃气体和电气设备的初起火灾。

② 二氧化碳灭火器：不导电、不含水分、不污损仪器和设备，可用于扑灭贵重仪器、电气设备及其他忌水物料的初起火灾，但不能用于含碳物料的灭火，如木材、棉、毛、纸张等。

③ 卤代烷灭火器：不导电、不腐蚀、不污损仪器和设备，主要用于扑救可燃气体、可燃液体、带电设备及一般物料的初起火灾。

④ 泡沫灭火器：可导电。不能用于电器设备灭火，可用于扑救汽油、煤油等油类，香蕉水、松香水等易燃液体，木材及一般物料的初起火灾。

2）水。水是仓库的主要灭火剂，水在灭火时有冷却和窒息作用。当水形成喷雾状时，能使某些燃烧物质的反应速度下降，还能降低某些爆炸物品的爆炸能力；当水形成柱状时，有一股冲击力，能破坏燃烧结构，把火扑灭。水还有冷却易燃物质、防止火势蔓延的作用。

但是有的火灾在一般情况下不能用水去扑救，包括电气设备、带电系统发生火灾而电源未切断之前、精密仪器及设备、汽油引发的火灾。但在特定情况下，水通过喷雾装置，在某种程度上也可以起到灭火作用。

3）沙土。沙土覆盖在燃烧物上，可隔绝空气，破坏燃烧环境，从而使火熄灭。沙土可用来扑救电气设备及液体燃料的初起火灾、酸碱性物料的火灾、过氧化剂及遇水燃烧的液体和化学危险品的火灾。但是爆炸性物品不能用沙土灭火，而应用冷却法灭火。

（3）消防器材

① 汽车配件仓库常用的消防器材。汽车配件仓库常用的消防器材主要包括：各种灭火机、灭火桶、灭火弹；消防龙头、水带、水枪、水桶；沙池、沙包、沙桶、沙箱、铁锹；梯子、太平斧；消防信号及监控设备。

② 消防器材的配置。一般灭火机按每 $100m^2$ 仓库面积配备一个，但每一栋仓库不少于一个，并挂在仓库外面墙上，离地面不超过 1.5m 的位置，以便随手使用。消防水桶按每 $100m^2$ 至少配备一个，并挂在仓库门外墙上明显处。关于沙包、太平斧等，均应适当配备，并固定地点存放，严禁移作别用。

5.7.3 汽车配件的防盗工作

保卫工作是仓储安全管理的重要组成部分，要建立健全保卫机构，成立群众性的治安保卫委员会，还要与周围有关单位共同组建治安联防组织，并加强与当地公安机关的联系。这样上下一起抓，里外协调配合，人人关心安全，创造一个良好的治安环境，以保证汽车配件仓库的安全。

主要防盗措施：

（1）加强汽车配件的防盗意识。

（2）制定并遵守本企业的汽车配件防盗制度。

（3）定期对库存汽车配件进行盘点。

（4）配备必要的防盗措施，如防盗门、防盗网、保险柜、远红外线报警器等。

（5）增设保安人员，更新监视监督系统，开展不定时的巡逻。

────── ★ 本 章 小 结 ★ ──────

汽车售后配件仓储管理是指对汽车配件仓储业务和作业进行计划、组织、监督和控制，仓储业务包括入库验收、保管保养和出库供应三个阶段，入库验收是仓储管理的基础，保管保养是仓储管理的中心，出库供应是仓储管理的关键。

汽车售后配件入库阶段主要包括接运、验收和入库。接运是配件入库的第一道作业环节，入库验收是配件进入仓库的准备阶段，配件经过验收后即可入库。汽车售后配件保管保养阶段是确保物料质量完好和数量准确的重要环节，汽车配件在库期间要实行分区分类保管，进行合理堆码。采取有效的养护措施，保证配件的储存质量。汽车配件的出库标志着储存保管阶段的结束。为了保证配件供应，在出库环节要认真把好"出货关"。

为了确保库存配件能够账实相符、账证相符、账账相符，需要进行定期或不定期的盘点工作，对现有的库存配件进行账面盘查和实物盘查，及时发现问题。此外，在配件仓储过程中还要做好防火、防盗工作，确保仓库储存配件安全和仓库管理人员人身安全。

本章思考题

1. 简述汽车售后配件管理及其主要任务。
2. 对汽车售后配件实物验收应重点进行哪些方面的验收？
3. 汽车售后配件应该如何进行分区分类保管？
4. 什么是仓容定额？如何合理地利用仓容定额？
5. 仓库的温度和湿度对汽车配件质量有什么影响？如何控制仓库温度和湿度？
6. 仓库火灾发生的原因是什么？如何防火灭火？

本章案例

大连恒新零部件制造公司配件出入库管理制度

大连恒新零部件制造公司（以下简称恒新公司），隶属于大连市政府，是大连市 50 家纳税大户之一。作为大连市重点企业，恒新公司原材料需求很大，每年采购额约 4 亿元，所以如何对库存进行管理和控制对企业的发展至关重要。

恒新公司在总结多年实践经验的基础上，制定出下述的出入库管理制度，取得了很好的效果。

配件的出、入库是仓库业务管理的重要阶段。入库是物资存储活动的开始，这一阶段主要包括接运、验收和办理入库手续等环节；而出库则是仓库业务的最后阶段，它的任务是把配件及时、迅速、准确地发放给使用对象。因此，仓库应努力做好入、出库工作。

（1）到货接运。到货接运是配件入库的第一步。它的主要任务是及时而准确地接收入库配件。在接运时，要对照货物运单认真检查，做到交接手续清楚、证件资料齐全，为验收工作创造有利条件。避免将已发生损失或差错的配件入库，造成仓库的验收或保管出现困难。

（2）验收入库。凡要入库的配件，都必须经过严格的验收。物资验收是按一定的程序和手续，对物资的数量和质量进行检查，以验证它是否符合订货合同的一项工作。验收为配件的保管和使用提供可靠依据，验收记录是仓库对外提出换、退货及索赔的重要凭证。因此，要求验收工作做到及时、准确，在规定期限内完成，严格按照验收程序进行。

验收作业的程序是：验收准备→核对资料→检验实物→做出验收记录。

① 验收准备。搜集和熟悉验收凭证及有关订货资料，准备并校验相应的工具，准备装卸搬运设备、工具及材料；配备相应的人力，根据配件数量及保管要求，确定存放地点和保管方法等。

② 核对资料。凡要入库的零配件，应具备下列资料：入库通知单；供货单位提供的质

量证明书、发货明细表、装箱单；承运部门提供的运单及必要的证件。仓库需要对上述各种资料进行整理和核对，无误后即可进行实物检验。

③ 检验实物。主要包括对零配件的数量和质量两个方面的检验。数量验收是查对所到配件的名称、规格、型号、件数等是否与入库通知单、运单、发货明细表一致。需要通过技术检验来确定其质量的，则应通知企业技术检验部门检验。

（3）办理入库手续。经验收无误后即应办理入库手续，进行登账、立卡、建档，妥善保管配件的各种证件和账单资料。

① 登账。仓库对每一品种规格及不同级别的物资都必须建立收、发、存明细账，它是及时、准确地反映物资储存动态的基础资料。登账时必须以正式收发凭证为依据。

② 立卡。料卡是一种活动的实物标签，它反映库存配件的名称、规格、型号、级别、储存定额和实存数量。一般是直接挂在货位上。

③ 建档。历年来的技术资料及出入库有关资料应存入档案，以备查阅，积累零配件保管经验。档案应一物一档，统一编号，以便查找。

为保证配件出库的及时性和准确性，使出库工作尽量一次完成，还要认真实行先进先出的原则，减少物资的储存时间，严格按照出库程序进行。

出库程序是：出库前准备→核对出库凭证→备料→复核→发料和清理

① 配件出库前的准备。仓库要深入实际，掌握用料规律，并根据出库任务量安排好所需要的设备、人员及场地等。

② 核对出库凭证。仓库发出的配件，主要是车间所领用，有少部分对外销售、委托外单位加工或为基建工程所领用。为了确定出库配件的用途，计算新产品成本，防止配件被盗，出库时必须有一定的凭证手续。严禁无单或白条发料。配件出库凭证主要有领料单和发料通知单等。保管员接到发料通知单，必须仔细核对，无误后才能备料。

③ 备料。按照出库凭证进行备料。同时变动料卡的余存数量，填写实发数量和日期等。

④ 复核。为防止差错，备料后必须进行复核。复核的主要内容为：出库凭证与配件的名称、规格、质量、数量是否相符。

⑤ 发料和清理。复核无误后即可发料。发料完毕，当日核销料账，清理单据、证件，并清理现场。

仓库出、入库工作的好坏直接影响企业的秩序，影响配件的盈亏、损耗和周转速度，因此，仓库应努力做好出、入库工作。

延伸阅读
主要汽车配件的验收技术要求和保管技术要求

汽车配件名称	验收技术要求	保管技术要求
气缸体	1. 气缸体主要加工面的表面粗糙度应符合图纸规定 2. 各加工表面应光洁，无凹陷、黑斑、划痕等 3. 不允许有裂纹、针孔、冷隔、浇不足、粘砂、疏松、砂孔、夹杂物等铸造缺陷 4. 各部不应有破损、碰伤及锈蚀现象；不加工的外表面应涂有防锈油	1. 气缸体应放置在垫高300mm的垫木上；并注意保持缸体位置的水平，保持垫木下通风 2. 在搬运中不得用铁棍或钢丝绳穿入缸体内吊运，注意保护加工面，不准撞击和翻滚

（续）

汽车配件名称	验收技术要求	保管技术要求
气缸盖	1. 缸盖各部分不允许有裂纹、冷隔、浇不足、粘砂、疏松、砂孔、夹渣等铸造缺陷；燃烧室表面、气门座孔、密封面及气缸孔附近的范围内不允许有任何铸造缺陷；内腔表面、进排气通道及不加工表面不允许留有残渣、型砂、铁丝、碎屑、毛刺、结瘤等异物异形 2. 全部螺纹及油孔不准有毛刺、孔眼及碰痕等缺陷 3. 气缸盖的加工平面应光洁，不得有凹坑、斑痕、划痕等，不加工表面应涂有保护漆层	1. 气缸盖应保持清洁；加工面涂油脂防锈；结合平面应以蜡纸贴封，再用防水纸或塑料薄膜封裹 2. 气缸盖应装箱保护加工而不受损伤。垛码时，垛底应垫高300mm左右，以利通风 3. 不得抛掷、撞击和翻滚，防止损坏和变形
气缸套	1. 缸套表面应经淡化处理，湿式缸套外表面水套部位应镀铬，缸套内表面允许有石墨脱落而形成的针孔 2. 活塞销孔以上的活塞环行程范围内，支承肩上下端面和封水圈部位不允许有孔眼、夹渣和疏松等缺陷	1. 气缸套应以中性防锈油脂和蜡进行密封，用蜡纸贴裹后装于纸盒内保管；外包装上应有规格标志，不同规格的缸套应分别存放 2. 搬运中不得摔掷、碰撞、挤压，以防变形、损坏
活塞	1. 验收时注意生产厂的分组标志，一般在靠近孔销处涂以各种漆色以区别不同的分组尺寸（每组相差0.0025mm） 2. 活塞的表面应光洁，不允许有裂纹和残余的飞边，销孔表面和销圈槽部位不允许有任何裂纹、折叠、毛刺、夹渣等缺陷；各部不允许有凹陷、破损和锈迹 3. 活塞上应标明制造厂名、分组尺寸代号及修理尺寸，分组活塞应附有检验合格证	铝活塞受潮后易产生灰白色铝氧化物，因此不准与盐碱类物资储存在一起。活塞应以中性防锈油脂和蜡封涂盖，并用蜡纸包裹；成组活塞应装在同一盒内，中间隔以瓦楞纸，以防撞击
活塞环	1. 铸铁活塞环表面不允许有裂纹、疏松、孔眼及飞边、毛刺等缺陷。钢制活塞环表面不允许有划痕。镀铬环表面不允许有铬层龟裂起皮、脱落等瑕疵 2. 第一道环应镀铬，其他环应镀锡、磷化和其他表面处理；锥形环应有安装方向标志 3. 活塞环应涂油后包装，包装盒上应标明制造厂名、型号及零件编号、尺寸代号及留出修口量、数量、包装日期及油封有效期。镀铬环的外包装应标明"镀铬环"字样 4. 验明出厂合格证	1. 活塞环应以中性矿物油密封，对入库的活塞环应注意加查油封封层是否有效，若失效应重新涂刷 2. 活塞环如果生锈，应使用竹片或硬木片沾少许汽油将锈迹刮去，擦净后再涂以中性矿物油。每组环应用蜡纸或塑料薄膜封裹 3. 活塞环应成组存放，不得裸放，原包装上的标注规格和型号注意保留；各种型号、规格的活塞环应分开存放，以免混乱 4. 搬运时不得摔掷和挤压，注意轻取轻放
活塞销	1. 注意活塞销外径的分组记号，发料时注意不同标记颜色的销和活塞成组配对，不可乱发乱装 2. 在抛光面上不得有划痕、黑点、碰痕、麻点等缺陷；销的表面均不得有裂缝、氧化皮等异常 3. 活塞销两端不准有尖角，内孔表面应光滑，无锈迹、杂物等存在 4. 每批活塞销入库时要抽样检查，抽样数不大于2%，抽验时如有一件不符合标准，应加倍抽验，如仍有一件产品不合格，则全部不予验收，并及时向来货单位交涉退货	1. 活塞销应涂防锈油或蜡封，然后再用蜡纸封裹 2. 成组存放于盒内，不同型号、规格的活塞销应分别存放，并在存储盒上做出明显标志，以免混淆 3. 零件应存入通风、干燥的库房。保管正常，出厂一年内不应生锈 4. 搬运时，不得抛掷、碰撞

（续）

汽车配件名称	验收技术要求	保管技术要求
连杆	1. 连杆的全部表面不得有叠缝、裂痕、毛刺、分层、夹渣、氧化皮、腐蚀等缺陷，并应查验出厂合格证 2. 不允许有因坯料未充满锻模而产生的缺陷，并不准焊补修整	1. 连杆应加以油脂封裹防锈 2. 连杆盖与连杆应成对存放，搬运时不得抛掷、撞击，注意保护加工表面不受损伤
连杆轴承	1. 轴承合金层表面应光洁平整，不准有外来夹渣、孔眼、气泡和发黑现象。合金层与钢壳结合牢靠，不得有脱壳现象。用金属棒敲击瓦背，声音应清脆无哑 2. 轴承内表面应光滑平整，不许有裂纹、划痕、碰伤及压伤；轴承各部不得有变形现象；每片轴承均应有尺寸记号的标注 3. 非工作表面镀层均匀，不得有镀瘤、划伤、起皮、腐蚀等现象	1. 轴承应以蜡封防锈，并用蜡纸包裹，成组存放盒中 2. 不同规格的轴承应分别存放，避免混乱。包装盒上应标明厂牌和规格
曲轴	1. 锻造曲轴的非加工部位应保持清洁。无氧化皮、叠缝、分层及裂痕等；允许用凿子或锉刀消除表面缺陷，但剔修深度不得超过1mm 2. 曲轴的加工表面应光洁，不得有碰痕、凹陷、毛刺、黑点、裂纹；曲轴的非工作表面上允许有个别不大的凹陷、划痕和黑点 3. 球铁曲轴不允许有缩孔、疏松、气孔、裂纹、夹渣以及其他影响强度和性能的缺陷；工作表面应光洁；非工作表面允许有个别不影响结构强度的凹陷和划痕 4. 应附有出厂检验合格证，曲轴上应标明制造厂名及机型等	1. 注意防潮、防锈。曲轴的非加工表面应涂以软甘油，加工表面涂凡士林防锈。如有锈蚀，可用竹片或硬木片沾少许汽油将锈迹刮除，并涂上工业用凡士林 2. 各道轴颈的光洁面应着重保护，可用纸或塑料薄膜缠裹，以防碰伤、划痕 3. 储存中应使曲轴保持水平或垂直状态，不得受压。平放时，使用两个木托支撑两头轴颈，另加两个支撑点，支在各距两端为1/4全轴长的主轴颈处为宜，可使曲轴久放而不变形；曲轴垂直放置时应垂直悬挂，重力应全部由端部凸缘承受；垂直放可节约库房面积 4. 曲轴发运时应装箱，搬运中不得翻滚，注意保护各道主轴颈
凸轮轴	1. 各磨光表面应光洁，不得有波纹、碰伤、凹陷、毛刺、黑皮、划痕或裂纹。非工作面上允许修整表面缺陷 2. 非加工面上不应有氧化皮、折痕、疤痕、夹层和裂纹等缺陷 3. 应验明出厂合格证	1. 应涂满防锈油脂，各部位以蜡纸和塑料薄膜缠裹；单盒装存放 2. 搬运时不准碰伤、受压
气门	1. 精加工的杆部圆柱面、端面和头部锥面上不得有碰伤、麻点、锈迹。非加工面上应无氧化皮、凹坑、疤痕、毛刺、裂纹、锈蚀等缺陷 2. 气门杆部和头部应垂直，杆部应挺直，不得有弯曲	气门应用油脂涂封或蜡封防锈，用蜡纸或塑料薄膜包裹后装入盒内
进排气歧管总成	1. 外表不应有裂纹、气孔、缩孔、疏松渣眼、浇不足、破损、飞翅、冷隔、外来夹渣及其他铸造缺陷 2. 加工表面应光洁平整，铸件内部的毛刺、砂型、铁屑等应清理干净 3. 各螺纹孔及其周围不得有孔眼、毛刺及碰痕	1. 进排气管壁薄、质脆，搬运时需要注意轻取轻放，不得摔掷、碰撞和挤压 2. 每个孔眼都用纸团堵塞，以防杂物进入；加工表面应涂以中性矿物油防锈

（续）

汽车配件名称	验收技术要求	保管技术要求
喷油泵	1. 各零件均不应有裂纹、碰痕、疏松及锈蚀等缺陷；精加工零件应光洁，不得有裂纹、烧黑、锈斑、凹陷、划痕、毛刺、锋边等；金属镀层应光亮，无起皮、剥落等瑕疵 2. 拉动调节齿杆时，应灵活无阻，移至刻度终了，应能停止 3. 总成各处均不得有漏油现象；所有进出油口应装上保护盖和塞件等；总成内外各部均不得有污物和碎屑 4. 喷油泵总成应附有合格证，加油铅封，标明型号及制造厂名 5. 冬季验收时应将原包装先移至库内存放 24h 后再开箱。注意验收环境应干燥无尘，并在验收台上铺垫软纸；夏季验收时，不能用手接触精加工部件，防止汗水侵蚀零件	1. 绝对禁止将喷油泵和化学物品、飞扬性物资同存一个库 2. 喷油泵总成应用蜡纸或塑料薄膜裹封，盒装存放于封闭式的材料架上，架中应放入硅胶吸湿 3. 喷油泵总成存放处应距离取暖设备 1m 以外，以防因温度剧变而造成损坏 4. 喷油泵总成部分如防锈油脂干涸失效或被杂物污染，应以过滤的轻油清洗、晾干，再薄涂中性工业用凡士林防锈；维护中不得用手触摸精加工部位 5. 各封闭用堵盖应保持完好，如遗失或失效，应及时补换 6. 搬运时禁止抛掷、碰撞
水箱	1. 不许有压伤、碰伤、裂纹、凹陷及锈蚀等缺陷 2. 各焊接应牢固、可靠、整齐、美观 3. 水管、散热片内外表面应光洁、平顺，不得有凹陷	散热器宜用原包装重叠堆码放置，箱中应衬垫防潮纸；散热器各孔眼应以木塞等堵塞，各突出部件应包扎保护；搬运时不准抛掷、翻滚和撞击
发电机调节器	1. 外壳平整光滑，不准有漆皮脱落、裂纹、碰伤等缺陷 2. 各接线柱及螺钉安装牢固，摇动时不应有脱落零件的撞击声 3. 必要时，打开调节器盖检查，只能在干燥温暖的环境内进行；尽量不要用手	1. 按原包装存入材料架 2. 库房内保持干燥、通风、防潮，温度最好保持在 5～35℃，相对湿度不大于 75%，如相对湿度过高，应通风降潮或放置干燥剂 3. 搬运时不准抛掷、碰撞
起动机	外表应无裂缝、变形、损伤、受潮、霉变、锈蚀；齿轮表面应光洁、无裂纹、锐边、毛刺和锈蚀；弹簧有足够的弹性；起动开关良好、电刷与换向器接触旋转时不应跳动	起动机不能受潮，应放在干燥通风的库房，环境适宜温度为 5～35℃，相对湿度不大于 75%；搬运时不准摔掷、碰撞
离合器片总成	1. 钢片与芯毂连接铆钉及钢片和摩擦片连接的铝铆钉不得松动、裂损 2. 铝铆钉头应低于摩擦片表面 1mm 以上 3. 摩擦片表面平整，不得有翘曲、变形和裂纹等缺陷	离合器片总成应装在干燥的木箱或硬纸箱中存放，注意外露金属板的锈蚀情况，必要时做好养护
变速器总成	1. 变速器壳及盖各部不得有裂纹、夹渣、气孔等缺陷 2. 螺孔及其附近不允许补焊；各轴承孔、变速叉轴孔加工平面应光滑，无毛刺、裂纹；变速器壳前后端面、上下接合面和盖底平面应平整 3. 非加工面应涂防锈漆，内表面应涂耐油漆 4. 各齿轮及轴的表面应光洁，不得有裂纹、锐边、毛刺，工作表面不得允许有锈蚀、凹坑、磁伤和划痕。螺纹部分无碰伤、缺牙等缺陷	轴的花键部分、轴颈可用瓦楞纸和塑料缠裹保护。上架存放搬运时不得摔掷、撞击。如为变速器零件，则应重点保护齿轮、轴及轴承等精加工件不受损伤和锈蚀；如有锈蚀可用铜丝刷沾上汽油，除去锈迹，并进行蜡封

（续）

汽车配件名称	验收技术要求	保管技术要求
主减速器圆锥主、被动齿轮	1. 验收时圆锥主、被动齿轮零件号相符、配对，并有出厂检验合格证。使用时必须成对更换，不准单只领发 2. 齿轮表面应光洁，不允许有裂纹、缝边、毛刺，工作表面不允许有锈蚀、黑皮、凹坑、和伤痕 3. 螺纹部分应无碰痕、缺牙和局部缺损等瑕疵；花键部分应完好	1. 齿轮可用蜡封或油封防锈，外面用蜡纸或塑料薄膜包裹，如发现锈蚀可用铜丝刷沾汽油刷除锈迹，擦净、吹干，再用蜡纸或软甘油密封防锈；搬运时不得抛掷、碰撞 2. 主、被动齿轮应成对存放
轮毂	1. 轮毂上不允许有影响质量和使用性能的裂纹、夹渣、气孔等缺陷 2. 允许用焊补及其他方法对铸件的轻微缺陷如孔眼、疏松、裂纹等做工艺上的合理修理，但不得降低机械性能和使用要求 3. 螺孔及其附近不允许焊补 4. 与轮胎钢圈、半轴凸缘的结合面、轴承座孔端面、与制动鼓结合的凸缘表面应光洁，不准有锈蚀、凹陷、瘤疤、裂纹、缺损等瑕疵 5. 螺纹应光顺，不得有碰痕、缺牙、乱扣和锈蚀 6. 轮毂非配合内表面应涂耐油油漆，非配合外表面应涂防锈漆，防止锈蚀	1. 轮毂配合表面应涂软甘油防锈，运输时可用麻布缠裹，保护其不受损伤 2. 搬运时不得抛掷、碰撞
液压制动总泵	1. 制动泵总成内不允许有杂物存在，各部保证密封 2. 储油室内表面应彻底清除积砂，不允许有裂纹、缩孔、砂眼及非金属夹渣 3. 螺纹不得有缺牙、乱扣、裂纹等缺陷存在	1. 总泵应以油脂封涂加工表面防锈，并用蜡纸封裹 2. 各孔眼要用油纸封堵；搬运时不得抛掷、撞击
气制动阀总成	气制动阀各部不允许有裂纹、疏松、气孔、密集针眼、夹渣等缺陷；摇臂、气阀、管接头等均应完好无损；用手扳动摇臂应有足够的弹力	各个管接头螺孔均要用蜡纸封堵，以保护丝扣和防潮、防尘；制动灯开关、管接头等的突出部位要用塑料布包扎保护，搬运时轻拿轻放，不准抛掷和撞击
空气压缩机	1. 各部位应无裂纹、疏松、缩孔、砂眼、气孔、外来夹渣等缺陷 2. 带轮应完好，轮槽光滑，转动均匀而不摇晃 3. 整个外表面应喷涂银粉漆防锈 4. 用手转动带轮，察听进出气阀是否工作正常，各部不准漏气	1. 空气压缩机的曲轴箱应注入适量的中性矿物油防锈；长期储存时，应定期转动带轮10余转，使各部均能得到润滑（每三个月一次） 2. 各孔眼均用油纸封堵，防止灰尘和潮气等侵入
制动软管	软管外表应光滑，不得有龟裂、发黏、发脆、起层、划伤、发霉等缺陷，应附有出厂检验合格证；金属接头安装要牢固，螺纹应光洁，无毛刺、乱扣等缺陷	置于阴凉干燥处存放，不得与酸碱或油类物质合放一处；可上架存放，但不能受压
转向器总成	转向器不应漏油；转向器壳应完好无裂纹、疏松、密集针眼、缩孔、夹渣等缺陷；转向器表面应无凹陷、裂纹	应加入少量中性矿物油防锈，外部应以蜡纸或塑料薄膜包扎；各孔眼应用木塞封堵，搬运时不得碰撞

（续）

汽车配件名称	验收技术要求	保管技术要求
转向直拉杆臂及转向节臂	1. 螺纹部允许有缺牙、乱扣现象，螺纹端部的轻微伤痕不得多于 2 牙，且不影响螺母正常旋入 2. 各部表面应无裂纹、锋边、毛刺、球头、细齿内花键及其他加工面应光洁，热处理硬度符合要求，锻造面应无折叠、发裂、浮动氧化皮等缺陷 3. 每件产品须经制造厂检验，并附有证明质量合格的文件 4. 检查圆锥孔的锥度，用涂色的锥度塞尺与圆锥孔相研合，轻轻转动塞尺约 180°，取出并观察塞面的着色情况，如着色面积大于总配合面积的 75%，视为合格 5. 应对进货进行抽样检验，抽验数不大于 2%，但不少于 5 件；如抽验一批中有一件不符合标准规定，可加倍抽验，如仍有一件产品不合格，则全部产品不合格	1. 包装时应将外表封油或用防锈油脂涂封，再用油纸包裹，上架封存 2. 产品应存放于通风和干燥的地点，在正常保管条件下，出厂一年内不应发生锈蚀 3. 搬运时不得抛掷、碰撞，以免损伤
油封	1. 牛皮制品各部色泽应均匀一致，质地应既坚韧而又富有弹性，纹理细密，形状周整，不得有花斑、水痕、霉迹、油点、裂纹、划伤、破皮、虫蚀等缺陷 2. 橡胶制品外表面应光滑，富有弹性，质地细腻结实，不得有龟裂、发黏、发脆、麻点、气孔、起层、变形、飞边、流痕、发霉、划伤等缺陷；铁骨架应有适度的弹性，与胶层结合牢固紧密，密封弹簧应完好 3. 工业毛毡制成品，毛毡应质白、密实、抗张力强，无划伤、起层、水痕、霉斑、油点、虫蚀等现象；铁骨架应光洁，无变形、凹陷、裂纹、缺损、划伤、卷边、锈蚀等缺陷；防锈保护层应完好	1. 各种油封应置于阴凉干燥处存放，5 个或 10 个为一组，用蜡纸或塑料薄膜封裹，成卷入架保管 2. 周围环境不得过湿过干（相对湿度保持在 70%~80%），不得与酸碱类及吸湿性物质同放一处 3. 牛皮、毛毡制品可放樟脑丸防虫蛀；橡胶制品应避免受日光直射
汽车仪表	1. 仪表外壳应无裂纹、凹瘪、碰伤、锈蚀、霉斑、水痕等；表盘应洁净，无脱漆、发黄、麻点以及其他影响度数的缺陷 2. 表针应平直，反应灵敏，无卡死现象 3. 各接线柱及接头应完好无锈；漆饰均匀、美观、光洁 4. 各仪表配套使用的传感器均不得有裂纹、凹瘪、穿孔、锈蚀，内装的液、气体不应外泄	1. 各仪表和传感器应用塑料袋套封装盒，上架存放。接头和接线柱镀层表面应涂中性工业凡士林防锈。仪表和传感器应距取暖器 1m 以上，仪表应避免日光直射 2. 搬运时应小心轻放，不许抛掷、撞击和强烈振动
火花塞	1. 火花塞绝缘体上不准有开裂和釉裂；金属零件不允许有毛刺、裂损、伤痕、螺纹缺牙、锈蚀；应进行发黑处理 2. 火花塞的密封性应良好，壳体与绝缘体的压合、中心电极与绝缘体的胶合、侧电极的焊接均应牢固可靠	火花塞金属零件上涂中性工业凡士林防锈；火花塞应用蜡纸包裹，装盒上架存放

（续）

汽车配件名称	验收技术要求	保管技术要求
汽车灯具	1. 各种灯具的油漆涂层外观应光洁平整，光色均匀，无气泡、流痕、擦伤等缺陷 2. 各种灯具的电镀及化学覆盖层应均匀、光滑、色泽光润，不允许有斑点、针孔、起泡、擦伤和剥落等缺陷 3. 反射镜内表面的真空镀铝层应光洁明亮，不允许有影响光学性能的擦伤、斑点、流痕及镀层发花等缺陷 4. 配光镜应清洁透明，无明显影响光学性能的缺陷，不允许有任何碎、裂和缺损等缺陷 5. 密封性好，可以防尘、防锈、防水、防振 6. 有一定的机械强度，焊接和铆接良好，无焊穿、无松动，连接可靠，零件互换性好 7. 绝缘和电接触性能良好	1. 各种灯具应用匣装存放在干燥通风的库房内 2. 搬运时要轻拿轻放，避免撞击、挤压 3. 堆垛不宜过高，防止倒塌

第6章 汽车售后配件配送管理

本章导读

汽车售后配件配送是汽车售后配件物流中的重要环节，汽车售后配件配送工作的好坏直接影响客户满意度和配件企业的经济效益。因此汽车售后配件管理目标就是要以较低的物流成本向客户提供快捷、安全、准时的优质物流配送服务，提高客户满意度。本章将系统阐述汽车售后配件模式，汽车售后配件业务流程，汽车售后配件工作环节及其要求，汽车售后配件中心职能与规划以及汽车售后配件配送合理化策略等问题。

6.1 汽车售后配件配送概述

6.1.1 汽车售后配件配送的概念

汽车售后配件配送是指把汽车售后配件在指定的日期和时间之前，安全准确地送达给最终顾客的运输活动。

应该注意区分配送与运输、配送与送货的不同。

1. 运输与配送的区别

当把企业的物流活动分为节点的活动和环节的活动时，把最终环节的活动称为配送，其他环节的活动称为运输。

汽车制造企业将商品从整车厂经配送中心送到顾客手中时，工厂和配送中心之间的物流活动就是运输。从配送中心到顾客（汽车4S店、汽车配件经销商、汽车维修厂）之间的物流活动就是配送。具体的区别如表6-1所示。

表6-1 配送与运输的区别

项　　目	配　　送	运　　输
线路	从物流中心到终端客户	从工厂仓库到物流中心
运输批量	批量小，品种多	批量大，品种少
运输距离	短距离支线运输	长距离干线运输
评价标准	主要是服务质量	主要是运输效率
附属功能	几乎包括物流所有功能要素	单一

2. 配送与送货的区别

配送是按照客户的订货要求和时间计划，在物流结点（仓库、商店、货运站、物流中心等）进行分拣、加工和配货等作业后，将配好的货物送交收货人的过程，它不同于一般意义上的企业送货工作。具体的区别如表6-2所示。

表6-2　配送与送货的区别

项　目	配　送	送　货
目的	是社会化大生产、专业化分工的产物，是流通领域内物流专业化分工的反映，是物流社会化的必然趋势	是生产企业的一种推销手段，通过送货上门服务，达到提高销售量的目的
内容	客户需要什么送什么，不单是送货，还有分货、配货、配装等项工作	有什么送什么，只能满足客户的部分需要
承担者	是流通企业的专职，要求有现代化的技术装备作保证。要有完善的信息系统，有将分货、配货、送货等活动有机地结合起来的配送中心	由生产企业承担，中转仓库的送货只是一项附带业务
基础	必须以现代的交通工具和经营管理水平作为基础，同时还和订货系统紧密相连，必须依赖现代信息的作用，使配送系统得以建立和完善	没有具体的要求
技术装备	全过程有现代化技术和装备的保证，在规模、水平、效率、速度、质量等方面占有优势	技术装备简单

6.1.2　汽车售后配件配送的特点

1. 及时性

国内大多数维修站、汽配店、经销商、维修厂和4S店等因为自身规模问题和资金流动性要求，对汽车配件的库存都十分有限，一旦配件配送不及时很容易出现缺货现象，这时会导致客户等待时间过长或是无法修理的情况，顾客满意度会下降，并且有时客户会流失到其他店里。所以汽车售后配件配送的及时性在很大程度上决定了维修的及时性和客户满意度。

2. 工作量大

因为售后配件种类繁多，而且规格类型及特性等差异很大，给配送过程中的配件调配实施工作带来了不少困难，如果没有必要的辅助分类方法和工具，必然会造成极大的人工工作量。

3. 准确性

由于售后配件配送的业务量较大，加上不同车型、不同规格和不同需求等特点，极容易把相应的规格和类型混淆，造成错误配送，这样就会增加往复配送成本。

4. 差异性和不确定性

汽车售后配件配送服务的地区倾向性十分明显，重点业务大多集中在经济发达地区。而需求的随机性又使得对配件调度计划的实时性要求很高，并且没有缓冲期来平衡业务计划。

5. 需求的不连续性

在配件入厂物流中，汽车配件的需求是连续的，根据整车厂计划生产整车的数量可以确定各种配件的需求量。而在汽车售后配件的配送过程中，各个需求点对配件的需求是不连续的，可能集中某段时间内的需求量很大，也可能在一段时间内不需要进行配送，间歇性明显，连续性差。

6.1.3　汽车售后配件配送的种类

1. 按配送商品的种类和数量分类

（1）大批量配送。此类配送形式的特点为品种单一或较少，且每种物品的配送量大；配送中心内部的组织工作比较简单，所以配送成本一般较低；由于配送数量大，不必与其他商品配装，可使用整车运输，提高车辆利用率。这种形式多由配送中心直接送达客户。

（2）小批量配送。此类配送的特点为多品种、少批量、多批次；配送作业难度大，技术要求高，使用设备较复杂，配送中心内部必须有严格的作业标准和管理制度。在配送上要按照客户的要求，随时改变配送的配件品种和数量或增加配送次数。这种配送方式是一种高水平、高技术的方式，符合现代"消费多样化""需求多样化"的观念。

2. 按照配送时间和数量分类

（1）定量配送。这种配送方式是将事先协议商定的批量在一个指定的时间范围内送达。由于配送品种和数量相对固定，备货工作相对简单，而且时间没有限制，可以根据托盘、集装箱及车辆的装载能力来有效地选择配送的数量，这样能够有效地利用托盘、集装箱等集装方式，也可做到整车配送，配送的效率较高。这种配送形式适用于库存控制不太严格，有一定的仓储能力，不施行"零库存"或运输线路没有保障的客户。

（2）定时配送。这种配送方式是指按规定的间隔时间进行配送，如数天或数小时一次等，每次配送的品种和数量均可按计划执行，也可按事先商定的联络方式下达配送通知，按客户要求的品种、数量和时间进行配送。这种方式由于时间固定，易于安排工作计划，客户也易于安排接货。但是，由于备货的要求下达较晚，配货、配装难度较大，在要求配送数量变化较大时，也会使配送计划安排出现困难。

定时配送就是按事先双方约定的时间间隔进行配送，每次配送的品种和数量可预先计划，也可以临时根据客户的需求进行调整。在这种方式下双方均易于安排作业计划。对于需求方而言，易于安排接货力量（如人员、设备等）。对于配送方而言，易于安排配送计划，组合多个用户共同配送，易于计划安排车辆和规划路线，从而降低成本。但是也可能由于配送品种和数量的临时性变化，使管理和作业的难度增加。定时配送的具体形式有：

① 按日配送。承诺24小时之内将货物送达的配送方式。这种方式较为广泛，一般上午的配送订货，下午可送达；下午的配送订货，第二天上午到达。这种配送适合于有临时需求的客户。

② 准点配送。按照双方协议时间，准时将货物配送到用户的一种方式。这种方式往往是根据用户的生产节奏，按指定的时间将货送达，比按日更为精密。

③ 快递方式。这是一种能在较短时间内实现送达的配送方式，但不明确送达的具体时间，承诺期限按不同地域会有所变化。

（3）定时定量配送。这种配送方式是指按规定时间和规定的配件品种及数量进行配送。它兼有定时配送和定量配送的特点，服务质量水准较高，管理和作业难度较大，通常针对固定客户进行这项服务。

（4）定时定量定点配送。这种配送方式是指按照确定的周期、确定的商品品种和数量、确定的客户进行配送。这种配送形式一般事先由配送中心与客户签订协议，双方严格按协议执行。它有利于保证重点需要和降低企业库存，这种方式主要适合于重点企业和重点项目。

（5）定时定线路配送。这种配送方式是指在规定的运行路线上，制定配送车辆到达时间表，按运行时间表进行配送，客户可按规定路线及规定时间选择这种配送服务，并在指定的时间到指定的位置接货。采用这种配送方式有利于安排车辆及驾驶人，可以依次对多个用户实行共同配送，无须每次决定货物配装、配送路线、配车计划等问题，因此配送工作组织相对容易，配送成本较低。这种方式适用于配送客户集中的地区。

（6）即时配送。这种配送方式完全按客户提出的时间要求和商品品种、数量要求及时地将配件送达指定的地点。即时配送可以满足用户的临时性急需，对配送速度、时间要求很严。这种方式是以某一天的任务为目标，在充分掌握了当天有需要的客户、需要配件的数量及种类的前提下，及时选择最优的配送路线，安排相应的车辆实行配送。这种方式适合零星配件、临时需要的配件或急需配件的配送。

6.2　汽车售后配件配送模式

6.2.1　总部直接配送模式

总部直接配送模式是国内汽车服务公司早期采取的服务备件配送方式。在汽车服务公司总部设置中央备件仓库，直接配送到每一个服务站，如图 6-1 所示。

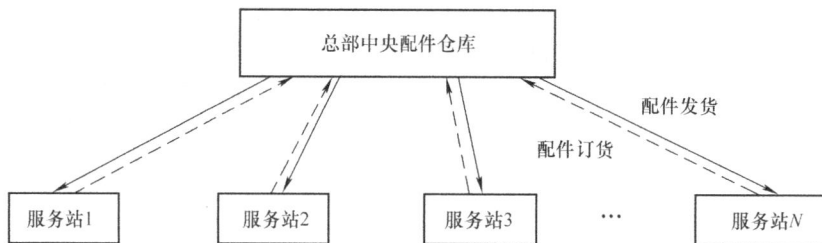

图 6-1　总部直接配送模式

这种方式的优点：中央仓库会储备公司所有类型的配件，对库存集中进行管理，提高了管理效率。由于这种方式不存在公司内部多个仓库重复备货的问题，中央仓库库存量是最为经济有效的。因为没有区域库的重复库存，节省了人员和运作费用，可以有效控制总的库存运作费用。

这种方式的缺点：由于库存集中在一个总库存点存放，其运输到全国各服务站的线路较长，因而每次的配送距离远，运输需要时间长，服务响应速度较慢。若有紧急需求，需要委托加急快递服务，服务成本上升。

6.2.2　总部加分拨中心配送模式

总部直接配送制可以有效控制库存运作成本，但是对客户响应速度较慢。因此，汽车售后配件配送采用了总部加分拨中心配送模式，如图 6-2 所示。

当服务站需要配件而下订单时，由中央仓库接受订单信息，进行验货、理货、打包，然

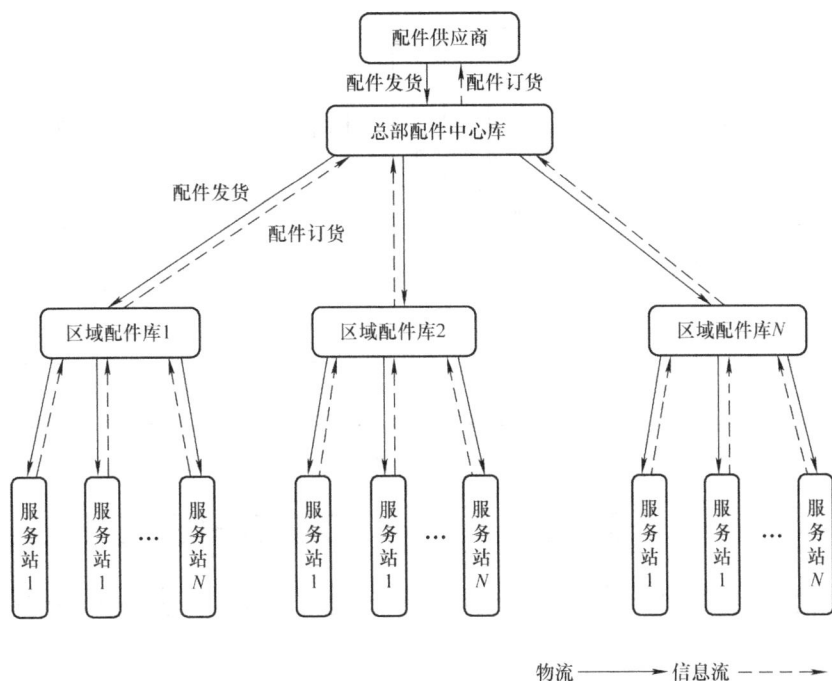

物流 ──────→　信息流 ------→

图 6-2　总部加分拨中心配送模式

后直接配送到各需要配件的服务站。中央仓库会根据各服务站的出货量以及到各服务站的距离选择不同的运输方式，或选择自己的车队，或选择第三方物流公司配送至区域各汽车维修服务站。

　　由于受配送距离与时间限制，整车厂总部除了设立中心配件仓库之外，为了达到对各服务站快速响应的要求，把全国分为几个大区，在每个大区设置一个大区分拨中心配件分库，各大区分库对其区域内的服务站进行短距离配送。

6.3　汽车售后配件配送业务流程

6.3.1　汽车售后配件配送系统

　　随着汽车厂生产规模的不断扩大及市场保有量的不断增加，特约售后服务站的数量日益增加，分布点越来越广。新车型不断增加带来的配件品种的快速增加，客观上要求特约售后服务站能为最终用户及时提供多品种的维修保养配件，只有采取配送才能在不降低服务质量的前提下降低特约售后服务站的库存压力，满足用户的及时需求。汽车售后配件配送系统如图 6-3 所示。

6.3.2　汽车售后配件配送业务流程

　　总体来说，汽车售后配件配送业务流程如图 6-4 所示。

　　总部加分拨中心配送模式下，汽车售后配件的配送业务流程为：

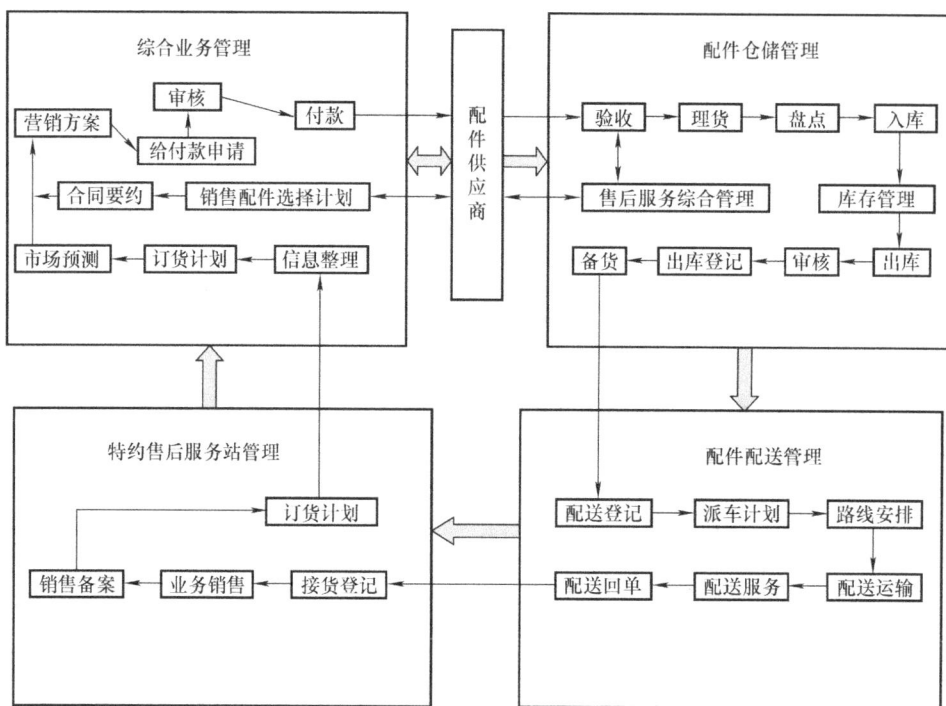

图 6-3　典型的汽车售后配件配送系统流程图

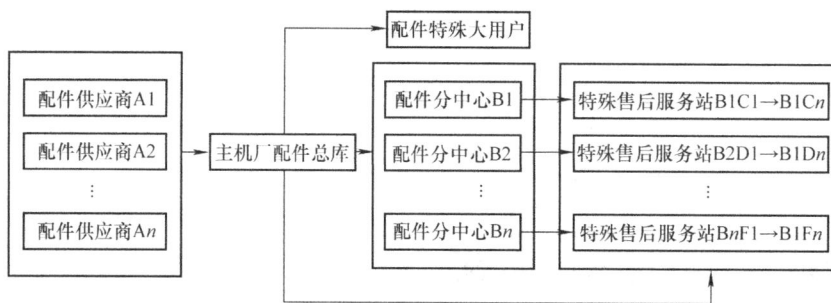

图 6-4　典型的汽车售后配件配送业务流程图

（1）各地特约售后服务站根据市场需求和各自库存情况向本地区配件分库发送配件需求信息。这时，如果大区分库中该类配件库存充足，则将配件发送给相应服务站，如果库存不足，则将各服务站的需求信息汇总，并结合本地库存情况制订需求计划，上报给总部中心库申请发货。

（2）如果公司总部中心库库存充足，则将配件发送给相应大区分库，否则将各大区分库呈报上来的配件需求信息进行汇总，再结合总部库存情况制订配件的最终采购计划。

（3）总部中心仓库将配件供应商送来的配件进行分拣、再包装，根据各大区分库提供的需求信息将配件发送到各大区分库，各大区分库根据各服务站的订单将配件发送给各特约售后服务站。

6.3.3　汽车售后配件配送基本环节

汽车售后配件配送包括三个基本环节：备货、理货、送货。

1. 备货

（1）进货。进货就是组织货源，其方式有两种：

① 订货或购货：表现为配送主体向生产商订购货物，由生产商供货。

② 集货或接货：表现为配送主体收集货物，或者接收客户所订购的货物。

（2）储存货物。储存货物是进货活动的延续，按照客户提出的要求并依据配送计划将购到或收集的各种货物进行检验，然后分门别类地储存在相应的设施或场所中，以备拣选和配货。

在配送活动中，货物储存有两种表现形态：暂存状态和储备形态。暂存状态的储存是按照分拣、配货工序要求，在理货场地储存少量货物，这种形态的货物储存是为了适应"每日配送"和"即时配送"需要而设置的。储备形态的储存是按照一定时期配送活动要求和根据货源的到货情况有计划地确定的，它是使配送持续运作的资源保证。

2. 理货

理货是配送的一项重要内容，也是配送区别于一般送货的重要标志。理货包括货物分拣、配货和包装等几项经济活动。

分拣和配货是同一个工艺流程中的两项有着紧密关系的经济活动。有时，这两项活动是同时进行和同时完成的（如零星配件的分拣和配货）。目前对汽车售后配件的分拣、配货作业采用机械化或半机械化方式操作。

3. 送货

送货是配送活动的核心，也是备货和理货工序的延伸。在送货流程中，包括搬运、配装、运输和交货环节。其作业程序为：搬运→配装→运输→交货。在送货流程中，除了要圆满地完成货物的移交任务，还必须及时进行送货作业。选择合理的运输方式和使用先进的运输工具，对于提高送货质量至关重要。

6.4　汽车售后配件配送中心

6.4.1　配送中心的概念

配送中心是指作为从事配送业务的物流场所和组织，接受汽车生产企业或汽车配件生产企业等供货商多品种、大量的货物，然后按照多家需求者的订货要求，迅速、准确、低成本、高效率地将商品配送到需求场所的物流节点设施。

要注意配送中心与物流中心、配送中心与保管型仓库的区别。

配送中心也可以看作是流通仓库，但决不能看成是保管型仓库，保管型仓库主要是为了商品的储存和保管。物流中心的主要功能是加快商品周转，提高流通效率，满足客户对物流的高度化需求，配送中心是物流中心的一种主要形式。具体的区别如表6-3所示。

表 6-3　配送中心与保管型仓库、物流中心的区别

项　　目	配送中心	保管型仓库	物流中心
服务对象	特定用户	特定用户	面向社会
主要功能	各种配送功能	物资保管	各种物流功能
经营特点	配送为主，储存为辅	库房管理	强大的储存、吞吐能力
配送品种	多品种	—	少品种
配送批量	小批量	—	大批量
辐射范围	辐射范围小	辐射范围小	辐射范围大
保管空间	保管空间与其他功能各占一半	全部为保管空间	—

6.4.2　配送中心的功能

配送中心与传统的仓库、运输不同，传统的仓库只是重视对汽车配件的保管和储存，传统的运输只是提供汽车配件的运送，而配送中心是整个配件供应链的核心，是保证配件供应链正常运作的关键设施。因此它具有以下各项功能。

1. 采购管理功能

配送中心从生产商或供应商那里采购大量的、品种齐全的货物。在执行这项功能时，配送中心需加强对采购信息的收集与分析；与制造商和供应商建立稳定的合作伙伴关系，以避免假冒伪劣商品混入，降低采购集货风险；通过加强商品市场调查了解供需状况，减少因采购不当而造成的库存积压；还要确定采购集货操作时间，以免因采购不及时造成脱销或停产。

2. 存货控制功能

配送中心必须保持一定的存货水平。如果低于合理的库存水平，可能造成缺货，而过高的库存水平则会造成资金占压和物流成本的上升。因此配送中心必须掌握客户信息和供应商信息，在保证供应的前提下，严格控制库存水平。

3. 流通加工功能

物流中心的各种流通加工作业可以改善产品功能、促进销售、提高配送中心的服务品质。流通加工作业主要包括分类、大包装拆箱、改包装、产品组合包装、商标、粘贴标签作业。

4. 分拣配送功能

配送中心要按照客户订单要求对货品进行分拣配货作业，并以最快的速度将货物送达客户。通过货品分拣可以满足客户所需货品配量的品种和数量，通过货品组配，可以减少货物运输距离、减少单位品种订货成本，降低客户订货批量限制，降低客户存货成本。配送中心的分拣配送效率是物流服务质量的集中体现，是配送中心最重要功能。

5. 信息处理功能

配送中心的整个业务活动必须严格按照订货计划、客户订单和库存计划等内容进行操作，而这一过程本身就是信息处理过程。信息的处理具体表现在接受订货、指示发货、确定配送计划、与制造商和客户的衔接等方面。

6. 客户服务功能

从物流的角度来看，客户服务是所有物流活动的产物，客户服务水平是衡量物流系统为

客户创造顾客价值的尺度，决定了企业能否留住现有客户并吸引新客户，它直接影响企业的盈利能力。因此在配送中心的运作中，客户服务是至关重要的一项功能。

6.4.3　配送中心的布局

配送中心通常是依据配件物流进行合理布局，划分为若干个区域，以满足配件中心各项功能的实现。

配送中心一般配置如下工作区：

1. 接货区

该区域完成配件接货及入库前的工作。如接货、卸货、清点、检验、分类等各项准备工作。接货区的主要设施包括装卸货站台、暂存验收检查区域。

2. 储存区

该区域储存或分类储存所进的配件，属于静态区域，进货在此要有一定时间的放置。通常是按照不同车型、不同总成、不同用途、不同大小或按照配件的周转速度分区存放，以优化配件物流。

3. 理货、备货区

该区域进行分货、拣货、配货作业。目的是为送货做准备。一般来说，汽车售后配件是多客户、多品种、少批量、多批次的配送，分货、拣货、配货工作复杂，该区域所占面积较大。

4. 分放、配装区

在这个区域里，按客户需要，将配好的货暂存，等待外运，或根据每位客户的货物状况决定配车方式和配装方式，然后直接装车或运到发货站台装车。

5. 外运发货区

在这个区域里将准备好的货装入外运车辆发出。该区域应该有一定的装卸作业场地。有发货台、外运线路等设施。目前配件的运输方式多采用集装箱运输，因此发货区的设施必须与运输方式相适应，有利于配件的发运，以减少中转和装运的劳动力。

6. 加工区

在该区域内进行分装、包装、混配等各种类型的流通加工。例如汽车配件的配送中心通常设有包装区。包装作业分为收货包装作业和发货包装作业。收货包装是对外协件更换包装的作业。在配件专控模式下，整车厂发出的配件，无论是原厂件还是外协件，一律视为整车厂的原厂出品，整车厂向用户承担产品质量责任，因此对采购的外协件，需要拆除原有包装，进行统一的再包装。发货包装是再次受到发货指令后，根据发货数量进行运输包装作业。

6.4.4　配送中心的业务流程

汽车售后配件配送中心的主要业务流程如图 6-5 所示。

1. 进货作业

配送中心进货作业是进行各项作业的首要环节，这一环节要在对需求者充分调查的基础上进行，它主要包括订货、接货和验货三个环节。

订货是配送中心收到并汇总需求者的订单以后，要确定配送货物的数量，然后了解现有

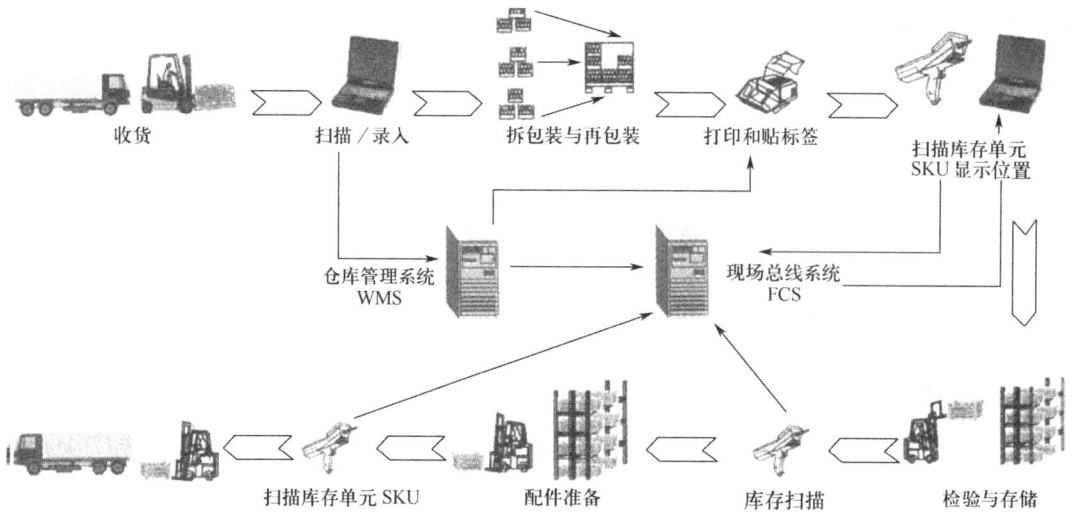

收货　　扫描／录入　　拆包装与再包装　　打印和贴标签　　扫描库存单元
SKU 显示位置

仓库管理系统
WMS

现场总线系统
FCS

扫描库存单元 SKU　　配件准备　　库存扫描　　检验与存储

图 6-5　汽车售后配件配送中心的主要业务流程

库存商品情况，再确定向供应商进货的品种和数量。

供应商根据订单要求的品种和数量组织供货，配送中心要接运到货。

签收送货单后就可以进行货物验收了，在配送中心应由专人对货物进行检查验收，依据合同条款要求和有关质量标准严格把关。

2. 保管作业

对于验收合格的商品，要进行开捆、堆码和上架。配送中心为保证供应，通常都会保持一定数量的商品库存（安全库存），一部分是为了从事正常的配送活动而保有的存货，库存量比较少；另一部分是集中批量采购形成的库存，具有储存的性质；也有供应商存放在配送中心准备随时满足顾客订货的存货。

3. 理货配货作业

理货配货作业是配送中心的核心作业环节，根据不同客户的订单要求，主要进行货物的拣选、配货检验和包装等工作。

拣选是配送中心作业活动中的核心内容。拣选就是按订单或出库单的要求，从储存场所选出物品，并放置在指定地点的作业。拣选作业的方法分为摘果式和播种式两种。

分货就是货物分组，要把集中拣选出来的商品按照店铺和配送车辆、配送路线等分组，分别码放在指定的场所，便于配送中心按照客户的订单要求及时将货物送达到客户手中。在这个环节中要进行配货检验和包装。

配货检验作业是指根据用户信息和车次对拣选物品进行商品号码和数量的核实，以及对产品状态及其品质进行检查。包装作业是指配送中心将需要配送的货物拣取出来后，为便于运输和识别不同用户的货物所进行的重新包装或捆扎，并在包装物上贴上标签。

4. 出货作业

这项作业主要包括确定各物品所要装入的车辆、装车和送货。

确定运输车辆和运输线路后，配送中心要把在同一时间内出货的不同用户的货物组合配装在同一批次的运输车辆上进行运送,这就是配装作业。按后送先装的原则装车,然后按事先设计好的运输路线,把货物最终送达到客户手中。

6.5　汽车售后配件配送合理化

配送是通过现代物流技术的应用来实现商品的集货、储存、分拣和输送的,因此,配送过程集合了多种现代物流技术。建立现代化的高效率配送系统,必须以信息技术和自动化技术等先进技术为手段,以良好的交通设施为基础,不断优化配送方式,实现配送的合理化。

6.5.1　配送合理化的思想

配送活动各种成本之间经常存在此消彼长的关系,配送合理化的一个基本思想就是"均衡"的思想,从配送总成本的角度权衡得失。即使局部不够优化,但是一定要保证整体优化,这样才能够获得配送管理的最大收益。例如对配送费用的分析,均衡的观点是从总配送费用入手,即使某一个环节要求高成本的支出,但是如果其他环节能够降低成本或取得利润,就认为是均衡的。均衡造就合理。

6.5.2　配送合理化的标志

配送合理化与否的判断,是配送决策系统的重要内容。一般来说有七个方面的标志:

1. 库存标志

库存是判断配送合理与否的重要标志。主要包括库存总量和库存周转两个指标。在一个配送系统中,配送中心库存数量加上各用户在实行配送后库存量之和应低于实行配送前各用户库存量之和。由于配送企业的调剂作用,以低库存保持高的供应能力。库存周转一般总是快于原来各企业库存周转。

2. 资金标志

实行配送应有利于资金占用降低及资金运用的科学化。具体判断标志如下:

(1) 资金总量:用于资源筹措所占用的流动资金总量,随储备总量的下降及供应方式的改变必然有一个较大的降低。

(2) 资金周转:从资金运用来讲,由于整个节奏加快,资金充分发挥作用,同样数量的资金,过去需要较长时期才能满足一定供应要求,配送之后,在较短时期内就能达此目的。

(3) 资金投向:实行配送后,资金必然从分散投入改为集中投入,这样才能加强调控作用。

3. 成本和效益标志

总效益、宏观效益、微观效益、资源筹措成本都是判断配送合理化的重要标志。对于不同的配送方式,可以有不同的判断侧重点。例如,配送企业、用户都是各自独立的以利润为中心的企业,不但要看配送的总效益,而且还要看对社会的宏观效益及对这两家企业的微观效益。如果配送是由用户集团自己组织的,配送主要强调保证能力和服务性,那么,效益主要从总效益、宏观效益和用户集团企业的微观效益来判断,不必过多顾及配送企业的微观效益。

4. 供应保证能力标志

配送的重要一点是必须提高对用户的供应保证能力，具体包括三个方面：第一，缺货次数；第二，配送企业集中库存量，即对用户来讲，其库存量所形成的保证供应能力高于配送前单个企业的保证能力程度；第三，即时配送的能力及速度，即用户出现特殊情况的特殊供应保障方式，这一能力必须高于未实行配送前用户紧急进货能力及速度才算合理。

5. 社会运力标志

末端配送是目前运能、运力使用不合理，造成较大浪费的领域，运能和运力的合理使用成为配送合理化的重要标志。运力使用的合理化是依靠对送货运力的规划和整个配送系统流程的合理制定及与社会运输系统合理衔接实现的。

6. 用户企业物流能力标志

实行配送后，各用户库存量，仓库面积，仓库管理人员，用于订货、接货、供应的人员都应该减少。

7. 物流合理化标志

配送必须有利于物流合理化。这可以从以下几个方面判断：

（1）是否降低了物流费用；

（2）是否减少了物流损失；

（3）是否加快了物流速度；

（4）是否发挥了各种物流方式的最优效果；

（5）是否有效衔接了干线运输和末端运输；

（6）是否不增加实际的物流中转次数；

（7）是否采用了先进的技术手段。

6.5.3 配送合理化的措施

1. 推行共同配送

共同配送的实质就是在同一个地区，许多企业在物流运作中相互配合，联合运作，共同进行理货、送货等活动的一种组织形式。共同配送有利于克服不同企业之间的重复配送或交错配送，提高车辆使用效益，减少城市交通拥挤和环境污染，因此，实现共同配送，将带来良好的社会效益和经济效益。

2. 实行区域配送

配送的区域扩大化趋势突破了一个城市的范围，发展为区间、省间，甚至是跨国的更大范围的配送，即配送范围向周边地区、全国乃至全世界辐射。配送区域扩大化趋势将进一步带动国际物流，使配送业务向国际化方向发展。

3. 推行准时配送

准时配送是配送合理化的重要内容。配送只有做到了准时，用户才有资源可以把握，可以放心地实施低库存或零库存，可以有效地安排接货的人力、物力，以追求最高效率的工作。另外，保证供应能力，也取决于准时供应。从国外的经验看，准时供应配送系统是现在许多配送企业追求配送合理化的重要手段。

4. 推行即时配送

即时配送是最终解决用户企业担心供应间断问题、大幅度提高供应保证能力的重要手段。即时配送是配送企业快速反应能力的具体化，是配送企业能力的体现，可以发挥物流系统的综合效益。

5. 实行送取结合

配送企业与用户建立稳定、密切的协作关系，配送企业不仅成了用户的供应代理人，而且承担用户储存据点，甚至成为产品代销人，在配送时，将用户所需的物资送到，再将该用户生产的产品用同一车运回，这种产品也成了配送中心的配送产品之一，或者代存代储，免去了生产企业库存包袱。这种送取结合的组织形式，使运力充分利用，也使配送企业功能有了更大的发挥，从而达到合理化。

6. 实行多种配送方式的优化组合

每一配送方式都有其优点，多种配送方式和手段的最优化组合，将会有效地解决配送过程、配送对象、配送手段的复杂问题，求得配送效益最大化。

6.5.4　汽车售后配件配送合理化策略

许多整车厂在中心区域建立了辐射全国网点的中心库，在各地区设立了配件配送中心来辐射本地区内网点，形成了"配件中心库—地区配件配送中心—销售终端配件仓库"的配件网络。在整个配件网络中，配件配送中心根据对本地区配件需求的预测保持必要的库存以确保经销商的需求。一旦发生需求，订单通过电子网络传送到配送中心，然后委托第三方物流公司快速送到经销商仓库。通过分级管理方式，实现了小批量、多批次的配件供应，从而加速了从供应商到经销商的发运过程，提高了配件业务运转速度，缩短了交货期。

目前，汽车厂商在不断优化物流配送网络时，多采取以下几种合理配送的策略：

1. 分布式优化战略

福特客户服务部门（Ford Customer Service Division，FCSD）负责福特汽车原厂配件的对外供应。FCSD 与 Schneider 物流协作，共同建设了称之为"每天配件优势（Daily Parts Advantage，DPA）"的配件网络，将配件配送给经销商。福特汽车公司以库存分类为手段来满足经销商的不同需要，实施更加灵活和更加快捷的分布式战略。例如，将快速周转的配件的存储地点建在一些战略性的重要区域，而那些周转缓慢的配件的存储地点放在一个或两个中心地点。通过实施分布式优化策略后，FCSD 将配件的供货时间从 3.5 天降低到对于大多数配件可以做到少于 12 小时，经销商的配件进货也从每一周或每两周一次变为每天一次，95% 的客户在进行车辆维修时都无须等待配件，车辆需要隔夜才能修好的比例下降了 72%，客户的满意度提高了 10%。

2. 集中式优化战略

大众汽车美国公司（VolksWagen of America）的配件业务在最近的五年里增加了 1 倍，已经达到了每年 10 亿美元的规模。与福特的做法不同，大众汽车美国公司一直在使用一个只有一个层级的配件配送系统为北美经销商网络供货。该配送网络的提前期为 40 ~ 65 天。为了确保给经销商及时供货，大众汽车美国公司不得不在其 6 家配件配送中心常备 120 天到 150 天的库存。大众汽车美国公司投资了 2 亿美元建起了配件配送系统，基于网络订货系统，实现将不同的配件从德国送往不同的配件配送中心，从而实现了 24 小时的供货周期，将配件供应链成本降低了 30%，将安全库存从 60 天压缩到了 5 天。

————————★ 本 章 小 结 ★————————

汽车售后配件配送是按照客户的订货要求和时间计划，在物流节点（仓库、货运站、物流中心等）进行分拣、加工和配货等作业后，将配好的货物送交收货人的过程。其目的是提供安全、准确、优质服务，达到较低物流成本。从总体上看，配送是由备货、理货和送货三个基本环节组成，其中每个环节又包含着若干项具体的活动。

由于汽车售后配件配送具有及时性、准确性、差异性、不确定性、需求的连续性等特点，所以整车厂和汽车配件企业大都采用总部加分拨中心的配送模式，以保证汽车售后配件准时交货，提高客户满意度。

汽车售后配件的配送中心是售后配件供应链上的重要节点，承担着配件的进货、库存、包装、加工、运输、送货、信息处理等任务，具有采购管理、存货控制、流通加工、货物分拣、货物组配、货物周转、信息处理、客户服务管理、货物储存管理、运输服务管理等功能。配送中心为满足以上各项功能，根据配件物流进行合理布局，利用仓库管理系统（WMS）对配送中心作业流程实施管理。合理配送是体现汽车售后配件服务水平的重要标志，无论是整车厂还是分拨中心都需要通过不断优化配送方式实现汽车售后配件配送合理化。

本章思考题

1. 什么是配送？配送与运输、送货有什么区别？
2. 汽车售后配件配送有哪几个基本环节？其中包括哪些具体工作？
3. 什么是配送中心？它和物流中心、保管型仓库有什么区别？
4. 配送中心有哪些功能？为满足这些功能应该如何布局？
5. 汽车售后配件在配件中心有哪些主要配送作业？
6. 如何判断并推进配送合理化？
7. 简述汽车售后配件配送合理化策略。

本章案例
神户汽车制造公司的一体化供应链配送

1981 年，神户汽车制造公司在美国建立了它的第一个制造工厂，并因此获得比美国汽车制造商低的价格优势。在后来的几年中，神户汽车制造公司的汽车还获得了高质量的良好商誉，远远超过了美国国内汽车制造商的信誉。事实上，在 1988 年神户汽车制造公司制造的星火系列汽车已经成为第一畅销车，因此成为在美国市场上，质量和价格的领先者。到1995 年，神户汽车制造公司在美国已经生产并销售了 50 多万辆汽车，成为第四汽车制造商。

从全球范围看，神户汽车制造公司已经拥有在 40 个国家的 73 个生产点，向全球超过150 个国家的市场供给汽车，并且拥有一个以 50 个国家的市场为基础的供应商网络。这种全球性的复杂供应链，给神户汽车制造公司如何有效地为经销商供给整车和零部件的配送提出了严峻的挑战。

在神户汽车制造公司的全球供应链中存在两种类型的零配件：第一种是原装备的部件

（OEM），由供应商直接传输给生产汽车的制造商，以满足每天的生产需要；第二种是备用部件，由相同的供应商向在北美市场的神户汽车零部件公司进行配送，然后分销给汽车分销商。许多这类零部件（如滤油器）被认为是在二级市场上交易的，在该市场上竞争激烈。其他零部件（如反光镜）是替换零配件，而且只符合神户汽车特定的规格。

神户汽车制造公司目前由位于美国的 15 个仓库为 1300 家经销商构成网络服务，从大约 300 家供应商处接收备用部件，这些供应商大部分也位于美国。然而，有一小部分供应商位于加拿大、墨西哥和日本。

1. 销售配送

神户汽车制造公司的两大事业部子公司 KAMCO 和 KAPCO 都具有复杂的供应链。尤其是 KAPCO 公司，由于零配件的动态需求性质复杂，具有三个层次的供应链网络。在美国辛辛那提的全国性供应点就有 22000 种存货管理单位，用来向以下地点供应存货：在美国洛杉矶和亚特兰大的两个区域性配送中心、汉诺威、宾夕法尼亚州、纽瓦克、新泽西、雪域、纽约、波特兰、缅因州、里士满、弗吉尼亚的五个配送中心。在洛杉矶的区域配送中心负责波特兰、盐湖城和菲尼克斯配送中心的存货；在亚特兰大的配送中心负责达拉斯、芝加哥、堪萨斯市、堪萨斯地区和杰克逊维尔、佛罗里达的存货。

这个经销网络接收来自 300 个供应商的供货，负责向位于北美的 1300 个经销商供货。各个配送中心通过大约 50 个承运人联结起来，这些承运人包括：铁路运输、整车运输一般用于供应点之间的运输，快运、零担运输一般用于向经销商提供进货和出货服务。

要保证 KAMCO 汽车的良好声誉，就必须在经销商这个层次上使用 KAMCO 公司的原部件，因此对经销商的配送必须严格控制，如果配送一旦未能及时到达，经销商就会购买 KAMCO 公司竞争对手的产品。

2. 供应配送

快速获得零部件而不耽误生产对于提高生产效率是至关重要的。大多数供应商都向位于乌尔本、俄亥俄的 KAMCO 公司的工厂实行每日配送，配送量是根据 KAMCO 公司提供的生产计划实行的。然后工厂把这些零部件集中起来存入工厂的临时配送中心，随时向生产第一线配送原部件，以保证生产的顺利进行，工厂只持有一天生产所需的存货量。

KAPCO 公司的周转时间不同于 KAMCO 公司，因为他们的供应商只持有很少或者不持有零部件的存货，这些供应商所需的零部件由原件装配生产商提供，因此 KAPCO 公司向供应商发出的订单又会产生新的订单，即供应商又会向原部件装配生产商发出订单。KAPCO 公司每月发出一次订单，即使供应商的配送及时，这种周转时间还是较长和难以预测的。

延伸阅读
电子商务物流配送

1. 电子商务物流配送的概念和特点

（1）电子商务物流配送的概念

电子商务中的物流配送是指物流配送企业采用网络化的计算机技术和现代化的硬件设备、软件系统以及先进的管理手段，针对社会需求，严格地、守信用地按照用户的订货要求，进行一系列的分类、编配、整理、分工、配货等理货工作，定时、定点、定量地交给没有范围限度的各类用户，满足其对商品的需求，即信息化、现代化、社会化的物流配送。

电子商务物流配送定位于为电子商务的客户提供服务，根据电子商务的特点，对整个物流配送体系实行统一的信息管理和调度，按照用户订货的要求，在物流基地进行理货工作，并将配好的货物送交收货人的一种物流方式。

（2）电子商务物流配送的特点

在传统的物流配送企业中，大量的人从事着简单的重复劳动，劳动的辛苦是普遍存在的。在网络化管理的新型物流配送企业，这些机械的工作都交给了计算机和网络，既减少了生产企业库存，加速了资金周转，提高了物流效率，降低了物流成本，又刺激了社会需求，有利于整个社会的宏观调控，也提高了整个社会的经济效益，有利于促进市场经济的健康发展。

这种新型物流配送除具备传统物流配送的特征外，还具备以下基本特征：

1）信息化。通过网络使物流配送信息化。实行信息化管理是新型物流配送的基本特征，也是实现现代化和社会化的前提保证。

2）网络化。物流网络化有两层含义，一是物流实体网络化，指物流企业、物流设施、交通工具、交通枢纽在地理位置上的合理布局而形成的网络。电子商务的物流配送是根据市场情况和现有的运输条件，确定各种物流设施和配送中心的数量及地点，形成覆盖全国的物流配送网络体系。二是物流信息网络化，指物流企业、制造业、商业企业、客户等通过互联网等现代信息技术连接而成的信息网。

3）现代化。电子商务的物流配送必须使用先进的技术设备为销售提供服务，这些技术包括条码、语音、射频自动识别系统、自动分拣系统、自动存取系统、自动导向、货物自动跟踪系统等。只有采用现代化的配送设施才能提高配送的反应速度，缩短配送的时间。同时，随着生产、销售规模的扩大，物流配送对技术、设备的现代化要求也越来越高。

4）社会化。社会化程度的高低是区别新型物流配送和传统物流配送的一个重要特征。很多传统的物流配送中心往往是某一企业为给本企业或本系统提供物流配送服务而建立起来的，有些配送中心虽然也为社会服务，但同电子商务下的新型物流配送所具备的真正社会性相比，具有很大的局限性。

5）虚拟性。电子商务物流配送的虚拟性来源于网络的虚拟性。通过借助现代计算机技术，配送活动已由过去的实体空间拓展到了虚拟空间，实体配送活动的各种职能和功能都可以在计算机上进行模拟，人们不仅可以看到配送活动图像，而且还可以进行配送的操作演示，通过各种组合方式，寻求配送的合理化，使商品实体的实际配送过程能够达到效率最高、费用最少、距离最短、用时最少。

6）实时性。虚拟性的特性不仅有助于决策者获得高效的决策信息支持，还可以实现配送信息的代码化、数据库化。通过建立信息系统和虚拟配送网络，可以实现对配送活动的全程实时监控，对实体作业人员发送信息指令，并接受作业人员的实时反馈信息和请求，使实体物流配送活动更加高效与合理。

7）个性化。个性化配送是电子商务物流配送的重要特性之一。在电子商务环境下，配送企业能够完全按照客户的不同需求做到一对一的配送服务。个性化的电子商务物流配送服务主要是通过共同筛选技术和神经网络匹配技术来实现的。共同筛选技术可以把不同客户要求的配送习惯、喜好的配送方式等加以比较，从而为每一位客户量身制订配送方案；神经网络匹配技术通过模仿人的大脑程序，识别复杂数据中的隐含模式，使提供配送服务者能够迅速与每一位客户进行有效沟通，从而更好地了解并满足客户所期望的特殊配送服务。

8）增值性。除了传统的分拣、备货、配货、加工、包装、送货等作业以外，电子商务物流配送的功能还向上游延伸到市场调研与预测、采购及订单处理，向下延伸到物流咨询、物流方案的选择和规划、库存控制决策、物流教育与培训等附加功能，从而为客户提供更多具有增值性的物流服务。

2. 电子商务引发物流配送的变革

以网络为基础的电子商务催化着传统物流配送变革。在物流配送的发展历程中出现过三次变革。第一次变革是商家为了改善经营效率，采取将货物直接送到客户手中；第二次变革是伴随着电子商务的出现而对传统物流配送的变革；第三次变革是由于互联网技术的广泛应用对传统物流配送产生的变革。

（1）电子商务环境下企业经营活动

电子商务环境下，网络银行、商务公司和物流公司构成电子商务运作的三大支柱，也是电子商务时代连接生产企业与消费者的三大主体，其运作方式如图 6-6 所示。

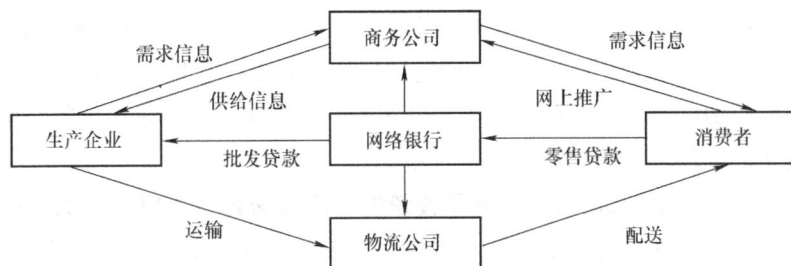

图 6-6　电子商务运作方式

从实际应用来看，无论交易方式和商业模式如何变迁，所有的商品实物从卖方到买方总会发生物理位置的变化，最终还是要通过物流配送来完成。在电子商务环境下，要保证商务活动的顺利进行，除了通过网络传递信息以外，还需要各类物流活动的支持，因此物流配送对整个电子商务系统具有决定性的意义。整个电子商务系统的活动如图 6-7 所示。

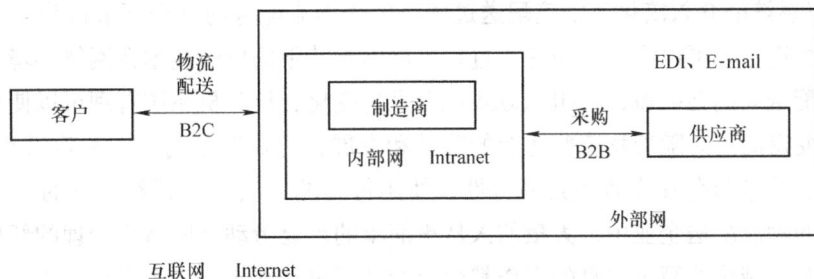

图 6-7　电子商务系统活动示意图

（2）电子商务环境对传统物流配送的影响

电子商务环境下的物流配送是企业采用网络化的计算机技术和现代化的硬件设备、软件系统及先进的管理手段，定时、定点、定量地满足各类客户对商品的需求，是信息化、现代化、社会化的物流配送，如图6-8所示。

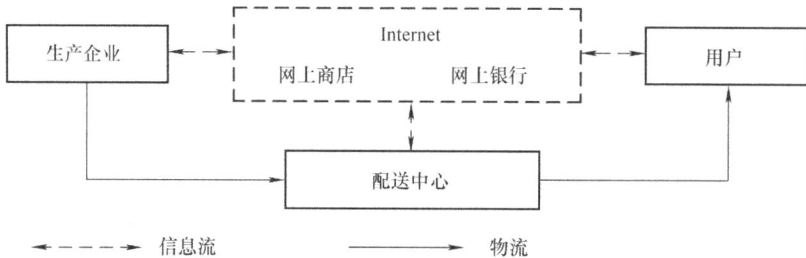

图6-8　电子商务环境下物流配送活动示意图

电子商务的发展带来了商业模式的变革，必然对物流配送产生深远的影响，导致电子商务物流配送在物流配送观念、物流配送过程、物流配送时间、物流配送环节等方面，与传统物流配送存在着明显的差异。电子商务对传统物流配送的影响具体表现在以下几个方面：

1）**颠覆了传统的物流配送观念**。传统的物流配送企业需要置备大面积的仓库，而电子商务系统网络化的虚拟企业将散置在各地的分属不同所有者的仓库通过网络系统连接起来，使之成为"虚拟仓库"，进行统一管理和调配使用，服务半径和货物集散空间都放大了。这样，企业在组织资源的速度、规模、效率和资源的合理配置方面都是传统物流配送无法比拟的，因此在电子商务环境下的物流观念是全新的。

2）**网络对物流配送的实时控制代替了传统的物流配送管理程序**。传统的物流配送过程是由业务流程组成的，受人为因素影响和时间影响很大。网络的应用可以实现过程的实时监控和实时决策。电子商务物流配送的业务流程都由网络系统连接，系统的任何一个神经末端收到一个需求信息，该系统都可在极短的时间内做出反应，并拟订出详细的配送计划，通知各环节开始工作。这一切工作都是由计算机根据人们事先设计好的程序自动完成的。

3）**网络环境下物流配送的持续时间大大缩短**。在传统的物流配送管理中，由于信息交流的限制，完成一个配送任务的时间比较长，随着网络系统的介入，这个时间会变得越来越短，任何一个有关配送的信息和资源都会通过网络管理在几秒钟内传到有关环节。

4）**网络系统的介入简化了物流配送过程**。传统物流配送的整个环节极为复杂，网络化的新型物流配送中心可以大大缩短这一过程。网络支持下的成组技术在网络环境下可被充分使用，物流配送周期会缩短，其组织方式也会发生变化；计算机系统管理可以使整个物流配送管理过程变得简易。随着物流配送业的普及和发展，行业竞争的范围和残酷性大大增加，信息的掌握、信息的有效传播和其易得性，使用传统的方法获得超额利润的可能性越来越小。在传统的物流配送企业中，大量的人从事简单的重复劳动；网络化管理的新型物流配送企业中，这些机械化的简单重复的工作都会交给计算机和网络，大大提高了工作效率。

3. 电子商务物流配送的业务流程

电子商务物流配送流程从货物输入配送中心到货物送达客户手中的整个业务流程都处于信息的监控中，是在信息驱动下开展实体作业。与传统的物流配送活动相比具有更高的效率和服务质量。在一般情况下，电子商务物流配送的实体作业流程都包括进货、储存、分拣、配货、配装、送货等步骤，如图 6-9 所示。

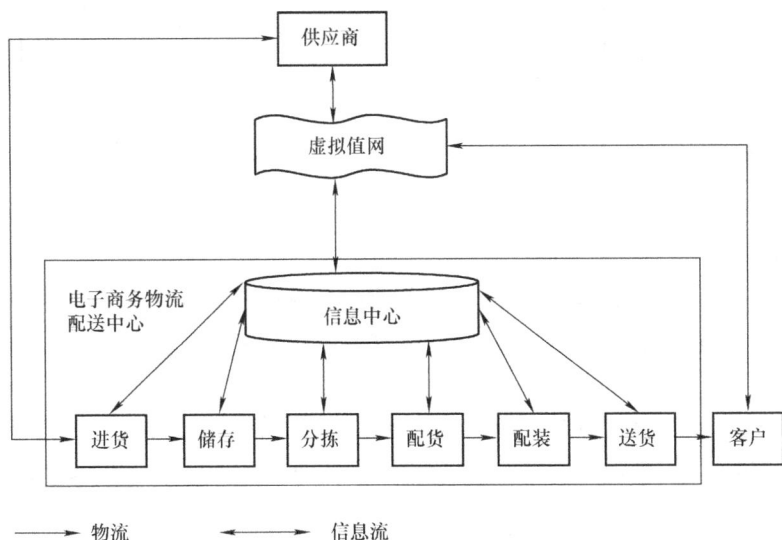

图 6-9　电子商务配送的一般业务流程

（1）进货

进货也称备货，是配送的准备工作，包括筹集货源、订货或购货、集货及有关的质量检验、结算、交接等。备货是决定配送成败的前期工作。如果备货成本高，会大大降低配送的效益。进货作业的具体步骤如图 6-10 所示。

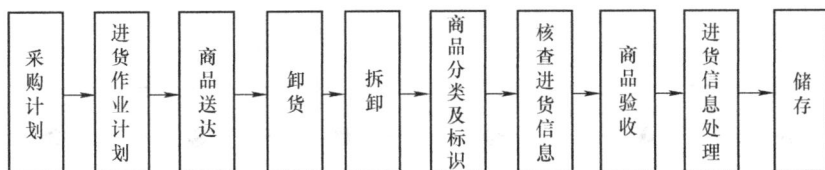

图 6-10　进货业务流程

（2）储存

货物在配送中心有不同程度的停留，包括储备及暂存两种形态。配送储存是按一定时期的配送经营要求，形成对配送的资源保证。这种类型的存货数量极大，结构较为完善，根据货源及到货情况，可以有计划地确定周转储备及安全储备的结构和数量。暂存是执行配送时，按分拣配货要求，在理货场地进行少量存储，待分拣、配货等作业完成后立即转入待发运状态，因此暂存的时间不会很长。

（3）分拣及配货

分拣及配货是完善送货、支持送货的准备性工作。电子商务物流配送中心的分拣及配货多采用自动化、机械化的方式操作。分拣作业的具体步骤如图 6-11 所示。

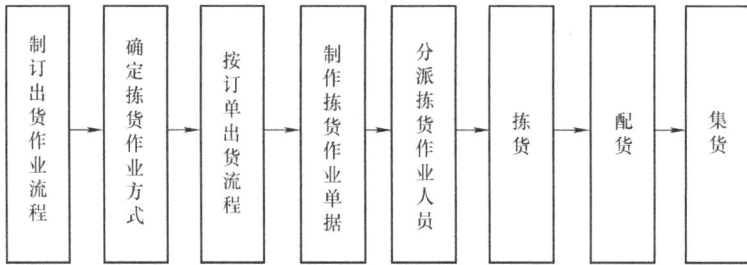

图6-11 分拣业务流程

（4）配装

在单个配送数量达不到车辆的有效运载负荷时，就存在如何集中不同用户的配送货物，进行搭配装载以充分利用运能、运力的问题，这就需要配装。

（5）送货

送货是短距离、小规模的运输形式，是通过运输工具将装好的货物送达目的地的活动。在进行送货作业时，选择合理的运输方式以及运输工具对于提高配送的服务质量、降低作业成本至关重要。

（6）其他作业

除以上一般性作业以外，电子商务物流配送还包括：流通加工作业，这是提高设备设施利用效率、增加客户满意度的重要措施；物流信息处理作业，对上下游客户传递过来的需求信息进行分类、整理、挖掘后，再分别向上下游客户输出；退货处理作业，对于客户的退货进行相关处理作业，如重新发运、拆装、销毁、更换破损等。

4. 电子商务物流配送模式

从物流业务运作主体构成及其来源的角度，电子商务物流配送模式可以分为六种模式，如图6-12所示。

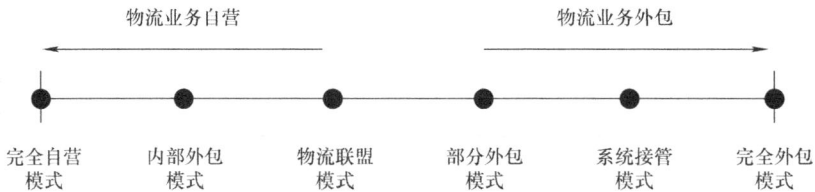

图6-12 电子商务物流配送主要模式

（1）完全自营配送模式

完全自营配送模式是指企业针对自身运营过程中的物流服务需求，设立相应的物流管理运作部门为企业自身提供物流服务的模式，如图6-13所示。

在这种模式下，企业的物流部门一般仅满足企业自身的物流服务需求，不对外提供社会化的物流服务，企业自身的物流需求完全由其物流部门来满足，不存在任何形式的外包。

采用完全自营配送模式的企业，对物流部门有绝对的控制权，风险低，可靠性高。但是，完全自营模式需要企业对物流系统进行大量投资，在企业规模不大，物流服务需求量尚未达到一定水平时，会提高物流成本。

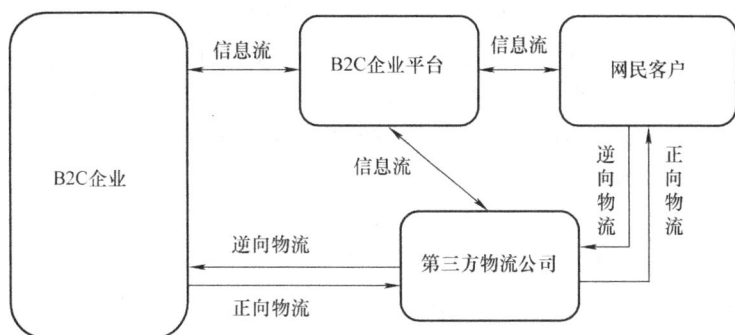

图 6-13　完全自营配送模式

（2）内部外包配送模式

内部外包配送模式是指企业将其物流系统与本企业剥离，在此基础上成立独立的子公司，子公司为母公司提供物流服务的同时对外提供社会化物流服务。

采用内部外包配送模式的企业，对其物流子公司有较高的控制力，风险较低，可靠性高。同时，与完全自营配送模式相比，物流子公司在满足母公司物流需求的同时，又可服务于其他企业，使企业的物流资源投入得到充分利用，降低了运作成本和费用。物流子公司参与社会化的物流服务市场的竞争，还能够增强自身实力，促进服务水平的提升。

（3）物流联盟配送模式

物流联盟配送模式是指两个或两个以上的企业，根据自身需要，按照互惠互利的原则，将物流资源整合，形成共用的物流服务系统，为联盟中的各企业提供物流服务，如图 6-14 所示。

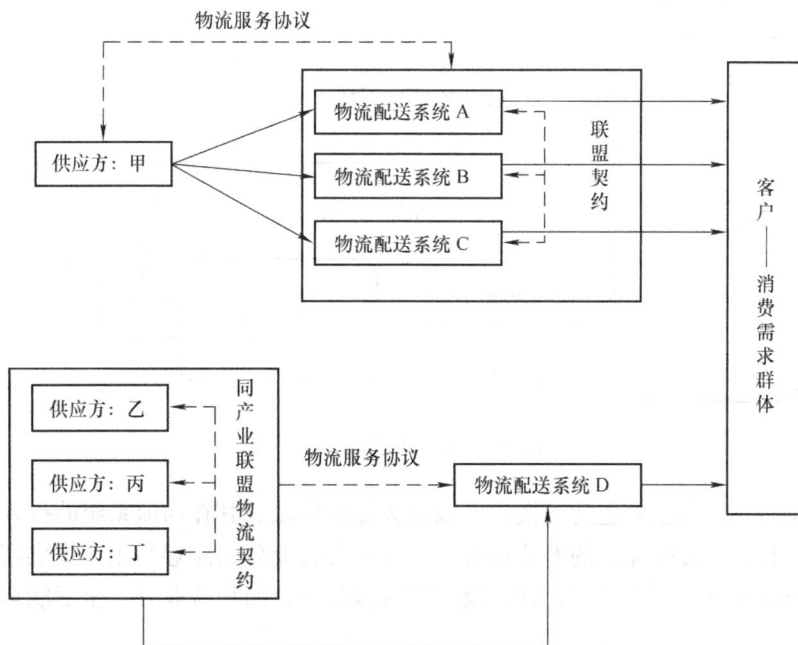

图 6-14　物流联盟配送模式

这种模式的优点是：可以提高企业物流资源的利用率，节省新的物流资源的投入，同时通过资源整合也提高了物流系统的业务能力。这种模式的缺点是：由于物流联盟模式形成的物流服务系统由联盟中的各企业出资组成，因而各企业对物流系统的控制力较低，也增加了管理的复杂度。同时企业还要承担因物流联盟失败带来的风险。

（4）部分外包配送模式

部分外包配送模式是指企业将物流业务中的一部分包给专业的第三方物流公司，其余部分仍由企业自身完成的模式。在这种模式下，企业一般都将其自身较为薄弱的环节进行外包，而将其操作能力较强且为关键的环节由自身独立完成，因而能够扬长避短，通过部分利用外部资金使企业物流系统的整体服务能力得到快速提升。采用部分外包配送模式，企业的大部分物流业务由自己完成，具有较强的控制力。相对于完全自营配送模式而言，该模式能有效利用社会物流资源，减少不必要的资源投入带来的浪费。但是采用部分外包配送的企业对外包出去的物流业务缺乏控制力，出现问题时有可能影响到企业供应和销售。

（5）系统接管配送模式

系统接管配送模式是指企业将其物流系统转卖或承包给专业的物流服务商，由物流服务商接管物流系统，并为企业提供物流服务。在这种模式下，企业能够降低投入、增强战略灵活性、降低企业管理的复杂度。同时，物流服务商能够通过其丰富的物流管理经验，提高物流服务水平，为企业提供优质的物流服务。与单纯的外包配送模式相比，这种模式的物流服务可靠性以及与企业关系的稳定性都比较高，但是企业对物流系统的控制力较弱，风险较高。

（6）完全外包配送模式（第三方物流配送模式）

完全外包配送模式是指企业通过外包的形式，将其物流业务完全交给第三方物流公司进行运作，是最彻底的外包运作模式，如图6-15所示。

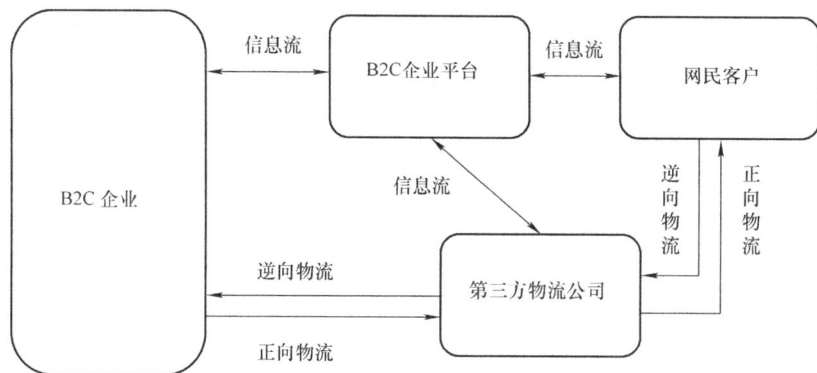

图6-15 第三方物流配送模式

对于企业而言，完全外包配送模式可以最大限度地减少其在物流系统的投入，降低管理的复杂度。同时，通过企业间的专业化分工，第三方物流公司能够为企业提供高水平的物流服务，满足企业的物流服务需求。这种模式的缺点是企业的物流业务完全不能自己掌控，风险最高。

以上六种电子商务物流配送模式各有特点，我们从以下九个方面进行比较分析，如表

6-4 所示。

表6-4　六种电子商务物流配送模式比较

比较内容	完全自营	内部外包	物流联盟	部分外包	系统接管	完全外包
企业参与程度	高	高	中	中	低	低
控制程度	强	强	中	中	弱	弱
管理复杂程度	高	较高	较高	中	低	低
交易成本	低	较低	中	中	高	高
资源投入	多	多	较多	较多	少	无
专业化程度	低	低	中	中	高	高
关系稳定性	高	高	中	中	低	低
服务可靠性	高	高	中	中	低	低
服务能力	低	低	中	中	高	高

【链接】　电子商务配送新模式——第三方物流配送

目前，电子商务更多地采用第三方物流模式实现商品的高效配送。

1. 第三方物流配送的概念

第三方物流配送是指以第三方物流企业为物流主体进行配送业务的物流模式。生产企业通过物流外包，一方面可以借助第三方物流企业的专业水平，提高配送效率，降低配送成本；另一方面可以节约大量资源，集中力量发展核心竞争力。

第三方物流配送一般包括备货、储存、分拣、配货、包装、加工、配送、运输等基本功能要素。第三方物流企业采用集中库存和集中配送的方式，加速企业内部资金周转，提高干线运输能力。根据不同的活动区域，将第三方物流配送主要分为：直接配送模式和存储配送模式，前者是直接把客户需要的物资从企业配送到指定地点，重点针对时效性强的鲜活物资；后者是将货物先存放至配送中心，集中库存，根据客户实际需求来组织共同配送，体现规模效益，减少库存，降低配送成本。

第三方物流配送是建立在信息技术基础之上的一项系统工程。在物流配送过程中，条码技术、电子数据交换、数据库技术、企业资源计划（ERP）等多项技术都得到普遍应用。随着计算机网络技术的普及，为企业建立自己的物流配送网络提供了良好的外在环境，提高了物流系统的服务质量和配送速度，通过建立物流自动化设施（GPS、GIS），对物流信息进行实时采集和在途跟踪，提高了整个物流系统的管理水平。

2. 第三方物流配送企业类型

从行业的来源来分，我国第三方物流配送企业分为以下几类：

（1）以运输为基础的物流公司，主要是由一些综合性运输企业通过利用公司的运输资产，扩展运输功能，提供综合性更强的物流服务。

（2）以仓库和配送业务为基础的物流公司，其以传统的公共或合同仓库业务为基础，介入存货管理、仓储与配送等物流活动。

（3）以国际货运代理为基础的物流公司，一般无大量固定资产，非常独立，但其与许多物流服务提供商有来往，同时对市场和客户端的需求非常敏感，又具备丰富的物流操作和管理经验，因此往往能够为客户提供全方位、多层次的服务。

（4）物流咨询公司，第三方物流公司不仅提供物流操作服务，而且还提供物流战略规划、一体化物流解决方案的服务。

第7章 汽车售后配件销售管理

·本章导读·

　　汽车配件销售是实现汽车配件经营企业利润的关键环节。随着电子商务的发展，基于电子商务的汽车售后配件营销模式逐渐成为汽车配件销售的主导模式，它与传统的营销模式相结合，构成了汽车售后配件销售体系。本章将系统地阐述汽车售后配件销售流程、销售渠道与营销。在"互联网+"的背景下，汽车售后配件销售管理将发生巨大变革。

7.1 汽车售后配件销售概述

7.1.1 汽车售后配件的销售特点

1. 配件销售具有较强的专业技术性

　　现代汽车是融合了多种高新技术的集合体，其每一个零部件都具有严格的型号、规格和工况标准。要在不同型号汽车的成千上万个零件品种中为顾客精确、快速地查找出所需的配件，就必须有高度专业化的人员，并由计算机管理系统作为保障。从业人员既要掌握商品营销知识，又要掌握汽车配件专业知识、汽车材料知识、机械识图知识，学会识别各种汽车配件的车型、规格、性能、用途以及配件的商品检验知识。

2. 配件销售的品种多样化

　　一辆汽车在整个运行周期中，约有3000种零部件存在损坏和更换的可能，所以经营某一个车型的零配件就要涉及许多品种规格的配件。即使同一品种规格的配件，由于国内有许多厂商在生产，其质量、价格差别也很大；甚至还存在假冒伪劣产品，因此要为用户推荐货真价实的配件，也不是一件容易的事。

3. 配件销售要有相当数量的库存支持

　　由于汽车配件经营品种多样化以及汽车故障发生的随机性，经营者要将大部分资金用于库存储备和商品在途资金储备。

4. 配件销售要有配套的服务

　　汽车是许多高新技术和常规技术的载体，经营必须有服务相配套，特别是技术服务至关重要。相对于一般生活用品而言，经营配件更强调售后的技术服务。

5. 配件销售具有一定的季节性

季节给汽车配件销售市场带来了不同的需求。在春雨绵绵的季节里，为适应车辆在雨季行驶，对车上的雨布、各种风窗玻璃、车窗升降器、刮水器、刮水臂及片、挡泥板、驾驶室等部件的需求就特别多。炎热的夏季，因为气温高，发动机机件磨损大，对火花塞、白金（断电触点）、气缸、进排气门、风扇传动带及冷却系部件等的需求特别多。寒冷的冬季，气温低，发动机难起动，需要的蓄电池、预热塞、起动机齿轮、飞轮齿环、防冻液、百叶窗、各种密封件等配件就增多。调查资料显示，汽车配件市场明显的季节需求所带来的销售额，约占总销售额的 30% ~ 40%。

6. 配件销售具有一定的地域性

我国国土辽阔，有山地、高原、平原、乡村、城镇，并且不少地区海拔高度悬殊。这种地理环境，也给汽配销售市场带来地域性的不同需求。在城镇，特别是大、中城市，因人口稠密、物资较多、运输繁忙，汽车起动和停车次数较频繁，机件磨损较大，其所需起动、离合、制动、电气设备等部件的数量就较多，如一般省会城市，其公共汽车公司、运输公司的车辆，所需离合器摩擦片、离合器分离杠杆、前后制动片、起动机齿轮、飞轮齿环等部件一般占上述各系品种总销售额的 40% ~ 50%。在山地高原，因山路多、弯道急、坡度大、颠簸频繁，汽车钢板弹簧就易断、易失去弹性；减振器部件也易坏；变速部件、传动部件易损耗，需要更换的总成件也较多。由此可见，地理环境给汽配销售市场带来非常明显的影响。

7.1.2　汽车售后配件的销售流程

汽车配件销售工作流程如图 7-1 所示。具体实施步骤如下：

1. 接待顾客

接待顾客要注意态度热情，服务周到；能够根据顾客的要求为顾客分析配件的价格、质量和使用等因素。努力做到让顾客感觉到购买的不仅是配件，更获得了优质的服务。

2. 查询有关信息

根据顾客的描述或所带来的废旧配件，通过配件手册或计算机系统查询出所需零件的编号、库存情况、价格等信息。

3. 如果有货，开配件取货单

顾客决定购买后，营业员开出取货单并签字，然后交由仓务员到仓库取件，仓务员提取配件后在取货单上签字，交由营业员和客户确认。注意，此时库存量暂不做修改，因为存在着客户不满意而退回的可能性。

4. 如果无货，按照客户要求订货

如果无库存，销售人员要询问客户是否订货，如果客户同意订货，采购人员要按照客户的要求进行订货，与此同时需要向客户收取一定数额的订金（订金一般为货款的 30% ~ 50%），由收款人员开具订金收据。货到时通知客户持订金收据取货，订金可抵作货款，余款部分由客户补齐，货款核对无误后交货给客户。

7.2　汽车售后配件销售渠道

销售渠道是指产品从生产者向用户转移所经过的一切取得所有权的商业组织和个人。即

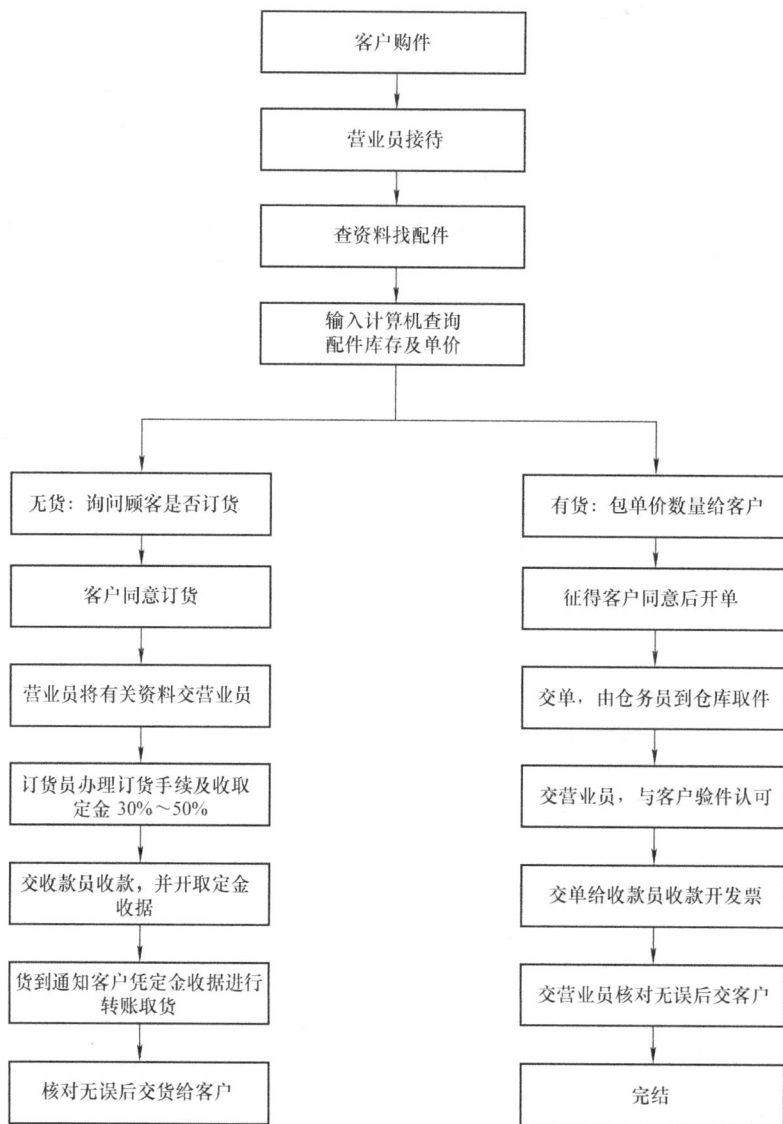

图 7-1　汽车售后配件销售流程

产品由生产者到用户的流通过程中所经历的各个环节连接起来所形成的通道。销售渠道的起点是生产者，终点是用户，中间环节包括各种批发商、零售商、商业服务机构（如经纪人、交易市场等）。

7.2.1　我国汽车售后配件销售渠道

我国汽车售后配件分销渠道模式如图 7-2 所示。

从图 7-2 中可以看出，我国汽车售后配件的分销渠道主要有三类：

（1）通过整车厂特约维修站（4S 店）提供给最终用户。

（2）通过汽车贸易公司将零部件一部分销售给最终用户，一部分销售给零售商（主要是小规模的维修厂、路边维修店和配件经销商），再销售给最终用户。

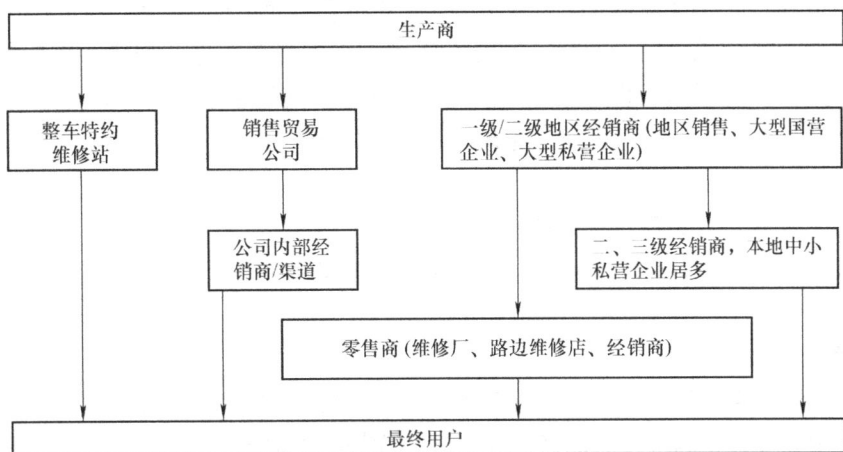

图 7-2　我国汽车售后配件分销渠道模式

（3）通过大型的一级/二级地区经销商将配件销售给下一级的二级/三级经销商和零售商，再销售给最终用户。

大多数汽车配件厂商会在国内重点城市或中心城市设立产品批发商，或与各地有实力的汽车零部件批发商合作，由这些批发商代理销售自己的产品，这是传统的汽车配件销售渠道，目前这种销售渠道仍然占据主流地位。

目前，我国汽车售后配件的销售渠道主要有以下几种形式：

1. 汽车 4S 店市场渠道

汽车 4S 店是汽车售后配件销售的主要渠道。汽车厂家的特约服务站实力较强，服务比较规范，但由于配件主要由汽车厂家供应，因此一直存在价格偏高的情况。目前，很多特约维修站正在逐渐改变自己的进货渠道，转为直接从配件厂商处订货，而且订货量增加很快。

2. 汽配城市场渠道

汽配城是汽车配件销售走向市场经济过程中的产物。现代化的汽配城不仅是一个汽车配件批发、零售的集市，还是集汽车配件销售（商流），汽车配件配送、仓储、展示（物流），汽车配件信息发布（信息流）于一体的商品流通中心。根据对北京市汽配城的调查，汽车维修用的配件 60% 来自汽配城。

3. 汽车维修市场渠道

汽车维修市场渠道有两种形式：传统汽车修理企业和汽车修理连锁企业。由于汽车维修企业直接面对的是待修的汽车，汽车维修企业是配件的重要销售渠道。汽车维修连锁企业是集汽车维修、零部件销售以及快速养护为一体的综合性修理厂。近年来，汽车服务连锁企业在中国发展迅速，例如德国博世、美国 AC 德科等知名汽修连锁品牌都加紧在中国的布局，其中以博世的汽修连锁店网络规模最大，目前全国共有 360 多家连锁店。通过汽车修理连锁企业进行配件销售。

4. 汽车配件连锁市场渠道

汽车配件连锁市场渠道有两种形式：连锁经销商和快修连锁商。汽车发达国家的经验证明，这种市场渠道是最有发展潜力的渠道模式。

根据中国汽配市场的实际情况，乘用车配件更适合专卖店模式。相对而言，商用车配件品种相对较少，4S体系垄断不明显，适合在汽车配件连锁超市进行销售，因为商用车配件品种相对较少，4S体系垄断也不明显。值得注意的是，汽配超市模式需要充足的资金支持，切忌单打独斗，而应该几家一起开，既有竞争，又有合作，让供应商和客户更放心，同时在品种上也能互补。

5. 独立汽车配件经销商市场渠道

目前汽车配件市场上有几十万家大量独立的汽车零部件经销商，遍布全国各地，销售额巨大，是汽车售后配件销售的重要渠道力量。

6. 网络直销市场渠道

汽车配件网络直销是汽车配件的生产企业借助联机网络、计算机通信和数字交互式媒体，不通过中间商，将网络技术的特点和直销的优势巧妙地结合起来进行汽车配件销售。汽车配件网络直销的主要方式有直销企业建立网站、直接网络派送和电子直邮营销。这是一种零级层的分销渠道模式。

根据汽车配件市场的变化和配件产品的特征，将以上六种单一的分销渠道逐步构建成多元化的分销渠道，将分散、无序、小规模的分销渠道逐步改造成为规模化、系统化、严密型的分销渠道。

7.2.2 国外汽车配件销售渠道

1. 日本汽车售后配件分销渠道模式

日本是世界第三大汽车消费市场，日本汽车配件分销渠道模式如图7-3所示。

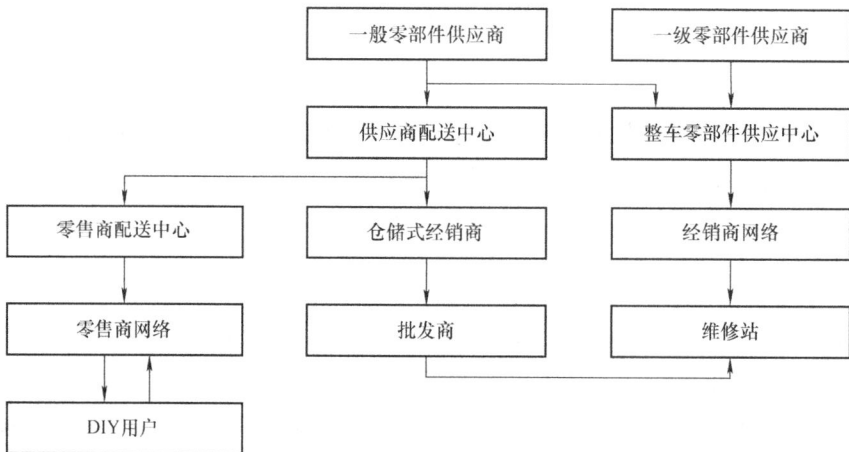

图7-3 日本汽车配件分销渠道模式

从图7-3中可以看出，日本的汽车售后配件的分销渠道主要有四大类：

（1）整车厂渠道。原厂配件由整车厂拥有的配件配送中心到经销商，再到维修站，直至客户。

（2）配件供应商渠道。一般的零配件供应商建立自己的销售渠道，通过供应商配送中心将一部分配件销售给经销商，另一部分配件通过零售网络销售给 DIY 用户。

（3）批发商经销渠道。配件供应商直接通过此渠道将汽车配件销售给维修站。

（4）零售渠道。汽车配件和用品（如汽车电子产品、汽车饰品、各种汽车用添加剂、清洁保养用品）大都通过全国性的汽车用品连锁店销售。加油站也销售汽车用品和各种添加剂。汽车轮胎大部分是在轮胎专卖店销售并代客安装的。

2. 美国汽车售后配件分销渠道

美国是世界第一大汽车消费市场，美国汽车售后配件分销渠道模式如图 7-4 所示。

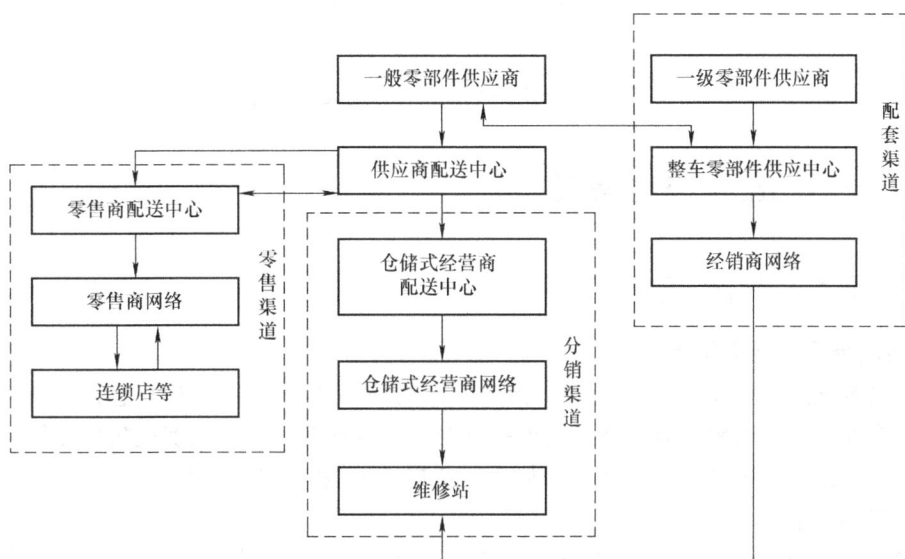

图 7-4　美国汽车售后配件分销渠道模式

从图 7-4 可以看出，美国的汽车配件的分销渠道主要有三大类：

（1）配套市场渠道。主要形式有一级零部件供应商、整车厂商零部件配送中心和经销商网络（4S 经销商）。

（2）分销市场渠道。主要形式有仓储式经销商配送中心、仓储式经销商网络及维修站。

（3）零售市场渠道。包括专卖连锁店、大型折扣店、会员制大卖场、五金行、超市和 DIY 商店等。

3. 欧洲汽车售后配件分销渠道

欧洲是世界第二大汽车消费市场，欧洲汽车售后配件分销渠道模式如图 7-5 所示。

欧洲的汽车配件市场比较有序。其分销渠道以汽车生产企业为中心，形成了一级批发网点、二级批发网点和零售网点，最终到达消费者多层次的营销网络。

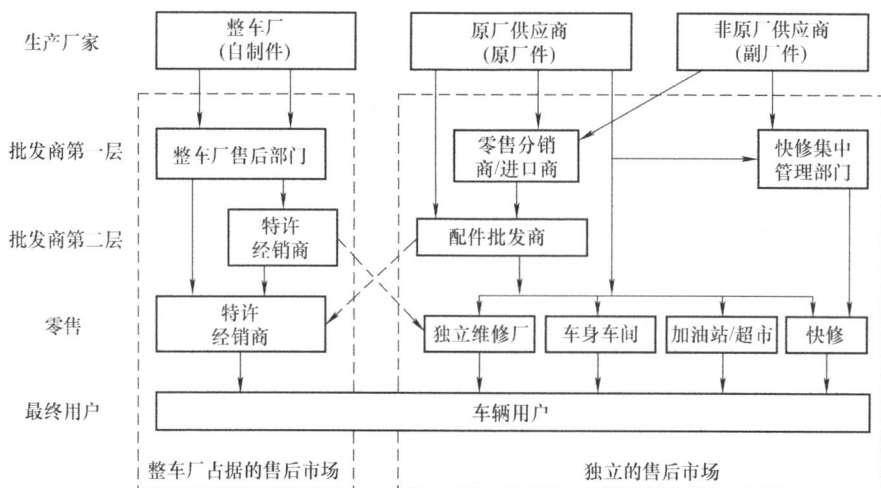

图 7-5 欧洲汽车售后配件分销渠道模式

7.3 汽车售后配件营销模式

7.3.1 汽车售后配件连锁经营

1. 连锁经营的概念和特点

（1）连锁经营的概念。连锁经营是指经营同类商品或服务的若干个企业，以一定的形式组成一个联合体，在整体规划下进行专业化分工，并在分工基础上实施集中化管理，把独立的经营活动组合成整体的规模经营，从而实现规模效益的一种经营模式。

（2）连锁经营的特点

① 连锁经营把分散的经营主体组织起来，具有规模优势（统一化：统一店名店貌；统一广告、信息；统一进货；统一核算；统一库存和统一管理）。

② 连锁经营都要建立统一的配送中心，与生产企业直接挂钩（节省流通费用，降低成本，一般价格能低于同类商店 2% ~5% 的水平）。

③ 连锁经营容易产生定向消费信任或依赖。

④ 消费者在商品质量上可以得到保证（统一管理，统一进货渠道，直接定向供应）。

2. 连锁经营的主要类型

（1）直营连锁经营

1）直营连锁的概念。直营连锁（或称正规连锁，简称 RC），是连锁经营的基本形态。这是连锁企业总部通过独资、控股或兼并等途径开设门店、发展壮大自身实力和规模的一种连锁形式。

连锁企业的所有门店在总部的直接领导下统一经营，总部对各门店实施人、财、物及商流、物流、信息流、资金流等方面的统一管理。即所有的店铺（store）都是由同一经营实体——总公司所有（company owned）。

许多大型国际连锁组织，如美国的沃尔玛和希尔斯公司、瑞典的宜家家居公司、法国的家乐福和百安居公司都属于这种连锁形式。

2）直营连锁的特点

① 必须是同一资本开设门店，这也是直营连锁与特许连锁和自由连锁最大的区别。

② 经营管理高度集中统一。

③ 统一的核算制度。

3）直营连锁的利弊

① 优点：高度集权管理可以统一调度资金，统一经营战略，统一管理人事，统一开发和利用企业整体性资源，具有雄厚的实力，易于同金融机构、生产厂家打交道，可以充分规划企业的发展规模和速度，在新产品开发与推广、信息管理现代化方面也能发挥出整体优势。

② 缺点：由于直营连锁以单一资本向市场辐射，各门店由总部投资，一家家兴建，因而易受资金、人力、时间等方面的影响，发展规模和速度有限。此外，各分店自主权小，利益关系不紧密，其主动性、积极性、创造性难以发挥出来。

（2）自由连锁经营

1）自由连锁的概念。自由连锁经营（或称自由连锁经营业，简称VC），是企业之间为了共同利益结合而成的事业合作体，各成员店是独立法人，具有较高的自主权，只是在部分业务范围内合作经营，已达到共享规模效益的目的。即各店铺资本所有权独立，实行共同进货、协议定价的一种商业横向联合。

2）自由连锁的特点

① 成员店拥有独立的所有权、经营权和核算权。

② 总部与成员店之间的关系是协商与服务的关系。

③ 维系自由连锁经营的经济关系纽带是各成员协商制定的合同。

3）自由连锁的优势

① 门店独立性强、自主权大、利益直接，有利于调动积极性和创造性。

② 连锁系统集中管理指导，有利于提高门店的经营管理水平。

③ 统一进货、统一促销，有利于各门店降低成本，享受规模效益的好处。

因此，自由连锁具有较好的灵活性、转换性和发展潜力，它既具有连锁经营的规模优势，又能保持独立小商店的某些经营特色。

4）自由连锁的弊病

① 自由连锁联结纽带不紧，凝聚力相对较弱。

② 各门店的独立性大，总部集中统一运作的作用受到限制，因而组织不够稳定，发展规模和地域有一定的局限性。

③ 由于过于民主，决策迟缓，相对来说竞争力受到影响。

（3）特许连锁经营

1）特许连锁的概念。特许连锁经营（或称合同连锁、契约连锁、加盟连锁，简称FC），是总部与加盟店之间依靠契约结合起来的一种形式，即以单个店铺经营权的授权为核心的连锁经营。如肯德基、麦当劳都是特许连锁组织的典型代表。

2）特许连锁的特点

① 特许连锁经营的核心是特许权的转让。

② 总部与加盟店之间的关系是通过签订特许合约而形成的纵向关系。

③ 特许连锁经营的所有权是分散的，但经营权高度集中，对外要形成一致形象。

④ 加盟总部提供特许权许可和经营指导,加盟店要为此支付一定费用。

3) 特许连锁的优势。特许连锁经营可以突破资金和时间限制,迅速扩张规模,刺激加盟店主更加积极肯干,有助于事业发展。可以降低经营费用,集中精力提高企业管理水平。

4) 特许连锁的弊病。加盟店有时会有单干的想法,难以控制。个别经营失败的加盟店会连累总部声誉,使总部形象受损。当总部发现加盟者不能胜任时,无法更换加盟者。

3. 汽车售后配件的连锁经营

(1) 美国汽车售后配件连锁经营的发展。连锁经营模式早期在美国诞生,距今已有 100 多年的历史,现在已经发展得非常成熟。在汽车售后服务市场,由于美国高昂的人工成本,在过去相当长的时间内让消费者对汽车后市场望而却步,因此在过去相当长的时间内,DIY(自己动手)模式盛行。近年来随着互联网的发展和 DIFM(Do It For Me,替我动手)模式的兴起,DIY 模式的市场份额迅速被蚕食。伴随的是实体店连锁化进一步加强,连锁服务商的实力快速增加,逐渐形成了以 Advance Auto Parts、AutoZone、NAPA、O'Reilly Automotive 四家企业为第一方阵的连锁服务商。

① Advance Auto Parts(以下简称 AAP)。AAP 成立于 1932 年,1998 年并购了一家名为西部汽车(Western Auto)的汽车配件经销商,进入快速发展期。AAP 以"一年一小购、两年一大购"的速度在汽车配件市场进行并购。2013 年并购了知名的 Carquest,成为北美第一大汽车后市场连锁品牌,截至 2014 年 AAP 的门店有 5372 家。在商业模式方面,AAP 力推 DIFM 模式,使 DIFM 模式收入占比从 2010 年的 34% 迅速提升至 2014 年的 57%。而同期 DIY 模式收入占比则下降至 43%。2014 年 AAP 销售额达到 96.9 亿美元,成为北美最大的汽车配件连锁企业。

② AutoZone。AutoZone 成立于 1979 年,仅次于 AAP,为美国目前第二大汽车后市场配件经销连锁品牌。历史上,AutoZone 创造了多个行业第一,AutoZone 第一个为自己出售的配件制订质量控制计划,第一个为用计算机登记顾客三包信息等。2014 年 AutoZone 销售额达到 94.72 亿美元,拥有接近 5391 家门店,雇员达到 76 000 人。在商业模式上,AutoZone 目前仍以 DIY 模式为主要收入来源,其占比超过 80%。与此同时,AutoZone 也在努力提升 DIFM 模式的收入占比,2014 财年共有 3845 家门店引入了 DIFM 商业模式,占所有门店数的 71%。

③ O'Reilly Automotive(以下简称 ORLY)。ORLY 于 1993 年成为上市公司,与其他几家企业相比,不论在年销售额还是在门店数量上,ORLY 都有明显的差距,它以 72.16 亿美元排名四巨头中的第四位。在商业模式上,DIY 模式同样在 ORLY 的收入中占大头,占比达到 58%,而 DIFM 模式占比为 42%。不过 ORLY 认为 DIFM 是未来的发展趋势,他们将会继续大力提升 DIFM 模式的销售占比。

④ NAPA。NAPA 是"全国汽车配件联盟"的缩写,成立于 1925 年,以经营汽车配件起家的 NAPA 不仅拥有美国最大的汽车维修网络,同时也是这个国家最大的独立汽车配件经销商,在全国各地分布了 65 个汽车配件配送中心、6000 家连锁配件店,其门店数量是四家中最多的(其配件主要来自 Genuine Parts,一家汽车零部件生产企业)。在商业模式上 NAPA 的 DIFM 模式销售占比高达 75%,DIY 模式为 25%。

(2) 我国汽车售后配件连锁经营的发展。我国连锁经营模式是在 20 世纪 80 年代中期开始兴起的,随着连锁经营的迅猛发展,连锁经营已经越来越多地应用到各个行业,包括餐饮、零售等多种服务行业在内的多种连锁经营模式遍地开花。随着我国汽车工业的快速发展,汽配行业不断进行产业整合,汽配流通模式不断创新,我国的汽配市场开始探索连锁经营模式。

1）我国汽车配件连锁经营发展的前提条件

① 通过政策法律规范汽车配件市场。目前我国汽车配件市场鱼龙混杂，假冒伪劣产品较多，消费者无法准确区分优质配件与劣质配件的区别。规范汽车配件市场主要有以下三点：第一，出台汽车零部件质量管理条例，规定汽车零部件必须由汽车质量检测机构认证合格后才能上市，保证汽车配件的质量。第二，建立完善的追溯机制，以保证后续质量的可控性，一旦出现问题，相关零配件立刻召回。第三，建立惩罚机制。对于出现质量问题的汽车配件生产厂家给以严重的处罚，提高企业违法成本。

② 打破汽车经销商在汽车配件市场的技术准垄断地位，增加市场多元化竞争。长期以来，汽车经销商（汽车4S店）垄断着汽车配件市场，不利于市场的全面健康发展。为了给汽车配件市场充分引入竞争，促进其健康发展，2014年交通运输部、国家发改委等10部门联合印发了《关于促进汽车维修业转型升级　提升服务质量的指导意见》（以下简称《指导意见》）。《指导意见》要求，促进汽车维修配件的供应渠道和多渠道流通，打破维修配件的渠道垄断，鼓励原厂配件生产企业向汽车售后市场提供原厂配件和具有自主商标的独立售后配件；允许授权配件经销企业、授权维修企业向非授权维修企业或终端用户转售原厂配件，要保障所有维修企业、车主享有使用同质配件维修汽车的权利，促进汽车维修市场的公平竞争，保障消费者的自主消费选择权。

③ 规范修理厂的运作，提升对汽车维修质量的监管。目前我国的汽车修理行业除了汽车4S店采用的是通过企业认证的维修技师提供专业维修服务外，多数小规模维修企业的维修技师并没有参加过企业的专业培训认证，车辆的维修质量也参差不齐。《指导意见》中指出，从2015年起，所有上市的新车都必须公开维修技术资料，即要求建立实施汽车维修技术信息公开制度，保障所有维修企业平等享有获取汽车生产企业汽车维修技术信息的权利。这样既提高了小型维修企业的维修水平，同时也为汽车维修业建立起相对比较统一的技术标准，为保证车主在非4S店修理厂的修车质量创造了前提。

2）我国汽车配件连锁经营发展情况。随着我国汽车配件市场的不断完善，博世、米其林、德尔福、法雷奥、马瑞利等零部件巨头纷纷在中国进行汽车配件的连锁经营。

博世是德国最大的工业企业之一，从事汽车技术、工业技术和消费品及建筑技术的产业。1886年年仅25岁的罗伯特·博世先生在斯图加特创办公司时，就将公司定位为"精密机械及电气工程的工厂"。总部设在德国南部斯图加特市的博世公司，其员工人数超过23万，遍布50多个国家。博世以其创新尖端的产品及系统解决方案闻名于世。

博世集团于1909年在中国开设了第一家贸易办事处，1926年在上海创建首家汽车售后服务车间。时至今日，集团的所有业务部门均已落户中国：汽车技术、工业技术、消费品和建筑智能化技术。博世在中国已经有37家公司，并在上海设有博世（中国）投资有限公司。1996年，博世在南京成立博世汽车部件（南京）有限公司，投资11亿元，是博世集团汽车售后事业部在中国最大的生产基地。主要从事火花塞的研发、匹配和生产加工。从2013年投产至今已经生产了1亿只火花塞、8000万件制动盘和2.5万台诊断设备，是目前国内各大汽车主机厂的首选。2012年年底，博世在北京开设了第一家博世汽车专业维修直营店；2013年3月，博世汽车技术服务（北京）有限公司正式成立；2013年9月，博世在成都开设了第二家博世汽车专业维修直营店，以壮大博世在中国内陆地区汽车售后维修业务的影响力；2014年10月，博世汽车技术服务（北京）有限公司取得了开展加盟业务的许可；2014 年 11 月 3 日，博世正式在华启动博世汽车专业维修特许加盟业务；2015 年博世在上海和广州设立博世车联直营店。博世未来的规划是发展博世车联的加盟店，30% 左右的配件产品由自己供应。在未来三年内，博世将发展超过 1000 家特许加盟店。

博世向博世车联特许加盟商提供配件、汽修等全方位的服务与支持，确保全国范围内的汽车用户享受到统一的高标准汽车服务。据悉，为更好地切入汽车后市场，早几年博世就收购了百斯巴特、金德、诗琴、斯必克等汽车诊断及维修用品公司。在 2012 年年底收购斯必克汽车服务方案业务时，博世将该公司业务与博世汽车诊断业务合并，成立了全新的"汽车服务方案"业务单元。

米其林驰加成为在我国第一个突破 1000 家的汽配连锁企业。截至 2014 年 5 月，驰加汽车服务中心达到 1000 家，分布超过 230 个城市。意大利零部件集团马瑞利旗下快修连锁品牌"捷驶星"也以连锁经营模式进入了中国汽车服务市场，其目标是 2016 年有望达到 5000 家加盟店。

7.3.2　汽车售后配件网络营销

1. 网络营销的概念和特征

（1）网络营销的概念。网络营销（On-line Marketing 或 Cybermarketing），全称是网络直复营销，属于直复营销的一种形式，是企业营销实践与现代信息通信技术、计算机网络技术相结合的产物。网络营销是指企业以电子信息技术为基础，以计算机网络为媒介和手段而进行的各种营销活动（包括网络调研、网络新产品开发、网络促销、网络分销、网络服务等）的总称。

网络营销是现代社会电子商务的一部分，随着互联网诞生及电子商务的繁荣，人们的工作及生活方式在不断改变，消费者的消费方式更是发生了翻天覆地的变化，越来越多的人选择网络购物替代传统的购物方式。

（2）网络营销的特征。与传统商务销售方式相比，电子商务的网络营销具有以下特征：

① 网络销售具有市场全球化的特点。以因特网为媒介的网络销售，无论你在全球何处上网，都可能成为上网企业的客户。

② 网络销售交易快捷。电子商务能在世界各地瞬间完成信息传递与计算机自动处理，而且无须人员干预，加快了交易速度。

③ 网络销售交易虚拟化。以互联网为代表的计算机互联网络进行的贸易，双方从开始洽谈、签约到订货、支付等，无须当面进行，均通过计算机互联网络完成，整个交易完全虚拟化。

④ 网络销售成本低廉化。由于通过网络进行商务活动，信息成本低，足不出户，不仅节省交通费，同时减少了中介费用，因此整个活动成本大大降低。

⑤ 网络销售交易连续化。国际互联网的网页，可以实现 24 小时的服务。任何人都可以在任何时候在网上查询企业信息，寻找问题的答案。企业的网址成为永久性的地址，为全球的用户提供不间断的信息源。

2. 网络营销的模式

网络销售的模式主要有以下几种。

（1）网店经营模式——B2C（Business to Customer）。B2C 模式的主要目标是利用网络技术缩短企业与顾客的距离，它是向消费者直接销售产品或提供服务的经营模式。B2C 运营模式如图 7-6 所示。

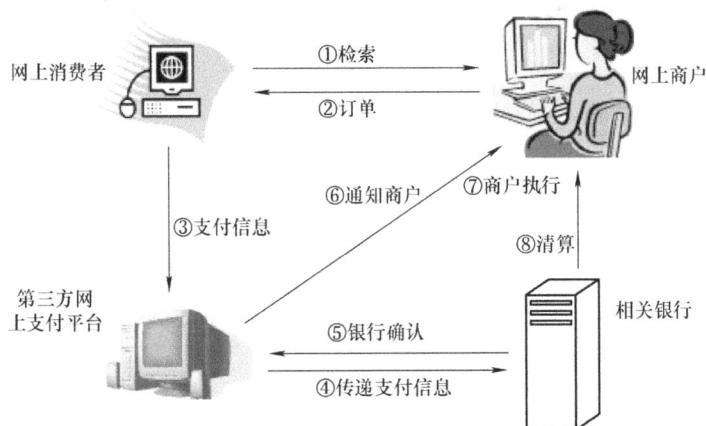

图 7-6　B2C 运营模式

B2C 模式可以分为两大部分：第一部分是消费者可以接触到的部分——在线商店的前台部分，即顾客在电子商店中选择商品，通过购物车核对所购物品的品种和数量，下电子订单，进行电子支付，选择付款方式和送货方式等一系列过程。第二部分是在线商店的后台管理部分，包括网站的维护与更新、客户关系管理、订单管理、电子支付平台、库存管理和商品配送系统等部分。

（2）企业间网络营销模式——B2B（Business to Business）模式。B2B 是指企业之间的电子商务，即企业与企业之间通过互联网进行产品、服务和信息的交换。即进行电子商务的供需双方，使用因特网的技术或各种网络商务平台完成交易。B2B 运营模式如图7-7 所示。

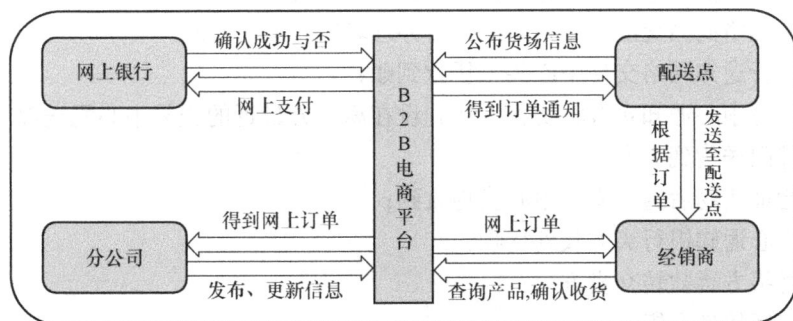

图 7-7　B2B 运营模式

B2B 是利用网络营销平台将企业的上下游产业紧密地整合在一起，即将原料供应商、产品经销商、运输商、往来银行甚至海关连成一体，实行网络的交易与管理，有效地加快了信息的流通速度，减少了中间流通环节，缩短了供货周期，降低了经营成本，提高了运营的效率和经济效益。

（3）中立交易平台模式。中立交易平台模式是众多电子商城广泛使用的一种模式。电子商城属于一种完全的电子商务企业，它既不生产产品，也不购买产品，只是为其他企业提供一个电子交易的平台，通过扩大电子商城的知名度吸引消费者到商城购物，通过招商吸引商家进驻商城，向进驻商城的商家收取服务费从而实现盈利。中立交易平台运营模式如图7-8 所示。

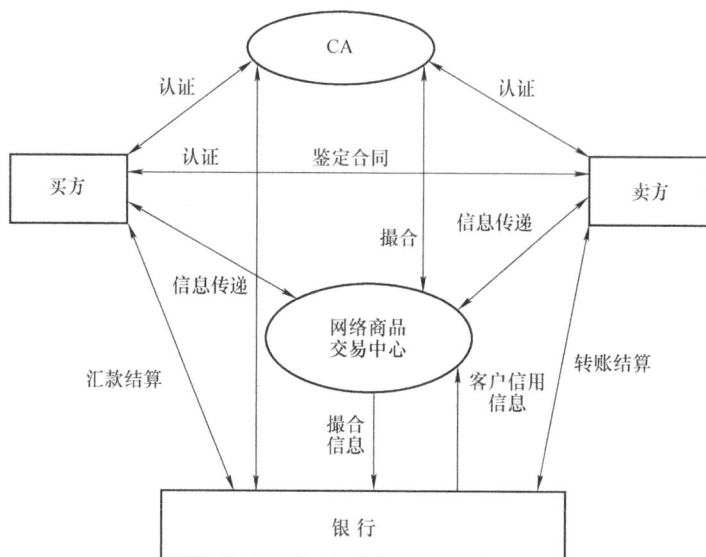

图 7-8　中立交易平台运营模式

中立交易平台运营流程如下：
- 买卖双方将各自供需信息传递给网络商品交易中心；
- 买卖双方根据信息选择贸易伙伴；
- 网络商品交易中心从中撮合，促使买卖双方签订合同；
- 买方在网络商品交易中心指定的银行办理转账付款手续；
- 指定银行通知网络交易中心买方货款到账；
- 商品交易中心通知卖方将货物发送到设在离买方最近的交易中心配送部门；
- 配送部门送货到买方；
- 买方验证货物后通知交易中心货物收到；
- 交易中心通知银行买方收到货物；
- 银行将买方货款转交卖方；
- 卖方将回执送交银行；
- 银行将回执交买方。

中立交易平台模式的优点是将分散的电子零售店集中起来，为招商企业提供统一的电子结算渠道、物流配送系统及其他配套服务，实现规模经济；具有为消费者提供信息集成的综合优势，减少了消费者搜索信息的成本，从而增加了商城的访问量，增强了品牌形象和知名度。

3. 汽车售后配件网络营销

随着我国汽车零部件生产制造厂商的增加，汽车零部件线下市场已逐渐趋于饱和，基于电子商务的网络营销逐渐成为汽车零部件生产制造企业发展新模式。

（1）汽车售后配件网络营销的优势

① 对于汽车配件生产企业来说，互联网可以更方便地收集顾客购买汽车配件过程中所提的各种问题，并及时将这些信息反馈给汽车配件生产企业。生产企业可以据此分析出顾客的购买意愿，从而尽早生产出符合市场需求的汽车配件。这样既节约了时间和费用，又抢得了市场先机。利用互联网的信息和便捷服务，生产企业可以及时得知配件销售商的库存情况和销售情况，从而调整自己的生产和汽车配件调配计划。

② 汽车配件销售商减少了库存，加快了资金流通，获得了较满意的收益。以前，销售商所经销的汽车配件中总有一部分畅销，而另一部分滞销。滞销部分占用资金所引起的费用就要分摊到卖出去的汽车配件上。通过互联网，生产企业和销售商都可以及时避免生产和销售市场销售不好的汽车配件。

③ 对于消费者来说，通过互联网可以了解汽车配件的产品特性、价格等信息，对所卖配件进行充分的比较，像"点菜"似的随意选取自己所需要的汽车配件，增加了汽车配件信息对用户的透明度。

（2）汽车售后配件网络营销模式。鉴于第三方平台的客户群体比较大，汽车配件的网络销售多数是借助第三方平台实现的。汽车售后配件网络化经营模式主要包括 B2B 和 B2C 两种。

① 汽车配件 B2B 模式主要是汽车配件厂家或者汽车配件的经销商将配件通过网络平台销售给汽车修理厂（或者其他需要购买配件的组织机构）。网站平台整合了汽配流通链条上的生产厂家、经销商和修理厂。平台上的各商家可以在线获得行业商情，通过站内精确搜索，实现供应和采购信息快速匹配，在线完成产品的发布和采购。

② 汽车配件 B2C 模式是汽车配件厂家或经销商通过平台网络直接将汽车配件销售给各车主，用来满足车主个人的维修保养需求。中国汽车消费者无论是商用车车主还是乘用车车主，都不具备自己进行配件更换的能力，尤其对于需要安装技术的汽车配件，车主只能到维修厂进行安装、更换，这就造成汽车配件 B2C 模式仅限于汽车装饰品及轮胎等极少品类的配件。

目前京东商城是国内较大的电子商务网站。京东具备了 9660 万日活跃用户、强大的自建物流体系、业界现金的整合营销能力以及覆盖企业价值链的信息系统。近年来京东商城开展了汽车配件的销售业务。

京东商城针对汽车类商品有三种经营模式，以消费者无法自行安装的汽车轮胎为例。

第一种，依托自身的渠道、仓储和物流实力，直接售卖自营商品。供应商将轮胎送至京东商城的仓库，消费者下单后，京东商城将轮胎送货到家，客户自行带着轮胎到线下店安装。

第二种，消费者下单后，供应商将对应轮胎商品送到客户家里，顾客再带着轮胎到店里安装，这是非自营类商品的销售模式。

第三种，售卖轮胎安装卡，目前，京东商城针对北京区域实现了将轮胎安装卡送到客户手中，客户凭轮胎安装卡到店安装轮胎。

第一种模式和第二种模式是传统的电商模式，第三种经营模式是一种 O2O 模式，京东商城只是提供一个电商平台，它所起到的作用是将线上的商机转化至线下，消费者只需要在线上下单付款，再到线下合作店完成对应的服务。在这个消费过程中，实际的商品并不经过京东和消费者，消费者需要完成订单后，到线下合作店获取最终商品并享受对应的服务。

7.3.3 基于 O2O 模式的汽车售后配件营销模式

1. O2O 模式概述

（1）O2O 模式的概念。O2O 商业模式是一种新诞生的电子商务模式，是由 TrialPay 创始人兼 CEO Alex Rampell 提出的。"O2O"是"Online To Offline"的简写，即"线上到线下"，O2O 商业模式的核心就是把线上的消费者带到现实的商店中去，在线支付购买线上的商品和服务，再到线下去享受服务。

O2O 是企业在品牌和用户定位的基础上，融合线上和线下全渠道、全接触点，利用社交媒体、移动互联、物联网和大数据等技术，推动大会员社区化和内部资源电子化，随时随地为消费者提供极致和闭环的用户体验，有效提升品牌社会资本，实现消费者与品牌之间的信任连接的一种商业设计。

（2）O2O 模式的应用。O2O 商业模式分为两个层面，即"Offline To Online"（"线下到线上"）和"Online To Offline"（"线上到线下"），在不同的运营时期运用不同的 O2O 模式。

① "Offline To Online"（"线下到线上"）的运用。企业可以在推广与营销阶段采取"线下到线上"，可以利用自身线下的优势，把线下的用户群体带到线上来发展，对用户进行合理规划，还要保证线下活动与线上推广相互映射，从而达到推广与营销的最大化，引导客户体验网上生活，优化用户群体。

② "Online To Offline"（"线上到线下"）的运用。企业在销售阶段，可以采用一些价格策略，积极鼓励用户在线上支付，这时候就是"线上到线下"。而此时企业可以通过用户的支付信息对用户个性化进行深入挖掘，掌握这些用户数据，可以大大提升对老用户的维护与营销效果。通过分析，还可以提供发现新用户的线索，预判甚至控制用户流量，进而分析用户特征和来源，重新组织合理的推广和营销。

无论是哪一种商业模式的运用，都要根据自己企业的特征、地域性的差异和生活化的程度去合理地运用，而不是一成不变的，找到适合企业的方式才是最重要的，而在寻找的过程中一定会遇到很多问题，如何去化险为夷，这些都需要企业去考虑。总之没有一个万能的模式，需要不断地去创新。

（3）O2O 模式的优势。O2O 模式的优势在于把网上和网下的优势完美结合起来。通过网络导购，把互联网与地面店完美对接，实现互联网落地。让消费者在享受线上优惠价格的同时，又可享受线下的服务。同时，O2O 模式还可实现不同商家的联盟。O2O 模式的优势主要有以下几点：

① O2O 模式充分利用了互联网跨地域、无边界、海量信息、海量用户的优势，同时充分挖掘线下资源，进而促成线上用户与线下商品与服务的交易，团购就是 O2O 的典型代表。

② O2O 模式可以对商家的营销效果进行直观的统计和追踪评估，规避了传统营销模式推广效果的不可预测性，O2O 将线上订单和线下消费结合，所有的消费行为均可以准确统计，进而吸引更多的商家进来，为消费者提供更多优质的产品和服务。

③ O2O 在服务业中具有优势，价格便宜，购买方便，且能及时获知折扣信息等。

④ 将拓宽电子商务的发展方向，由规模化走向多元化。

整体来看，O2O 模式将会达成"三赢"的效果，对本地商家来说，O2O 模式要求消费者网站支付，支付信息会成为商家了解消费者购物信息的渠道，方便商家对消费者购买数据的搜集，进而达到精准营销的目的，更好地维护并拓展客户。通过线上资源增加的顾客并不会给商家带来太多的成本，反而会带来更多利润。此外，O2O 模式在一定程度上降低了商家对店铺地理位置的依赖，减少了租金方面的支出。对消费者而言，O2O 提供丰富、全面、及时的商家折扣信息，能够快捷筛选并订购适宜的商品或服务，且价格实惠。对服务提供商来说，O2O 模式可带来大规模高黏度的消费者，进而争取到更多的商家资源。掌握庞大的消费者数据资源，且本地化程度较高的垂直网站借助 O2O 模式，还能为商家提供其他增值服务。

（4）O2O 模式与 B2C 模式比较

1）O2O 模式与 B2C 模式的相同点

① 消费者与商家的信息交换媒介均是网络（包括移动互联网）；

② 主流程是闭合的，都是网上实现信息流和资金流的流动，如网上支付、客户服务等；

③ 需求预测管理在后台，供应链管理是 O2O 和 B2C 成功的核心。

2）O2O 模式与 B2C 模式的不同点

① O2O 更侧重服务性消费（包括餐饮、电影、美容、旅游、健身、汽车保养、租房等），侧重消费者的服务体验；B2C 更侧重所购商品的性价比（实物商品，如电器、服饰等）；

② O2O 的消费者到现场获得服务，涉及客流；B2C 的消费者待在办公室或家里，等货上门，涉及物流；

③ O2O 中库存是服务，B2C 中库存是商品；

④ O2O 服务是本地化的，B2C 主要面临的是全网络的产品销售。

2. 基于 O2O 模式的汽车配件营销模式

（1）基于 O2O 模式进行汽车配件销售的可行性。目前，汽车零部件线上销售的主要客户群体主要分为两类：一类是汽车租赁公司等拥有大批车队的企业客户；另一类是喜欢自己动手修车、改装车以及经常购买汽车饰品的个人车主客户。对于汽车租赁公司、驾校等企业客户来说更倾向于到修理厂或实体经销商门店进行维修保养。对于个人车主而言，中国的汽车消费者们 DIY 的能力显然不及国外消费者，因此对于汽车配件电子商务模式的选择，更加适合的是 O2O 模式，即线上购买，线下安装。

（2）基于 O2O 模式的汽车配件销售方式

① 车企和供应商采取直营的销售模式。即企业通过网络销售平台销售汽车配件，同时配合线下统一的安装门店为客户提供后续服务。

线上直营为处于价值链顶端的车企和供应商在分销渠道的设立上提供了更多的灵活性。直营电商在西方汽车后市场也占据了相当的销售份额，如美国固特异轮胎有限公司已经开辟了自己的线上销售渠道，顾客只要登录其官方在线商店即可选购中意的商品，而各地经销商只负责商品的供应和配送，不参与资金结算、顾客接洽等环节。如果品牌厂商拥有自己的安装养护门店，消费者甚至可以凭借网上的订单直接到店进行安装养护。德国的博世公司在天猫商城开展网上直营，成交额已经达到约 900 万美元。

② 配件供应商（保养配件、维修配件、汽车用品等）联合汽车售后服务店与垂直网站合作销售的模式。成熟的垂直网站拥有大量的需求迫切的消费者。以汽车保养为例，消费者在车辆需要保养时，通过登录相关的汽车保养网站，选择对应车型（结合车辆行驶里程和使用年限），直接购买相关保养产品，一站式选择汽车配件和相关服务。而后，车主可以直接将车开到相关评价较好的服务店进行保养。目前，这样的网站主要以垂直电子商务形式为主，网站将汽车的常规保养、中保养、大保养等车主常用的养护产品及工时费进行打包并将其标准化，把车主、汽车服务商和汽车配件供应商连接起来，让汽车消费更加简单、经济、安全、快捷。

③ 以移动互联网为媒介的汽车配件销售模式。通过安装在手机上的APP，结合LBS系统可以带来更多服务，比如车要维修保养，甚至坏在半路上，通过APP的LBS功能就可以直接找到最近的维修商家。LBS定位服务的推出拉近了线上与线下的距离。LBS即Location Based Services，又称定位服务，指通过移动终端和移动网络的配合，确定移动用户的实际地理位置，从而提供用户所需要的与位置相关的服务信息的一种移动通信与导航融合的服务形式。该服务目前已成为智能手机的基础应用，也成为移动互联网的基础功能。该服务的广泛应用极大地改变了消费者获得周边信息的方式，让消费者能更快捷、更方便、更有针对性地获知所处位置的周边信息，大大提高了消费者获得消费信息的效率和质量。而对于对线下实体店依赖度较高的O2O模式，LBS的诞生无疑改变了O2O传统资讯推广方式，实体店资讯搜索也从以往的针对消费类型分类，转变为针对消费者所处位置分类，实现了对消费者的精准营销。目前，LBS已成为主流O2O模式的基础应用。

（3）美国基于O2O模式的汽车配件销售实践。AutoZone是美国著名的汽车配件零售商，在Internet Retailer发布的美国互联网零售商500强中，AutoZone排名第107位。截至目前AutoZone总共拥有并经营5476家门店，其中包括在美国49个州、哥伦比亚特区和波多黎各经营的5042家门店，在墨西哥和巴西分别有411家和5家连锁店，以及18家Interamerican Motor Corp. 分支机构。

AutoZone与汽车维修O2O平台Openbay达成合作，使波士顿地区的车主可以在AutoZone.com网站上货比三家，并且能够直接在线预订由本地汽修服务人员提供的汽车维修保养。

Openbay是美国汽车维修O2O平台，成立于2012年4月，总部位于马萨诸塞州剑桥市，向全美车主提供线上预订、线下维修的服务，致力于搭建一个车主与维修工人之间的平台，让车主可以在平台上货比三家，找到可靠的维修人员。Openbay成立初期，就获得了风投基金Google Ventures、Boston Seed Capital、Stage 1 Ventures和个人投资者的第一轮融资。Openbay的目标是把汽车修护服务的供应商和需求者匹配起来，搭建汽车维修O2O平台。

Openbay的商业模式是，车主每次在线预订服务时，从中抽取10%作为服务费。顾客提供用于支付的信用卡号，Openbay验证卡号，确保合法并管理整个支付过程，最后顾客会收到一串需要提供给线下汽修服务提供商的验证码。当维修服务结束之后，顾客直接在Openbay.com上进行支付，扣除10%的服务费之后，剩余费用全部归服务提供商所有。

目前，Openbay平台上有超过2.2万汽修服务提供商，得益于顾客的口碑传播和其推荐政策——Openbay向每个成功推荐的客户支付10美元作为奖励。

AutoZone把Openbay作为合作伙伴，是基于Openbay具备良好的资质：

第一，Openbay 从 2013 年 10 月开始建立的 Openbay.com 数据库。车主只需在线输入详细的汽车服务需求或描述他们汽车出现的问题，本地汽修服务人员就会做出响应，绑定提供服务。车主将根据价格、位置、排名和顾客评论等因素从多个具有竞争力的汽车维修服务提供商中进行选择。

第二，Openbay 推出的 OpenbayConnect 项目。在提供汽车修理服务之前，还可以远程诊断汽车故障及预估修理成本。OpenbayConnect 通过把蜂窝式的诊断装备插入车载诊断（OBD）系统端口仪表板下，无线采集并分析汽车的诊断数据。一旦做出诊断，数据会反馈给响应服务需求的本地汽修服务提供商。

作为全美汽车配件零售商巨头 AutoZone，充分意识到将自身线下优势与互联网结合将会爆发出更大的能量，因此 AutoZone 与 Openbay 合作，利用 Openbay 线上丰富的资源，拥有更多的客户，扩大市场份额，提高企业的竞争力，是探索和创新营销模式的重要尝试。同时 Openbay 与 AutoZone 合作也降低了客户的获取成本。AutoZone 不仅可以为 Openbay 带来汽修服务提供商，还可以直接导入有潜在需求的车主。因此汽车配件零售商应与互联网企业结合。

———————— ★ 本 章 小 结 ★ ————————

汽车配件作为一种特殊商品，它的销售具有专业技术性强、需要配套服务、季节性及地域性强等特点。欧洲、美国、日本作为汽车产业起步较早的国家，已经建立起比较成熟的汽车售后配件销售渠道模式。

相比欧美比较成熟的配件销售渠道，我国汽车售后配件销售渠道主要有汽车 4S 店、汽车城、汽车维修企业、连锁超市、网络直销等多种形式。

近年来，电子商务已经应用到汽车配件的销售领域，基于电子商务的汽车售后配件经营方式逐渐成为汽车配件营销的主导模式。B2B 和 B2C 电子商务经营模式已经发展得比较成熟。由于汽车售后配件的销售与服务相结合，基于 O2O 模式的汽车配件经营模式开始逐渐走俏。基于电子商务经营模式与传统的经营模式相结合，构成了汽车售后配件销售体系。

本章思考题

1. 汽车售后配件销售的特点和流程是什么？
2. 我国汽车配件销售渠道模式是什么？
3. 国外的汽车配件销售渠道模式是什么？
4. 什么是连锁经营？主要有哪些类型？
5. 什么是网络营销？汽车配件的网络销售方式有哪些？
6. 什么是 O2O？汽车配件 O2O 销售模式有哪些？

本章案例
美国 NAPA 的连锁经营成功之道

NAPA 是美国一个家喻户晓的品牌，许多人把它形象地比作汽车售后服务行业中的"麦当劳"。NAPA 是"全国汽车配件联盟"的缩写，成立于 1925 年。它随着美国汽车业的蓬勃发展应运而生，并为了满足广大驾车者对先进汽车零件配送系统和专业化汽车维修保养的需求而不断完善。

1. NAPA 最早以经营汽车配件起家，后来投入汽修业

20 世纪 80 年代传统的汽修业在经历了大发展和空前繁荣之后开始走上萎缩和衰败之路，而汽车快修养护连锁业猛然兴起，汽车"以养代修""三分修，七分养"的观念开始流行。一些汽车维修厂先后关门，快修养护连锁企业逐渐占到了整个汽车维修行业的 80% 以上，一举取代了传统汽车维修业的霸主地位。

NAPA 改造原有汽修企业并通过特约加盟的模式将全国各地大量分散经营的汽修店收归旗下。目前，NAPA 的实力在同行业中无与伦比，它旗下大小规模的连锁维修养护店多达 10 500 家，每天超过 40 万件库存。NAPA 独具特色的库存管理系统可以帮助消费者找到所需的任何零配件，此外其还对零部件进行严格的等级划分，便于消费者根据需求选购适合的零配件。以制动盘为例，最低等级是满足国家标准的基本等级，用于普通二手车；其次等级是用于新车的；再高一个等级是用于警车、消防车、工程机械等政府公务用车的；最高等级是用于赛车等特殊车辆的。更重要的是，NAPA 销售的配件会比厂家的销售价格低 15% ~20%。

在全国 50 个州星罗棋布，顾客一般都能很方便地在公路沿途和自己居家附近找到 NA-PA 连锁店。由于 NAPA 提供的是标准化的专业服务，不少人往往都会固定选择邻近的一家 NAPA 店进行一般的维修保养。

2. 拥有固定顾客群的修理店使 NAPA 不断成功

由于 NAPA 的连锁店一般都是由原来分散的汽修店改造而成的，其中大多数在加盟之前已经在当地经营了多年，拥有固定的顾客群，具有较强的亲和力，因此 NAPA 几乎是发展一家成功一家。NAPA 维修店的技术人员都受过专业培训，素质比较高。根据 NAPA 连锁店的加盟条件，维修人员必须拥有各种级别的汽车服务资格证书。让 NAPA 引以为傲的是，其网络所拥有汽车服务资格证书的技术人员比同行业任何对手的都要多得多。同时，由于 NAPA 根据汽车维修养护技术的更新而不断为各连锁店的技术人员举办各种业务培训班，加之各维修店的设备也很先进，采用的零配件都是统一配送的正宗品，故 NAPA 旗下的维修店维修车辆速度快、质量好、价格公道，深得广大驾车者的青睐。

3. 多层次的 NAPA 的维修养护连锁网络

NAPA 的维修养护连锁网络是多层次的，其中就包括事故车维修中心，即以事故车维修、保险理赔及处理车辆突发紧急事故为主要业务的汽车维修企业。此类企业占地规模大，维修设备和技术水平都较高，所处位置一般距离市区较远，但交通便利。而以汽车快修养护服务为主的汽车快修养护店规模相对要小得多，有的业务也比较单一，或专门维修制动系统、冷却系统、转向/悬架系统，甚至专管换油换滤清器。这类门店的数量较多，且大多分布在市区或交通要道附近，对顾客来说非常便利。另外，这些维修养护店设备和人员专业化程度非常高，维修质量绝对让人放心。顾客完全可以根据自己的偏爱、汽车的受损程度以及所需维修的项目来选择适合的厂家。

以经营汽车配件起家的 NAPA 不仅是美国最大的汽车维修网络，同时也是这个国家最大的独立汽车配件经销商，在全国各地分布了 65 个汽车配件配送中心、6000 家连锁配件店，常年库存的各种配件达到 31 万种，这不仅巩固了其最大配件供应商的地位，同时也确保了旗下汽车维修养护店所需配件的及时和足量供应，为赢得宝贵的修车时间创造了必要的条件。

　　NAPA 的成功显示了连锁经营模式的强大优势。首先，连锁经营的规模化确保了服务价格和服务质量的优势。连锁网络成功地将分散零落、规模不大的区域市场结合起来，形成了一个巨大而稳定的用户市场，确保了巨大而稳定的经营额，从而以独立经营者所不可能具备的强大实力获得价格优势。

　　其次，管理现代化、集约化有效地兼顾了经营成本和市场需求。连锁经营网络的仓储配送和库存调配绝非一般独立经营企业所能企及，它利用信息系统充分调动总部、分中心和连锁店库存，科学利用仓储流动资金，有效地减少了物资储存和资金占用，降低了运营成本。

　　最后，品牌统一化树立了整体信誉。连锁经营将各连锁店的有限资金集合起来，形成巨大的行销投资。这种投资规模足以使连锁网络的总部集中最专业的市场策划人员负责策划工作，组织多种媒体参与广告宣传和促销活动，从而快速、有效地提升整体品牌的知名度。

延伸阅读

"互联网＋"汽车售后配件销售

　　随着移动互联网的迅猛发展，汽车配件行业终将实现电子商务化已经是业内公认的趋势，越来越多的企业以互联网的经营方式，涉足我国汽车维修配件行业市场。淘汽档口、车蚂蚁、中驰车福、会养车、养车无忧、途虎、车小弟、弼马温、车易安等具有不同经营模式的汽配电商如雨后春笋般涌出。

　　我国汽车后市场容量巨大，市场中不同电商的经营模式也各不相同。以天猫、京东等为代表的 B2C 传统电子商务模式，通过搭建的网络平台，聚集大量的用户和丰富的产品，再以信用支付体系（如支付宝等）来解决信任问题，从而建立起商户与消费终端的购买关系。在淘宝天猫商城，汽车非标准配件产品销售较好，如汽车坐垫、靠枕、GPS 等；而汽车标准配件产品销售业绩较差，如制动盘、滤清器、减振器。京东在汽车配件上做得还算不错，据悉，2012 年京东汽车品类只占了 3% 的交易额，但是贡献了 10% 左右的毛利，在这个品类中，估计还处于盈利状态。对于除淘宝、京东之外的垂直电商来说，目前在这个领域稍有影响力的只有养车无忧、途虎、车易安、酷配等垂直电商平台。另外，还有一些与 O2O 相关，比如车小弟、车商通等。总体说来，目前这些垂直电商基本规模还都非常小，很少有人能盈利。

　　传统的"商户—消费者"的电商模式，如淘汽档口、车蚂蚁等企业，销售的产品多为机油、轮胎等通用型配件，或汽车坐垫、转向盘套等汽车用品，鲜有汽车核心零部件。汽车配件的流通明显带有行业特征。因为汽车配件牵扯到复杂的售后服务，无论是商用车还是乘用车，其零部件的更换或维修都具有很强的技术性，普通车主一般并不具备专业的维修技能和设备。因此，这种 B2C 的传统模式仅可流通汽车周边产品，而具有核心技术的关键零部件是很难实现销售的。正因如此，传统汽配电商 B2C 模式虽进入行业时间不短，但始终无法触碰到汽车后市场的核心领域，一方面，其受制于产品结构的局限，另一方面，零部件渠道垄断也抑制了这种模式的发展。在这样的市场环境中，"B2B＋C"模式企业悄然兴起。所谓"B2B＋C"，就是指汽车配件在流通环节中以维修店为终端，而非车主，同时引导车主到该维修店进行车辆的维修或更换配件。

　　目前国内不少垂直汽配电商平台已经开始携手国内外知名零部件制造厂商，进行同质化配件的销售。中驰车福首先开河，获得了博世、天合、辉门、盖茨、飞利浦、电装等一线零部件企业的品牌授权，为其提供旗下全线产品的供应链服务与终端客户服务。而"淘配件""酷配网" APP 等一系列汽配电商也紧随其后，纷纷与各大零部件知名制造厂商合作，销售同质化汽车配件。

　　以"互联网＋"思维方式实现汽车后市场的产业整合，破除垄断首当其冲，只有完全实现原厂配件的自由流通，才能真正意义上完成我国汽车后市场行业的转型升级。政府现在已经有了政策上的导向，进行同质化配件的销售是个突破口，下一步公司要与整车厂商接洽，以现有模式进行原厂零部件的互联网销售。在"互联网＋"的国家大战略下，实现汽车后市场配件流通环节的整合，当务之急是要破除垄断，这需要相关管理部门的顶层推动，也需要互联网汽配企业提供更为专业和透明的平台，多方共同努力方可使行业健康发展。

第8章　汽车售后配件的售后服务

· 本章导读 ·

　　汽车售后配件售后服务作为汽车配件销售的后续服务，对于维系客户、提高客户的满意度至关重要。因此汽车售后配件售后服务管理侧重于客户服务，从维持与客户良好关系、增加客户黏度的角度实施一系列管理策略。本章将重点讨论汽车售后配件售后服务中的客户服务、替换件服务和质量担保服务等关键性问题。

8.1　客户服务

　　当汽车售后配件无论通过什么销售渠道和销售方式销售出去以后，对客户的使用体验和满意度的关注直接关系到维系客户关系及扩大市场占有率。因此在对售后客户服务中重点是建立客户关系，维系客户关系。

8.1.1　建立客户档案

　　汽车售后配件客户的档案管理是对汽车配件客户的有关资料加以收集、整理、保管和对变动情况进行记载的一项专门工作。建立客户档案不仅关系到汽车配件售后服务的正确组织和有效实施，而且有利于汽车配件的再次销售，提高企业经济效益。

　　1. 客户档案管理的要求

　　（1）档案内容必须完整、准确。

　　（2）档案内容的变动必须及时。

　　（3）档案的查阅、改动必须遵循有关规章制度。

　　（4）要确保某些档案及资料的保密性。

　　2. 客户档案的信息资料

　　汽车配件企业的客户主要有两类：一类是企业客户，主要是汽车修理厂，这类客户对汽车配件的需求量较大，而且品类丰富；另一类是个人消费者客户，这类客户对汽车配件的需求量较小，主要以汽车保养类配件为主。

　　对于企业客户，主要搜集的客户信息资料如表8-1所示。

　　对于个人消费者客户，汽车配件经营企业主要搜集的客户信息资料如表8-2所示。

　　汽车配件经营企业在已有客户信息资料的基础上，需要去除虚假和错误的信息内容，保留有效信息，建立客户的档案数据库，为企业经营决策提供支持。

表8-1　企业客户信息资料

基本信息	名称、地址、电话、创立时间、所在行业、规模、经营理念、销售或者服务区域、形象以及声誉等
业务状况	经营业绩、发展潜力与优势、存在的问题等
交易状况	银行账号、何时与其建立交易关系、交易条件、组织客户的信用等级、与该客户关系的紧密程度、组织客户的合作意愿、历年交易记录、联系记录、配件消耗、配件来源情况等
主要负责人信息	包括组织客户高层管理者、采购经理等人员的年龄、性格、兴趣等

表8-2　个人客户信息资料

基本信息	关于个人客户自身的基本信息	姓名、性别、年龄、生日、性格、血型、电话、传真、住址等
	关于个人客户家庭的信息	婚姻状况，配偶的姓名、生日、性格爱好；是否有子女，子女的姓名、年龄、生日、教育状况等
心理与态度信息	个人客户购买动机的信息，个人客户个性的信息，个人客户生活方式的信息，关于个人客户信念和态度的信息	
行为信息	个人客户的购买频率、种类、金额、途径等	

8.1.2　分析客户信息

在掌握了客户的档案信息后，就要积极着手分析客户档案。客户档案分析的内容取决于客户服务决策的需要。由于在不同企业、不同的时期，这种需要也不同，所以进行客户档案分析所利用的内容也不同。一般说来，常用的汽车配件客户档案分析内容包括购买行为分析、对企业的利润贡献分析、客户地区构成分析等方面。

1. 客户购买行为分析

利用客户档案记录内容详细、动态地反映客户购买行为及状况的特点，对客户经济状况、信用等进行定期评判和分类。针对汽车修理厂等企业客户，依据其经济状况及信用确定不同的付款条件、信用限度和价格优惠等。将经济状况好、信用等级高的企业客户作为业务发展的重点，并给予一定鼓励或优惠，如优先服务、特殊服务、优惠价格和信用条件等。针对个人客户，可以依据客户购买行为特点，确定不同的价格优惠和服务。这对于加速企业资金周转和利用，防止出现呆账、坏账十分有效。

2. 客户对企业的利润贡献分析

客户资产回报率是分析企业从客户处获利多少的有效方法之一。该方法仅从客户的毛利中减去直接客户成本，包括维护费用、服务费用和送货费用等，而不考虑企业的研究开发、设备投资等费用，求出客户资产回报率。资产回报率高低决定了汽车配件企业对客户管理策略的选择。

3. 客户地区构成分析

利用客户档案分析客户地区构成是一种最为普遍、简单的档案分析方法，分析企业客户总量中各地区客户分散程度、分布地区和各地区市场对企业的重要程度，是设计、调整汽车配件分销和服务网络的重要依据。值得指出的是，这种构成分析至少要利用 5 年以上的资料，才能反映出汽车售后配件客户构成的变动趋势。

除以上档案分析内容外，在实践中一些企业还利用客户档案进行关系追踪与评价、客户与竞争者关系分析、客户占有率分析、开发新客户与损失客户分析、企业营销努力效果分析、合同履行分析等。建立客户档案、收集客户资料的目的是利用这些信息，使其在实现企业的客户向导中真正发挥作用，实现信息的价值。因此，要在建立客户档案的基础上，不断开发利用档案信息内容。客户档案不仅在客户关系管理，而且在企业面向客户服务的各项工作中都具有广泛而重要的作用。

8.1.3　进行客户分类

1. 客户分类的概念

客户分类是基于客户的属性特征所进行的有效性识别与差异化区分。客户分类是以客户属性为基础的应用。通常依据客户的社会属性、行为属性和价值属性进行客户分类。

2. 客户分类的意义

汽车售后配件客户分类的目的不仅是实现企业内部对于客户的统一有效识别，而且常常用于指导企业客户管理的战略性资源配置与战术性服务营销对策应用，支撑汽车配件经营企业以客户为中心的个性化服务与专业化营销。

不同的车主对车辆的维修保养关注程度不同，造成了车主主观上对于汽车配件消费的不同，不同车主的驾驶习惯、车龄、车况及汽车品牌不同造成车主在客观上对于汽车配件的消费的不同，因此对于汽车售后配件的客户分类不仅要结合客户的消费行为及客户的消费心理，同时也要结合车辆状况、车主的驾驶习惯，这样的客户分类才能更全面准确地反映出不同客户的不同需求。配件经营企业可以针对不同产品需求的客户提供不同的配件产品，针对不同消费心理的客户提供不同的促销手段等。同时，汽车售后配件客户分类也是其他客户分析的基础，在分类后的数据中进行挖掘更有针对性，可以为企业的进一步营销和利润增长创造新的机会。

3. 客户分类的标准

汽车配件经营企业对客户进行分类的标准很多，以个人消费者为例，如按照客户年龄分类、按照客户消费心理分类等，本书仅对以下三种比较典型的汽车配件客户分类方法进行阐述。

（1）按照客户行为进行分类。在众多的客户关系管理（CRM）的分析模式中，RFM 模型是被广泛提到的。RFM 模型是衡量客户价值和客户创利能力的重要工具和手段。在该模型中，R（Regency）表示客户最近一次购买的时间有多远，F（Frequency）表示客户在最近一段时间内购买的次数，M（Monetary）表示客户在最近一段时间内购买的金额。有时用购买数量 A（Amount Purchased）来代替购买金额，因此 RFM 又被称为 RFA。RFM 模型用这三项指标来描述该客户的行为，汽车配件经营企业也可以依据这三个指标划分客户的等级，需要注意的是，企业可以结合汽车配件的特性按照车型（或车系）划分客户，同系列的可按照同一标准划分。不同车型（或车系）的客户，消费金额指标划分标准不同，客户总体购买频率和周期可相同，如表 8-3 所示。

表 8-3 汽车配件客户依据 RFM 客户划分

得分		4	3	2	1
消费 金额	A 系列	700 以上	550 ~ 700	400 ~ 550	400 以下
	B 系列	400 以上	250 ~ 399	200 ~ 249	200 以下
	C 系列	1000 以上	700 ~ 1000	550 ~ 700	550 以下
消费频率（12 个月内）		4 次以上	2 ~ 3 次	1 ~ 2 次	1 次以下
最近一次购买时间距今		3 个月以下	3 ~ 6 个月	6 ~ 12 个月	12 个月以上

表 8-3 主要适用于个人消费者购买汽车配件的客户分类。如果是维修企业，还要综合购买金额及企业信用、发展潜力等来进行客户分类。

（2）按照客户生命周期价值进行分类。客户生命周期价值（Customer Lifetime Value，CLV），指客户在企业的整个生命周期内为企业创造的价值。广义的客户生命周期价值指的是企业在与某客户保持买卖关系的全过程中从该客户处所获得的全部利润的现值。客户生命周期价值分成两个部分：一是历史利润，即到目前为止客户为企业创造的利润总现值；二是未来利润，即客户在将来可能为企业带来的利润流的总现值。企业真正关注的是客户未来利润，因此狭义的客户生命周期价值仅指客户未来利润。

按照客户生命周期价值的不同，将客户分为贵宾型客户、改进型客户、维持型客户和放弃型客户，如图 8-1 所示。

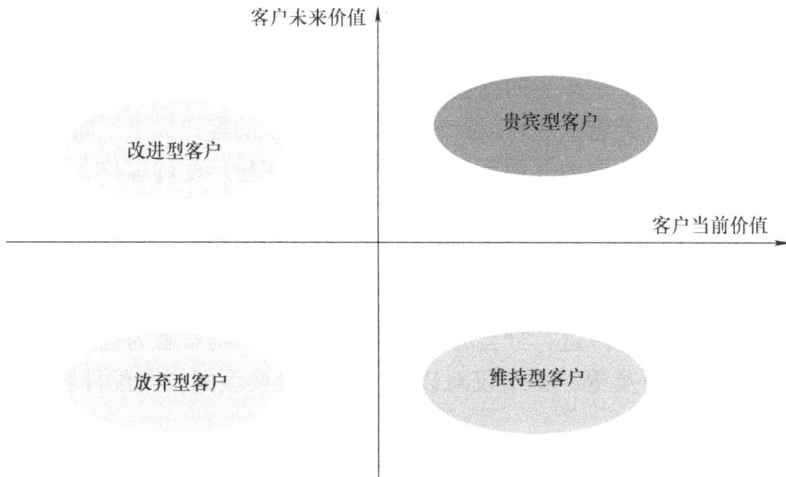

图 8-1 客户生命周期价值分析图

① 贵宾型客户：也被称为最有价值客户（Most Valuable Customer，MVC），是企业应该重点关注和维护的客户。

② 改进型客户：也被称为最具成长性客户（Most Growable Customer，MGC），是企业着重培养的客户。

③ 维持型客户：也被称为普通客户，是指那些有一定价值但数额较小的客户。企业可以适当投入，再造关系。

④ 放弃型客户：也被称为负值客户（Below-Zero），是为企业带来负利润的客户，对于

这样的客户，企业应选择放弃，解除关系。

企业对购买汽车配件的个体客户的生命周期价值进行评价时，应该结合客户车辆的使用寿命周期，汽车的使用寿命周期由"初期使用→正常使用→大中修理→后期使用→逐渐报废"这样一个全过程组成。不同使用时间及行驶里程车辆的汽车保养操作和配件更换品类有所不同，结合客户的其他指标，判断未来客户创造的利润增长幅度。这是由汽车这种商品的特殊性决定的，但不能排除客户换车的可能。

（3）按照客户的忠诚度进行分类。按照客户的忠诚度，将客户分为忠诚客户、一般客户、准流失客户和流失客户。

① 忠诚客户。忠诚客户消费金额高，消费频次高，对汽车配件品牌的忠诚度较高，对汽车配件经营企业信任度高，对质量问题具有一定的容忍度，对较高消费价格能接受，自身的素质较高（包括企业客户及个人客户），并能和汽车配件企业保持更为持久的联系。这类客户是企业的 VIP 客户，汽车配件经营企业要重点管理，对这类客户的服务请求（电话咨询及售后服务等）要在第一时间接待，安排专门人员服务等，对于每次的服务活动和政策享受给予优先资格，并做好口碑维护。

② 一般客户。一般客户的消费金额较高，但消费频率存在一定波动性，对汽车配件的价格有一定敏感度，对质量和服务都有一定要求，对于汽车配件经营企业的品牌还存有疑虑，没有形成忠诚度，尚在挖掘时期。对于这一类客户，汽车配件经营企业如果想挽留，需要在自身的硬件设施、服务环境、专业能力和规范的业务流程体系上征服客户，提升客户对企业的信任。

③ 准流失客户。准流失客户可能曾经是企业的忠诚客户或者一般客户，出于某种原因（不愉快的购买经历或新的竞争者的吸引等）连续超过半年没有产生消费。对于此类客户，汽车配件经营企业要适时举办回馈活动。在加强客户关怀上下功夫，重新激发客户回店购买的欲望，避免客户流失。

④ 流失客户。流失客户一般是对价格比较敏感的客户，对于服务比较苛刻。一旦流失，基本不会重新回店购买。汽车配件经营企业需要宣传自己的硬软件实力，创新自己的服务方法，有针对性地对流失客户提供其需要的优质产品和服务，吸引客户重新购买。

当然，企业也需要衡量维护客户的成本和客户带来的利润。如果维护客户成本超出了客户带来的利润，长此以往，企业不可能得到长久的发展，所以，适时放弃一些不够优质的客户对汽车配件经营企业而言未必是损失。

8.1.4 调查客户满意度

忠诚客户是每一个企业都希望大量拥有的，而忠诚客户的形成首先源于客户对于企业及产品的满意，因此如何做到让客户满意，一直是企业不断研究的课题。

1. 客户满意度的概念

客户满意度是反映客户的一种心理状态，它来源于客户对企业的某种产品或服务消费所产生的感受与自己的期望所进行的对比。也就是说"满意"并不是一个绝对概念，而是一个相对概念。企业不能闭门造车，留恋于自身对服务、服务态度、产品质量、价格等指标是否优化的主观判断上，而应该考察所提供的产品、服务与客户期望、要求等的吻合程度。

2. 客户满意度调查目的

测量一家企业或一个行业在满足或超过客户购买产品的期望方面所达到的程度就是客户满意度调查。

（1）发现影响用户满意度和忠诚度的主要因素。

（2）发现提升产品或服务的机会。

（3）发现产品或服务中的缺陷，根据客户的意见和建议，有针对性地寻找解决客户不满的方法。

（4）把其有限的资源集中到客户最看重的属性方面，维系营销资源的正确投入。

（5）预测客户未来的需求，引发新产品、新业务的开发思路。

（6）对需要改进的因素区分轻重缓急，维系营销资源的正确投入。

（7）建立企业的满意度标准体系，使持续跟进的满意度研究成为可能。

（8）作为附加产品，可以作为企业绩效评估的依据。

3. 客户满意度调查内容

汽车配件销售的客户满意度调查应该包括以下内容：

（1）汽车配件的质量和数量是否符合合同要求；

（2）汽车配件销售人员是否礼貌、有耐心、热情；

（3）汽车配件销售人员有无对质量担保内容进行相关介绍；

（4）汽车配件销售人员对于汽车配件的使用保养注意事项有无相关提醒；

（5）汽车配件的物流配送过程是否令客户满意；

（6）汽车配件缺货的到货时间和相关处理是否令客户满意。

当汽车配件销售企业与汽车修理企业联合经营时，客户满意度的调查还需要加上以下内容：

（1）维修过程中是否按时、按质、按量完成维修工作；

（2）维修合同是否价格透明；

（3）对于增项维修进行说明确认。

4. 客户满意度调查流程

客户满意度调查流程如图 8-2 所示。

（1）确定调查内容。调查的内容主要包括以下几个方面：汽车配件产品内在质量，包括产品技术性能、可靠性、可维护性、安全性等；产品功能需求，包括使用功能、辅助功能（舒适性等）；产品服务需求，包括售前和售后服务需求；产品外延需求，包括零备件供应、产品介绍、培训支持等；产品外观、包装、防护需求；产品价格需求等。

（2）量化和赋值。汽车配件经营企业的客户满意度量化指标包括销售退货率、准时交货率、产品交付周期及客户问题处理时间等。在服务可靠性方面包括订单流失率、客户抱怨率及完好订单率等，并按照各项指标所体现的客户满意度的重要程度赋予权重，进行打分。

（3）明确调查方法。汽车售后配件的客户满意度调查方法主要有问卷调查、二手资料收集及访谈研究等。

（4）选择调查对象。汽车配件经营企业对客户满意度的调查是随机抽样调查的。在抽样方法的选择上，为保证样本具有一定的代表性，可以按照客户的种类，如各类维修厂和车主、客户的区域范围（一线城市、二线城市、三四线城市等）分类，进行随机抽样。在样本的大小确定上，为获得较完整的信息，必须保证样本足够大，但同时要兼顾到调查的费用和时间的限制。

（5）数据收集。汽车配件经营企业对客户满意度数据的收集可以是书面或口头的问卷、电话或面对面的访谈，若有网站，也可以进行网上客户满意度调查。调查通常包含开放式或者封闭式问题及陈述，通过开放式问题获取更详细的资料，通过封闭式问题获取针对性强的资料，便于后期整理。

（6）结果分析。针对客户满意度调查进行结果分析，常用的方法有：方差分析法、控制图法、双样本 T 检验、过程能力直方图和 Pareto 图等。

（7）改进计划和执行。在对客户满意度的调查信息进行分析后，企业就要检查自身的工作流程，在"以客户为关注点"的原则下开展自查和自纠，找出工作流程中令客户不满意的地方，制定企业的改进方案，并组织企业员工执行，以达到客户的满意。

5. 客户满意度调查方法

（1）设立投诉与建议系统。企业建立便捷的客户投诉建议系统，这样可以搜集到客户对于企业的一些意见与建议，有助于改善企业产品及服务质量。这些

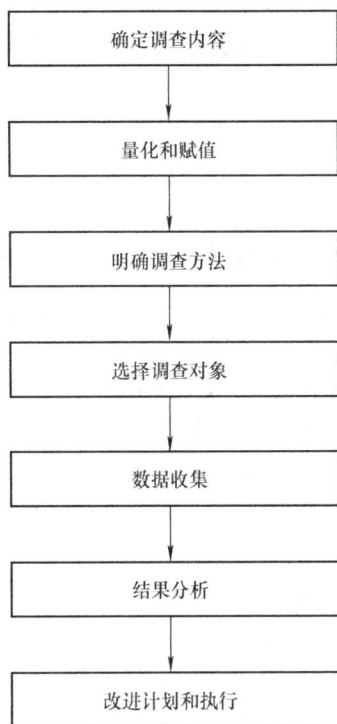

图 8-2　客户满意度调查流程图

信息流有助于企业更迅速地解决问题，并为这些企业提供很多开发新产品的创意，如 3M 企业声称其产品改进主意有 2/3 是来自客户的意见。对于汽车配件经营企业而言，投诉与建议系统除了语音电话系统以外，还可以在网站上设立专门的投诉建议栏，让客户对于购买汽车配件和享受的服务做出评价，同时提出自己的建议。

（2）设置客户满意度量表。有调查数据表明，当客户对服务不满意时，会有以下反应：70% 的购物者会到别处购买；39% 的人认为去投诉太麻烦；24% 的人会告诉其他人不要到该店消费；17% 的人将对此服务写信投诉；9% 的人会因为服务质量责备销售人员。

因此企业不能只是被动地接收从投诉系统搜集到的意见，而是需要积极主动地了解客户对企业的认可程度。

汽车配件经营企业将需要调查的内容设置为不同的指标，进行量化，制成客户满意度量表，向客户进行调查。通过客户对配件产品的相关项目满意度进行评价，不仅能够监督产品质量，约束供应商，而且能够改善配件企业服务水平，提升合作维修企业的服务质量，及时择优选择供应链合作伙伴，提高客户满意度。

（3）佯装购物法（神秘客户检测）。由神秘客户装作潜在购买者，以报告他们在购买本企业和竞争者产品的过程中所发现的优点和缺陷。这些神秘客户甚至可以故意找些麻烦以考察企业的销售人员能否将事情处理好。这样的做法各大汽车品牌的汽车特约服务商早已开始采用，每个月都会有神秘客户到访汽车 4S 店，检查各店的汽车销售人员工作是否按照企业标准执行，检查工作的同时，发现具体流程中可以提升的部分，十分有效。

8.2 汽车售后配件替换服务

零部件的替换是汽车行业的一个重要功能和业务。替换源于汽车厂和零部件供应商对零部件的设计、外观和功能的改变，要求对老版本的零部件用新版本的零部件替换。由于汽车行业的特殊性，零部件的替换不仅存在于生产领域，而且还延续到售后服务领域。不但在生产过程中会有零部件版本更换的情况，在售后领域也经常会碰到配件替换或互换的情况。

8.2.1 汽车售后配件替换的类型

配件的替换在汽车行业里是一个非常特殊的过程，既可以一对一地替换，也可以是多对一和一对多，但是大多数情况是某一种配件被另一种配件替换。通常配件的编号也不同。配件替换的信息由整车厂提供。

配件替换存在两种类型，即全部替换和部分替换。

（1）全部替换。某一个配件编号被一个或多个不同的编号所代替。新的配件和旧的配件在功能和使用上完全相同。对于经销商手头上的库存和尚未发出的采购订单，也可以全部替换为新的编号。

（2）部分替换。某一个配件的编号只是在某些条件下可以被一个或多个不同的编号代替，例如只能在对应车型的某个版本之后，因此经销商现有的库存不会立即被替换为新的编号。

在大多数情况下，配件的替换是一对一的替换。但在某些特殊情况下，也有可能出现拼合的情况。例如，一个配件 A 和两个配件 B 被一个配件 C 替换，发生这种情况的原因除了工程更改之外，通常是由配件供应商改变了供货状态所致。

8.2.2 汽车售后配件替换的方法

1. 压力传感器的替换

若进口别克君威 3.0L 轿车的进气歧管压力传感器损坏了，可以用金杯轿车（单点电喷发动机）的进气歧管压力传感器替换，两者只是外观略有差异。别克轿车与金杯轿车的发动机都是采用德尔福电控汽油喷射系统，因此这两种车型的传感器能够在一定程度上相互替换。

2. 燃油箱油位传感器的替换

东风牌汽车油箱传感器损坏后，如果没有原厂配件可换，可以用解放牌汽车的油箱油位传感器稍加改制来替换。其方法是：把解放牌汽车油箱传感器内的可变电阻器换个方向。因为解放牌汽车的油箱无油时，其油位传感器的电阻值变小，而东风牌汽车的油箱无油时，其油位传感器的电阻值变大，所以将油位传感器换个方向安装就可以了。

3. 仪表电源稳压块的替换

桑塔纳轿车的仪表电路与一般汽车的仪表电路相似，冷却液温度表和燃油表的电源都要由电源稳压器提供，以防止蓄电池电压波动对仪表读数产生影响。桑塔纳轿车仪表稳压块的型号是 TCA700Y，若损坏后购买不到这种型号的稳压块，可以用 AN7810 集成电源稳压块替换。这两种稳压块的输出电压相同，而且 AN7810 电源稳压块的额定电流更大，只是其 1 号脚为输入端，3 号脚为输出端，而 TCA700Y 的 1 号脚为输出端，3 号脚为输入端。为此，需要把 AN7810 电源稳压块的反面朝上，插在原稳压块的插座上，在散热片与代用稳压块之间垫一只 M5 螺母，用自攻螺钉拧在原处，即可正常使用。

4. 热敏电阻的替换

如果奔驰 560SEL 轿车空调系统蒸发器上温控器的热敏电阻失效，一时找不到原车配件，可以临时用一只东芝电冰箱的控温用热敏电阻代替，该电阻为负温度系数式热敏电阻，常态电阻值为 $7.63k\Omega$。然后把这个热敏电阻温控器（感温包）贴在蒸发器表面即可。

5. 防盗系统接收器的替换

无论采用调感式还是调容式，无论是分立直插件还是贴表器件或者混合方式，它们之间几乎完全可以互换使用，只需要找到 GND（接地）、+V（电源正极）、OUT（信号输出）端的对应关系，然后重新调整其接收频率即可。

6. 防抱死制动系统（ABS）的替换

在轿车上大量采用 MK20、MK20 - I 型和 MK20 - II 型 ABS 系统，其中包括大众车系、红旗轿车等。因此，此类 ABS 系统中有不少零件可以替换。

7. 继电器的替换

继电器与电阻器、电容器一样，实际上是一种标准件。在汽车维修中有时两个完全不相关的系统中的继电器可以替换。

8. 数字集成电路的替换

绝大部分数字集成电路有国际通用型，只要数字集成电路后面的阿拉伯数字对应相同，就可以替换。

8.3　汽车配件的质量担保和索赔

汽车配件的质量担保和索赔是一个问题的两个方面。汽车售后配件质量担保是汽车配件生产企业对自己生产产品的承诺，是对消费者使用产品权益的保障，而汽车售后配件的索赔是消费者保护自己权益的方式，通过汽车配件生产企业的质量担保服务和消费者的索赔能够同时约束企业和消费者，建立公平的市场秩序，提升企业产品质量和服务水平。

8.3.1　汽车售后配件质量担保和索赔的概念

汽车售后配件质量担保是指汽车配件生产者或销售者直接对汽车配件产品的性能、特性、质量做出的保证或者承诺，即生产者保证产品符合质量要求，满足客户需要。汽车配件生产企业或者销售企业的质量担保服务主要是通过客户对汽车售后配件的索赔开展的。

汽车售后配件索赔是指汽车 4S 店售出的汽车配件，在质量担保期内出现质量问题，由客户申请，由索赔员代替客户与配件生产厂家协商，给予配件的维修或更换，其相关费用（材料费＋工时费等）由配件生产厂家支付，从而维护厂家及消费者的权利。这一过程称之为"索赔"。

8.3.2　汽车售后配件索赔的目的和原则

汽车售后配件索赔的目的是对产品质量进行担保，使用户对汽车企业的产品满意，对汽车企业的售后服务满意，以维护汽车企业形象，树立汽车企业信誉，进一步完善汽车配件供应体系，从而以优质的服务赢得用户的信赖。汽车售后配件的索赔主要依照诚信正直、公平公正、相互信赖、认真负责的原则进行实施。

8.3.3 特约维修服务站对汽车公司的索赔

1. 汽车售后配件可索赔范围

（1）委托发运的汽车配件，到达服务站/大用户/专卖店后，在包装没有破损情况下的盈、亏、错、损。

（2）委托发运的汽车配件，到达服务站/大用户/专卖店后，如属汽车公司配件包装质量不合格而造成的损坏和丢失。

（3）委托发运的汽车配件，到达服务站/大用户/专卖店后，包装破损情况下的盈、错。

（4）服务站/大用户使用汽车配件时发现的质量不合格的配件。

（5）因汽车公司提供目录错误，而使服务站/大用户/专卖店错订的不适合车型的汽车配件。

2. 汽车售后配件不可索赔范围

（1）非汽车公司配件部门提供的汽车配件。

（2）服务站/大用户/专卖店来人或指定人员自提所发生的盈、亏、错、损。

（3）服务站/大用户/专卖店在修车使用汽车配件时，因违反装配工艺而造成的损坏。

（4）凡在运输途中因外包装或被窃而造成的损失，服务站/大用户/专卖店可根据保险赔偿规定与运输部门协商解决，汽车公司可提供有关证明材料。

3. 汽车配件索赔规定及费用

（1）严禁服务站/大用户/专卖店将不属于索赔范围的汽车配件报赔。

（2）服务站/大用户/专卖店向汽车公司配件部门提出的盈、亏、错、损索赔，有严格的时间限制。一般规定在收到汽车配件15天之内将《汽车配件索赔申请单》和有关的材料向汽车公司配件部门寄发。

（3）服务站/大用户/专卖店向汽车公司配件部门发出汽车配件质量问题的报赔，应对所发现的问题，立即进行初步鉴定，一旦发现，尽快（一周内）将《汽车配件索赔申请单》和有关的材料向汽车公司配件部门寄发。

（4）汽车配件因损坏或质量不合格，服务站/大用户/专卖店提出索赔时，如果不需要更换总成，只需换个别零件就可以达到技术要求，汽车公司配件部门只对个别零件进行索赔；如果某些汽车配件通过维修，不需要更换就能达到技术要求，汽车公司配件部门将不予索赔。

（5）索赔件包赔后，原件归汽车公司配件部门所有。

（6）玻璃、塑料件等易碎件原则上不予以索赔，但可视情况考虑索赔；汽车公司承担索赔件售出时价格及索赔件返回汽车公司的运费，其他费用概不承担。

4. 汽车配件索赔鉴定

（1）由服务站/大用户/专卖店自己鉴定，汽车配件计划员如实填写《汽车配件索赔申请单》并申报。

（2）由汽车公司售后服务部的现场代表到现场进行鉴定，写出鉴定报告和处理意见。

（3）服务站/大用户/专卖店订货计划员将索赔件返回汽车公司，由汽车公司配件部门有关人员及现场代表进行鉴定，写出鉴定报告和处理意见。

（4）会同有关专家鉴定，写出鉴定报告和处理意见。

5.《汽车配件索赔申请单》的填写

《汽车配件索赔申请单》由服务站/大用户/专卖店订货计划员填写，要完整、清晰、真实。

《汽车配件索赔申请单》应附有简要的说明和必要的照片，服务站/大用户/专卖店领导签字并加盖公章，经汽车公司配件部门销售计划员、仓储管理员核实无误，汽车公司配件部门负责人签字后，方可生效。

8.3.4　用户对汽车特约服务站的索赔

1. 汽车售后配件质量担保期与担保索赔条例

（1）汽车售后配件质量担保期。由用户付费并由特约服务站更换和安装的配件，从车辆修竣、客户验收合格日（以原始发票或维修结算单上的日期为准）算起，其质量担保期为 12 个月。在此期间，因为保修而免费更换的同一配件的保修索赔期为其付费配件保修索赔期的剩余部分，即随付费配件的保修索赔期结束而结束。特殊件和易损件按照不同车企的相关规定执行，质量担保期以更换时间和行驶里程先到达者为准。以捷达汽车为例，如表8-4、表8-5 所示。

表 8-4　捷达特殊件的质量担保期限

零件明细	质量担保期限
控制臂球头销	12 个月/6 万公里
前后减振器	12 个月/6 万公里
等速万向节	12 个月/6 万公里
喇叭	12 个月/6 万公里
蓄电池	12 个月/10 万公里
氧传感器	12 个月/7 万公里
防尘套（横拉杆、万向节）	12 个月/6 万公里
三元催化转化器	12 个月/5 万公里

表 8-5　捷达易耗件的质量保证期限

零件明细	质量保证期限（时间/行驶里程）
刮水器刮片	1 个月/1000 公里
全车玻璃件	6 个月/5000 公里
灯泡	6 个月/5000 公里

（续）

零件明细	质量保证期限（时间/行驶里程）
轮胎	6个月/5000公里
火花塞	6个月/5000公里
前制动摩擦衬片、后制动蹄片	6个月/5000公里

（2）担保索赔条例。在上述规定的担保期内，因质量问题造成的损坏，汽车公司可以提供免费调试或更换零部件，以恢复车辆的正常状态。如因质量事故造成客户的直接经济损失（车辆停驶造成的损失除外），公司给予赔偿。

2. 汽车售后配件索赔流程

（1）用户至特约服务站报修。

（2）业务员根据用户报修情况、车辆状况及车辆维护记录，预审用户的报修内容是否符合保修索赔条件（特别要检查里程表的工作状态），如不符合，请用户自行付费修理。

（3）把初步符合保修索赔条件的车辆送至保修工位，索赔员协同维修技师确认故障点及引起故障的原因，并制定相应的维修方案，审核是否符合保修索赔条件。如不符合保修索赔条件，通知业务员，请用户自行付费修理。

（4）索赔员在确认用户车辆符合保修索赔条件后，根据情况登记车辆相关数据，为用户提交索赔申请。特殊索赔需事先得到汽车制造厂索赔管理部的审批通过，然后及时给予用户车辆保修索赔。

（5）保修结束后，在索赔件上挂上"索赔旧件悬挂标签"，送入索赔旧件仓库统一保管。

（6）索赔员每天要统计当天的索赔申请，填写《汽车配件索赔申请表》。

（7）每月一次在规定时间内向汽车制造厂索赔管理部提交《汽车配件索赔申请表》。

（8）索赔员每月一次按规定时间，按规定包装索赔件（见索赔件处理规定），由第三方物流负责运回汽车制造厂索赔管理部。

（9）经汽车制造厂索赔管理部初步审核不符合条件的索赔申请将予以返回，索赔员根据返回原因立即修改，下次提交索赔申请时一起提交，以待再次审核。

（10）汽车制造厂索赔管理部对符合条件的索赔申请审核完成后，将索赔申请结算单返给各特约服务站，特约服务站根据结算单金额向汽车制造厂索赔管理部进行结算。

具体汽车售后配件索赔流程如图8-3所示。

3. 担保索赔的范围与非担保索赔的范围

（1）担保索赔的范围。汽车售后配件索赔的范围包括装配调试、玻璃、橡胶和塑料制品、轮胎、蓄电池、各类继电器、灯泡、喇叭、点烟器、油水分离器等零部件，它们在一定的时间和行驶里程内，正常使用条件下出现质量问题予以担保。

（2）非担保索赔的范围

① 因未按使用说明书要求使用和保养引起的损失。

② 因客户私自改装汽车或换装不属配件生产企业提供的配件而引起的损坏。

③ 常用消耗品（如润滑油、制动液、熔丝、冷媒）和易损件（空气滤清器、燃油滤清器、机油滤清器等）。

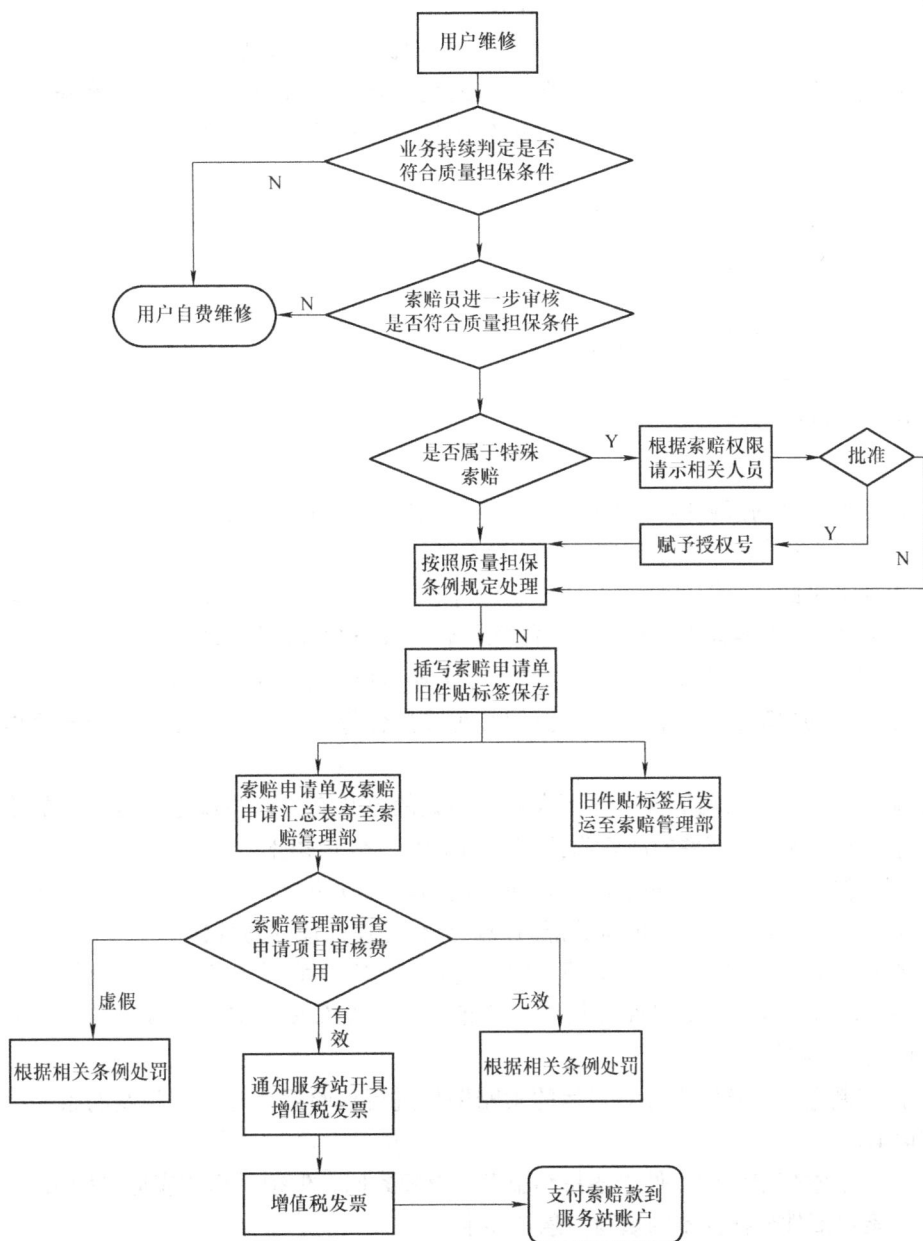

图 8-3　汽车售后配件索赔流程图

④ 排气系统的锈蚀。

⑤ 在非正常温度环境下放置或使用，汽车超载引起的零部件损坏。

⑥ 由于客户选用不当的燃油、润滑油、防冻液、制动液或保养中没有采用规定材料而造成的故障。

⑦ 由于发动机吸入水分或进水造成的故障。

⑧ 在新车运送、交付、保管过程中，因不正确操作造成零件丢失、锈蚀、碰撞等的损失。

⑨ 对于变色、褪色、气孔、裂纹、凹痕、锈蚀和喷漆板件、内外饰件、橡胶制品等因日晒雨淋老化的情况，客户在提车时应及时提出担保要求，否则不予担保。

⑩ 在担保期内，客户车辆出现故障后未经汽车公司（或汽车公司特约维修单位）同意继续使用车辆而造成的进一步损坏，汽车公司只对原故障损失负责，其余损失责任由客户承担。

4. 汽车配件担保索赔应注意的几个问题

（1）认真阅读使用说明书。

（2）多了解汽车质量担保信息。

（3）汽车改装应征得厂家同意。

（4）按时做汽车保养。

5. 索赔旧件的管理

（1）索赔旧件处理规定

① 被更换下来的索赔旧件的所有权归汽车制造厂所有，各特约服务站必须在规定时间内按指定的方式将其运回汽车制造厂索赔管理部。

② 更换下来的索赔旧件应挂上"索赔旧件悬挂标签"，保证粘贴牢固并按规定填写好该标签，零件故障处需要详细填写，相关故障代码和故障数据也须填写完整。索赔旧件悬挂标签由汽车制造厂索赔管理部统一印制，特约服务站可以向索赔管理部申领。

③ 故障件的缺陷、破损部位一定要用红色或黑色等不易脱落的颜料或记号笔做出明显标记。

④ 应尽可能保持索赔旧件拆卸下来后的原始故障状态，一些规定不可分解的零件不可擅自分解，否则将视该零件的故障为拆卸不当所致，不予索赔。

⑤ 旧机油、变速器油、制动液、转向器用油、润滑油脂、冷却液等不便运输的索赔旧件无特殊要求不必运回，按当地有关部门规定自行处理（应注意环保）。

⑥ 在规定时间内将索赔旧件运回。回运前索赔员需要填写《索赔件回运清单》，注明各索赔旧件的装箱编号。索赔旧件必须统一装箱，箱子外部按规定贴上《索赔旧件回运装箱单》，并把箱子封装牢固。

⑦ 汽车制造厂索赔管理部对回运的索赔旧件进行检验后，对存在问题的索赔申请予以返回或取消。

⑧ 被取消索赔申请的旧件，各特约服务站有权索回，但须承担相应运输费用。

（2）索赔旧件悬挂标签的填写与悬挂要求

① 应在悬挂标签上如实填写所有内容，保证字迹清晰、不易褪色。

② 如果遇到特殊索赔，在悬挂标签备注栏内一定要填写授权号。

③ 所有标签应该由索赔员填写并加盖专用章。

④ 保证一物一签，物和签要对应。

⑤ 悬挂标签一定要固定牢固。如果无法悬挂的，则用透明胶布将标签牢固粘贴在索赔件上，同时保证标签正面朝外。

（3）索赔件的清洁和装运要求

① 发动机、变速器、转向器、制动液罐等内部的油液全部排放干净，外表保持清洁。

② 更换下来的索赔旧件必须统一装箱，即将相同索赔件集中装在同一包装箱内，并且

在每个包装箱外牢固贴上该箱索赔件的《索赔旧件回运装箱单》，注明装箱号与索赔件的零件号、零件名称和零件数量，在规定时间由物流公司返运到汽车制造厂索赔管理部。

③ 各个装箱清单上的索赔件种类和数量之和必须与《索赔件回运清单》上汇总的完全一致。

④《索赔件回运清单》一式三联，经物流公司承运人签收后，第一联由特约服务站保存，第二联由物流公司保存，第三联由物流公司承运人交索赔管理部。

8.3.5　保修索赔工作机构

1. 保修索赔工作机构的组成

保修索赔工作机构由汽车制造厂索赔管理部和汽车特约服务站索赔员组成。

(1) 汽车制造厂索赔管理部。汽车制造厂索赔管理部隶属汽车制造厂的售后服务机构。售后服务机构负责售后业务，主要部门有：售后服务部、配件供应部、索赔管理部。售后服务部主要负责售后服务设备、培训、技术支持、资料手册编辑、特约服务站服务工作的协调监督等业务；配件供应部主要负责配件筹集、订单处理、库存管理、配件运送协调、配件价格体系制订、特约服务站配件工作协调及监督等业务；索赔管理部主要负责整车、配件保修索赔期内的保修索赔以及再索赔工作，具体有索赔工时、故障码的制订和校核、索赔单据的审核和结算、产品质量信息的收集与反馈、再索赔结算及协调等业务。

汽车制造厂在全国选建符合 4S 标准（集整车销售、汽车维修、配件供应、信息反馈为一体）的汽车特约服务站。汽车制造厂为特约服务站提供全面的技术支持，如信息系统的建设支持和运费的补偿。同时，汽车制造厂建立培训中心，为特约服务站进行技术、管理培训，成立应答中心，及时提供信息咨询和意见反馈。

(2) 汽车特约服务站索赔员

① 对索赔员的具体要求。要求每个特约服务站必须配备一名专职索赔员，专职索赔员的主要工作是保修索赔、免费保养和质量信息反馈。根据索赔的工作性质，专职索赔员必须具有必备的汽车专业理论知识。具体要求如下：

- 具有丰富的现场维修经验，有对汽车故障进行检查和判断的能力。
- 有较强的语言表达能力，善于沟通。
- 为人正直，工作仔细认真。
- 具有计算机基本应用能力。
- 通过汽车制造厂的专职索赔员培训，考核合格，持证上岗。

② 索赔员的工作职责。每一位专职索赔员都是汽车制造厂保修索赔工作的代表，其工作职责如下：

- 充分理解保修索赔政策，熟悉汽车制造厂保修索赔工作的业务知识。
- 对待用户要热情礼貌、不卑不亢，认真听取用户的质量报怨，实事求是做好每一辆提出索赔申请故障车的政策审核和质量鉴定工作。
- 严格按照保修索赔政策为用户办理索赔申请。
- 准确、及时地填报汽车制造厂规定的各类索赔表单和质量情况报告，完整地保管和运送索赔旧件。
- 积极向用户宣传和解释保修索赔政策。

● 积极协助用户做好每一次免费保养和例行保养。

● 在用户的保修保养手册上记录好每一次保修和保养情况。

● 严格、细致地做好售前检查。

● 及时准确地向汽车制造厂索赔管理部提交质量信息报告。如遇重大质量问题，及时填写《重大故障报告单》，传真至汽车制造厂索赔管理部。

2. 各机构工作职责

（1）汽车制造厂的工作职责

① 建立汽车特约服务站，对特约服务站的人员进行培训，帮助特约服务站提高技术水平和管理水平。

② 向各区域派出汽车制造厂的技术服务代表，检查各特约服务站保修索赔的执行情况，评估各特约服务站索赔员的业务能力。

③ 遇到疑难问题，汽车制造厂将通过函电指导或派代表及技术人员现场提供技术支持。

④ 特约服务站在保修索赔服务中如被发现有欺骗行为（如伪造索赔单等），汽车制造厂将拒付索赔费，并视情节给予罚款处理，直至取消其索赔资格。如造成了严重的社会影响，将追究其责任。

（2）汽车特约服务站工作职责

① 特约服务站是被授权对汽车产品进行保修索赔服务的企业。特约服务站有责任向所有符合保修索赔条件的用户提供满意的保修索赔服务，不得以任何形式和理由拒绝用户提出的正当合理的保修索赔要求。

② 特约服务站必须按汽车制造厂的规定配置相关的硬件（专用质量鉴定设备、索赔申请提交设备、专职人员、专用仓库等）和软件（计算机管理软件、专业培训、专业鉴定技术等）。

③ 贯彻汽车制造厂保修索赔政策，实事求是为用户提供保修索赔服务，既不可推脱责任，也不可为用户提交虚假的索赔申请。

④ 特约服务站在进行保修索赔工作中，有效的调整和维修是首选的措施，当调整和维修无法达到应有的技术要求时可以更换必要的零件或总成。

⑤ 特约服务站有责任配合汽车制造厂处理好用户的质量投诉，特约服务站作为汽车制造厂的代表之一，不可推卸用户对质量投诉的责任。

⑥ 为了提高产品质量，特约服务站应按规定向汽车制造厂索赔管理部提供有效的质量情况反馈。

⑦ 妥善保管在索赔服务中更换的零配件，严格执行汽车制造厂的索赔旧件管理制度。

（3）汽车经销商工作职责

① 执行汽车制造厂的新车交付验收标准，发现疑问，及时向汽车制造厂反映。

② 执行汽车制造厂新车仓库管理制度，按规定做好新车保养。

③ 及时向汽车制造厂技术服务代表或汽车制造厂索赔管理部反馈车辆库存中的质量信息，避免因延误处理而产生不应有的质量损失。

④ 如果因车辆移动造成的事故，或者因保管不善造成零部件丢失或损坏，经销商应负责将车辆恢复到符合技术标准的状态，不得向用户出售不合要求的车辆。

⑤ 及时向汽车制造厂反映用户的意见或要求，协助汽车制造厂处理市场反馈的产品质

量信息。

⑥ 帮助汽车制造厂建立与用户的联络渠道，共同提高对用户的服务能力和水平。

──────── ★ 本 章 小 结 ★ ────────

客户服务的核心是提高客户满意度，通过建立档案，了解客户的信息，对客户经济科学地分类，有的放矢地为不同的客户提供服务。企业通过对客户满意度的调查了解服务的质量。汽车配件的售后服务包括汽车配件客户服务、汽车配件替换服务及汽车配件的售后质量担保服务等。

汽车售后配件替换服务主要是对保持车辆性能的前提下的不同车型配件互用。这样做既降低了车主的车辆维修成本，同时也提高了车辆的维修效率。

汽车配件质量担保是汽车配件售后服务中的关键一环，汽车配件的质量担保是由整车厂和汽车4S店来完成的。对于汽车配件经营企业而言，优质的配件能给消费者带来完美的消费体验，如果企业销售了有质量缺陷的汽车配件，消费者可以通过索赔的方式维护自身的权益，企业通过受理索赔，以提高客户的满意度，维护企业的形象，这将带来更强的客户忠诚度。

本章思考题

1. 汽车配件经营企业对于企业客户和个人客户分别搜集有哪些信息？
2. 对客户档案分析的内容有哪些？
3. 客户分类的方法有哪些？
4. 什么是客户满意度？客户满意度调查的内容是什么？
5. 进行客户满意度调查流程是怎样的？有哪些方法可以用于客户满意度调查？
6. 什么是汽车配件的互换性？汽车售后配件替换的作用是什么？
7. 什么是汽车售后配件的质量担保和索赔？用户如何对汽车特约服务商进行索赔？

本章案例
零部件故障导致车辆大面积召回

在《缺陷汽车产品召回管理条例》严格实施的背景下，因零部件故障而带来的汽车召回已经成为常态。

2015年3月30日，长安汽车官方宣布，由于车辆冷却液抗氧化能力不足，可能引起冷却性能下降，会影响冷却系统的冷却效果，极端情况可能造成冷却液温度偏高，存在安全隐患。

长安汽车从3月31日起召回包括CS75、睿骋、CS35、逸动、致尚XT等多款车型，共计12.1万辆。对此，长安汽车免费为车主提供冷却系统清洗，并更换冷却液的检修维护服务，以消除安全隐患。

当下零部件通用化趋势不断加强，平台化生产也渐成趋势。从成本上看，平台化生产确实可以降低企业的研发和生产成本，但同时也增加了风险发生的可能。因为即便是一个细小的零部件问题，都或将引发"火烧连营"的大面积事件。因此，加强对供应商链条的管理以及平衡压缩成本和控制风险的关系，成为当下考验车企经营管理能力的突出问题。

知识拓展
我国汽车旧件回收渠道策略

现有企业实践中，汽车旧件来源主要包括从终端消费者处回收的旧机、主机厂索赔件以及主机厂零部件加工中产生的废料。旧机回收渠道主要来自4S店/维修站以及专业废旧回收站等社会来源。但由于逆向的汽车旧件回收信息不对称，数量不能保证，回收效率低。

1. 我国汽车旧件回收渠道存在的主要问题

（1）回收来源很不稳定。再制造企业旧件来源很大一部分来自终端消费者，由于客户群范围广，不能有效保证回收汽车旧件质量与回收时间。

（2）回收渠道过于单一。再制造企业主要依赖新产品销售网络，一对一以旧换新的方式回收汽车旧件，但回收量远远不能满足生产需要。而汽车的保有量大，很大一部分汽车旧件流向其他渠道。特别是社会修理厂、拆车厂以及资源回收站的旧件信息很难获得，仅依靠新产品销售网络，回收效率低。

（3）旧件再制造不均衡。回收来源与渠道的不稳定导致汽车旧件再制造生产的不均衡。由于回收数量少，回收时间很难确定，再制造生产忙闲不均，无法充分利用产能。

（4）回收再造库存管控难。由于汽车旧件来源少、型号复杂多样，库存控制体系不完善，造成一方面，旧件来源不足，旧件库存管理一般没有设置安全库存；另一方面，制品仓库出现积压，生产的汽车部件再制造品种与市场需求不符。

2. 国外汽车旧件回收的经验借鉴

欧美、日本等汽车工业发达国家都早已以立法形式明确了汽车制造商回收报废汽车责任（EPR），形成完善的废旧汽车回收管理体系。同时，EPR制度还能促进汽车制造商在设计阶段就考虑如何做才有利于汽车报废后回收拆解与再利用。

（1）国外汽车回收旧件相关行业规范

1）欧盟国家的相关规范。欧盟最早推行了汽车行业的生产者责任延伸制度（EPR）。到2007年为止，欧盟要求各汽车制造商必须回收利用85%的汽车材料，回收网络容量需要能够接收全部报废汽车；到2015年，汽车的回收比例应达到95%。在德、法等欧洲国家，汽车制造商在新车型上市之前，必须出具一份即将上市的新车在材料再生与零部件可再制造比例方面达到一定标准的证明，否则无法获得市场准入许可证。英国2005年通过的《报废车辆规定（制造商责任）》明晰了制造商对废旧汽车回收处理责任以及对回收网点的要求，确保旧件回收网点能够有效回收废旧汽车。

2）美国的相关规范。美国的法律规定了有关汽车制造商产品连带责任以及废弃物填埋的环保法规限制，将报废汽车引起的环境污染降至最低。美国钢铁冶金回收量的1/3来自于汽车回收的废钢铁，汽车零部件回收利用率达80%。

3）日本的相关规范。2002年日本国会通过《汽车循环法案》，这一法案要求汽车制造商必须回收处理占车重20%的粉碎性垃圾、有害氟类物质以及安全气囊等部件，并向车主征收约2万日元的回收费。此外，政府还会根据回收情况奖励汽车生产企业，激励汽车生产企业积极参与到回收工作中。

（2）国外汽车旧件回收模式

根据各国报废汽车回收的实践与现有研究，废旧汽车回收有多种模式。制造商可以通过在各地的回收点回收消费者的报废汽车；也可以在消费者在汽车销售店购买新车时回收旧车；还可以由专业的第三方回收拆解公司回收；汽车制造商也能选择直接回收报废汽车；或建立联合回收中心；或与第三方回收企业共同建立回收中心。

1990 年，宝马汽车公司在慕尼黑成立回收研发中心，获得废物处理的资格认证，并逐步建立起完善的废物回收品仓库的全国性网络，取得了很好的汽车回收效益。很多汽车制造商联合组建专业回收中心，共同研究报废汽车回收利用技术，提高回收处理效率，实现报废汽车回收的规模效益。1991 年，美国通用、福特、戴姆勒·克莱斯勒三大汽车公司成立了报废汽车回收联盟；针对销往国外的汽车，宝马、雷诺和菲亚特几家汽车生产企业建立了废旧汽车回收处理中心。还有汽车制造商与回收企业共同建立报废汽车回收中心。如雷诺汽车与法国废钢铁公司共建旧车回收中心。丰田等大型汽车生产企业均设有专门的报废汽车回收部。

3. 我国旧件回收渠道改善策略

汽车旧件返回过程中，回收网络的构建直接影响旧件回收量。根据汽车旧件回收模式的分析，企业可以采取自营回收仓库和通过代理商的形式回收。同时借鉴国外经验，在生产者责任延伸制度下，制造商与汽车生产企业合作，将更好地实现汽车零部件回收。

（1）建立汽车旧件回收网络

1）自营回收仓库。自营回收仓库需要考虑初始投入成本，可以回收的旧件应该呈规模化，否则运营成本太大，影响再制造利润。因此，再制造企业回收网络中汽车旧件回收量大且回收来源较为稳定时，可以采用自营回收仓库。而再制造规模小、汽车旧件来源不稳定的再制造企业不适合这种模式。

2）代理商分区域回收。通过代理商（如 4S 店）代为回收适合汽车旧件返回率不高的情况，可以由企业的正向销售渠道返回旧件。但终端的各个经销商较为分散，由销售终端分散回收后运送至再制造商会使回收过程中的物流成本大大增加。为提高回收仓储的效率，再制造企业或代理商可以在各区域建立回收中心，回收的汽车旧件再返回至再制造企业，既能提高回收效率，还能保证返回规模，实现各种型号产品的分类存储。当再制造企业规模还处在初级阶段时，可以考虑由各个区域的分销中心作为各区域的代理回收中心，以节约回收成本。

一般汽车生产企业会在各地区设立区域分销中心，以提高销售网络效率。特别是根据不同区域消费者的习惯特点，各个分销中心对所在的区域采取适合的销售策略。同样，各个分销中心也能够依赖已有的分销网络回收汽车旧件。各地区的经销商为消费者提供相应的服务时，可以获得更换下来的汽车旧件，这些汽车旧件运至相应分销中心建立的旧件回收仓储中心中，再由分销中心统一送交再制造企业。

这样分区域的回收模式，能够提高旧件回收批量与回收效率。企业利用已有销售渠道，不需要过高的成本投入。各个分销中心可根据各区域特征回收不同型号的旧件，有利于企业再制造产品类型的扩展，以充分利用再制造产能。

（2）实行生产者责任延伸制度下废弃零部件返回

在生产者责任延伸制度（EPR）下，汽车制造企业需要负责报废汽车的回收。汽车产销量的上升会引起未来保有量的增加，保有量的增大会带来每年报废汽车数量的增加。据资料显示，我国每年的汽车报废率约为 7%。庞大的报废汽车规模预示着可供挖掘的汽车部件再制造潜在的供应源。年报废汽车量远远超过质保期内需要更换汽车旧件的返修汽车量。因此，EPR下再制造商可以与汽车生产企业合作，将这部分汽车旧件再制造生产。

1）生产者责任延伸制度在我国的发展。再制造商与汽车生产企业合作以获得汽车寿命终结时废旧部件的前提条件是EPR制度。我国的《报废汽车回收管理办法》规定，汽车"五大总成"，即发动机、转向器、变速器、前后桥、车架必须以材料形式回收，不能再出售。2007年4月我国公布的《报废机动车拆解环境保护技术规范》又对报废机动车拆解、破碎企业的环境保护和污染控制等多方面提出了具体规定。我国于2009年开始实施的《循环经济促进法》涉及EPR制度，将生产者责任从生产阶段、产品使用阶段逐步扩展延伸至产品废弃后的回收、利用与处置阶段。但直到2010年7月《报废机动车回收拆解管理条例（征求意见稿）》的颁布开始，我国才允许再制造企业进行废旧汽车总成等零部件的再制造加工，并鼓励汽车再制造企业与回收拆解企业建立长期合作关系。

2）汽车旧件返回的合作。随着我国汽车行业EPR制度的发展，汽车生产企业会承担未来大规模本企业品牌报废汽车的回收。再制造商需要与汽车生产企业紧密合作，帮助有效地回收"消化"报废汽车。在EPR制度下，再制造企业与汽车生产厂家合作，将厂家负责回收的年报废车辆旧件作为再制造供应源，使再制造企业需要相当的生产规模与较高的再制造生产效率。这就要以双方长期稳固的合作伙伴关系为基础，否则容易造成报废汽车的积压，但同时再制造企业产能过剩的"两难"局面。因此，再制造企业可以与汽车生产厂家签订长期的框架协议，通过与汽车生产企业合作扩展回收来源，获得汽车生产商负责回收的汽车旧件。

第9章 汽车售后配件信息管理

本章导读

目前汽车售后配件管理已进入信息管理时代。无论是整车厂还是经销商或维修站，都已经开始使用各种信息管理系统，本章从信息系统管理的角度，分析汽车售后配件管理系统的需求。构建系统的总体结构和功能结构。以北京运华天地科技有限公司开发的汽车配件管理系统为例，说明系统的各项功能及其使用。

9.1 汽车售后配件信息管理概述

9.1.1 汽车售后配件信息管理的概念

信息管理是指在整个管理过程中，人们收集、加工和输入、输出的信息的总称。

信息管理的过程包括信息收集、信息传输、信息加工和信息储存。信息收集就是对原始信息的获取。信息传输是指信息在时间和空间上的转移，因为信息只有及时准确地送到需要者的手中才能发挥作用。信息加工包括信息形式的变换和信息内容的处理。信息的形式变换是指在信息传输过程中，通过变换载体，使信息准确地传输给接收者。信息的内容处理是指对原始信息进行加工整理，深入揭示信息的内容。经过信息内容的处理，输入的信息才能变成所需要的信息，才能被适时有效地利用。信息储存是使用者为了重复使用，将信息通过一定方式保留的过程。

汽车售后配件信息管理主要是对汽车售后配件的采购、库存和销售等一系列活动及相关主体（供应商、客户等）的全面信息管理过程。

9.1.2 汽车售后配件信息管理的目的

实施汽车售后配件信息管理的目的在于：

（1）科学管理配件档案，优化分类，全面反映物品情况，有利于进行标准化工作。

（2）管理配件变动信息，实时反映配件现状。

（3）为保证合理配件量提供实时信息，系统对于超量存储的配件及存储低于最低配件量的配件会实时发出提示信息。

信息化在帮助汽配企业降低采购、营销成本，减少库存，优化库存结构，拓展销售渠道，提高服务效率等方面起到了不可替代的作用。

据调查，目前独自经营、年营业额在几十万到100万元之间的汽配经销商中，约有80%以上都使用了单机版的汽车配件经营管理软件，以替代人力劳动，而一些经营规模较大、百万元营业额以上、连锁经营的经销商大多采用了网络版的汽车配件经营管理软件，管理终端已延伸至其各个分销点，初步形成了小有规模的内网平台。对于连锁经营者，管理软件最显著的特点就体现在商品的调拨上，通过网络管理，可达到事半功倍的效果。

对于经销商，汽车配件管理软件最大的优点并不只是简单地体现在诸如及时看到各种配件的库存情况和销售情况、加快资金流通等直观结果上。对于产品销售商，其所经销的汽车配件中总有一部分畅销，有一部分滞销。滞销部分占用资金所引起的费用势必会分摊到卖出去的汽车配件上。而通过管理软件，经销商可以及时发现比较滞销的汽车配件并将相关信息反馈给厂商，这种由下而上的信息流互动不仅是管理观念上的变革，同时也为汽配行业上下游渠道与顾客建立起无缝连接。

9.2 汽车售后配件管理系统

9.2.1 汽车售后配件管理系统的需求分析

1. 总体需求

汽车售后配件管理系统的总体需求是基于网络化协作管理，对外实现与供应链合作伙伴之间（包括汽车配件生产企业、汽车配件经销商等）的信息交换，对内实现企业内部管理的信息化。

目前汽车4S店有关配件管理的主要业务包括汽车配件的采购、销售、库存管理、客户服务、索赔管理、财务管理等。其人员配置主要有配件经理、配件仓库管理员、配件客服人员、配件索赔员和财务管理人员。其中配件经理负责汽车配件的采购和销售；配件仓库管理员负责汽车配件的库存管理；配件客服人员主要负责配件售后服务工作，维护与客户的关系；配件索赔员负责汽车配件的索赔工作；财务管理人员负责汽车配件的财务管理工作。汽车4S店需要为汽车配件管理提供一个现代化的管理手段，保证各种数据的完整性、及时性和正确性，切实完善管理体系，提高管理水平。

2. 功能需求

（1）进货是汽车配件经营管理的关键环节，它决定了企业后续销售业务的内容，同时也影响企业的库存成本和资金占用。配件进货管理业务需求主要有以下内容：企业需要对进货流程相关单证电子化，实现采购合同管理、处理采购退货、及时更新完善企业库存配件信息等功能。

（2）销售是实现汽车配件经营企业利润的根本。配件销售管理的业务需求有以下几个方面：企业需要对销售流程相关单证电子化，实现销售合同管理、处理销售退货、及时更新完善企业库存配件信息等功能。

（3）库存管理是汽车配件经营企业的重要环节。汽车零件的种类成千上万，因而对于汽车配件的库存管理十分重要。不仅要做到使成千上万种物料的账物相符，同时还要考虑降低库存、减少资金占用，同时避免物料积压或短缺。汽车配件经营企业的库存业务管理应具备以下特点：能随时查询某种物料的入库、出库、库存状况；及时获得需要盘点的物料及盘点结果；维护货位等。

（4）售后服务是汽车配件经营企业管理的核心。在汽车售后配件服务中，以客户的满意度为目标，汽车售前、售中和售后的工作都是围绕着这一目标展开的。信息管理系统需要对客户信息进行归集，对客户进行分类，对客户满意度进行调查，处理客户的投诉以及客户购买奖励、购买信息的推送等。

（5）财务管理是汽车配件经营企业管理的主要核心内容之一。应收账款和应付账款是汽车配件企业主要的财务管理项目，信息系统需要对企业采购和销售形成的这两类账务进行准确统计；提供各项管理报表；提供企业的呆账、坏账管理，进行财务分析，为企业的决策者提供信息支持。

进货、库存、销售、财务四个业务环节应紧密衔接，数据信息及时充分共享，极力避免盲目采购、库存成本增加、配件滞销等现象的发生。

3. 技术需求

对于汽车配件管理系统，技术上需要信息处理及时准确，实现所有的信息查询、增加、删除和修改活动，同时需要系统具备可靠性和实用性、有效性和可延展性，主要采用 SQL Server 数据库和 VB 系统开发实现。

系统的硬件设备主要需要服务器、PC、打印机及网络配件等。至于在软件问题上，使用的操作系统可以采用 Windows2000 或 Windows XP，数据库管理系统采用 SQL Server2000，这些软件在 MIS 开发中已被大量应用，在技术上都比较成熟。

4. 安全性需求

汽车配件管理信息系统的安全性需求主要从以下两方面考虑。

（1）机密性。汽车配件经营企业的汽车配件销售和采购信息属于企业的机密信息，对于企业外部和不具备相关权限的企业内部员工，要对这些数据信息做好保密工作，防止企业信息外露而导致不正当竞争等。

（2）有效性。企业信息化系统在使用过程中会产生大量数据，这些数据对于日常经营是非常重要的，因此确保这些数据的有效性是开展信息管理的前提。网络故障、主机故障、操作失误、计算机病毒都有可能造成电子票据的失效，有效性要求贸易数据在确定的时刻、确定的地点是有效的。

要做到以上两点主要通过以下手段实现：

（1）用户权限设置。通过对汽车配件经营企业的员工在系统设置中分配不同的数据处理权限，配合密码，保证企业的机密数据不被无关人员知晓和泄露。

（2）数据备份。通过对企业经营数据信息进行定期备份，确保在发生意外时，使用它恢复数据，尽量减少损失。

（3）防火墙及杀毒软件。通过在服务器中安装防火墙可以有效防止黑客的恶意入侵，防止系统数据的泄露丢失甚至系统瘫痪。通过在个人计算机上安装杀毒软件（360 杀毒软件、金山毒霸等），可避免网络病毒入侵系统而导致的数据被破坏、泄露及系统瘫痪。

9.2.2 汽车售后配件管理系统结构

1. 汽车售后配件管理系统的总体结构

管理信息系统的架构主要有 C/S 和 B/S 两种。Client/Server 系统体系结构（C/S 结构）是两层体系结构模式，在两层体系结构中，客户机执行应用处理和数据表述功能，服务器维护后台数据库。Browser/Server 系统体系结构（B/S 结构）是三层体系结构模式。该模式将系统架设在数据服务器、应用服务器、浏览器三个层次上，数据服务器专门存放数据，应用服务器提供各类服务组件来访问数据服务器和响应客户端的请求，浏览器端只显示结果和发出请求。

目前，汽车 4S 店的配件管理系统主要以 B/S 结构为主，即整个管理信息系统的服务主要通过浏览器或者移动客户端提供，如图 9-1 所示。

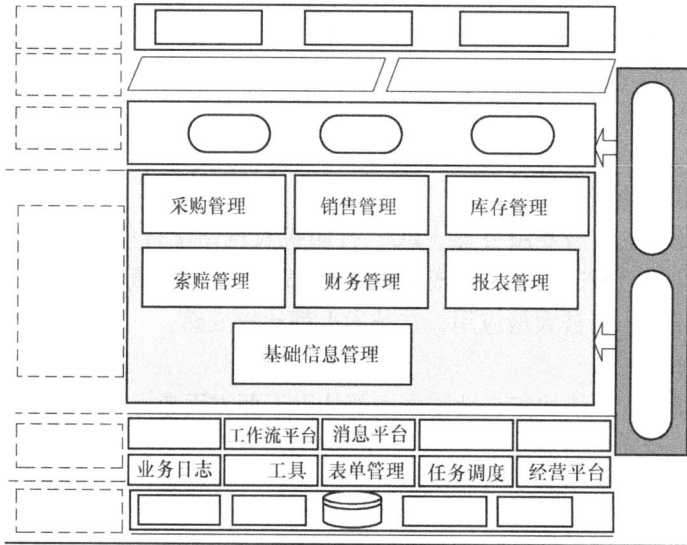

图 9-1　汽车配件管理信息系统总体架构图

2. 系统的功能结构

根据汽车售后配件业务需要，汽车售后配件信息管理系统应该包括进货管理、库存管理、销售管理、客户管理、索赔管理、财务管理、报表管理和系统管理 8 个功能模块。其中进货管理模块包括订货询价单管理、采购入库单管理、采购退货单管理；库存管理模块包括库存配件查询、库存配件盘点等；销售管理模块包括报价单管理、销售出库单管理、销售退货单管理；客户管理模块包括会员管理、会员积分等；索赔管理模块主要是索赔业务处理；报表管理模块包括配件销售统计、营业报表；财务管理模块包括应收账款管理、应付账款管理、呆账管理；系统管理模块包括系统登录、账套管理、基本信息管理、数据管理等，如图9-2 所示。

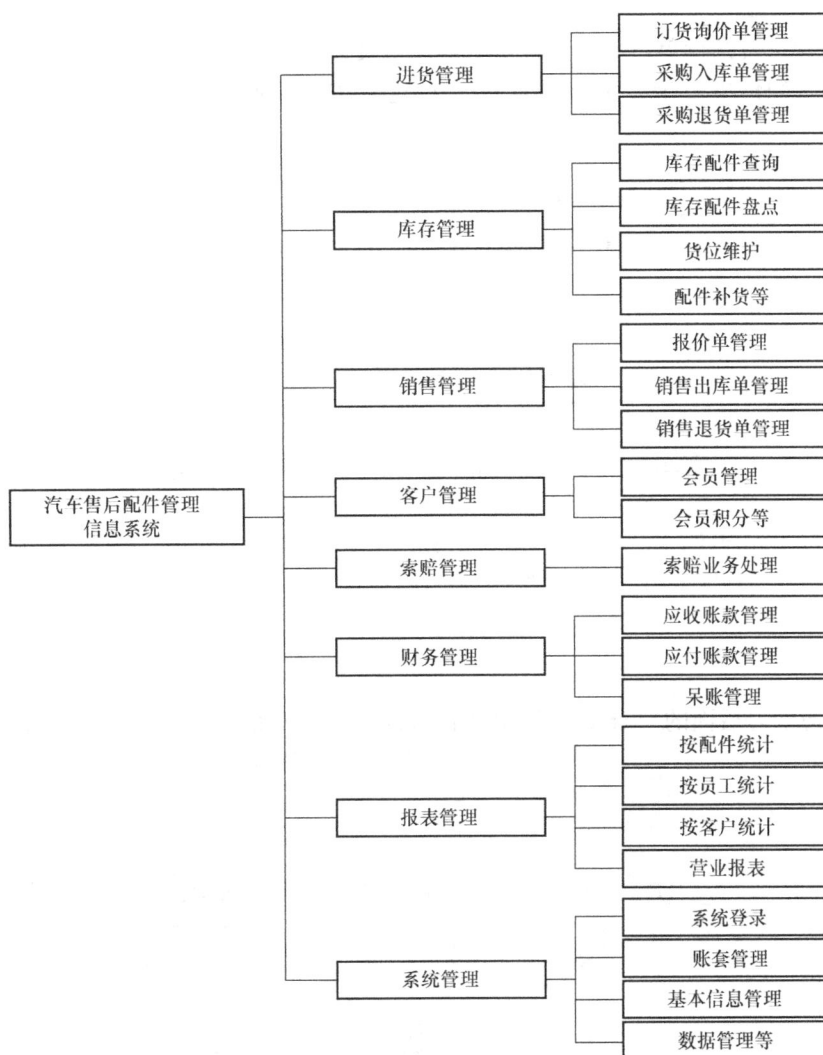

图 9-2　汽车售后配件管理信息系统功能模块图

9.3　北京运华天地科技有限公司汽车配件管理系统

为了全面地了解汽车配件管理系统，现以北京运华天地科技有限公司汽车配件管理系统为例，介绍汽车配件管理系统的各项功能及其操作。由于篇幅有限，仅介绍汽车售后配件管理系统中的进货管理、库存管理、销售管理和索赔管理四个核心功能模块的实际操作。

9.3.1　进货管理功能模块

本功能模块用于处理企业采购进货时的订货询价、采购入库、采购退货业务。

1. 订货询价单

订货询价单模块主要实现订货询价单的新建、订单的生成、订货询价单的查询及订货询价单的作废等功能。

（1）新建订货询价单。单击【进货管理 – 订货询价单】。

在"订货询价单"上，单击左上角"新建"按钮，弹出空白订货询价单，如图9-3所示。

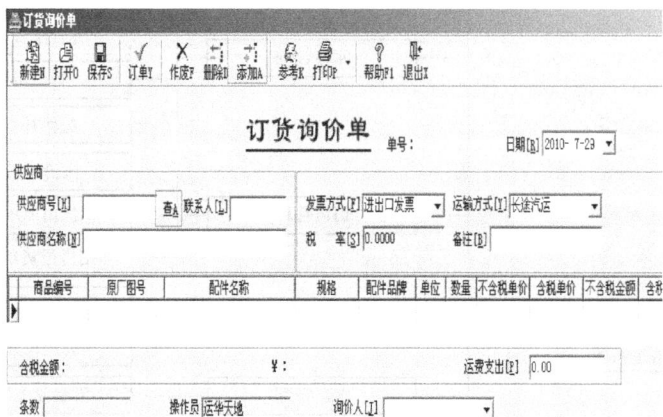

图　9-3

单击供应商号后面的"查A"，弹出"供应商查询"对话框，如图9-4所示。

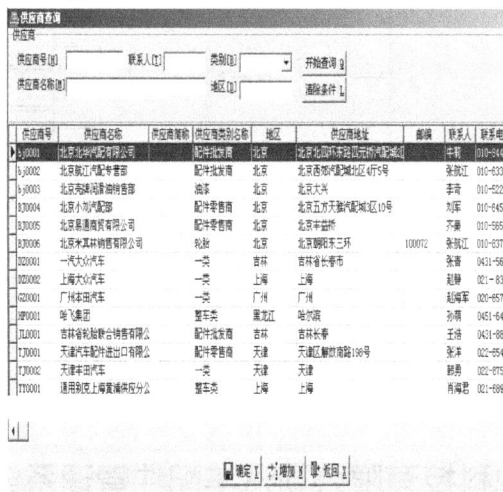

图　9-4

选中需要的供应商双击或单击下面的"确定 Y"按钮，供应商信息就会添加进来，如图9-5所示。

单击菜单栏的"添加 A"按钮，即可弹出配件查询窗口，如图9-6所示。

选中需要的配件信息双击或单击"选中添加到单据"按钮，添加完毕后如图9-7所示。

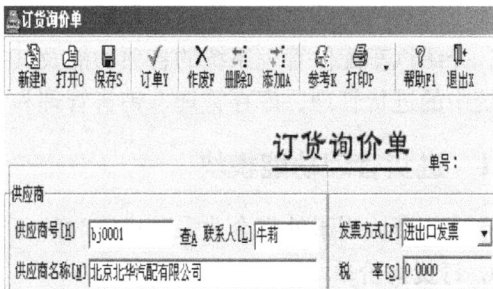

图　9-5

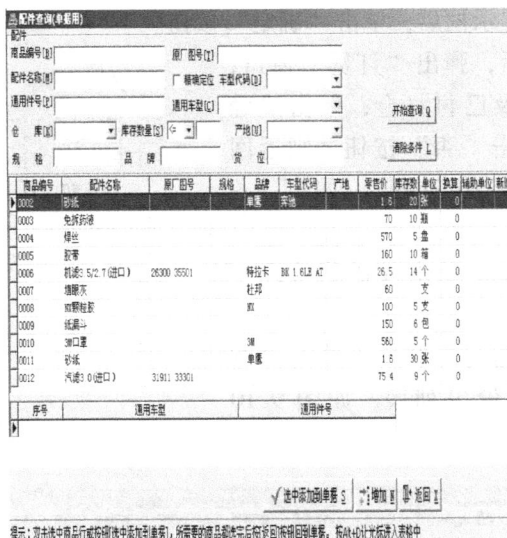

图　9-6

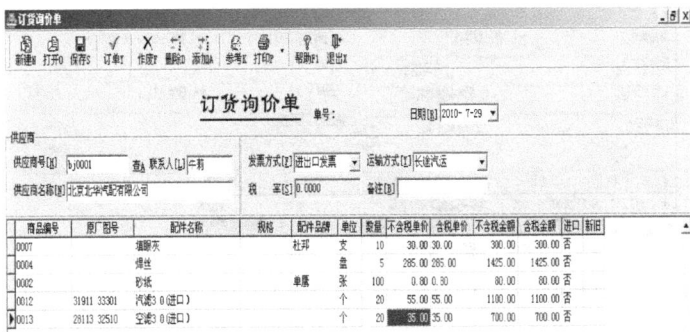

图　9-7

（2）完成订单。填入询价人、发票方式及运输方式，单击菜单栏"订单 Y"按钮，如图 9-8 所示。

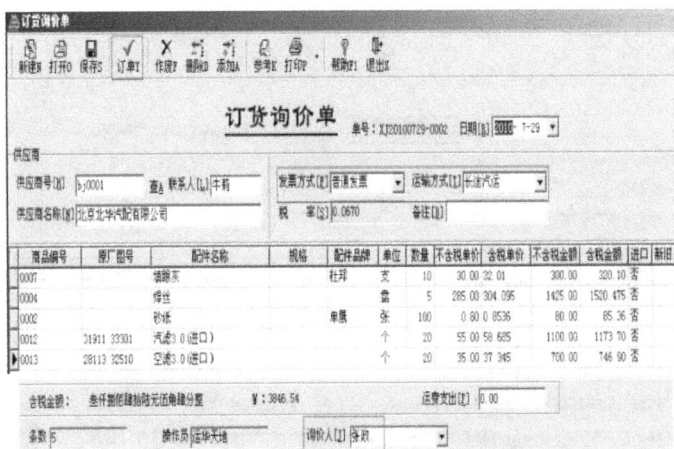

图　9-8

弹出"保存成功"提示框后，单击"确定"按钮。

单击"确定"按钮后，弹出"订货"窗口，填上订货人、订单号码及已付订金，单击"确定"按钮即可完成，单击"否"按钮，则返回订货询价单窗口，不做任何操作，如图9-9所示。

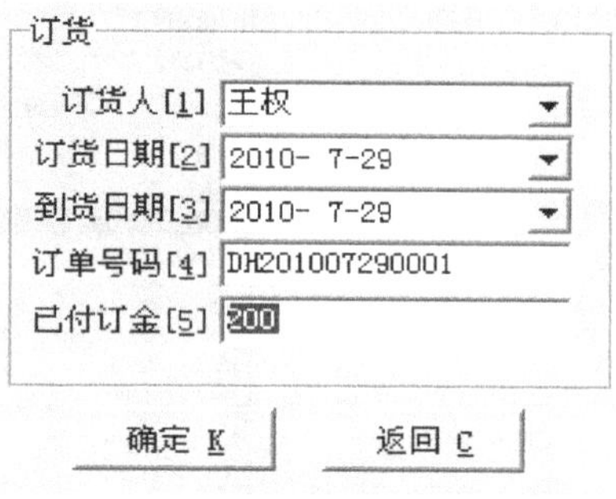

（3）订货询价单查询。单击【进货管理-订货询价单查询】。

弹出"订货询价单查询"窗口，单击"查询"按钮，即可查看询价单列表，如图9-10所示。

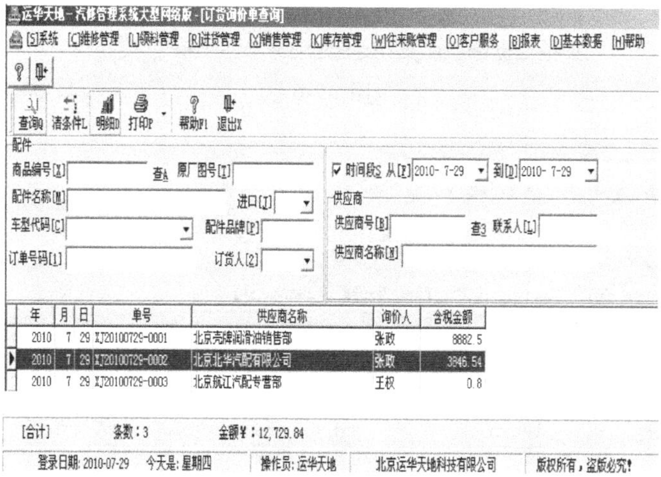

图 9-9

图 9-10

选择需要查看的询价单信息，单击"明细"按钮，即可看到该询价单详细信息，如图9-11所示。

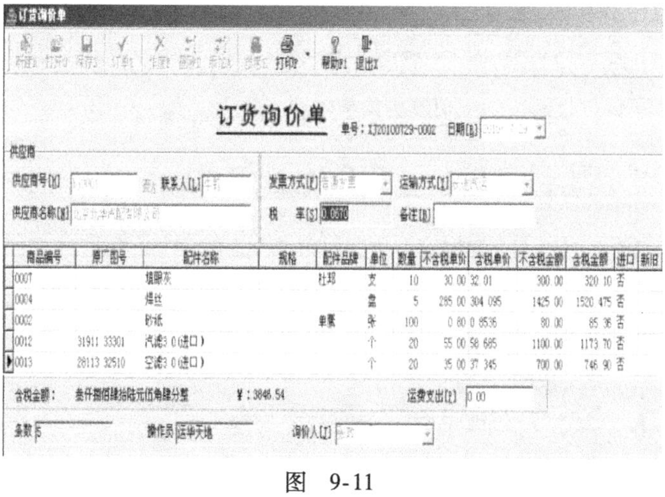

图 9-11

204

（4）作废订货询价单。单击【进货管理 – 订货询价单】。

在弹出的"订货询价单"菜单上单击"打开"按钮，如图9-12所示。

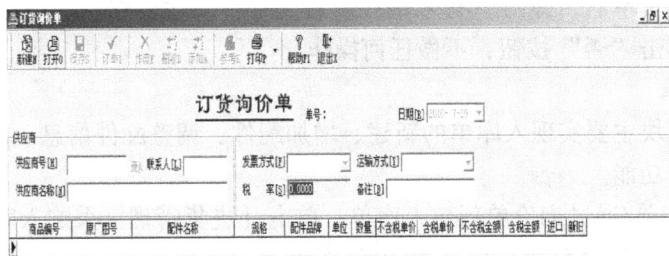

图　9-12

在"打开订货询价单"里面，选中要作废的单据双击或单击下面的"确定"按钮，如图9-13所示。

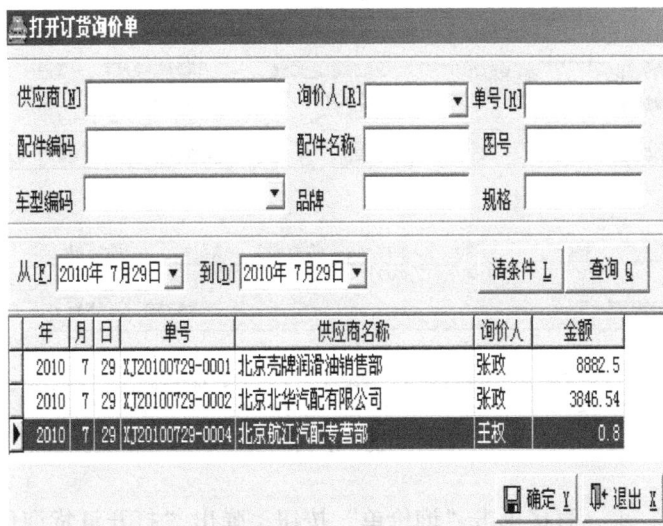

图　9-13

选择完毕后，单击菜单中的"作废"按钮，如图9-14所示。

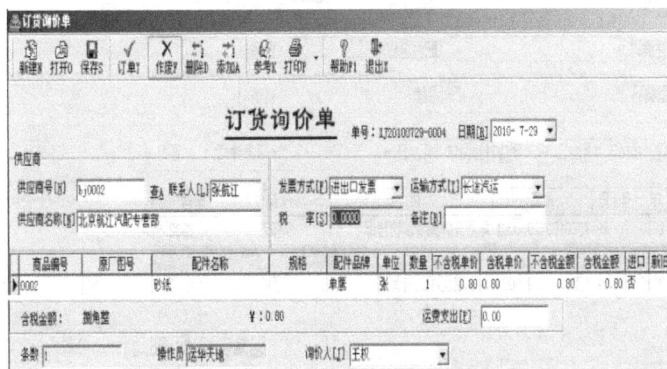

图　9-14

弹出"确定要作废本张单据并删除它吗?",单击"是"按钮,确定作废并删除。单击"否"按钮,不做任何操作,返回订货询价单窗口。

作废并删除订货单后,弹出"有未保存内容,是否新建单据?",单击"是"按钮,新建订货询价单。单击"否"按钮,不做任何操作。

2. 采购入库单

采购入库单模块主要实现入库单的新建、增加配件、调整配件信息、配件入库及作废入库单和查询入库单功能。

(1)新建入库单/通过询价单新建入库单。单击【进货管理 – 采购入库单】。

在进入"入库单"窗口后,单击菜单栏"新建"按钮,建立空白入库单,如图9-15所示。

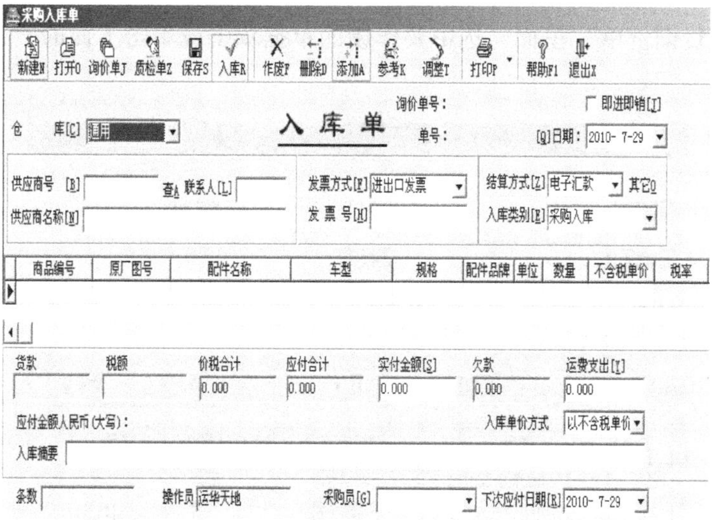

图 9-15

或在"入库单"上,直接单击"询价单"按钮,弹出"打开订货询价单"窗口,选择需要的单据双击或单击下面的"确定"按钮,如图9-16所示。

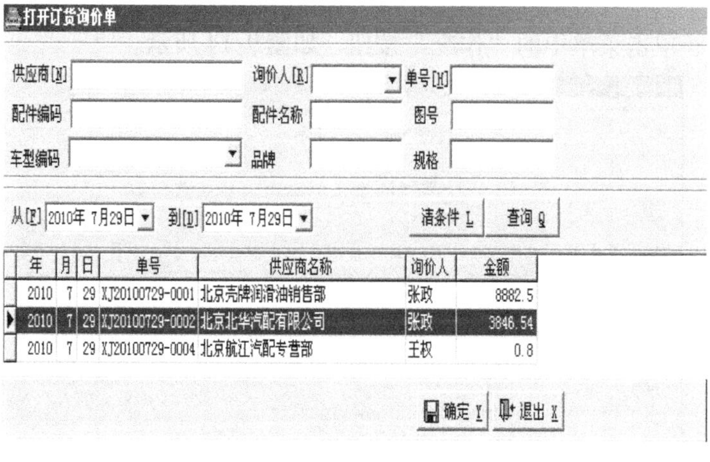

图 9-16

添加后，入库单信息显示如图 9-17 所示。

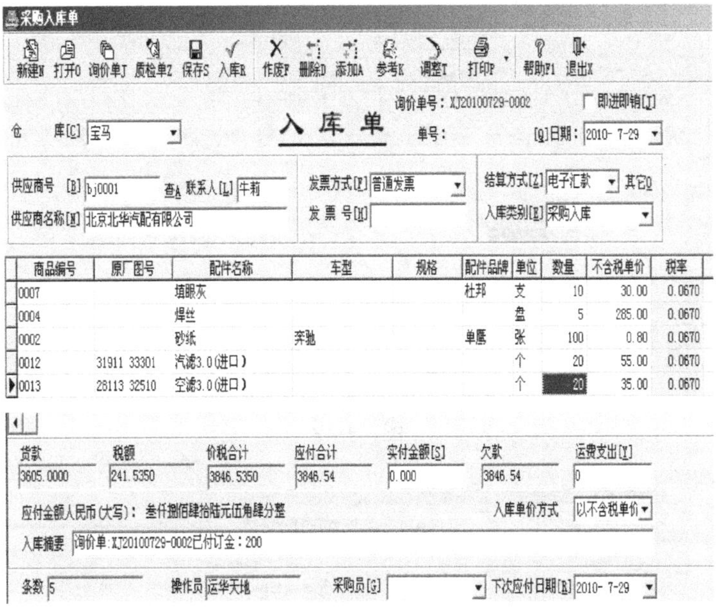

图　9-17

（2）增加配件并填写入库单。单击菜单栏的"添加"按钮，弹出"配件查询"窗口，选中需要添加的配件信息双击或单击"选中添加到单据"按钮，如图 9-18 所示。

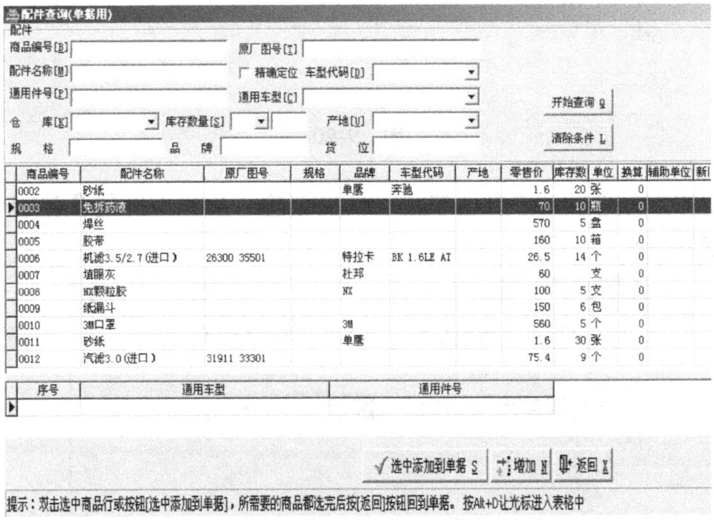

图　9-18

新添加的配件信息就会显示在入库单列表里面，如图 9-19 所示。

（3）配件参考及调整。选中需要参考的配件，单击菜单的"参考"按钮，即可弹出该配件价格参考窗口，如图 9-20 所示。

选中需要参考的配件，单击菜单的"调整"按钮，即可弹出该配件价格调整窗口，如

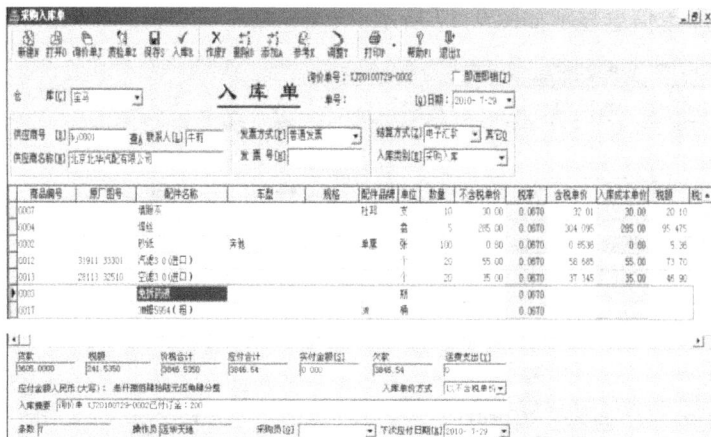

图 9-19

图 9-20

图 9-21 所示。价格调整包括：不含税单价、含税单价、货款、价税合计四个方面，可根据自己的需要，进行调整。

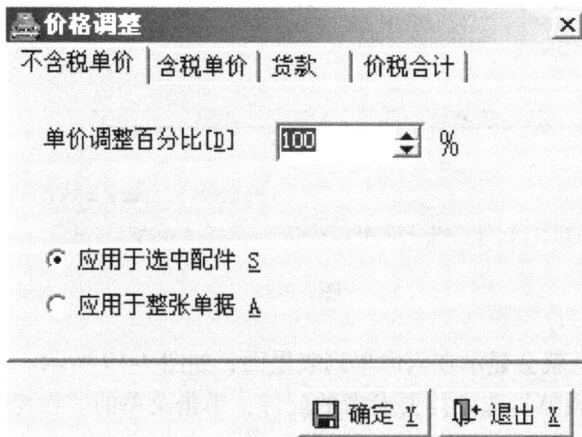

图 9-21

（4）保存并入库。入库信息填写完整后，单击菜单栏中的"保存"按钮，即可保存该单据，单击菜单栏中的"入库"按钮，即可完成入库操作，如图9-22所示。

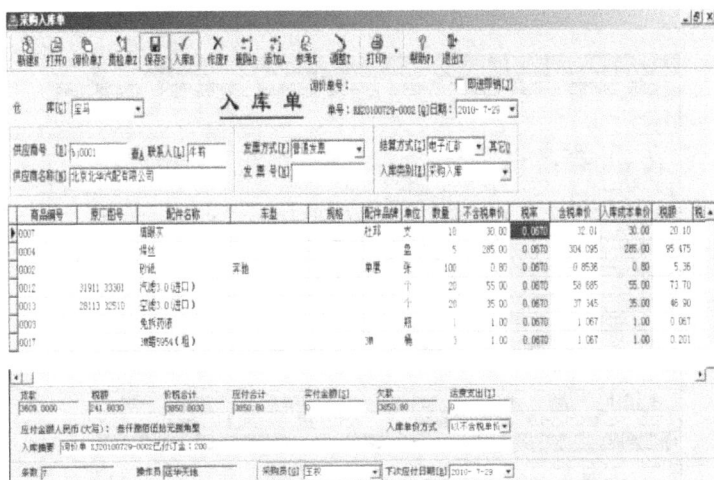

图　9-22

（5）作废入库单。入库单作废是针对进行过保存的单据操作。打开需要作废的单据，单击菜单栏的"作废"按钮，如图9-23所示。

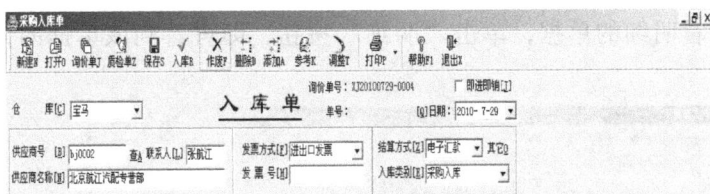

图　9-23

弹出是否作废单据的警告后，单击"是"按钮，作废该单据。单击"否"按钮，返回入库单，不做任何操作，如图9-24所示。

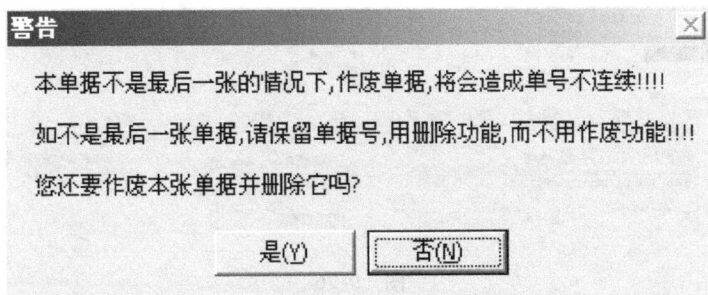

图　9-24

作废并删除入库单后，弹出"入库单有未保存内容，是否新建单据？"，单击"是"按钮，新建入库单。单击"否"按钮，不做任何操作。

（6）入库单查询。单击【进货管理－入库查询】。

弹出"入库查询"窗口后，单击"查询"按钮，即可看到入库单的列表，如图9-25所示。

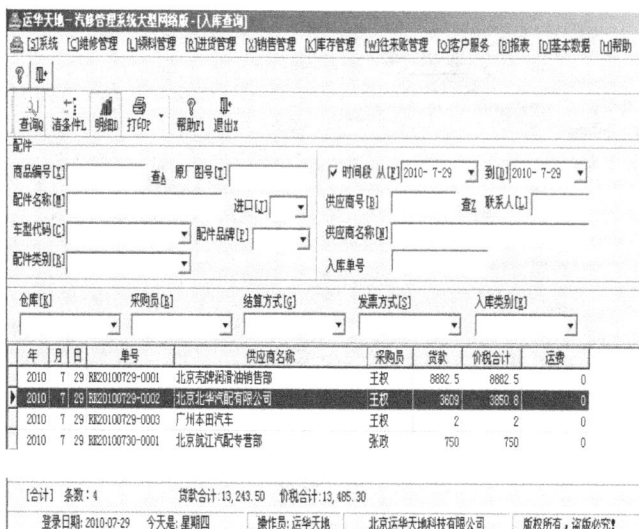

图　9-25

选中需要查看明细的单据，单击"明细"按钮，即可看到该单据的详细信息，如图9-26所示。

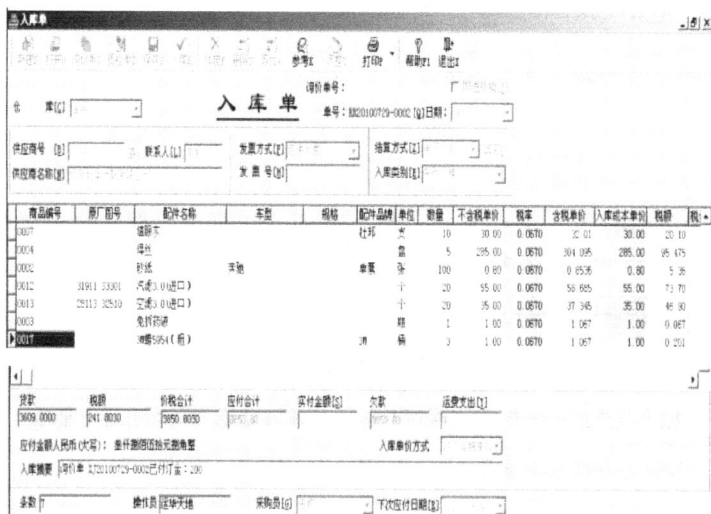

图　9-26

3. 采购退货单

采购退货单模块主要实现采购退货单的新建、采购退货单的修改、采购单保存、作废及查询采购退货单功能。

（1）新建采购退货单。单击【进货管理－采购退货单】。

在弹出的窗口，单击"新建"按钮，就可以新建一个空白的采购退货单，如图 9-27
所示。

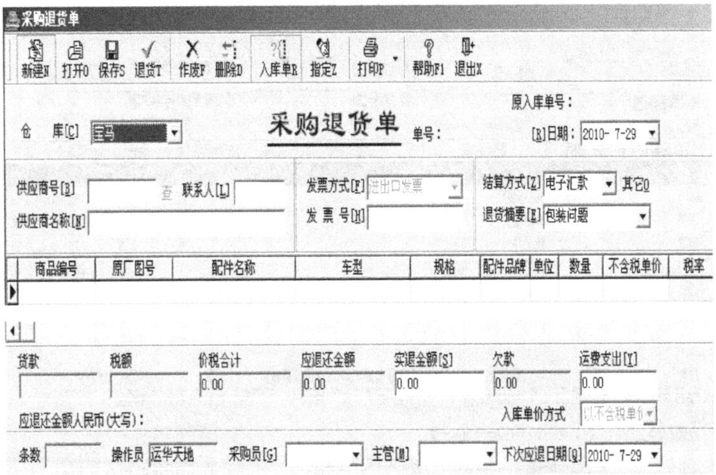

图　9-27

单击菜单栏上的"入库单"按钮，即可打开入库单列表，设置时间段，单击"查询"
按钮，即可看到这段时间内的入库单列表，如图 9-28 所示。

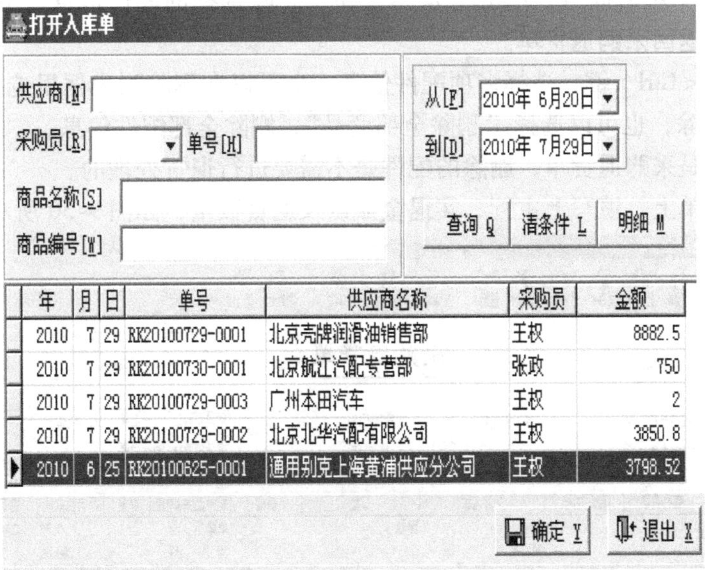

图　9-28

选择需要退货的入库单双击或单击下面的"确定"按钮，即可把入库单信息添加到退
货单里面，如图 9-29 所示。

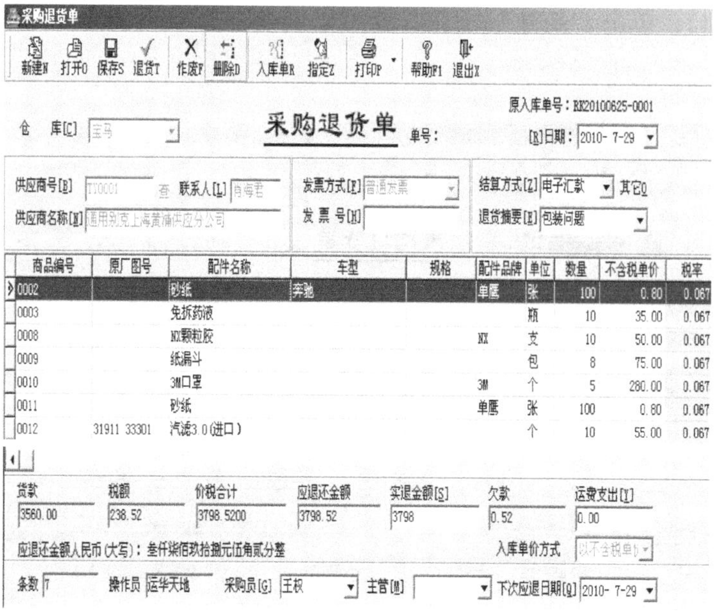

图 9-29

（2）删除配件信息/填写采购退货单。在采购退货单上面选中"某一配件名称"，单击菜单栏的"删除"按钮，或单击鼠标右键，在弹出的快捷菜单中单击"删除"命令。弹出"真的要删除吗？"对话框后，单击"是"按钮，删除选择的配件信息。单击"否"按钮，不做任何操作，返回采购退货单。

也可以按住＜Ctrl＞键，选择多项配件信息；也可以在删除列表框里选择"删除未选商品"进行反向删除，也可以选择"删除全部商品"，删除全部配件信息。

注意：此处是采购退货单，删除的配件是不需要进行退货处理的。

在采购退货单上，填写上主管、实退金额以及退货数量，如图 9-30 所示。

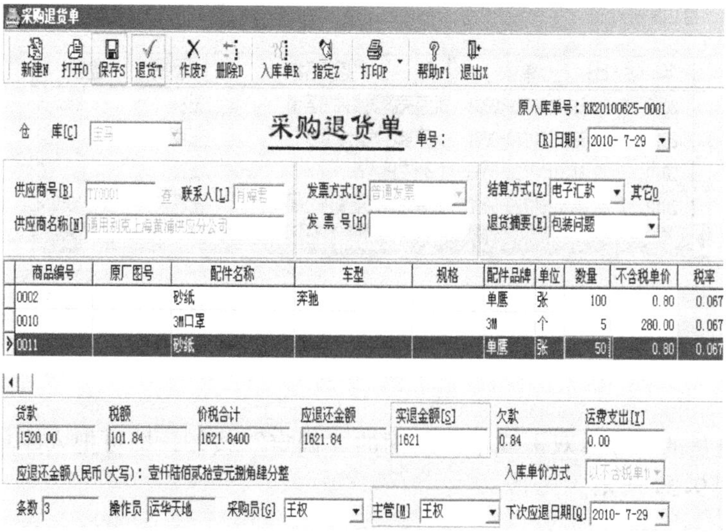

图 9-30

（3）保存采购退货单并退货。填写完毕采购退货单后，单击菜单栏的"保存"按钮，即可保存填写的内容。单击"退货"按钮，即可完成退货操作，同时生成一个退货单号，此时菜单栏的"保存"和"退货"成灰色，不可继续操作，如图9-31所示。

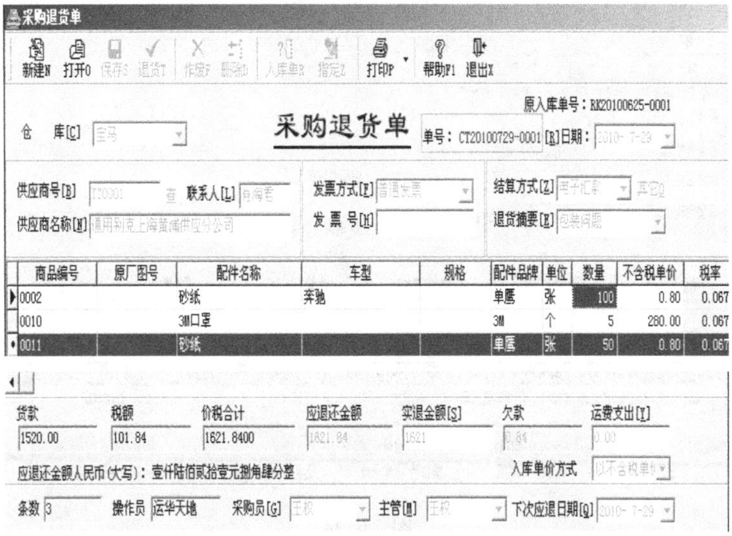

图 9-31

（4）作废采购退货单。采购退货单作废是针对进行过保存的单据操作。打开需要作废的单据，单击菜单栏的"作废"按钮，如图9-32所示。

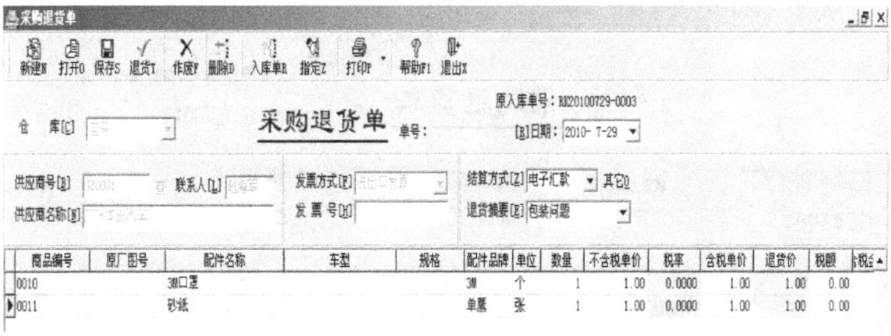

图 9-32

弹出是否作废单据的警告后，单击"是"按钮，作废该单据。单击"否"按钮，返回入库单，不做任何操作，如图9-33所示。

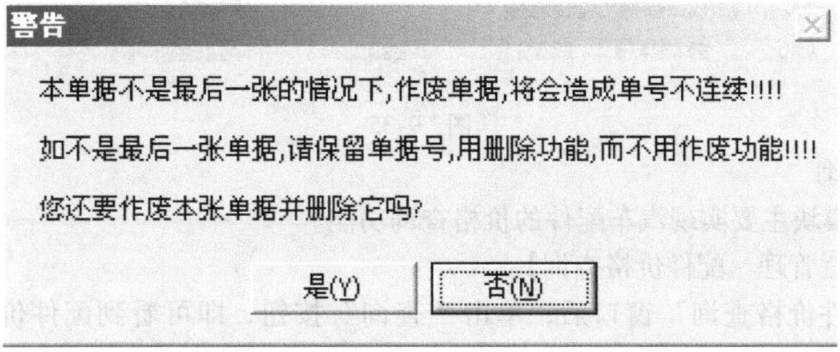

图 9-33

（5）查询采购退货单。单击【进货管理－采购退货查询】。

弹出"采购退货查询"窗口后，单击"查询"按钮，即可看到采购退货单列表，如图9-34所示。

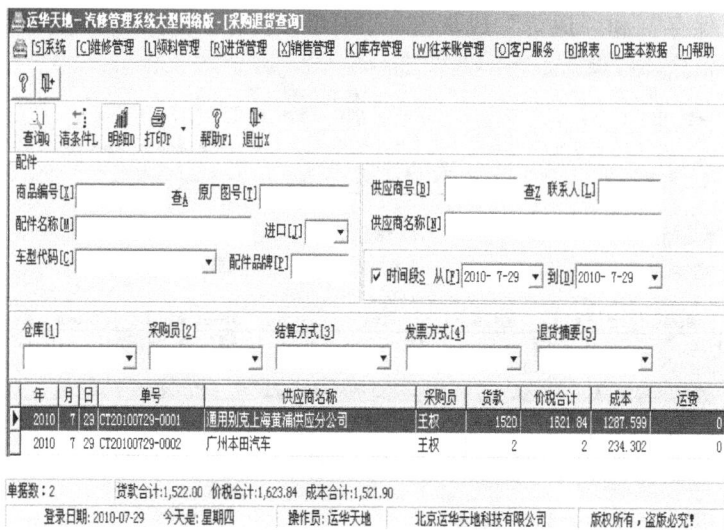

图 9-34

选中需要查看明细的采购退货单，单击"明细"按钮，即可看到该单的详细信息，如图9-35所示。

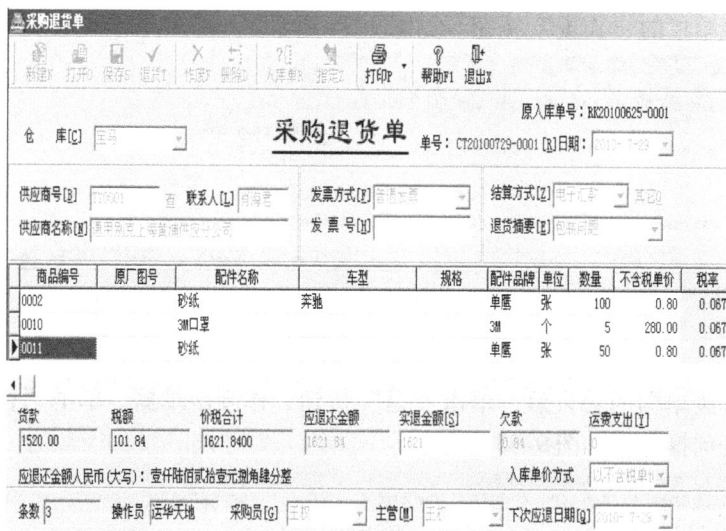

图 9-35

4. 价格查询

价格查询模块主要实现汽车配件的价格查询功能。

单击【进货管理 – 配件价格查询】。

弹出"配件价格查询"窗口后，单击"查询"按钮，即可看到配件价格列表。如图9-36所示。

在配件价格列表中，单击"进货询价明细"按钮可以查看配件询价历史明细，单击"入库进价明细"按钮可以查看配件询价历史明细，单击"销售单价明细"按钮可以查看配

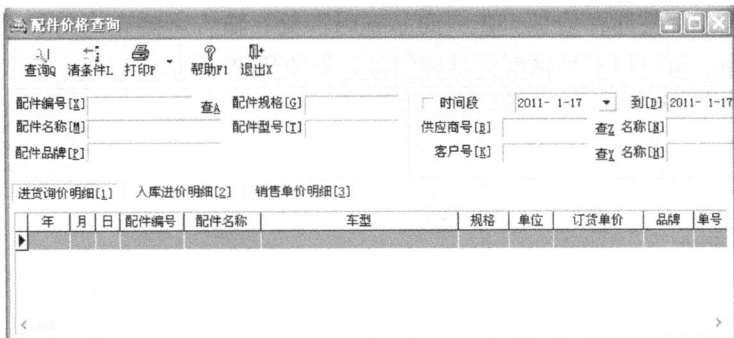

图　9-36

件销售历史价格，如图 9-37 所示。

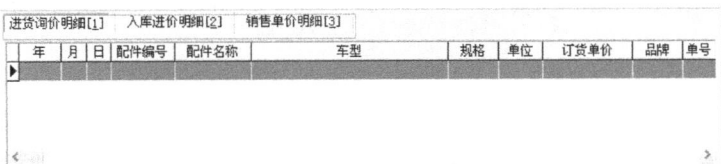

图　9-37

9.3.2　库存管理功能模块

本功能模块用于处理企业库存配件查询、盘点单及查询、货位维护、配件补货、生成出入库汇总表、拆分组合单的建立及库存期初录入。

1. 库存配件查询

库存配件查询模块主要实现库存配件查询功能，包括按配件查询、按分库查询、按库存数量查询及筛选低于库存警戒/低于库存下限/高于库存上限配件信息。

（1）库存配件查询。单击【库存管理–库存配件查询】，即可弹出"库存配件查询"窗口，如图 9-38 所示。

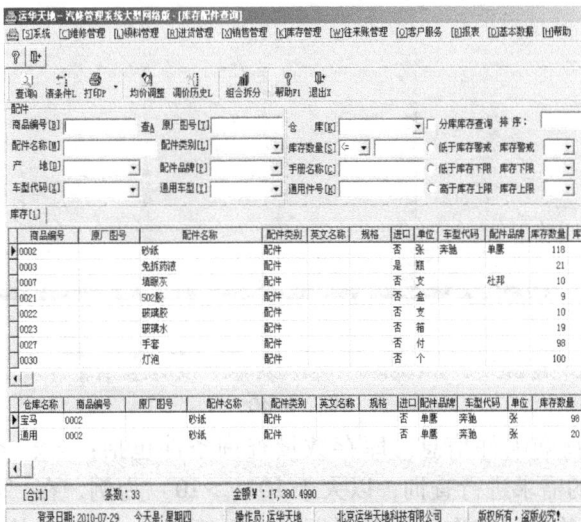

图　9-38

（2）查询单个配件库存信息。在"商品编码"处，输入需要查询的配件编码0002，单击"查询"按钮，就可以看到该配件具体信息，如图9-39所示。

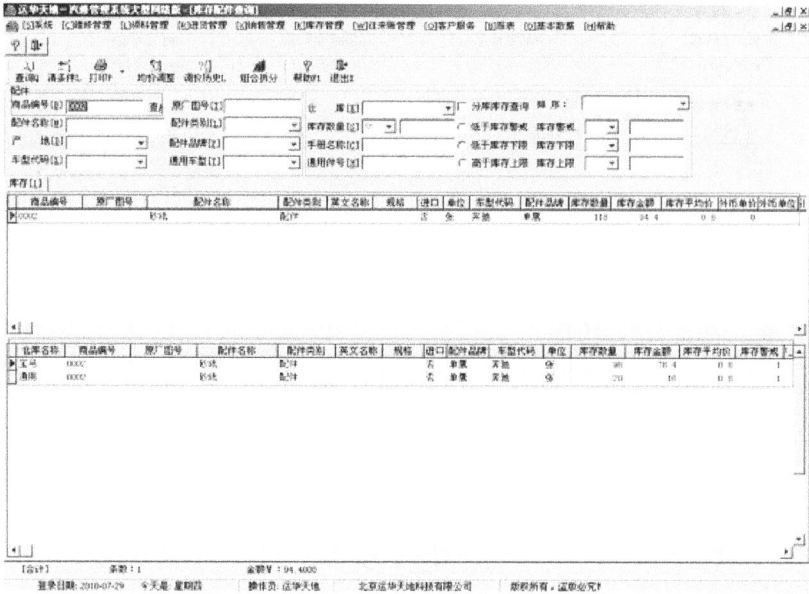

图　9-39

（3）按分库查询配件信息。在仓库处，选择需要查询的仓库宝马，并且把后面的"分库库存查询"勾选上，单击"查询"按钮，库存配件就会显示宝马仓库的所有配件信息，如图9-40所示。

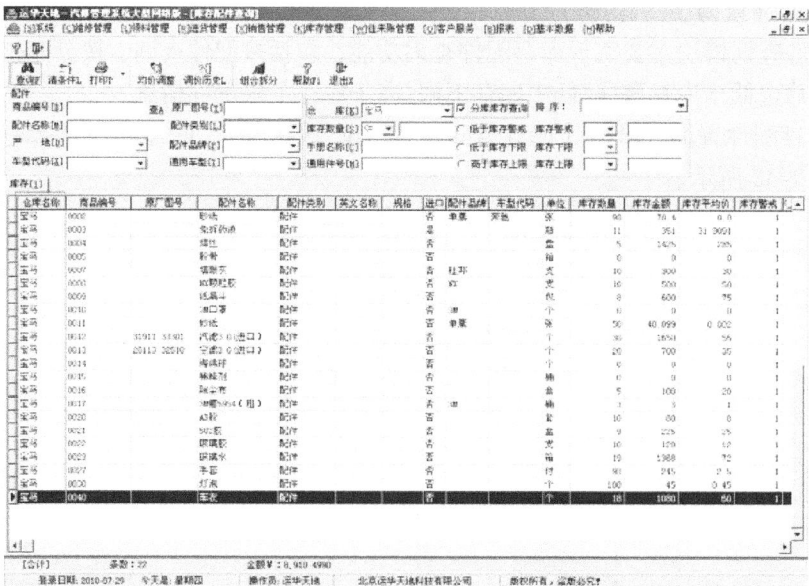

图　9-40

（4）按库存数量查询配件信息。库存数量查询条件包括：＝、＜、＞、＜＝、＞＝、＜＞，可以根据自己的需求进行查询，以大于10（＞10）为例，在"库存数量"后面选择"＞"，同时填上10，单击"查询"按钮，即可查看到数量大于10的所有配件信息，如图9-41所示。

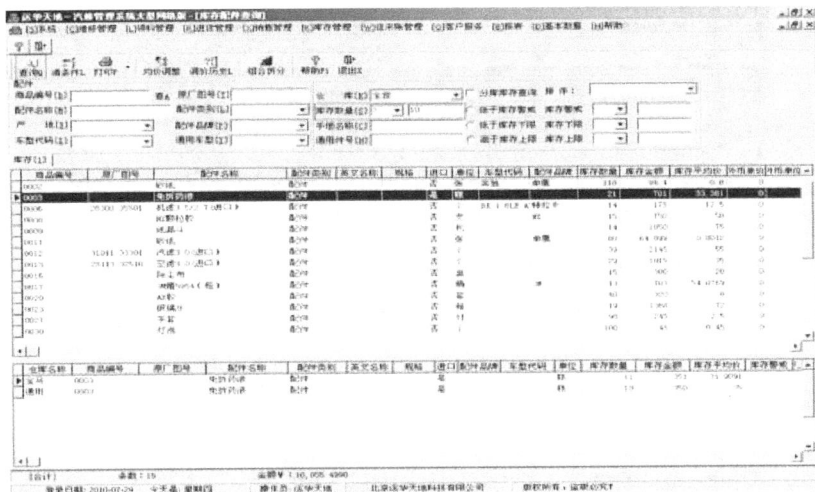

图　9-41

（5）筛选低于库存警戒/低于库存下限/高于库存上限配件信息。筛选选项包括：＝、
＜、＞、＜＝、＞＝，以等于（＝）的筛选条件为例。选中"低于库存警戒 库存警戒"，
在其后面选择＝，同时填上1，单击"查询"按钮，即可查看到低于警戒1的所有配件信
息，如图9-42所示。

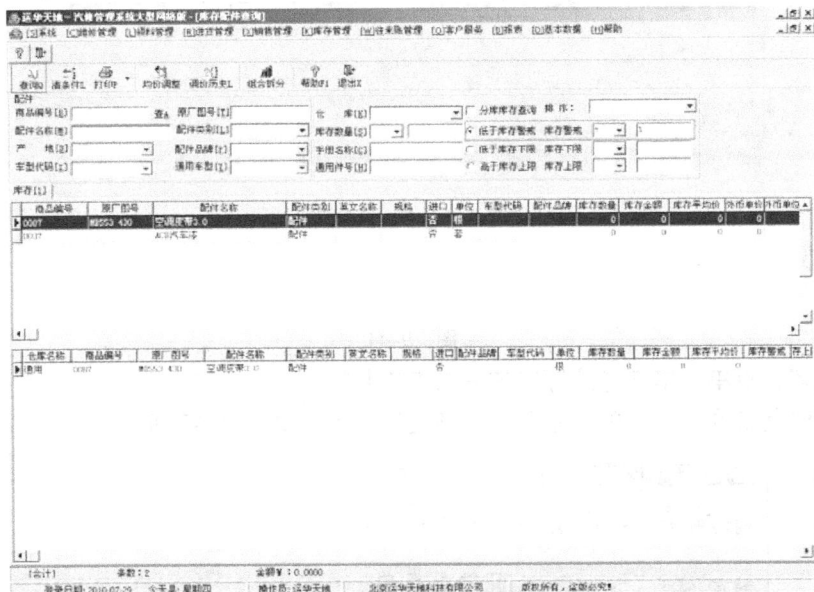

图　9-42

选中"低于库存下限　库存下限"，在其后面选择＝，同时填上3，单击"查询"按
钮，即可查看到低于下限3的所有配件信息，如图9-43所示。

选中"高于库存上限 库存上限"，在其后面选择＝，同时填上99，单击"查询"按钮，
即可查看到高于上限99的所有配件信息，如图9-44所示。

2. 盘点单及查询

盘点单及查询模块主要实现新建盘点单、对配件进行盘盈盘亏处理、填写盘点信息保存
并盘点、作废盘点单、盘点单查询功能。

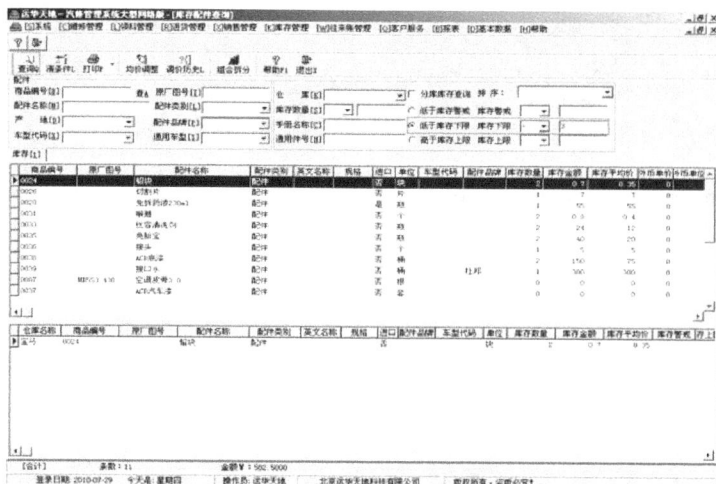

图 9-43

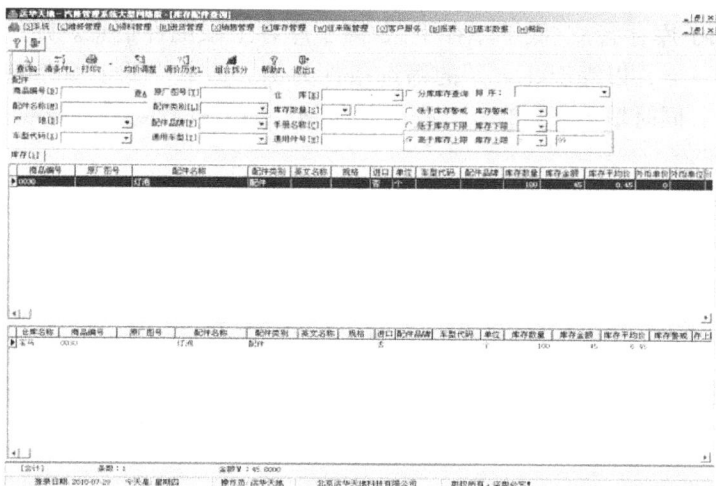

图 9-44

（1）新建盘点单 单击【库存管理－盘点单】。

在"配件盘点单"上，单击左上角"新建"按钮，如图9-45所示。

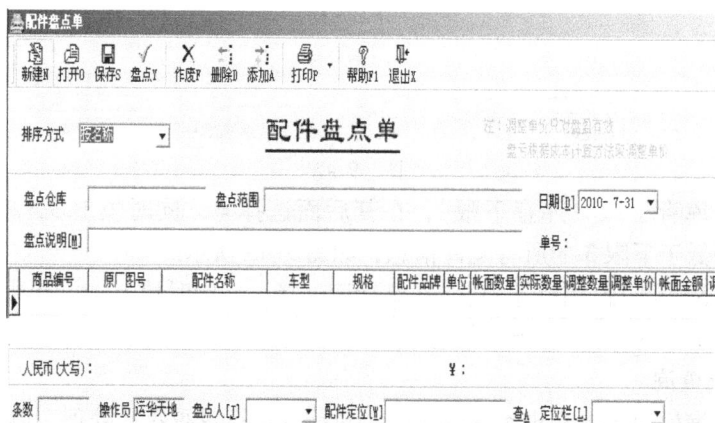

图 9-45

在弹出的"新建盘点"窗口，选择需要盘点的仓库名称宝马库，单击"确定"按钮，如图 9-46 所示。即可把宝马仓库所有的配件信息添加到配件盘点单里，如图 9-47 所示。

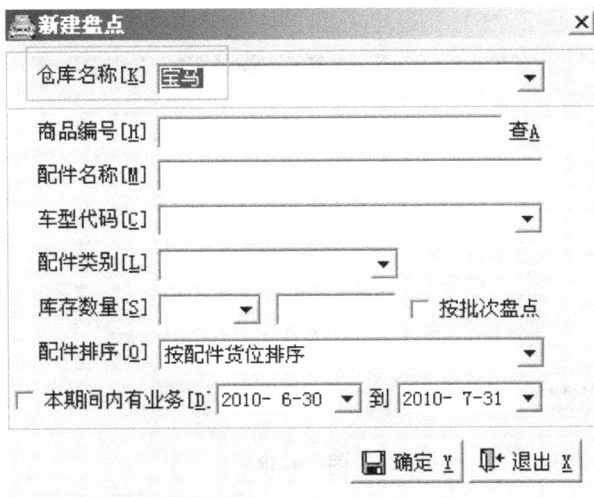

图　9-46

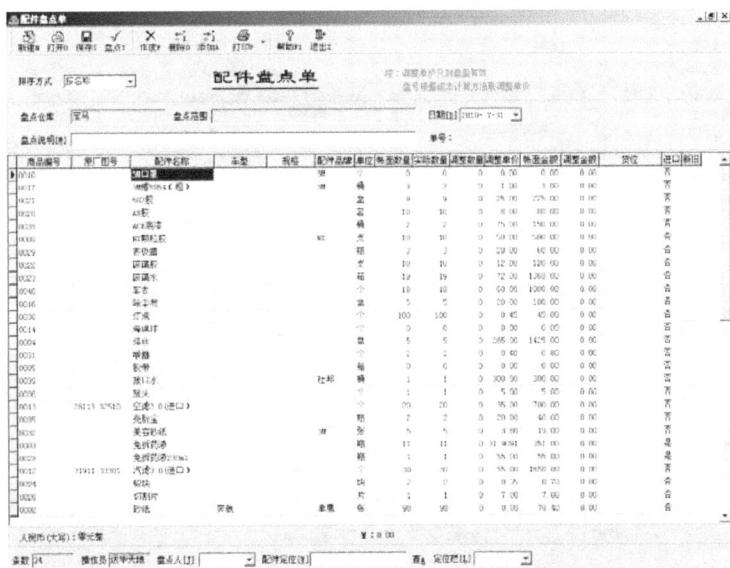

图　9-47

（2）对配件进行盘盈盘亏处理。根据库存实际数量，在盘点单里进行数据添加，如果实际数量比账面数量多，即为盘盈；如果实际数量比账面数量少，即为盘亏，如图 9-48 所示。

（3）填写盘点信息，保存并盘点。填写盘点人张政，单击菜单栏的"保存"按钮，即可保存当前的修改过的数据，单击"盘点"按钮，即可完成盘点工作，同时生成一个单号，如图 9-49 所示。

（4）作废盘点单。盘点单作废，主要针对已保存的盘点单操作，打开需要作废的盘点单，单击菜单栏的"作废"按钮，如图 9-50 所示。

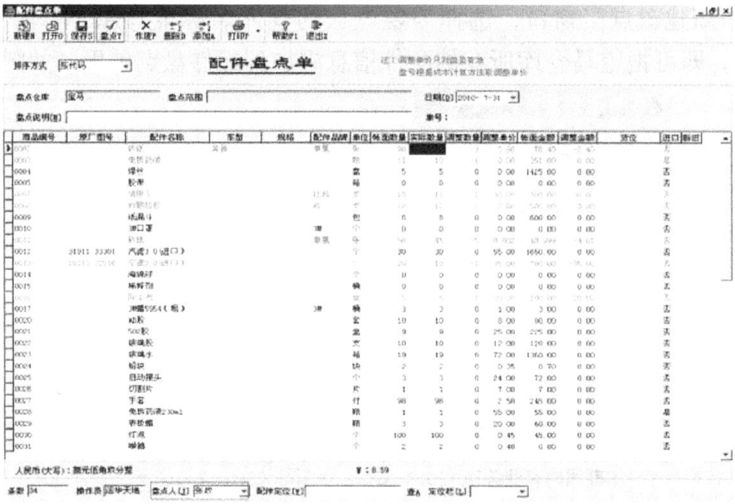

图　9-48

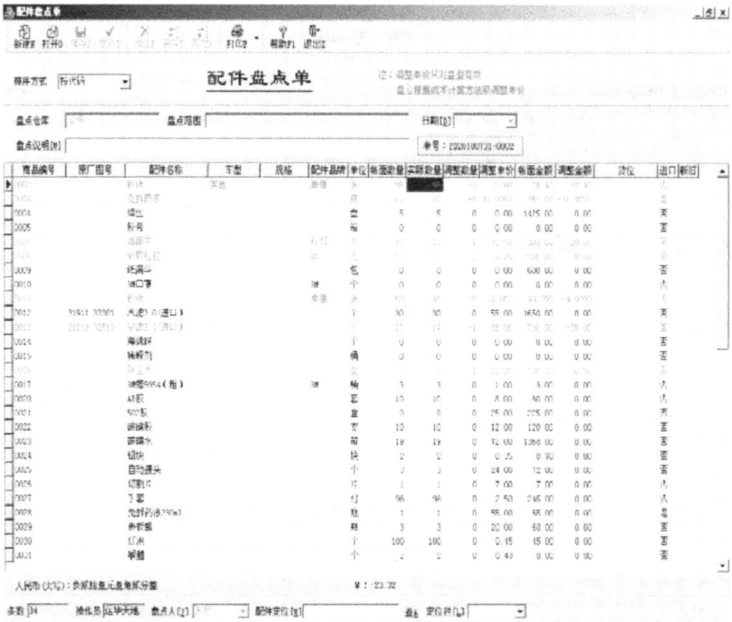

图　9-49

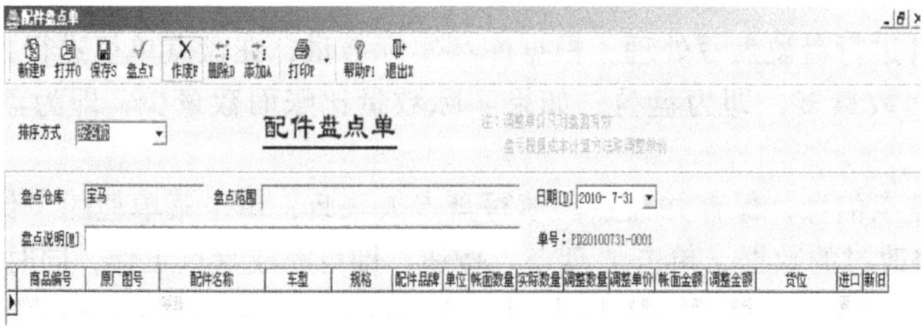

图　9-50

弹出是否作废单据的警告后，单击"是"按钮，作废该单据。单击"否"按钮，返回配件盘点单，不做任何操作。

（5）盘点单查询。单击【库存管理 – 盘点单查询】。

弹出"商品盘点单查询"窗口后，单击"查询"按钮，即可看到盘点单的列表，如图9-51所示。

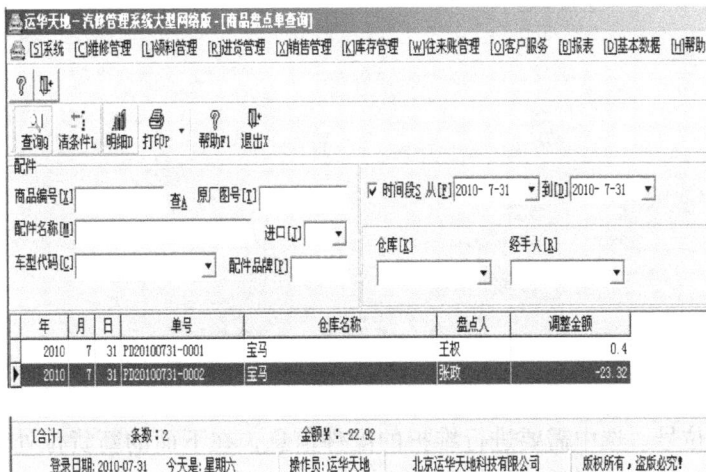

图 9-51

选中需要查看明细的单据，单击"明细"按钮，即可看到该单据详细信息，如图9-52所示。

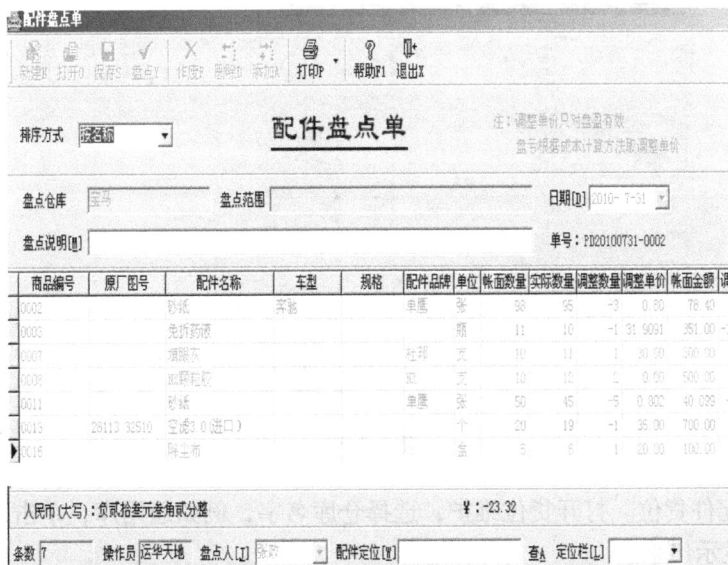

图 9-52

3. 货位维护

货位维护模块主要实现查询仓库配件、为入库配件分配货位号的功能。

（1）打开货位维护并查询分库配件。单击【库存管理 – 货位维护】。

弹出"配件货位维护"窗口后，单击"查询"按钮，即可看到通用仓库的配件列表，如图9-53所示。

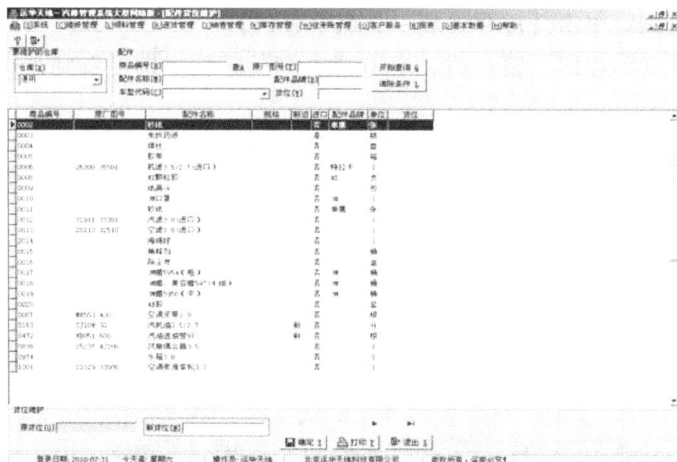

图　9-53

（2）分配货位号。选中需要进行维护的配件信息，在下面的新货位处输入货位号，单击"确定"按钮。添加完毕后，货位显示，如图9-54所示。

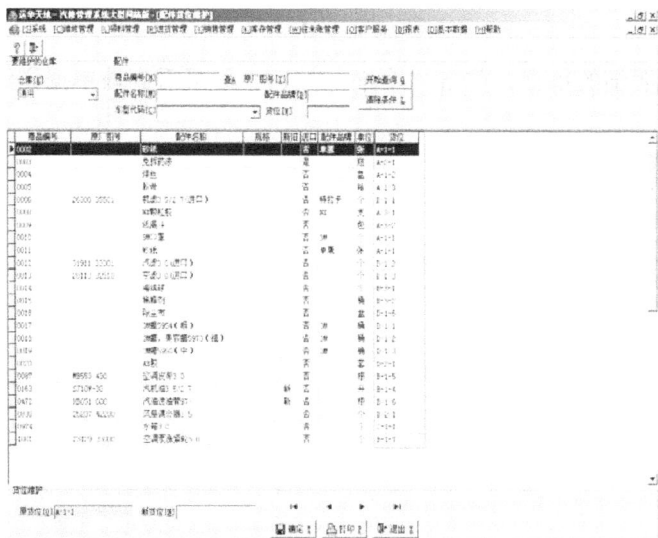

图　9-54

（3）查询配件货位。打开货位维护，选择仓库名字，例如通用库，单击"查询"按钮，配件货位就会显示出来。

4. 配件补货

配件补货模块主要是统计需要捕获的配件记录。

单击【库存管理－配件补货单】。

弹出"配件补货单"窗口，单击"统计"按钮即可统计出需要补货的配件记录，如图9-55所示。

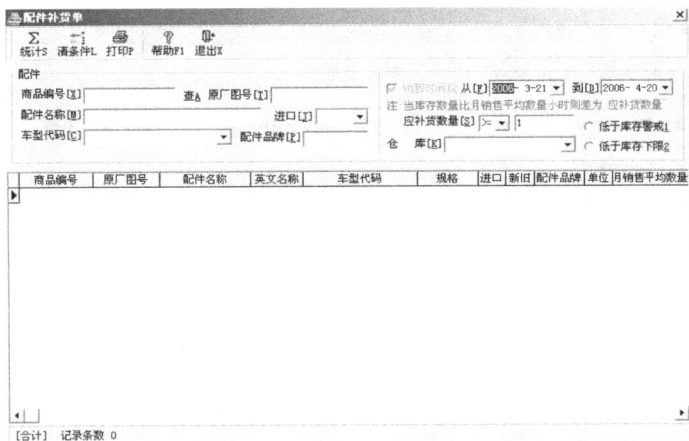

图　9-55

5. 出入库汇总表

出入库汇总表用来对配件的出库和入库情况进行汇总统计，如图 9-56 所示。

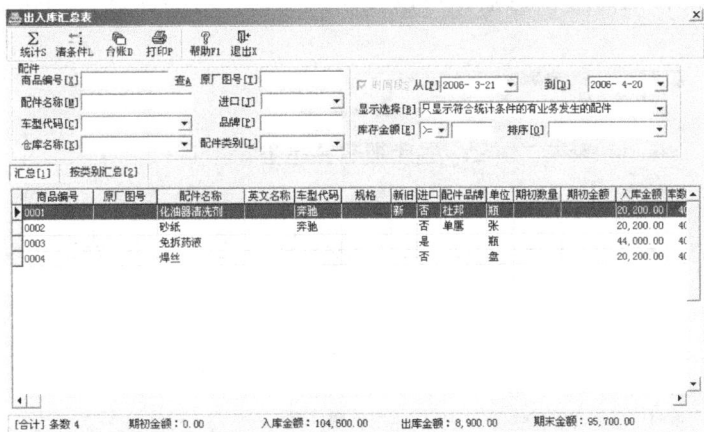

图　9-56

（1）输入统计条件。

（2）单击"统计"按钮，系统将结果显示在资料列表中。

6. 拆分组合单

拆分组合单这个功能模块实现的两个功能是：配件拆分和配件组合（例如螺钉和螺母这样组合拆分）。

单击【库存管理－配件拆分组合单】。

弹出"配件组合拆分单"窗口，如图 9-57 所示。

（1）新建：可以建立一个新的拆分组合单。

（2）选择操作配件所在仓库、日期等信息。

（3）添加：可以添加组合或拆分配件。

7. 库存期初录入

库存期初录入模块用于配件期初盘点，在首次使用本系统时，在录入配件的基础信息

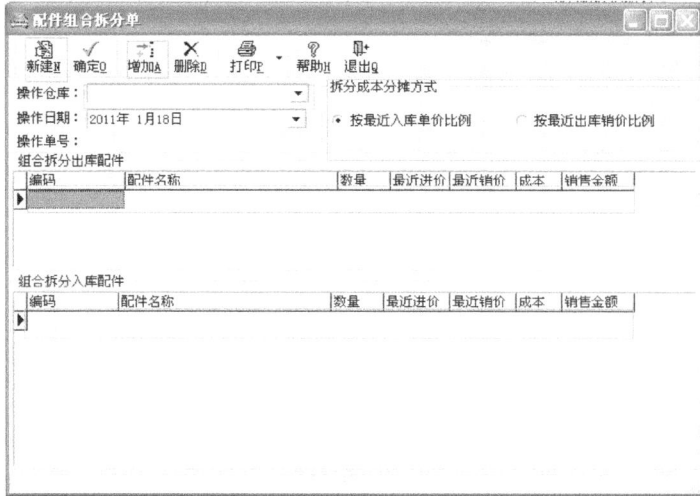

图 9-57

后，当已有一些配件的库存信息后，可以使用此功能，对商品进行期初盘点，如图 9-58 所示。

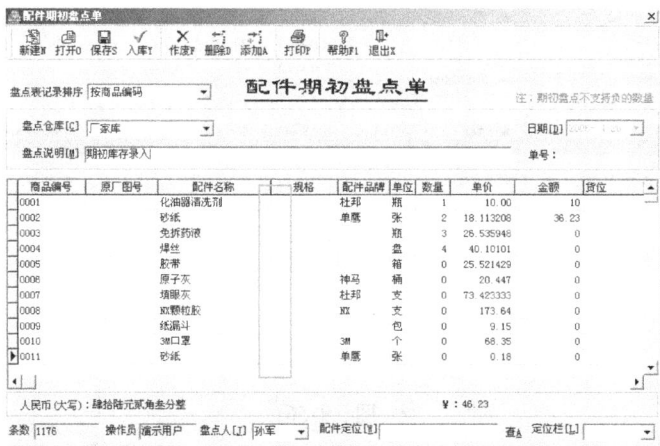

图 9-58

9.3.3 销售管理功能模块

本功能模块用于企业销售报价单、销售出库单及销售退货单的管理。

1. 销售报价单及查询

销售报价单及查询模块主要实现销售报价单的新建、价格参考、保存及作废销售报价单和销售报价单的查询。

（1）新建并填写销售报价单。单击【销售管理－报价单】。

在"销售报价单"上，单击左上角"新建"按钮，弹出空白销售报价单，如图 9-59 所示。

单击"客户号"后面的"查A"按钮，弹出"客户查询"窗口，单击"开始查询"按

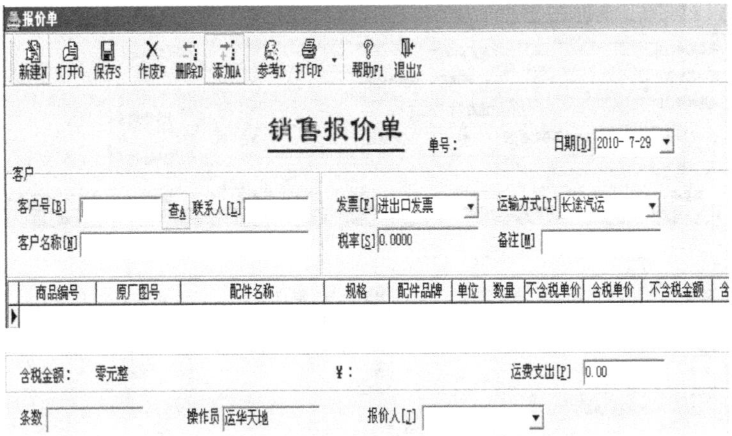

图　9-59

钮，即可看到客户信息列表，如图 9-60 所示。

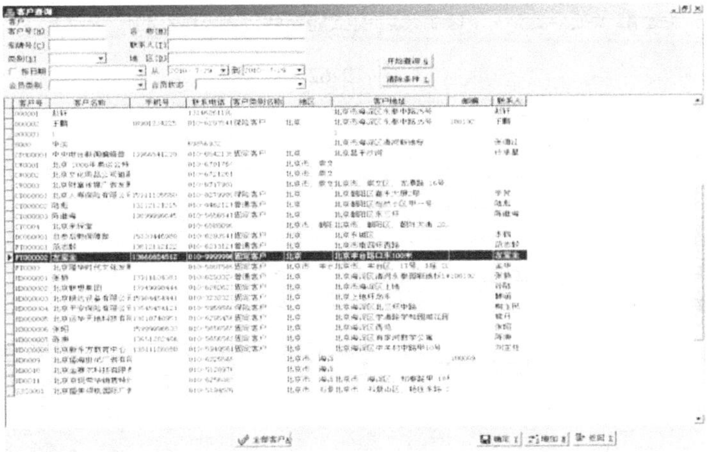

图　9-60

选中需要的客户信息双击或单击下面的"确定 Y"按钮，客户信息就会添加进来，如图 9-61 所示。

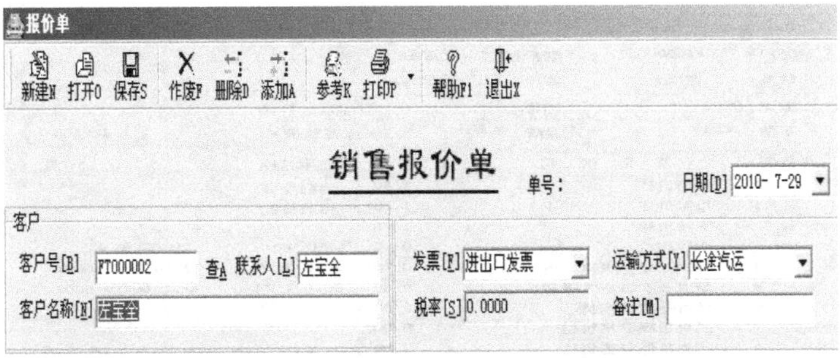

图　9-61

在配件信息空白处双击或单击菜单栏的"添加 A"按钮，即可弹出配件查询窗口，如图 9-62 所示。

选中需要的配件信息双击或单击"选中添加到单据"按钮，添加完毕后，如图 9-63 所示。

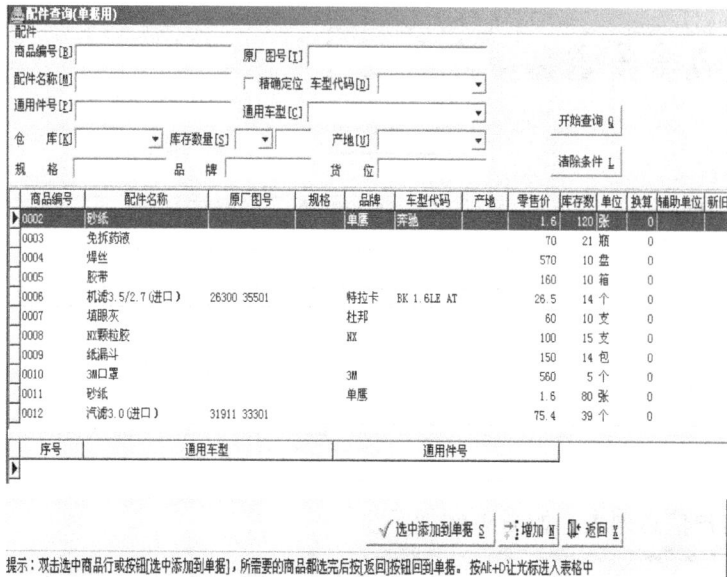

图 9-62

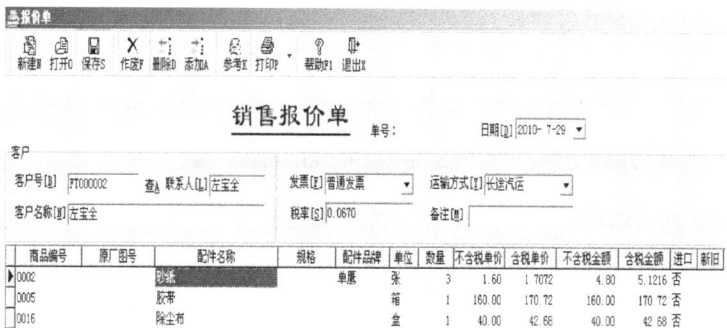

图 9-63

（2）参考销售报价。选中某配件，单击"参考"按钮，即可根据"价格参考"窗口提示价格，进行价格选择，如图9-64所示。

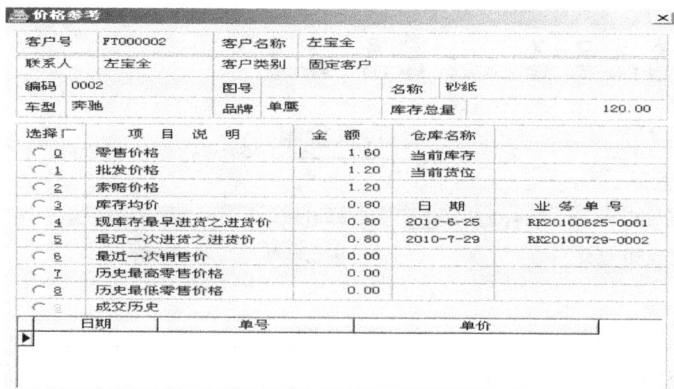

图 9-64

（3）保存及作废销售报价单。在销售报价单上填写必要信息，单击菜单栏中的"保存"按钮，弹出"保存成功"提示框后，单击"确定"按钮即可。

打开需要作废的"销售报价单"，单击菜单栏中的"作废"按钮，弹出"确定要作废本张单据并删除它吗?"，单击"是"按钮，确定作废本张单据并删除。单击"否"按钮，不做任何操作，返回销售报价单。

（4）销售报价单查询。单击【销售管理 – 报价查询】。

在弹出的"报价查询"窗口，单击"查询"按钮，即可查看报价列表，如图 9-65 所示。

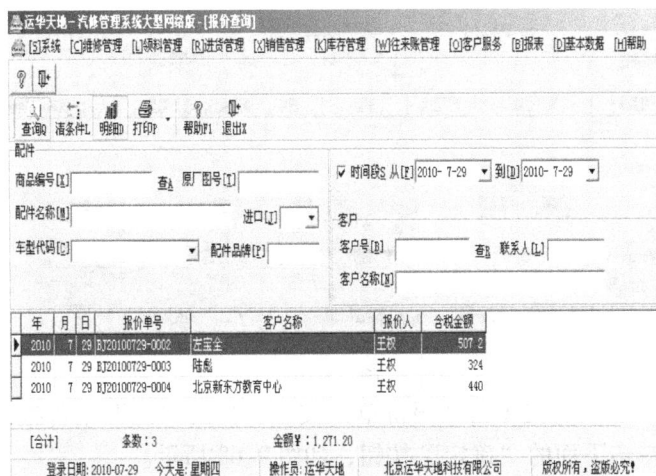

图　9-65

选择需要查看的报价信息，单击"明细"按钮，即可看到该报价单的详细信息，如图 9-66 所示。

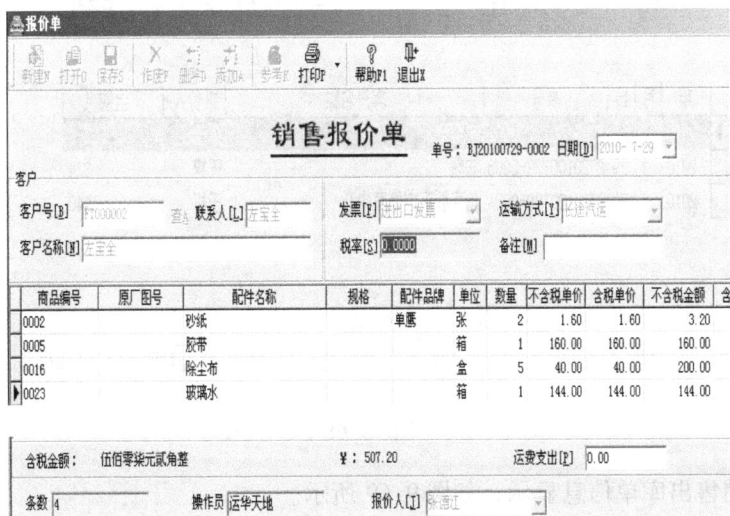

图　9-66

2. 销售出库单及查询

销售出库单及查询模块主要实现销售单的新建、添加删除销售配件、销售配件参考/调整、填写销售单信息、保存销售单并完成销售、销售预约及销售查询。

（1）新建销售单/通过报价单新建销售单。单击【销售管理 – 销售出库单】。

在"销售单"窗口上，单击菜单栏中的"新建"按钮，建立空白销售单，如图 9-67 所示。

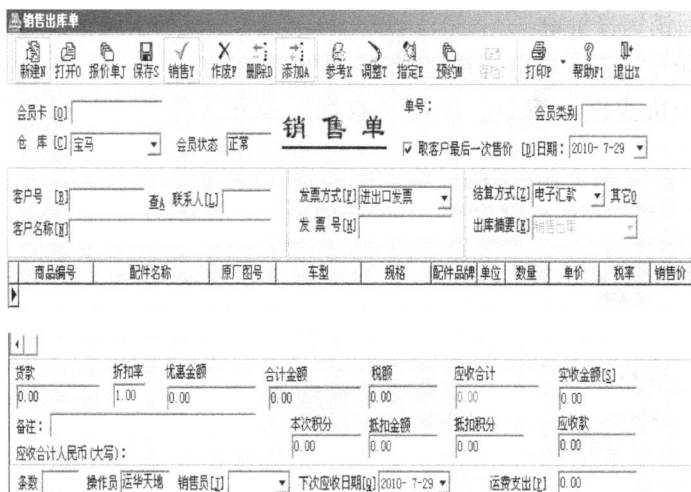

图 9-67

或在"销售单"上，直接单击"报价单"按钮，弹出"打开销售报价单"窗口，选择需要的单据双击或单击下面的"确定"按钮，如图 9-68 所示。

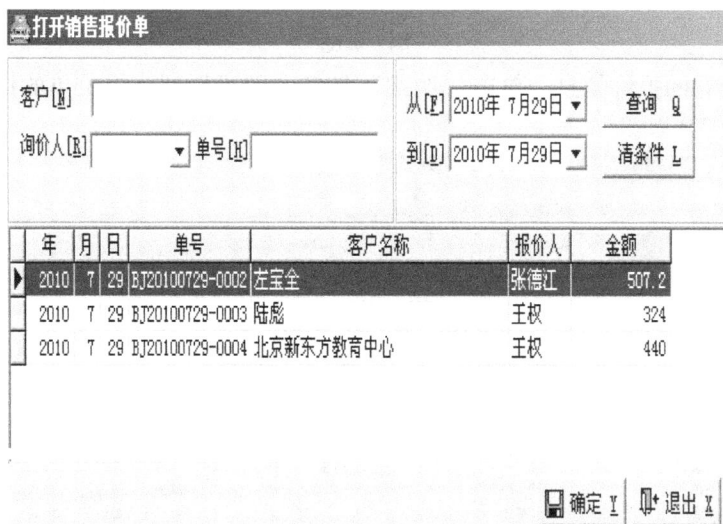

图 9-68

添加后，销售出库单信息显示，如图 9-69 所示。

（2）添加/删除销售配件。单击菜单栏中的"添加"按钮或双击销售单上的配件信息，弹出"配件查询"窗口，选中需要添加的配件信息双击或单击"选中添加到单据"按钮，如图 9-70 所示。

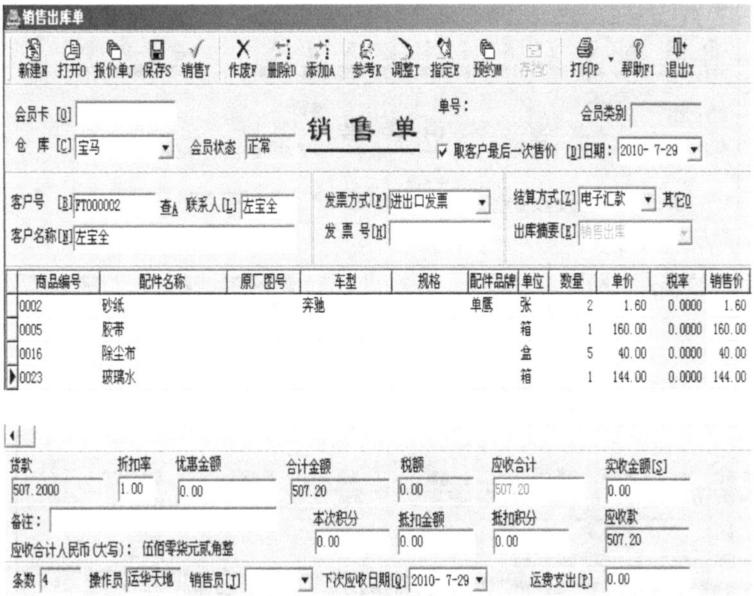

图　9-69

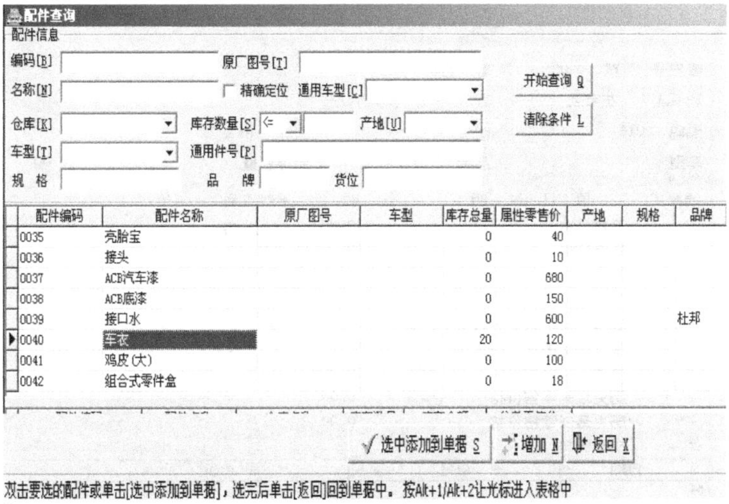

图　9-70

　　新添加的配件信息就会显示在销售单列表里，如图9-71所示。

　　选中需要删除的配件胶带，单击菜单栏的"删除"按钮或选中该配件单击右键，在弹出的快捷菜单中单击"删除"命令。

　　弹出"真的要删除吗?"提示框后，单击"是"按钮，删除该配件信息。单击"否"按钮，不做任何操作，返回销售单。

　　（3）销售配件参考/调整。选中需要参考的配件，单击菜单栏中的"参考"按钮，或单击右键，在弹出的快捷菜单中，单击"参考"命令即可弹出该配件价格参考窗口，如图9-72所示。

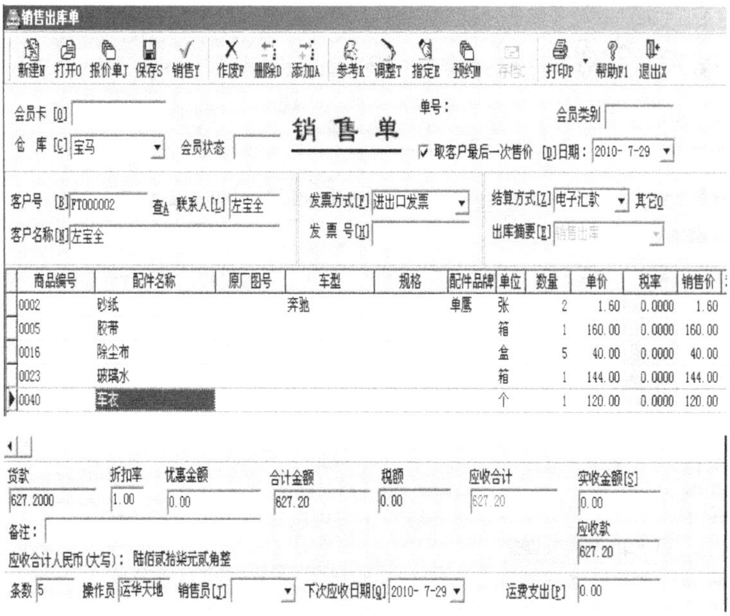

图 9-71

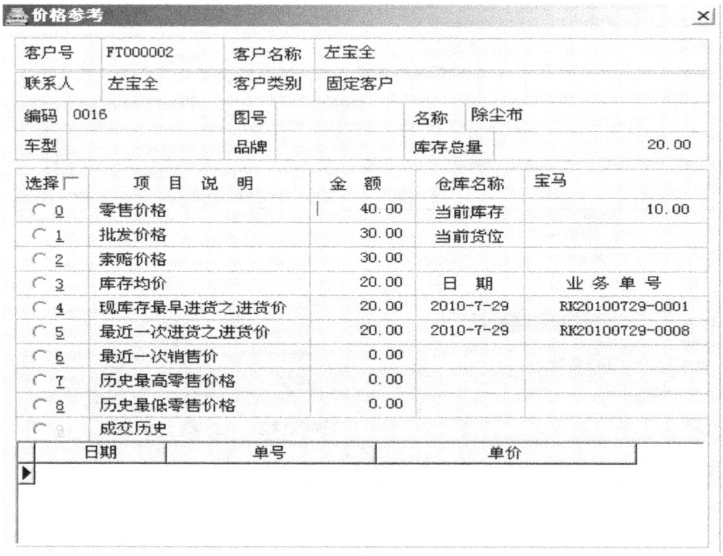

图 9-72

选中需要参考的配件,单击菜单栏中的"调整"按钮,即可弹出该配件价格调整窗口,如图9-73所示。

价格调整包括:不含税单价、含税单价、货款、价税合计四个方面,可根据自己需要,进行调整。

(4)填写销售单信息。在填写销售单上填写上销售员、发票方式、结算方式、实收金额等信息,如图9-74所示。

(5)保存销售单并完成销售。销售单填写完成后,单击菜单栏的"保存"按钮,即可

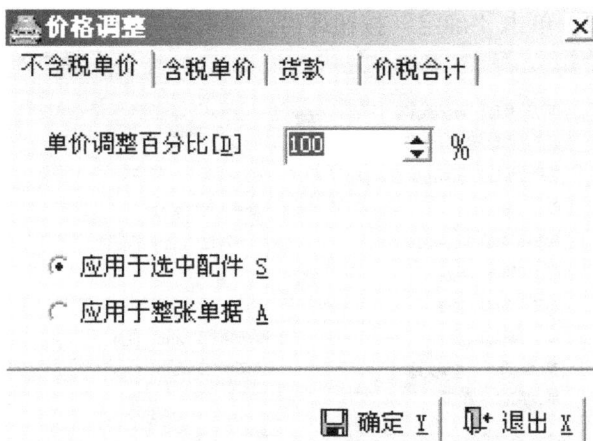

图　9-73

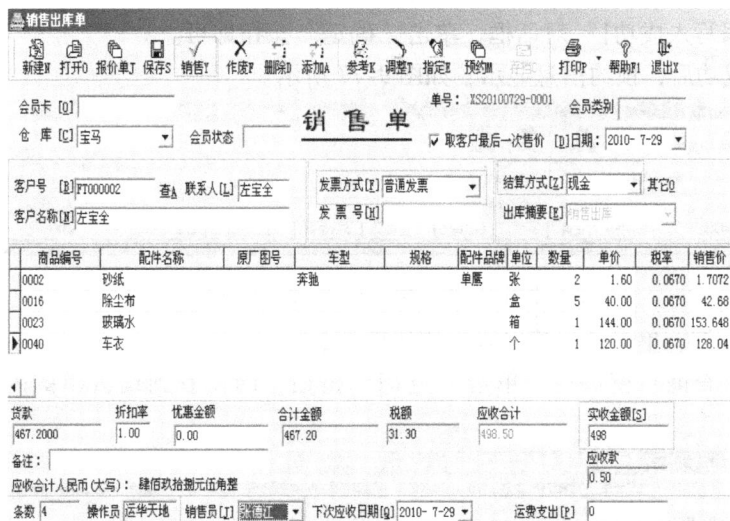

图　9-74

保存添加的信息。单击菜单栏的"销售"按钮，即可完成销售操作，同时生成销售单号。

（6）销售预约。在空白销售单上，单击菜单栏的"预约"，弹出"预约管理"窗口，如图9-75 所示。

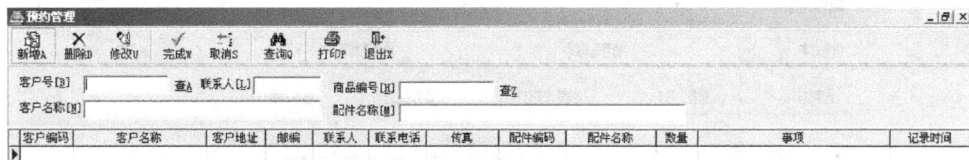

图　9-75

单击"预约管理"窗口的"新增"按钮，在新增预约管理窗口单击"查A"按钮，添加预约客户信息；单击"查Z"按钮，添加预约配件信息。（具体添加方法，可以参考客户选择和配件增加操作）。

添加上预约数量 2。单击"确定"按钮即可，如图 9-76 所示。

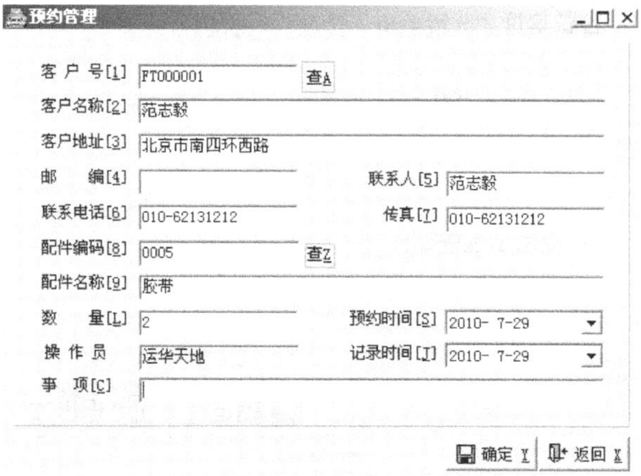

图 9-76

弹出"数据写入成功！"对话框，单击"确定"按钮即可。

预约登记成功后，预约信息显示，如图 9-77 所示。

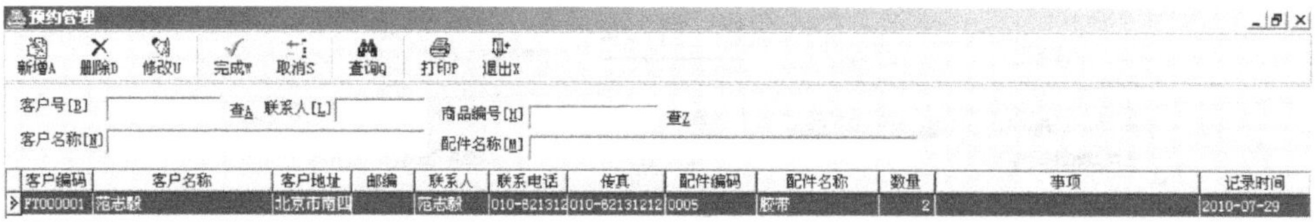

图 9-77

（7）销售查询。单击【销售管理 – 销售查询】。

弹出"销售查询"窗口后，单击"查询"按钮，即可看到销售单的列表，如图 9-78 所示。

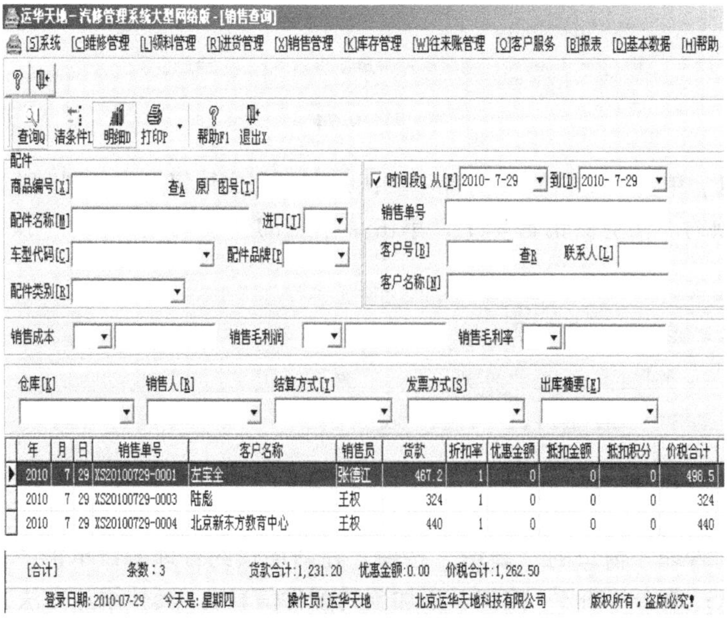

图 9-78

选中需要查看明细的单据，单击"明细"按钮，即可看到该单据的详细信息，如图 9-79所示。

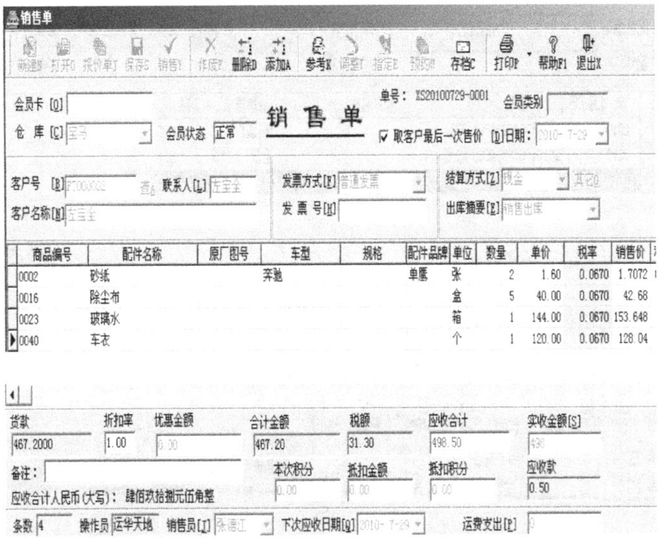

图　9-79

3. 销售退货单及查询

销售退货单及查询模块主要实现销售退货单的新建、删除配件信息/填写销售退货单、保存并退货、作废销售退货单及查询销售退货单。

（1）新建销售退货单。单击【销售管理 – 销售退货单】。

在弹出的"销售退货单"窗口，单击"新建"按钮，如图 9-80 所示。

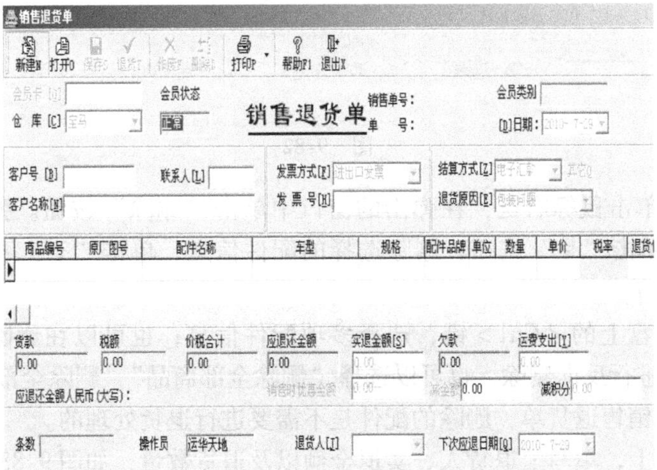

图　9-80

此时可以打开销售单列表，选择需要退货的销售单双击或单击下面的"确定"按钮，如图 9-81 所示。

即可把销售单信息添加到退货单里面，如图 9-82 所示。

（2）删除配件信息/填写销售退货单。在销售退货单上面，选中海绵球，单击菜单栏的

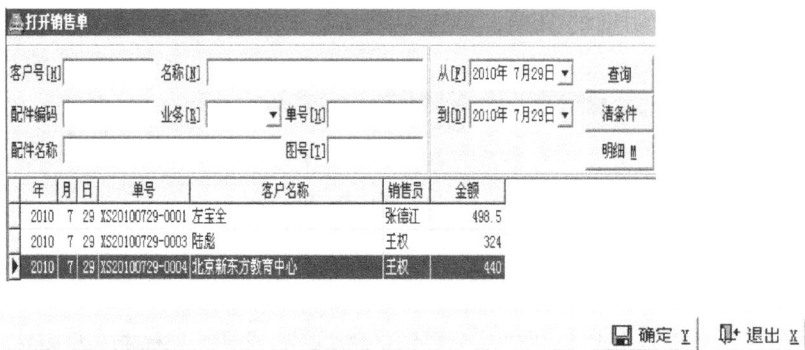

图 9-81

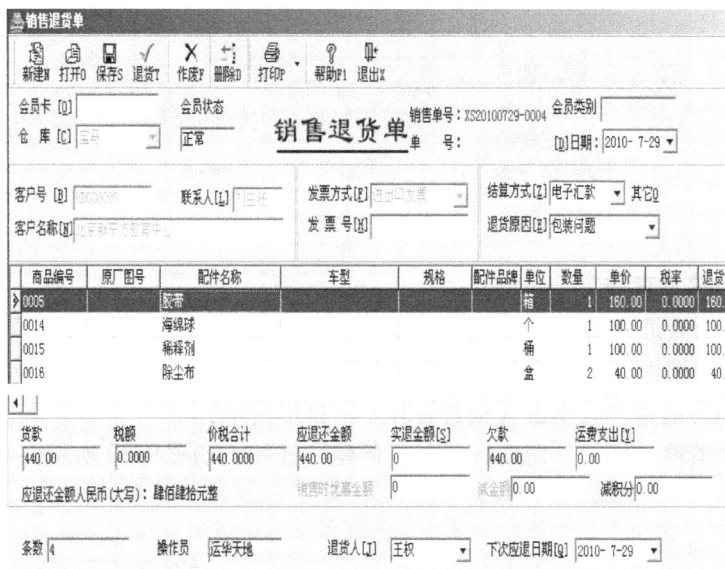

图 9-82

"删除"按钮，或单击鼠标右键，在弹出的窗口中单击"删除"按钮。弹出"真的要删除吗？"对话框后，单击"是"按钮，删除选择的配件信息，单击"否"按钮，不做任何操作，返回销售退货单。

也可以按住键盘上的<Ctrl>键，选择多项配件信息；也可以在删除列表框里面选择"删除未选商品"进行反向删除，也可以选择"删除全部商品"，删除全部配件信息。

注意：此处是销售退货单，删的配件是不需要进行退货处理的。

在销售退货单上，填写上退货人、实退金额以及退货数量，如图 9-83 所示。

（3）保存并退货。填写完销售退货单后，单击菜单栏的"保存"按钮，即可保存填写的内容。单击"退货"按钮，即可完成退货操作，同时生成一个退货单号，同时菜单栏的"保存"和"退货"成灰色，不可继续操作，如图 9-84 所示。

（4）作废销售退货单。销售退货单作废是针对进行过保存的单据操作。打开需要作废的单据，单击菜单栏的"作废"按钮，如图 9-85 所示。

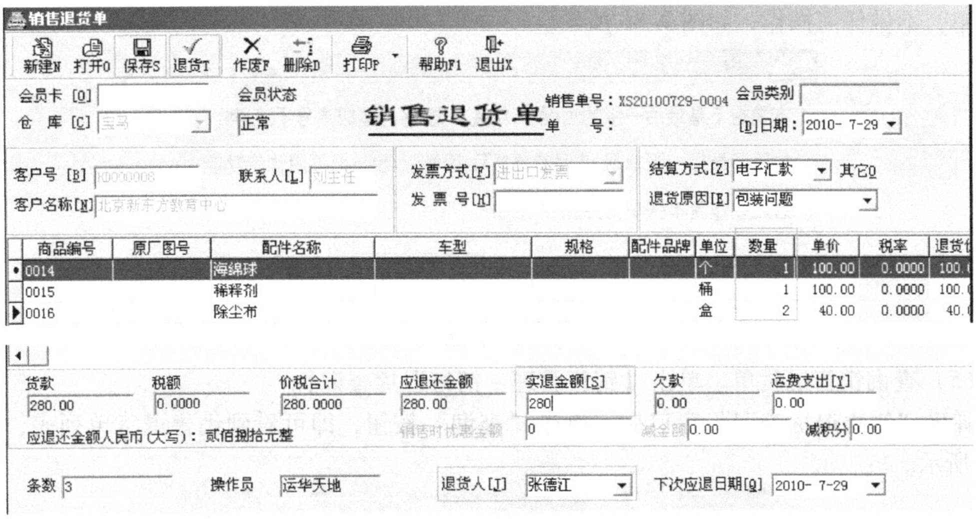

图　9-83

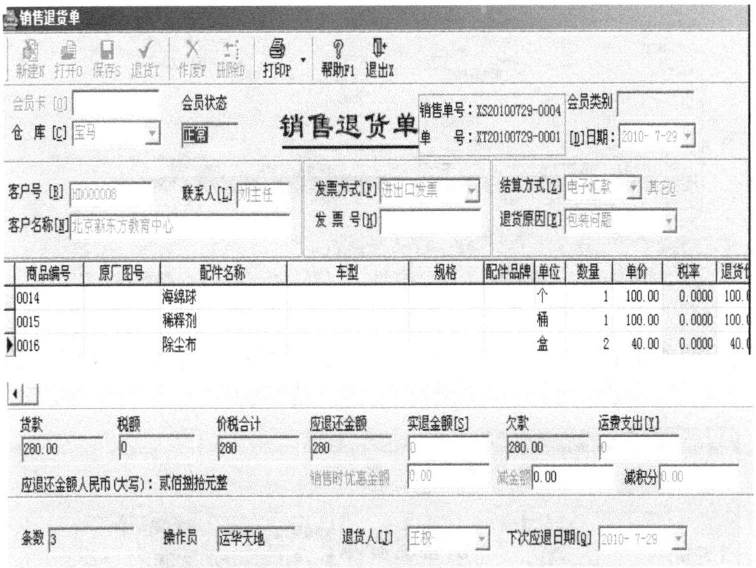

图　9-84

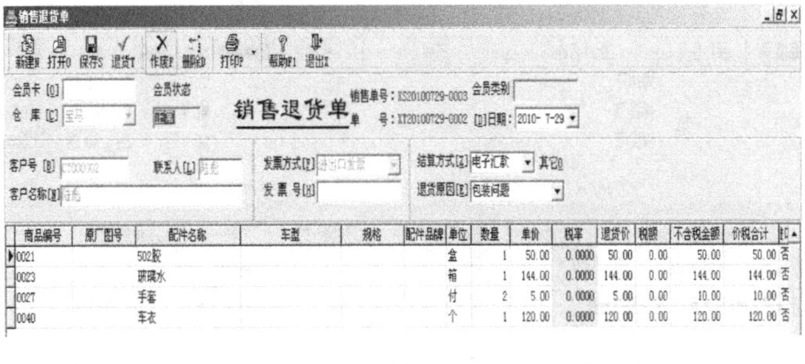

图　9-85

弹出是否作废单据的警告后，单击"是"按钮，作废该单据。单击"否"按钮，返回入库单, 不做任何操作, 如图9-86所示。

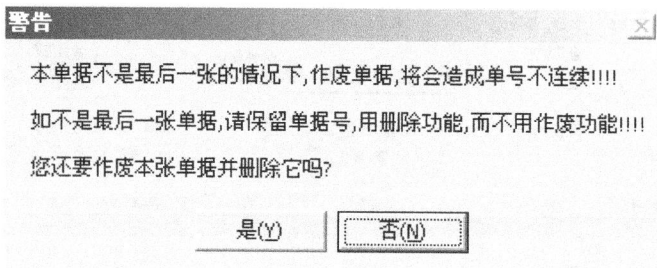

图 9-86

(5) 查询销售退货单。单击【销售管理 – 销售退货查询】。

弹出"销售退货查询"窗口后, 单击"查询"按钮, 即可看到销售退货单列表, 如图 9-87所示。

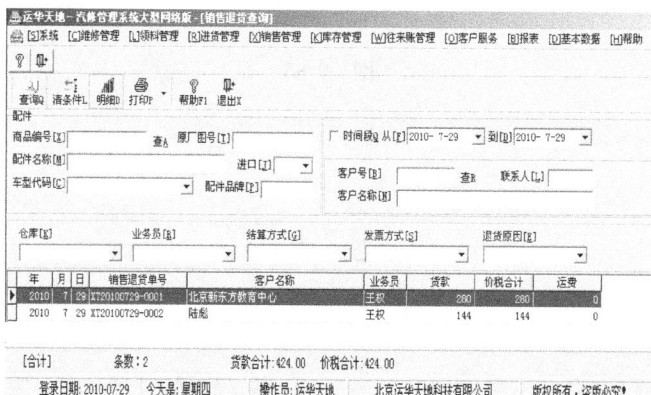

图 9-87

选中需要查看明细的销售退货单, 单击"明细"按钮, 即可看到该单的详细信息, 如图9-88所示。

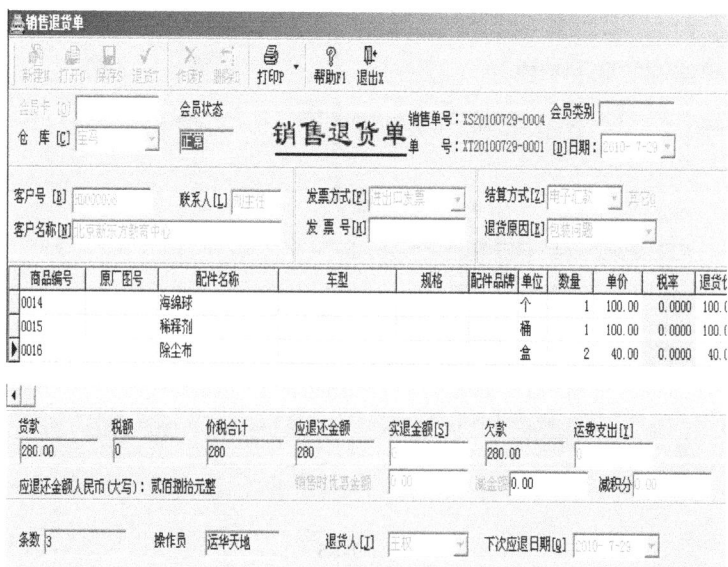

图 9-88

9.3.4　客户服务功能模块

本功能模块用于企业客户的会员信息及会员积分管理。

1. 会员管理

会员管理模块是专为会员设计的，可以给不同的会员客户按不同的标准进行打折操作，还包括新增会员、查询会员信息、会员到期查询功能。

单击【客户服务 – 会员管理】，打开如图 9-89 所示的窗口。

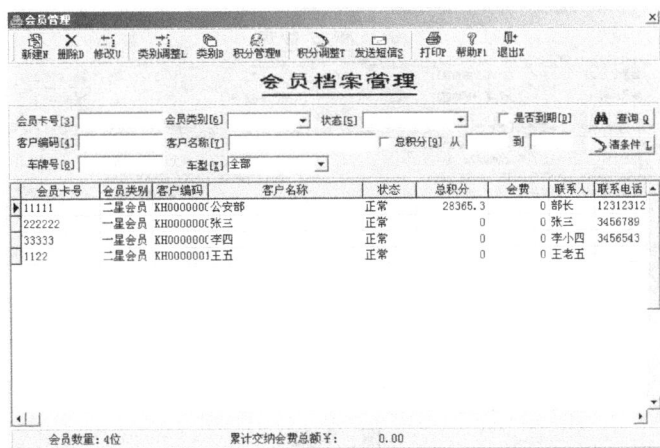

图　9-89

（1）工具栏的介绍如图 9-90 所示。

图　9-90

1）新建、删除、修改：新建、删除、修改会员信息。

2）类别调整：例如：从一星会员调至二星会员。

3）类别：操作方法请参考第一部分中输入基础信息操作。

4）积分管理：对积分进行管理，如积分调整、积分明细。

5）发送短信。

（2）新增会员。单击"新建"，打开如图 9-91 所示的窗口，输入会员卡号，选择会员类别、车牌号等信息，单击"保存"即完成新会员的增加。

（3）查询会员信息。输入或选择一

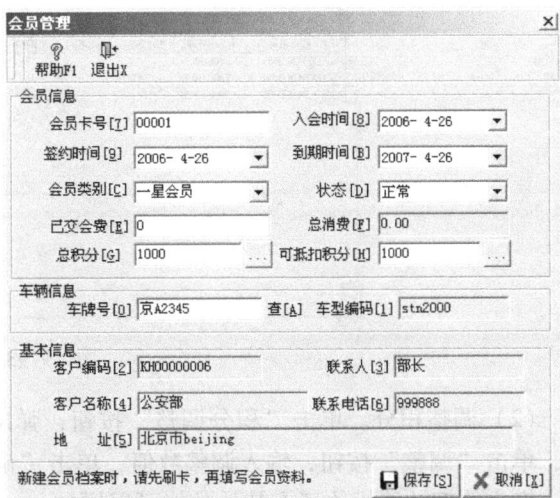

图　9-91

定的查询条件，单击"查询"按钮，查出符合条件的会员，将会在列表中显示。

（4）会员到期查询。单击【客户服务－会员到期查询】按钮，打开会员到期查询窗口。可以按照会员的状态（如：正常、冻结、退会、挂失）或其他信息进行查询。

2. 会员积分

会员积分模块包括查询会员积分明细、调整会员积分功能。

单击【客户服务－会员积分】按钮，将弹出如图9-92所示的窗口。

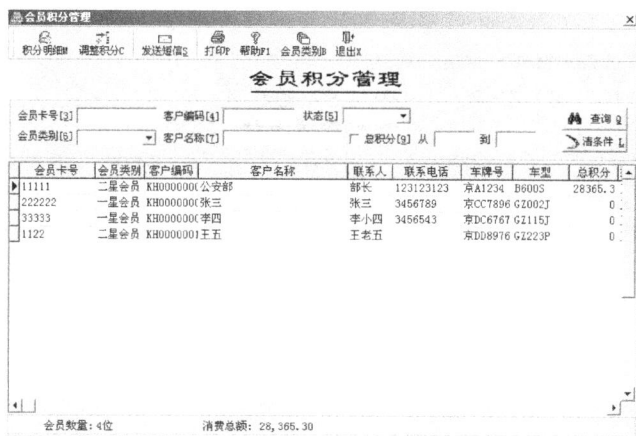

图 9-92

（1）积分明细。选中一条会员信息，单击"积分明细"按钮，将显示如图所示的窗口，如图9-93所示。

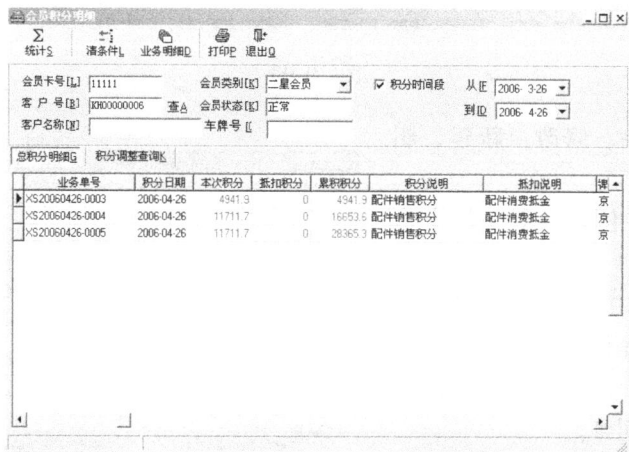

图 9-93

（2）调整积分。单击"积分调整"按钮，弹出如图9-94所示的窗口，选中一条会员信息，单击"调整"按钮，输入调整数值，单击"确定"按钮，即可完成会员积分的调整。

客户管理功能模块还有其他功能可以增加。

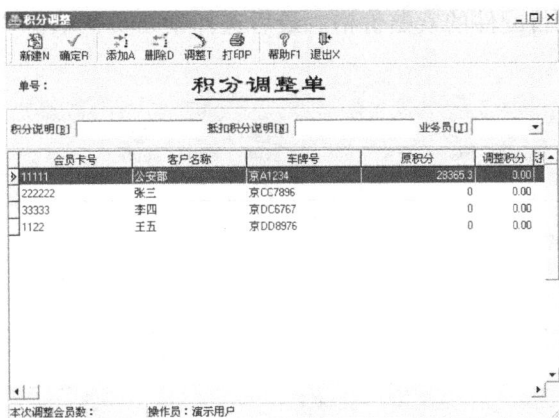

图　9-94

9.3.5　索赔管理功能模块

顾客来店时，应首先进行前台接待开单，登记客户信息与服务内容，对其中的索赔项，登记收费类别为索赔，其他方面仿照普通服务进行，如图 9-95 所示。

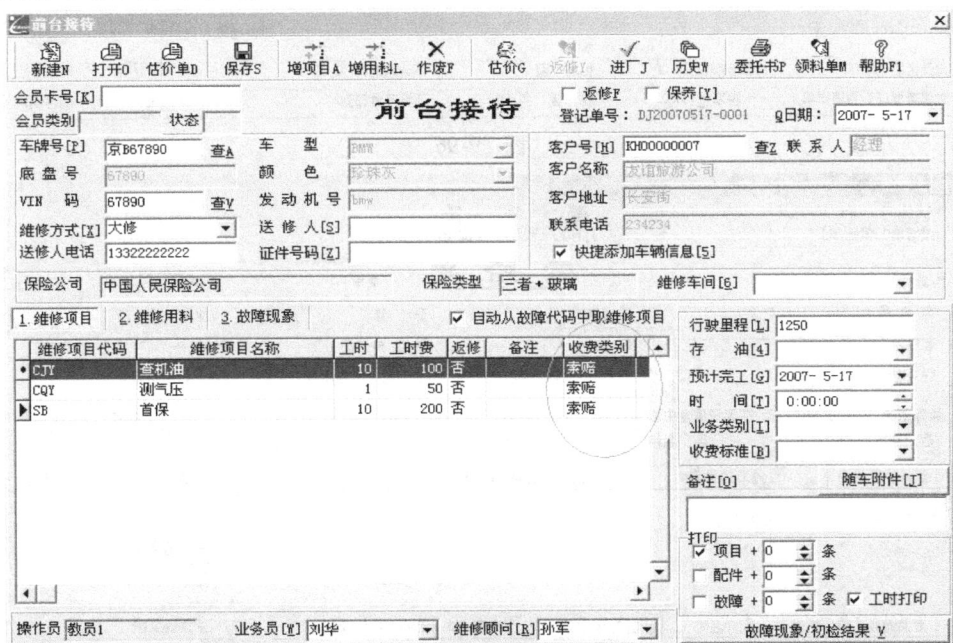

图　9-95

当然，服务过程中，该单业务的索赔项可能发生增减变化，可以在车间管理和发料换件过程中进行调整。在结算时，我们会看到索赔项的结算费用部分是不向顾客收费的，如图 9-96 所示。

顾客只需承担自费项目的费用即可离厂，索赔部分由索赔员填写索赔单并向整车厂家进行索赔申请，如图 9-97 所示。

填写索赔单时，首先通过单击索赔单中的"维修单"按钮，在维修单列表中通过查询条件找到需要索赔的维修单，选择单据后单击"确定"按钮即可调入索赔单。然后在索赔单中登记索赔对象和项目配件的索赔价格。最后选择索赔员，单击"确认"按钮即可，如图 9-98 和图 9-99 所示。

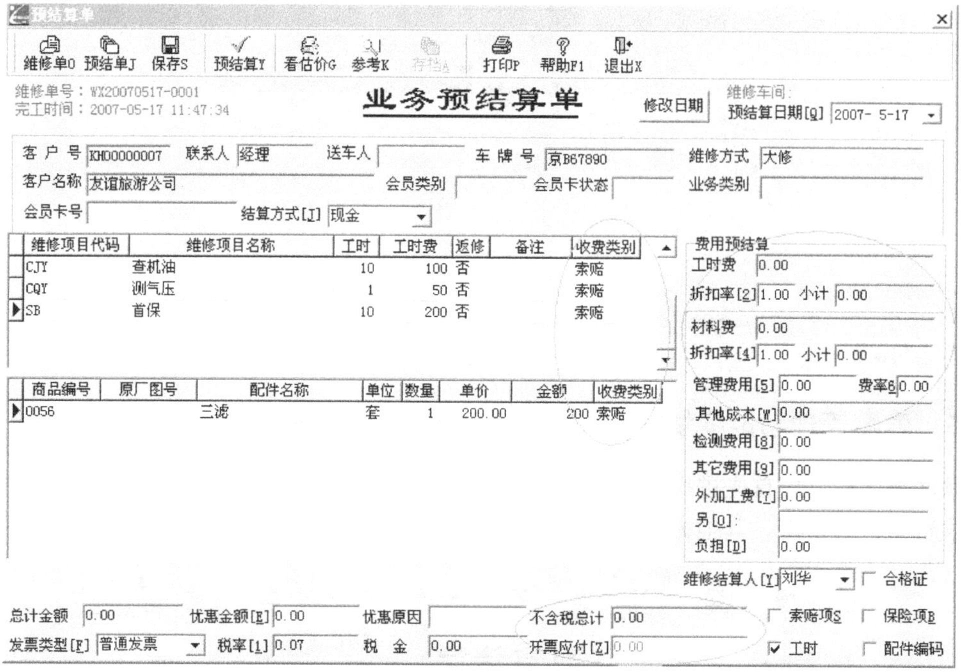

图 9-96

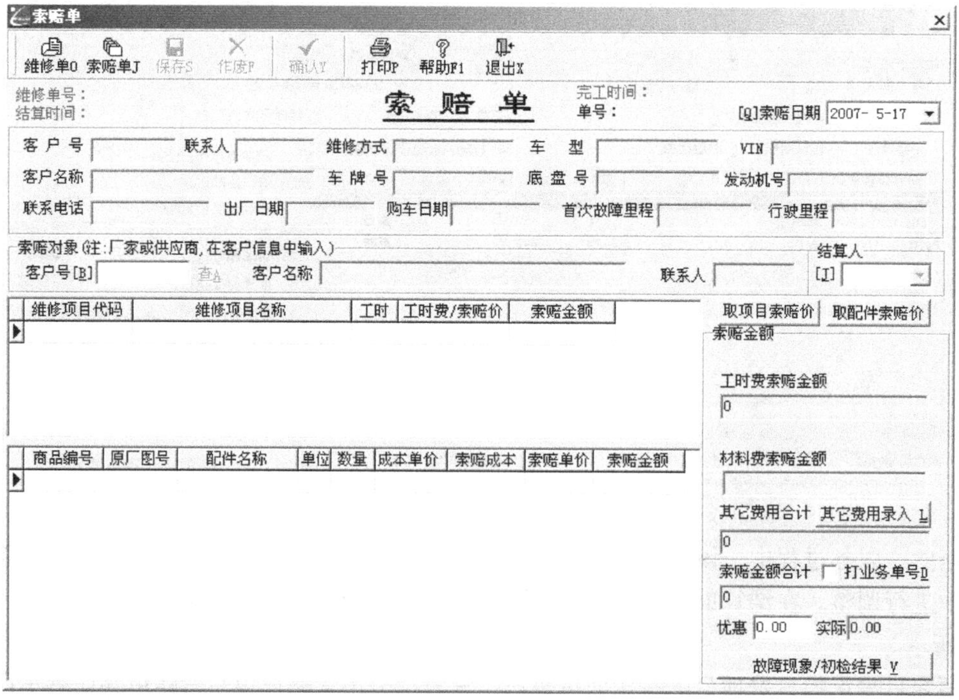

图 9-97

在索赔确认之前，如果需要对索赔项目配件进行添加或删除的话，可以在项目或者配件表中单击右键，在弹出的快捷菜单中，进行相应的增减。其中"取索赔价"功能，是把基础

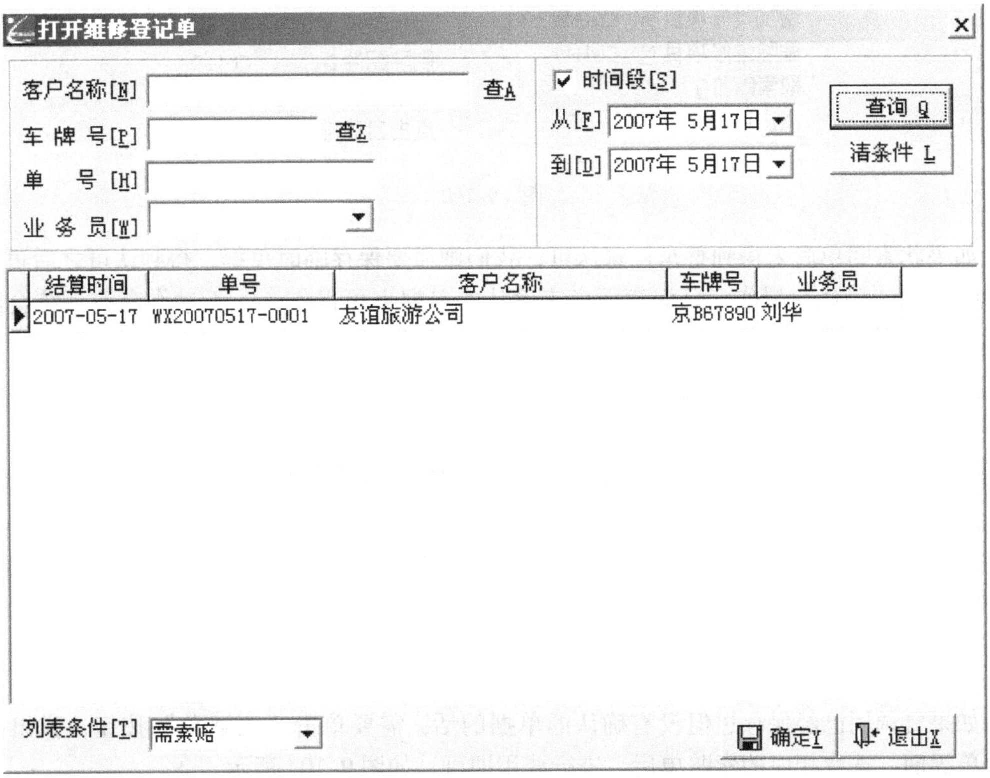
打开维修登记单
客户名称[N]
查A
车 牌 号[P]
查Z
单　号[H]
业 务 员[W]
时间段[S]
从[F] 2007年 5月17日
到[D] 2007年 5月17日
查询 Q
清条件 L
结算时间 单号 客户名称 车牌号 业务员
2007-05-17 WX20070517-0001 友谊旅游公司 京B67890 刘华
列表条件[T] 需索赔
确定Y
退出X

图　9-98

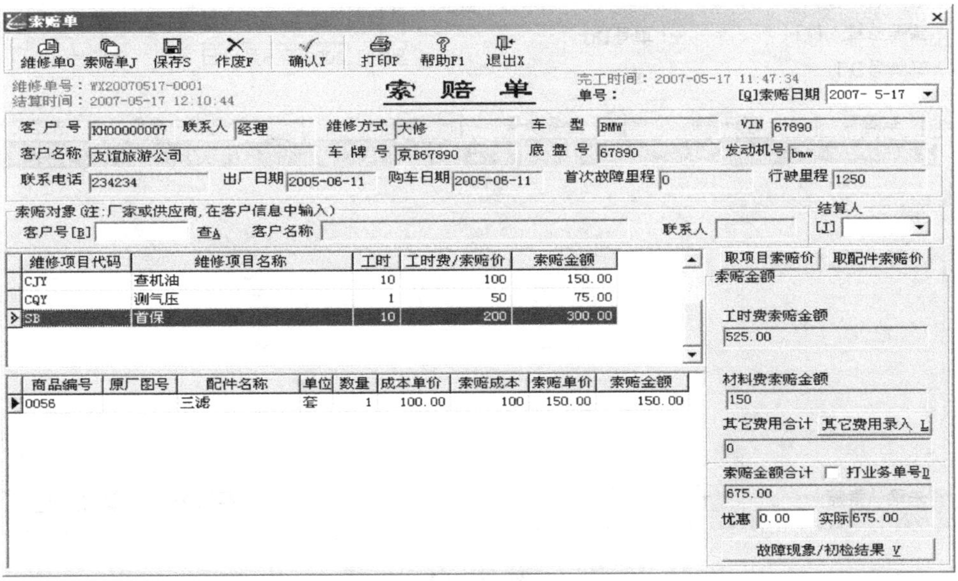
索赔单
维修单O 索赔单J 保存S 作废F 确认Y 打印P 帮助F1 退出X
索　赔　单
维修单号：WX20070517-0001
结算时间：2007-05-17 12:10:44
完工时间：2007-05-17 11:47:34
单号：
[Q]索赔日期 2007- 5-17
客 户 号 KH00000007 联系人 经理 维修方式 大修 车 型 BMW VIN 67890
客户名称 友谊旅游公司 车 牌 号 京B67890 底 盘 号 67890 发动机号 bmw
联系电话 234234 出厂日期 2005-06-11 购车日期 2005-06-11 首次故障里程 0 行驶里程 1250
索赔对象（注：厂家或供应商，在客户信息中输入）
客户号[B] 查A 客户名称 联系人 结算人[J]
维修项目代码 维修项目名称 工时 工时费/索赔价 索赔金额
CJY 查机油 10 100 150.00
CQY 测气压 1 50 75.00
SB 首保 10 200 300.00
商品编号 原厂图号 配件名称 单位 数量 成本单价 索赔成本 索赔单价 索赔金额
0056 三滤 套 1 100.00 100 150.00 150.00
取项目索赔价 取配件索赔价
索赔金额
工时费索赔金额 525.00
材料费索赔金额 150
其它费用合计 其它费用录入 L
0
索赔金额合计 打业务单号D
675.00
优惠 0.00 实际 675.00
故障现象/初检结果 V

图　9-99

信息中预设的索赔价格调到索赔单中，如图9-100所示。

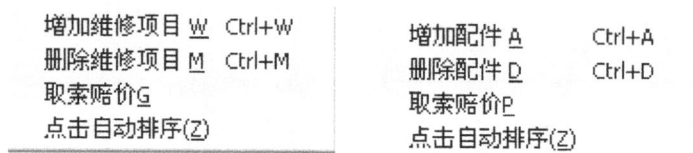

图 9-100

如果此索赔单尚未得到整车厂家认可，我们则需要保存临时单据，得到认可之后再对索赔单据进行"确认"操作。已保存而尚未确认的单据也可以作废，不过作废前系统会给出如图9-101所示提示。

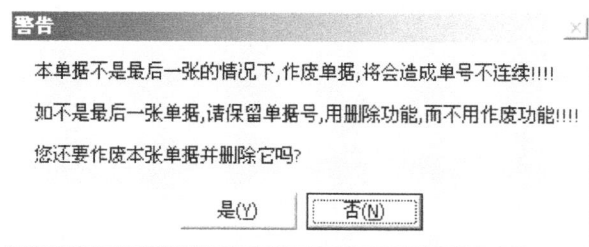

图 9-101

如果要调用已经保存过但没有确认的单据的话，需要单击"索赔单"按钮，弹出打开索赔单界面，选取相应的索赔单后，进行调用即可。如图9-102所示。

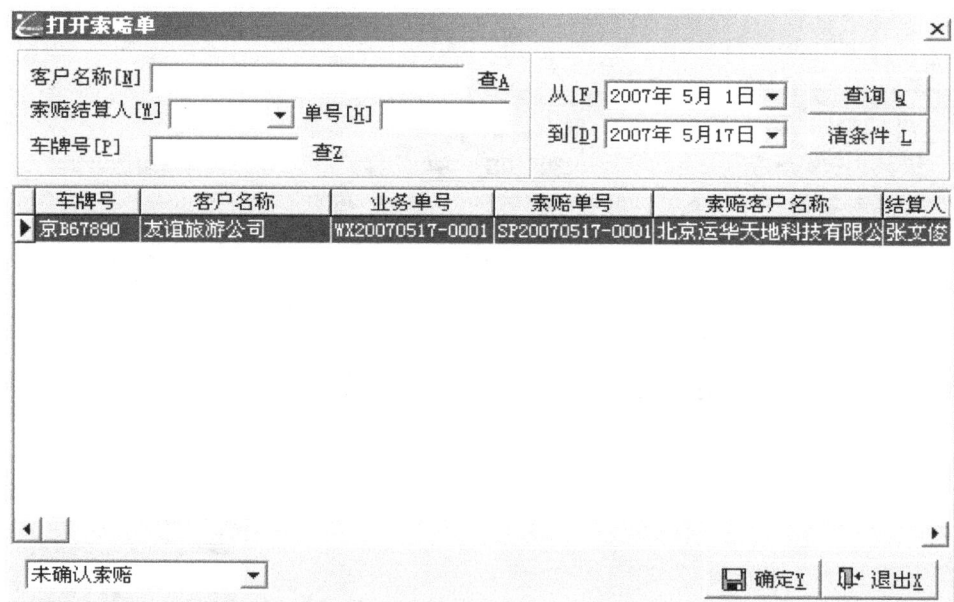

图 9-102

索赔单确认后，可以通过索赔单查询界面查看明细，如图9-103所示。

厂家与修理厂结算时，可以通过往来账管理进行结算。结算方法可参照往来账管理内容。

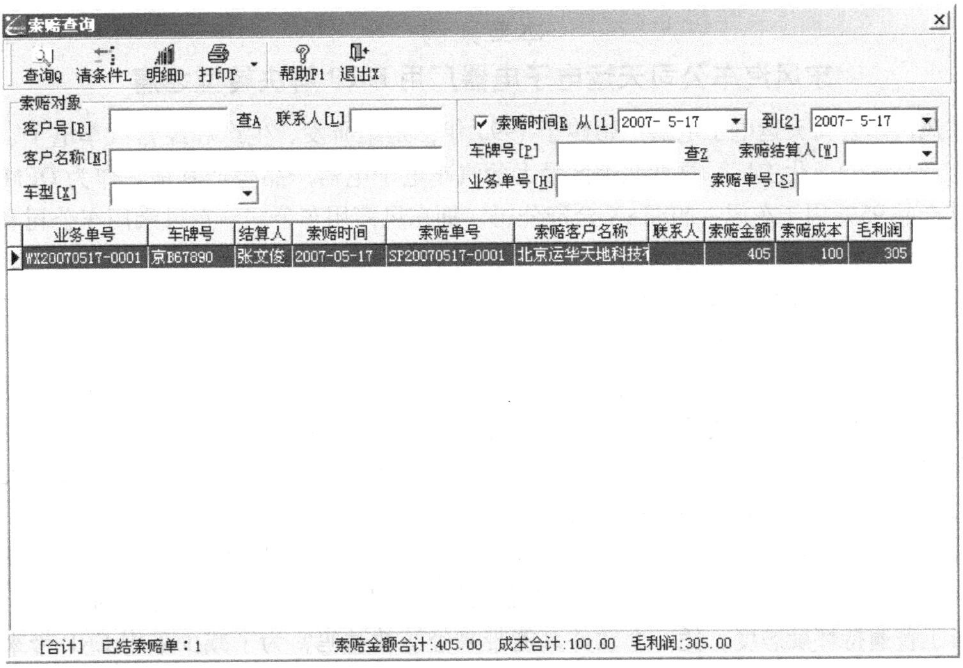

图　9-103

———————　★ 本 章 小 结 ★ ———————

　　汽车售后配件信息管理系统在帮助汽配企业降低采购、营销成本，减少库存、优化库存结构，拓展销售渠道、提高服务效率等方面起着不可替代的作用。因此多数汽车配件企业都采用信息系统管理配件的采购、库存、销售。

　　汽车配件信息管理系统根据汽车配件管理业务流程和业务内容，包括进货管理、库存管理、销售管理、客户管理、索赔管理、财务管理、报表管理及系统管理8个功能模块，其中进货管理是对汽车配件经营企业的采购进货及退货进行管理；库存管理是对汽车配件经营企业的配件出入库、盘点及货位维护、补货等的管理；销售管理是对汽车配件经营企业的销售及退货的管理；客户管理是对汽车配件经营企业的客户会员管理；索赔管理是对客户提交的配件索赔相关业务的管理；财务管理是对汽车配件经营企业的应收账款及应付账款等进行的管理；报表管理是对汽车配件销售的相关统计；系统管理是对汽车配件管理系统的安全及信息维护。

本章思考题

1. 什么是信息管理？什么是汽车售后配件信息管理？
2. 为什么要进行汽车售后配件信息管理？
3. 汽车售后配件管理系统的需求有哪些？
4. 汽车售后配件管理系统的总体架构是怎样的？
5. 汽车售后配件管理系统包括哪些功能模块？

本章案例
东风汽车公司天运电子电器厂用 ERP 解决转型之痛

东风汽车公司天运电子电器厂始建于 1995 年，是集研发、生产和经营汽车电子、电器及线束产品的专业化工厂，是湖北地区最大的汽车电子电器产品生产基地。作为 OEM 供应商，其产品 95% 用于东风 – NISSAN 合资公司（即东风商用车公司、东风乘用车公司和东风汽车股份公司）以及东风悦达起亚汽车公司等汽车厂配套。

天运在 2003 年时销售收入已经达到四千多万元，在当地的汽配企业中可以说是名列前茅。在企业形势较好的局面下，企业管理层在深思熟虑后决定在三个方面做出重大转变：一、向管理要效益，采用先进的信息化手段解决员工素质和企业日常经营管理中的问题；二、从单一向东风汽车供货逐渐过渡到向国内外轿车生产厂商供货；三、产品从生产四大类（电子电器、继电器、线束和开关）逐步转变为只生产电子电器、继电器和线束三大类产品，以增强单类产品的研发和市场开拓能力。

战略即定后，企业立即采取行动，首先从企业的信息化应用做起，通过将国内外多个 ERP 厂商的特点进行对比，最终选定神州数码的易飞 ERP。初上 ERP 是 2004 年 11 月份，当时员工普遍持怀疑态度，凭一个软件真能带来经济效益吗？为了减少采用 ERP 带来的风险和对原有工作流程的冲击，企业领导决定分阶段开展。各个模块在 2004 年 11 月—2005 年 7 月份，分三个阶段进行上线，第一阶段上线了"进销存和生产管理"模块，第二阶段上线了"财务总账、应收应付、自动分录"模块，第三阶段上线了"成本模块"。

说到底 ERP 是一场变革，随着 ERP 的上线，企业流程中的每一个环节都要纳入系统的管理，以前手工方式下很多人为、随意的操作都需要规范的处理。1995 年成立的公司，十年来形成的习惯与新的运作方式的冲突还是不断凸显出来，由于自身管理不规范和生产管理人员的协调能力有限，ERP 上线后并没有达到预期效果，如财务管理未得到深化应用，采购和生产计划未能参考系统运行结果，依然处于无序状态，ERP 的数据还未能指导企业高层进行企业管理。究其原因主要是企业准备工作还是做得不够，另外对 ERP 重视程度不够。在 2005 年 10 月，企业重新启动了 ERP 再造工程，董事长亲自任 ERP 项目组组长，每周召开一次 ERP 会议，各部门的 ERP 实施小组成员将一周以来 ERP 在各部门的使用情况和问题做总结汇报，管理上的问题由董事长当场解决，包括招聘人员、裁人、增减设备及软件的问题与 DCMS 的顾问一起研究。

经过半年多时间企业领导亲自主抓 ERP 项目，天运的 ERP 应用终于达到了预期效果，实现了物流的精确控制，及时地反馈各种企业经营状况的数据，准确核定成本后给产品定价，理顺了进销存、生产和财务各环节的业务流程。

在转型之前，企业领导认为目前天运介入国内其他轿、货车生产厂商的机会并不多，而相对于国内需求日益增大的轿车市场，对于天运无疑来说是绝佳的机会。在 2004 年，天运就看准了国内的轿车市场，积极探索转型之路。在转型的过程中，天运也面临着前所未有的压力，在天运竞标东风悦达起亚轻轿车配套供应商的过程中，天运的产品被带到日本检验，经过一年零三个月的试验合格后，车型却下线了，只有再经过检测才能被新车型选用。在转型的过程中天运的营业额在下滑，但效益却并未出现大幅下滑的现象，其间信息化的功效已经逐渐体现了出来。

另外，由于天运地处相对偏远的十堰市，面临着人才外流现象，很多时候，天运培养起的人都流向了武汉、上海等大中城市，这也造成了企业人才的断档，而且企业经营资料和数据随着人才的更替造成了极大的损失。天运选用神州数码的工作流产品，建立企业的知识库，从而避免了人才外流给企业所带来的硬伤，保证企业的资源数据不会随着人员的变动而受损。

延伸阅读
汽车市场车联网四大看点

车联网是指以车内网、车际网和车载移动互联网为基础，按照约定的通信协议和数据交互标准，在车与车、车与路、车与行人、车与互联网等之间，进行无线通信和信息交换的大系统网络，是能够实现智能化交通管理、智能动态信息服务和车辆智能化控制的一体化网络，是物联网技术在交通系统领域的典型应用。

2009年丰田G－Book、通用OnStar先后进入中国，目前主要是以汽车厂商为核心的第一代车联网，其传统的续约模式即试用期过后收费，往往续约率并不高。车联网极大地提升了用户的体验，但每年1000元左右的服务费用还是让不少用户望而却步。

中国主流车厂大多启动了车联网服务，同时百度、阿里巴巴、腾讯（BAT）也纷纷进军车联网领域，如腾讯的路宝等。垂直领域兴起，不断发掘其价值，出现了商用车、保险、维修保养和CRM等汽车后市场车联网，全面进入了第二代车联网时代，各种垂直领域加速整合，正在形成统一的平台。车联网发展阶段如表9-1所示。

表9-1　车联网发展阶段图

发展阶段		内容	产业链核心
2009—2017年	第一代车联网	车厂开发的汽车开始具备联网功能，可以提供包括通信、民航、实时路况及娱乐等Telernatics服务	汽车厂商为产业链核心
	第二代车联网	垂直领域兴起，通过车联网发掘价值，出现保险车联网、交通管理车联网等	保险公司、交管部门等为核心
	第三代车联网	能够高效地将垂直领域整合，形成统一的平台	平台提供商为产业链核心
2015—2020年	第四代车联网	实现V2V、V2I甚至汽车与任何物体的互联	产业链协同

垂直领域自然就成了贴补对象，车联网的免费模式也应运而生。贡献用户的汽车大数据使后市场更加活性化，所产生的巨大利润完全可以覆盖，如通过车联网上传的汽车故障码可以让维修厂商提前准备解决方案和相关零部件，也可以导流到自己的门店，实现了维修保养的高效化和移动互联网化。

日本已经进入第四代车联网阶段，V2V、V2I等汽车与万物互联，各个产业链之间高度协同，丰田G－Book的基本服务免费正是着眼于未来长尾的后市场。我国十部委联合出台了《关于促进汽车维修业转型升级提升服务质量的指导意见》，无疑将成为汽车后市场车联网的催化剂。

1. 高效精细的商用车车联网

车联网提高了汽车安全性和整体运输效率，物流和客运企业都正在积极推进，国家政策也给予大力支持。经过车联网管理之后的保险赔付率和油耗等会明显下降，可谓创新风险管控模式。

物流和客运的车队一般都集中安装车载设备，通过整合 GPS（卫星定位）、GIS（地理信息）、内嵌的传感器和高速的无线通信技术，在运输过程中实时采集车辆位置、工作状态（开关门、温度、油耗等）、行驶活动（行驶、怠速、停留）、任务配送等信息。以此来提高车辆的利用率和车队整体效率，同时对运输配送作业进行透明化管理。

39%：8.3%，这是中美两国物流企业公路运输空驶率的对比，中国的物流企业和个人显然还处于低效能、粗放式的发展阶段。将车辆的空驶率降低1个百分点，相当于为物流行业创造4000亿元的利润。所以，整合信息资源并通过各类技术手段实现配送应用，在促成企业利润增长和提升效能方面，其意义不言而喻。

从目前需求层面上来看，货运车辆智能配货需求旺盛，有望成为商业车车联网拓展的主要市场。中国的运货商往往会前往众多货车停靠的地方去寻找下一趟托运生意，而当地的货运代理人则在这些停靠点充当经纪人，为托运人安排零担货运散货、货物拼箱、存储服务，从中收取一定的中介费用。在这个链条中，由于信息的不对称，货运驾驶员成为被剥削最严重的对象。

智能物流逐渐成为物流行业发展的关键，预计到2018年，信息系统的应用比例将达到70%，其中最重要的突破口就在于如何解决运输信息、物流资源信息的互联互通和信息共享。久其软件的"司机驿站"项目就解决了这一问题，仅仅三个月，驾驶员达两万多名，企业达数千家，每天成功配货1000多单，配货周期从数天降低到1天甚至几分钟，其成绩已然不俗。

国外基于信息化手段实现智能物流的典型是美国罗宾逊全球物流有限公司，2013年营业收入高达128亿美元，位居世界500强企业的第237位。罗宾逊公司凭借着强大的集成信息服务平台，6.3万家运输企业与之签约成为合同承运人，这些企业合计拥有100多万辆商用货车。物流的信息平台才是罗宾逊公司建设的中心，为保障其领先性，每年对信息技术的投入超过7500万美元。

2. 汽车大数据的保险车联网

车联网按照"卖什么"来划分商业模式，有三种东西可卖：设备、服务和数据，卖数据这种方式最具有互联网思维。车联网将从根本上改变汽车保险业，保险也最有可能成为车联网的"杀手级应用"。

电子化、智能化和网络化是汽车差异化的核心竞争力，随着汽车电子化程度的不断提高，在用户驾驶过程中，各种车载电子元器件无时无刻都在产生着大量非常重要的数据。这些数据经过深度挖掘后，可以提炼出许多非常有价值的道路交通信息，如从 GPS 数据可以得到位置信息，从车速、转向盘和制动数据可以得到用户的驾驶习惯，从车内空调和刮水器数据可以得到道路的天气信息等。

与传统车险相比，基于日常开车及用车习惯的汽车大数据进行保费的定价，车联网保险具有以下优势：（1）提升定价的科学性、公平性，针对不同个体设计差异化的费率；（2）有利于保险公司加强理赔的风险管理，降低道德风险；（3）提高了保险公司的盈利水平；（4）对用户提供全方位的增值服务；（5）对文明的驾车习惯有一个正向激励和引导作用；（6）对保险监管也提供了数据支持，能更快速、更敏捷地监测业务经营情况。

同时车联网保险也可以让用户享受最优惠的保险资费，随着驾驶习惯的改善，车险赔款越来越小，但保费也越来越少，是一种双赢的商业模式。2012 年中国车险市场规模达到 4005 亿元，同比增长 14.3%，这一模式的出现，给车联网厂商和保险公司提供了更广阔的想象空间，而未来车险开放和差异化费率政策的开放将会加速这一进程。

美国大部分保险公司都开始采用 UBI 模式的车险，日本的保险公司也推出了基于车辆行驶里程的差异化保险产品，可以有 30% 的价格差异。例如，美国 MetroMile 是一家车联网保险的公司，累计融资 1400 万美元，公司主要的商业模式就是通过保险产品的收入来反哺软硬件成本。美国车联网新秀 Zubie 与 Progressive 保险公司合作，为安全驾驶的用户提供业内领先的车联网解决方案。

中国车险费率的改革正在加码前行。2014 年 9 月保监会以及保险行业协会，分别出台了《关于深化商业车险条款费率管理制度改革的指导意见（征求意见稿）》《中国保险行业协会机动车综合商业保险示范条款》征求意见稿。《征求意见稿》提出，逐步扩大保险公司商业车险费率厘定自主权，最终形成高度市场化的车险费率形成机制，保险公司针对用户驾驶习惯、违规记录、汽车零部件价格、维修成本等多种因素在规定费率之内自主确定车险价格浮动。

中国多家保险公司也进行了试水，人保财险的研究走在前列，所建立的车联网平台核心是解决驾驶习惯与风险关联，以及与车险定价因子的关系，为车联网保险在中国的推广应用奠定了数理基础。2014 年 5 月，互联网巨头腾讯与人保财险、壳牌石油跨界联合启动"i 车生活平台"，共同深耕汽车后市场。

2014 年 10 月中国人保财险、广联赛迅、广汇汽车三方签约，通过广汇集团购车并选择人保车险后，即可免费获赠广联赛迅的驾宝盒子。在后续的使用中，用户可以通过驾宝盒子的积分计划，兑换机油卡、保养费用以及来年的流量费和服务费，而人保财险将为筛选出的优质客户提供每年 20~100 元不等的车险补贴。

3. CRM 的维修保养车联网

中国汽车后市场中，维修保养的占比最高，市场规模最大，未来整合潜力巨大。基于监测诊断的 OBD 端口，打破了汽车厂对汽车大数据的封闭控制，车联网将成为维修保养等后市场的重要引入口。

根据中国汽车维修行业协会统计，2013 年共有维修业户 48 万家，从业人员近 300 万人，完成年维修量 3.3 亿辆次，预计 2020 年将接近 1 万亿元。但中国汽车维修保养行业缺乏健全的管理体制，假冒伪劣产品充斥市场，技术发展也不平衡，存在许多设备简陋、人员技术水平低下的路边摊。

《关于促进汽车维修业转型升级提升服务质量的指导意见》"推进维修行业信息化建设"中明确提出，充分运用互联网、大数据、云计算等技术手段，创新机制和模式，建立覆盖全国的"汽车电子健康档案"和维修服务质量评价网络平台。

2007 年以后生产的汽车都强制导入了 OBD2 系统，可以自动检测如车灯、发动机热交换器等设备的问题故障，也可以监测排气传感器、轮胎气压及电动汽车的电池状态等，还可以读出车速、油耗、行驶里程等汽车数据。根据故障码的提示，汽车维修保养人员可以迅速准确地确定故障的性质和部位。

汽车反垄断推动零部件信息和维修保养技术的透明化，鼓励零部件流通市场化和专业连锁化。未来汽车维修保养将逐步分化为 DIY（自主维修保养）和 DIFM（维修保养服务），其中 DIY 以零部件销售为主，由连锁零售商和零部件电商所主导，而 DIFM 由 4S 店和连锁快修店所主导。

随着国家政策由原先对 4S 店经营模式的大力扶持转向对独立品牌连锁店的支持，打破零部件渠道垄断后，连锁快修企业对 4S 店市场份额的侵蚀进一步加速。而且新车销售的利润越来越薄、车辆救援效率低、服务品质得不到提高，4S 店传统的盈利空间面临趋窄的趋势。

未来抓客户、卖服务将成为 4S 店工作的重点。大型汽车厂商的 4S 集团把车联网做成 CRM 运营系统的一部分，提高售后的服务品质，分析出对汽车的潜在需求，时刻为用户做好精准营销，而且还为未来的车型设计提供了绝好的材料。

售后服务成为新赢利点也是大势所趋，而车联网则带来了更多的增值服务，比如"一键通""车况检测""4S 在线"等。4S 店可以通过车联网及时获取用户的车况信息，提醒保养或进行故障维修，从而增加赢利点，还可以通过手机 APP 定期推送保养、维修、汽车用品等方面的促销消息，拉拢客户群体。

车联网使得二手车买方可以掌握更多更真实的车辆状况，信息不对称的情况将大幅减少，从而消除二手车市场的柠檬效应。2013 年 3 月中国平安投入 10 亿元布局"帮买二手车"，通过线下检测汽车质量和经销商线上竞拍确定价格，直接帮用户把二手车销售给终端客户，完成整个交易过程。

4. 汽车后市场 O2O

车联网的大爆发使汽车成为智能的移动终端，汽车后市场 O2O 将线下的商务机会与互联网结合，使线下商家、用户和平台提供商达到"三赢"的效果，是一个非常不错的解决方案。

O2O 即 Online To Offline，让互联网成为线下交易的前台。对线下商家而言，线上的支付信息成了解用户购物的渠道，方便对购买数据的收集，进而达成精准营销的目的，可以更好地维护并拓展客户。线上增加的客户不会给商家带来太多的成本，反而带来更多的利润，也降低了对实体店铺的依赖，减少了租金方面的支出。

（1）中国汽车后市场的发展现状。

① 由于没有标准化的产品和服务，信息极不对称而且透明度不高，要求用户有较高的专业性，在交易中处于绝对的弱势。

② 实体店数量众多且较为分散，没有像国外先进国家那样值得信赖的领导品牌。

③ 传统的线下 4S 店资产太重，店面租金不断增高。

汽车后市场 O2O 是垂直类电商向后市场的延伸，通过充分公开商品或服务信息来消除信息极不对称的问题，为缺乏维修保养经验的用户提供专业的解决方案。大型互联网企业的信用背书将产生品牌效应，让用户买得放心。在 O2O 平台的促进下，线下零散的资源得到有效配置，未来品牌连锁性企业凭借价格、质量、速度优势对市场的整合将加速。

（2）专业化的垂直类电商。中国汽车后市场 O2O 目前还处于培育期和启动期，产业和金融资本已经敏锐地发现了这个未来巨大的潜在蛋糕，VC/PE/二级市场的资金开始对其大举投入，将有助于行业内的领先企业迅速做大做强。

2013 年 12 月汽车垂直类电商网站汽车之家成功登陆纽约证券交易所，募集资金 1.33

亿美元，主要投向后市场领域。而汽车电商的另一巨头易车网也早已在 2010 年上市纽交所，募集资金 1.27 亿美元，2013 年 12 月再次增发融资 4790 万美元。

2014 年 10 月上门汽车保养的 e 保养获得源码资本领投的 500 万美元 A 轮融资，主要竞争对手有卡拉丁、车极客等。有壹手快修专注汽车后市场的钣喷服务，之前宣布已完成 1500 万元的 A 轮融资，资金主要用于加速其线下门店业务流程互联网化改造，移动终端 APP 开发及改善 O2O 用户体验。联想控股也非常看好中国汽车产业发展前景，已经先后投资了神州租车、易车网、车语传媒、优信拍等一批优秀企业。

汽车后市场有一定的专业性，注重信赖感，是一个口碑行业，线下用户体验直接影响对电商平台的口碑，所以线下门店的统一品牌管理是非常有必要的。只有线下门店服务口碑好，回头客高，线上导流才有意义，电商平台才可以持续发展，而仅以导流为主要思路，电商平台发展是不可持续的。

汽车后市场大致可分为 4 类电商模式：商城类电商、C2B 用户定制类、B2C + O2O 模式以及 B2B2C + O2O 模式。商城类和 C2B 类都需要用户具备相应的车辆或保养知识，汽车零部件不同于其他商品，型号或相应信息的错误便会导致货品出现偏差，如表 9-2 所示。

表 9-2　汽车后市场各类电商模式的区别

商城类电商	包含电商平台自身和第三方商家销售的后市场配件和产品，这其中包括了不少零部件企业和经销商开设的旗舰店、各区域经销商和专营某款车型配件的第三方商家。商城类电商主要经营的是保养类配件、维修类配件以及汽车保养用品，选择涉足商城类电商模式的初衷是希望借助互联网的传播以拓展销路
C2B 用户定制类	基于用户定制类的后市场服务。一般由消费者在平台上提供服务需求，由供应商和经销商根据消费者订单，提供相应的配件及服务。在 C2B 模式中，需要供应商和经销商拥有快速的响应速度，以获取良好的消费者服务体验
B2C + O2O 模式	采取线上销售、线下服务的方式，而这类电商模式的主营业务主要定位于汽车后市场中服务频次仅次于洗车业务的汽车保养服务
B2B2C + O2O 模式	新兴电商模式，对零部件的销售和服务进行更深度的整合。电商对用户提供一体化的零部件和服务的打包。这种模式的特点在于，电商的产品只销售给线下提供服务的单位。目前，这种模式也是集中在保养服务方面

来源：国企证券研究所

汽车垂直类电商的 O2O 模式大致有三种：

第一类仅作平台的轻模式，如淘宝。4S 店、汽修店、经销商等均在淘宝、天猫平台上开设店铺，用户可直接购买汽车零部件商品或服务，到线下门店安装保养。

第二类是兼做平台和线下门店的重模式，如车蚂蚁，对线下门店进行统一的品牌管理，保障用户线下体验，与上下游本质上是一种强关系。

第三类是介于前两者之间，如汽车之家、京东汽车整合线下汽修连锁门店，有一定的认证标准，一定程度上保障了用户的体验。汽车之家的用户可以通过预约到平台认证的门店享受服务，由于行业内的积累，对服务品质的把控度和专业性水平较高。京东汽车的用户可以购买京东自营的零部件，到线下认证门店享受安装服务，京东自营为零部件商品提供品牌保障。

（3）阿里的生意车联网。除了垂直类电商，依托海量流量优势的综合电商也纷纷进军这个领域。

2014年11月阿里的淘宝汽车举行了后市场O2O服务发布会，阿里的生意车联网战略，是要把车联网作为撬动汽车整个生命周期持续性生意的导流入口。淘宝汽车将联手北京、上海等200余城市线下超过3万家汽修服务网点，大举进入汽车后市场，为中国6000万私家车用户提供线上线下一体化的从汽车维修到日常保养服务。

2013年"双11"汽车电商的概念热度被推上顶峰，汽车之家、易车、天猫和京东等几家大的汽车网络销售途径都有不错的表现。如何将网络销售做到常态化，汽车品牌经销商授权备案等政策的松绑，主力消费人群的年轻化，加之网络购车巨大的成本优势，都是助推汽车电商迅速推进的因素。

淘宝在电商方面的积累以及大数据技术能力是其最大的优势，也是吸引线下服务商之处，通过对已有数据的深入挖掘，最终将其转化到前台应用中。同时，通过建立"车主档案"功能，线下商家可以直观地接触到车主养车数据，打通线上线下、销售、服务数据的能力也极大提升了用户体验。

资料来源：车云网 http://www.cheyun.com

第10章　汽车售后配件供应链绩效评价

本章导读

　　绩效评价是汽车售后配件管理的重要内容之一。本章将系统地阐述供应链绩效评价的基本理论，探讨如何构建汽车售后配件供应链绩效评价体系，如何设计汽车售后配件供应链关键绩效指标，以及如何评价汽车售后配件供应链绩效水平等问题。

10.1　供应链绩效评价概述

10.1.1　绩效和绩效评价

1. 绩效

　　（1）绩效的内涵。绩效来源于 performance 一词，根据《韦伯斯特新世界词典》的解释，绩效的意思是：①正在执行的活动或已完成的活动；②重大的成就，正在进行的某种活动或者取得的成绩。因而，绩效既可以看作一个过程，也可以看作该过程产生的结果。

　　绩效是对个人和组织行为产生结果的一个考评指标的系统。绩是业绩，效是效果，绩效是业绩和效率的统称，包括运动过程的效率和活动的结果两层含义。

　　我们将绩效引入到评价领域时需要对其内涵做明确的规定，比较科学的内涵应包括以下五个方面内容：

　　① 绩效是客观存在的，是人们实践活动的结果；

　　② 绩效是产生了实际作用的实践活动结果，有实际效果；

　　③ 绩效是一定主体作用于一定客体所表示出来的效用，有正负绩效之分；

　　④ 绩效体现投入与产出的对比关系；

　　⑤ 绩效有一定的可度量性。

　　综上所述，对绩效的内涵可概括为：客观存在的，能反映资源消耗与成果的对比关系并能产生实际效果、可以度量的人们实践活动过程和结果。

　　（2）绩效的特征。根据绩效的内涵，绩效具备以下四个特征：

　　① 多因性。绩效是主客体多种因素制约和影响的结果。

　　② 多维性。绩效涉及事前、事中、事后等方面，需要从多种维度进行分析与评价。

　　③ 动态性。绩效随着时间的推移会发生变化，由于能力水平、激励状态以及 机遇、环境因素的变化，绩效也随之发生变化。

④ 价值性。绩效是投入与产出的比较，是以价值为衡量基准的。

2. 绩效评价

（1）绩效评价的概念。绩效评价（performance measurement，PM）指运用科学并且规范的各种数理统计方法，对选定的指标按照预先制定的相关评价标准和评价流程进行定量或者定性的分析，从而对评价对象在一定期间内的行为活动做出客观准确的评价。

（2）实施绩效评价的目的。

① 绩效评价能够将所评价对象的价值大小测算出来；

② 绩效评价能够帮助提高评价客体对于主体的价值，使其达到最优化；

③ 绩效评价的结果可作为评价主体或决策者决策的参考依据。

（3）实施绩效评价的过程。实施绩效评价应当包含以下三个过程：

① 需要确定评价的目的及对象；

② 建立一个评价的标准体系并选择一种科学的评价方法；

③ 对总结的评价结果进行分析并反馈给相关责任人。

绩效评价是基于目标对运行结果的衡量。一般而言，绩效评估体系由评估目标、评估主体、评估对象、评估指标、评估标准、评估方法和分析报告构成。绩效评价的过程主要包括绩效指标定义、分析和报告及评价和改进三个部分，三个阶段循环往复，不断提高。

10.1.2 供应链绩效与绩效评价

1. 供应链绩效

如前所述，绩效既可以看作一个过程，也可以看作该过程产生的结果。将绩效概念拓展到供应链领域，供应链绩效就是供应链运作过程和运作结果。

从供应链的运作过程来看，供应链的运作是通过组织协调好供应链上各个成员企业，实现更多价值的创造和增加的过程，其结果就是实现价值增值。从物流的角度来看，它是从供应商到制造商最后到客户手中，每一个中间环节都是价值增值的过程；从信息流的角度来看，它是供应链的成员企业之间通过共享信息资源以及协调彼此关系，从而可以有效降低供应链的运营成本、实时把握市场的需求动向、为用户提供满意服务的价值增值过程。

因此，供应链绩效包括两层含义：一是指供应链各个成员通过信息协调与共享，在供应链基础设施、人力资源和技术开发等内外资源的支持下，通过物流管理、生产操作、市场营销、客户服务、信息开发等活动新创造和增加的供应链价值总和，即结果绩效；二是指为了实现价值增值的目的，供应链中各成员所采取的一系列生产经营活动，即运作绩效。

因此供应链绩效包括支持绩效、运作绩效和结果绩效。支持绩效是信息、基础设施、人力资源和技术开发等内外资源支持下产生的价值增值；运作绩效是指供应链成员所采取的各项活动；结果绩效是指通过各项活动创造的价值。三者之间的关系如图10-1所示。

2. 供应链绩效评价

（1）供应链绩效评价的概念。供应链绩效评价是指供应链各成员通过信息协调和共享，对供应链整体、各环节运营状况以及各环节之间的运营关系，通过建立供应链的评价指标体系，运用数量统计和运筹学方法，通过定量和定性分析，对供应链在一定时期内的绩效做出客观、公正和准确的综合评判。

（2）供应链绩效评价的特点。

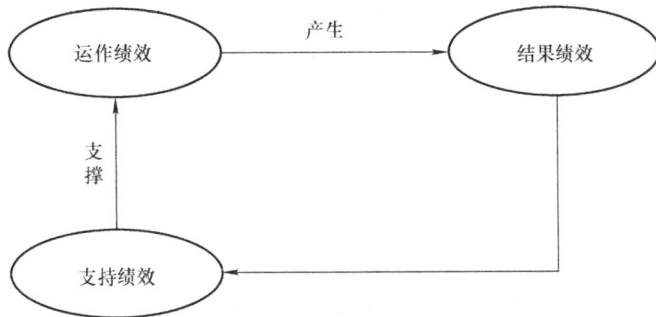

图 10-1　供应链绩效关系图

① 供应链绩效评价应该着眼于为实现供应链整体战略而服务；
② 供应链绩效评价的对象不限于供应链的各成员企业，还包括供应链整体；
③ 供应链绩效评价的范围主要包括供应链内部、外部和综合绩效；
④ 供应链绩效评价的内容主要涉及能够综合反映供应链运营状况的关键性指标；
⑤ 按照供应链绩效评价的时间先后主要包括供应链事前、事中和事后评价。

（3）供应链绩效评价的内容。要构造供应链绩效评价系统，必须明确供应链绩效评价系统基本组成要素。具体地说，供应链绩效评价系统要解决评价什么、如何评价、评价结果是什么等问题。供应链绩效评价系统分为供应链绩效评价对象、供应链绩效评价模型、供应链绩效评价指标体系、供应链绩效评价标准、供应链绩效评价方法、供应链绩效评价组织及供应链绩效评价报告七个方面。

① 供应链绩效评价对象。供应链绩效评价对象是供应链战略目标的执行效果，涉及供应链中的所有成员。由于供应链战略比较抽象，难以直接衡量，对供应链进行分解、映射，把供应链的战略目标和供应链关键业务流程结合起来。一般通过将供应链分解成业务流程，再将业务流程分解成具体的活动和任务，再对其进行绩效测量、分析、综合等，得到供应链整体绩效。

② 供应链绩效评价模型。供应链绩效评价模型是指如何依据供应链的绩效战略目标划分而形成能进行度量的供应链绩效指标体系。在供应链中常用的方法有平衡计分卡模型（Balanced Seaboard，BSC）、供应链运作参考模型（Supply Chain Operational Reference，SCOR）和物流计分卡模型。

③ 供应链绩效评价指标体系。供应链绩效评价指标体系是指通过哪些关键指标来反映供应链绩效，它是实施供应链绩效评价的基础。这些指标可以是定性的、定量的，也可以两者结合。这些指标应该包括财务方面的和非财务方面的，这样来进行平衡的评价才能得出更客观的结论。供应链绩效评价指标体系通过层次结构来描述，在战略层使用关键绩效指标（Key Performance Indicator，KPI），而在战术及操作层使用具体绩效指标。

④ 供应链绩效评价标准。供应链绩效评价标准，也称为"标杆"，是判断评价对象绩效优劣的基准。选择什么标准作为评价的基准取决于评价的目的。供应链评价标准一方面可以以供应链过去的绩效评价数据为标准进行比较，来反映绩效的改进程度；另一方面也可以与同行业竞争者供应链绩效进行比较，在具体选用标准时，一定要与评价对象紧密联系。

⑤ 供应链绩效评价方法。供应链绩效评价方法是供应链绩效评价的具体手段。主要是将各具体指标的评价值经过适当的计算，得出最终目标评价值，最后再与评价标准比较，得出评价结论。复杂系统评价的主要方法是用层次分析法或模糊综合分析判断法。

⑥ 供应链绩效评价组织。供应链绩效评价组织是反映由什么样的组织来负责构造供应链绩效评价系统，包括供应链绩效评价模型的选择、评价指标体系的建立、评价标准的设定等问题。

⑦ 供应链绩效评价报告。供应链评价报告是绩效评价系统的输出信息，也是绩效评价系统的结论性文件。绩效评价系统通过各种方式获取的评价信息，经过加工、整理后得出绩效评价对象的评价指标数值或状况，对这些评价指标进行计算得出供应链整体绩效，并对评价指标、计算结果的数值状况与预先确定的评价标准及历史评价报告进行对比，得出评价对象绩效优劣及发展趋势的结论，形成供应链绩效评价报告，提供给供应链决策者参考。

作为供应链管理的主要手段之一，供应链绩效评价将贯穿从供应链建立开始到消失的整个过程中。它可以实时监视和跟踪供应链的运行状态，对供应链业务流程的调整和优化、全面提高供应链战略目标的实现程度具有重要意义。

10.2　汽车售后配件供应链绩效评价体系的构建

汽车售后配件供应链绩效评价是指围绕着汽车售后配件管理目标，对汽车售后配件供应链的整体运营状况，以及供应链中各个环节企业之间运营关系的量化分析与评价。汽车售后配件供应链绩效评价是一项复杂的系统工程，涉及供应链上的每一个企业，包括这些企业之间以及这些企业内部各要素之间错综复杂的影响关系。可能相互促进，也可能相互制约，或者二者兼备，并且会随着环境的调整而不断发展变化。因此，如要科学、客观地反映汽车售后配件供应链的运营情况，应考虑建立与之相适应的供应链绩效评价指标和评价方法，确定相应的绩效评价体系。

10.2.1　汽车售后配件供应链绩效评价体系构建的原则

在构建汽车售后配件供应链绩效评价体系时，要关注业务流程，重视效率、效益和效果，强调同步应用；在实践的过程中，要注重及时总结和不断提升，逐步满足汽车售后配件供应链领域实现精益管理和持续改善的需求。在体系设计过程中应遵循以下原则。

1. 可行性的原则

构建后的汽车售后配件供应链评价体系要具有可行性，如果片面地追求绩效评价的全面性或者制定过高的评价目标，反而会降低绩效评价问题反馈的能力。过于复杂的绩效评价体系也不利于实际绩效评价工作的开展。

2. 成本收益均衡的原则

绩效评价的目的是获得一定的收益，但也要投入必要的时间成本和资源成本。片面追求评价的全面性和准确性，必然导致成本的急剧上升；而单纯追求降低成本，评价体系权威性就会削弱，绩效评价的目的就无法实现。所以应该运用关键性指标系统地权衡绩效评价的投入成本与收益预期。

3. 分类分层的原则

类别和层次的科学划分可以保证绩效评价体系的系统性和兼顾性，既要关注对供应链实时状态的管理控制效果，又要关注供应链的发展趋势。绩效评价体系的分类分层架构可以保证可持续发展的要求。

4. 关注流程的原则

传统的基于职能的绩效评价仅仅关注对事后结果的评价，这就无法实现建立绩效评价体系的预定目标，对实际工作的指导意义不大。基于业务流程的绩效评价体系将视角拓展到事中和未来的评价和预测，进而实现从根本上改善供应链绩效的目的。

5. 广泛参与的原则

供应链是由众多成员企业组成一个不可分割的整体，供应链绩效评价所反映的是链上各节点之间的协调性以及供应链整体运营情况。因此构建供应链绩效评价体系不是单纯一个组织或者企业的责任，而是需要供应链的相关组织共同参与。

10.2.2　汽车售后配件供应链绩效评价体系组成要素

构建一套科学完善的汽车售后配件供应链绩效评价体系，对于识别汽车售后配件供应链中存在的问题，优化汽车售后供应链的结构，提高汽车售后供应链的运行效率，确保供应链价值增值具有重要意义。

一套完整的汽车售后供应链绩效评价体系由七个要素构成，即评价主体、评价客体、评价目标、评价指标、评价标准、评价方法和评价报告。

1. 评价主体

评价主体是指需要对客体进行评价的人或部门。评价主体需要开展一系列的评价工作，如制定评价目标、选择评价模型和评价指标、设定评价标准等。但是供应链的绩效评价不同于企业的绩效评价，评价主体的担当者比较难以确定。在汽车售后配件供应链绩效评价中，可以由一级零部件供应商（或者是整车厂）来组织协调整个供应链的成员企业，并邀请供应链中所有关键节点的企业参与，设定共同的绩效目标值，对供应链运营情况进行评价。

2. 评价客体

评价客体是指评价的对象。按照供应链绩效评价的范围可以分为内部绩效评价、外部绩效评价和供应链综合绩效评价。内部绩效的评价对象是供应链上的某个企业，评价供应链上的企业内部绩效；外部绩效的评价对象是供应链上的所有企业，评价供应链的企业之间的运营情况；供应链综合绩效评价的对象是整个供应链，评价整个供应链的运作绩效。对于汽车售后配件供应链绩效评价，应该立足于供应链的综合绩效评价。

3. 评价目标

评价目标是进行评价所要达到的目的，它是根据评价主体的需要确定的。在汽车售后配件供应链绩效评价中，供应链的价值成为评价的核心，绩效评价体系最终反映供应链的价值，所以绩效评价的目标就是供应链价值增值。

4. 评价指标

评价指标是指对评价客体的哪些方面进行评价。评价指标的选择要依据评价客体的特征和评价目标并按照系统设计的原则进行。汽车售后配件供应链绩效评价是基于业务流程展开的，绩效评价指标应该覆盖整个供应链。

5. 评价标准

评价标准是对评价客体进行分析判断的标准。从经济分析和企业管理创新角度来看，通常绩效评价标准有以下几个：

（1）历史标准。当企业所面临的任务、企业组织和人员都没有重大变化时，可以选择企业以往的绩效作为考核和评估当前绩效的基础。

（2）计算或预算标准。当企业的内外环境发生重大变化、以往的绩效显然过高或过低时，就需要用计划或预算的绩效标准，它是根据企业发展战略和年度规划目标制定的标准，应该具有较好的可行性、挑战性和连续性。

（3）行业标准。它是根据国内外同行业最好绩效或平均绩效制定的标准。它有助于企业进行横向比较，了解自身在竞争中的位置。

（4）综合标准。在综合历史标准、计划或预算标准和行业标准的基础上，结合企业实际情况而制定的标准。

对于上述评价标准的选用，应该根据汽车售后配件供应链绩效评价的范围确定。如果是进行供应链内部绩效评价，可以采用历史标准、计算或预算标准；如果是进行供应链的外部绩效和综合绩效评价，需要采用行业标准和综合标准。

6. 评价方法

评价方法是绩效评价的具体手段。对汽车售后配件供应链绩效的各个维度及整体进行评价，需要选用科学有效的评价方法计算评价值，再与评价标准比较，得到评价结论，这也是构建供应链绩效评价体系的重要内容。

7. 评价报告

评价报告是绩效评价的结论性文件。一般包括评价主体、评价客体、评价执行机构、数据资料来源、评价指标体系和方法、评价标准、评价责任、评价结果和结论、主要财务指标分析、影响绩效的因素、未来发展预测以及存在的问题和改进建议等。

以上七个要素之间是相互联系的，评价主体和评价客体的相互作用是绩效评价体系的基础，由评价指标、评价标准和评价方法构成的评价指标体系是绩效评价体系的核心，评价指标体系的科学性直接决定了评价报告的内容及其可信度。

10.2.3 汽车售后配件供应链绩效评价体系构建过程

汽车售后配件供应链绩效评价主要基于三个目的：第一，考察供应链的当前盈利性；第二，分析供应链盈利的持续性；第三，培养供应链盈利的增长潜力。因此，系统性、可见性、整体性、动态性和改善性是整个绩效评价体系构建的重要特征。

构建一个系统、科学的汽车售后配件供应链绩效评价体系应该按照以下五个步骤进行，其构建流程如图10-2所示。

1. 明确绩效评价目标

汽车售后配件供应链绩效评价主体必须对期望评价的具体内容具有充分认识，才能明确绩效评价目标。汽车售后配件供应链的绩效目标是供应链价值增值，要确保绩效目标的实现，还要以系统的观点将汽车售后配件供应链上各个企业的绩效目标与供应链的总体绩效目

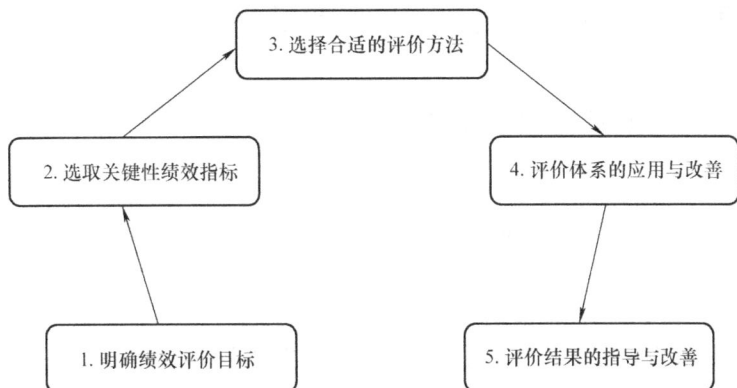

图 10-2　汽车售后配件供应链绩效评价体系构建过程

标联系起来，才能保证供应链节点企业的个体活动能够与供应链整体目标保持一致。

2. 选取关键性绩效指标

汽车售后配件供应链关键绩效评价指标主要是基于供应链流程，反映整个供应链的运营状况。理想的关键绩效评价指标体系能够反映汽车配件的最终客户、节点企业和汽车配件供应链自身的综合性需求，要易于理解和操作，应用简单方便并且成本较低。更重要的是能够为操作者和管理者提供快速的信息反馈和趋势判断，激励供应链中各个成员对绩效改善的积极性和主动性。

3. 选择合适的评价方法

在选择合适的汽车售后配件绩效评价方法时，不仅要考虑所采用的方法是否易于对绩效的表现做出科学评价，能否可靠地对未来绩效提出改善方向，还要考虑是否真正评价了事物本质的原因，是否有助于持续改善供应链绩效。

4. 评价体系的应用与改善

这个过程包括了评价、反馈和纠偏等工作。由于汽车售后配件供应链绩效评价的工具和方法在不断地更新，因此在单一绩效评价指标的基础上还应该采用恰当的、具有一定前瞻性的评价方法对供应链整体进行综合评价，这样才能实现绩效评价目标。在评价过程中还要进行及时反馈和总结，并根据需要对绩效目标进行相应调整，为持续改善建立分析基础。

5. 评价结果的指导与改善

开展汽车售后配件供应链绩效评价，不仅是为了把握供应链上各个企业和供应链整体的运营状况，更重要的是为了优化供应链上各个企业和供应链的业务流程，实现供应链值增值。绩效评价活动不仅获得了绩效评价的结果，还要用评价结果来指导供应链运营活动，改善汽车售后配件供应链功能，推动汽车配件供应链向价值链过渡。

构建汽车售后配件供应链绩效评价体系的主要工作有两个方面：一是设计能够准确反映供应链绩效的指标；二是建立与供应链目标及运作模式相适应的评价方法。前者是基础，后者是工具。

10.3 汽车售后配件供应链的关键绩效指标

10.3.1 汽车售后配件供应链关键绩效指标设计的原则

为了全面、客观和公正地评价汽车售后配件供应链的绩效水平，就必须设计一套科学合理的关键绩效指标（Key Performance Indicator，KPI）。在设计时应该遵循以下原则。

1. 系统性原则

汽车售后配件供应链是一个复杂的系统工程，其中包含着对大量信息、资金、技术的管理。因此，关键绩效指标应从整体上把握，全面地考虑影响供应链绩效的各个因素，充分体现评价指标体系的系统性。

2. 全面性原则

汽车售后配件供应链具有跨企业、跨行业、跨功能的特点，因此，关键绩效指标不仅反映某个节点企业的绩效，而且还要反映供应链整体的运营状况。

3. 关键性原则

汽车售后配件供应链的结构复杂，影响供应链绩效的因素很多，造成能够反映其绩效水平的指标也很多。因此，绩效评价指标体系应该抓住重点，对影响汽车售后配件供应链绩效的关键性指标做重点分析。

4. 动态长期性原则

汽车售后配件供应链运作的内外部环境具有多变性，因此，关键绩效指标应具备动态性的特点，以随时应对供应链内外部环境的变化，做出适当的调整，并且可以动态地反映未来的变化趋势。

5. 定性与定量指标结合原则

设计汽车售后配件供应链关键绩效指标时，应当遵循定量与定性分析相结合的原则，综合考量定量指标和定性指标，并以分析定量指标为主，对定性指标明确给出其含义及其评价的标准。

10.3.2 汽车售后配件供应链关键绩效指标设计思路

汽车售后配件供应链关键绩效评价是基于流程的供应链综合绩效评价，按照供应链管理的核心思想，从业务流程入手，以促进供应链增值为目标。因此，针对整个业务流程关键环节的关键要素设计关键绩效指标，所选择的绩效指标应该能够恰当地反映供应链整体运营状况及其上下节点企业之间的运营关系。

1. 汽车售后配件供应链的业务流程

（1）流程、业务流程和业务流程管理的相关概念。

① 流程（Process）：指为了达到某个目标，由多个主体共同完成的一组相互关联、相互依存、循序渐进的活动进程。

② 业务流程（Business Process）：指在原材料、信息、人员、资金、设备、技术、政策等条件支持下，为了实现特定价值目标，具有信息交换关系的各个主体通过协作联合，共同为了期望结果（如产品、服务或某个决策结果）发生的一系列活动的组合。

③ 业务流程管理（Business Process Management，BPM）：是一组流程协调管理理念。它从业务流程的角度对企业进行全方位的管理，支持业务流程的持续改进。其核心思想是为企业内及企业间的各种业务和业务流程提供一个具有灵活扩展性、高度集成性的、统一的建模、执行和监控的环境。

（2）汽车售后配件供应链的业务流程。如前所述，汽车售后配件供应链上的业务流程主要包括采购订单处理，收货确认/收货包装及入库，质量控制，库存管理与仓库管理，盘点，交叉转运，市场活动，销售订单处理，出库包装和出库，运输管理，退货处理以及与供应商、第三方物流商、客户的协同等。

因此，汽车售后配件供应链的业务主要集中于采购环节、库存控制环节、仓储环节、配送环节和客户服务环节。

2. 基于业务流程的汽车售后配件供应链关键绩效指标设计思路

按照业务流程的供应链综合绩效评价的思想，汽车售后配件供应链的关键绩效指标是基于合理化业务流程的系列绩效评价指标。这些指标应该覆盖整个汽车售后配件供应链，对整个供应链各个环节的绩效进行量化分析评价。根据汽车售后配件供应链的业务流程，汽车售后配件关键绩效指标是由采购绩效指标、库存和仓储绩效指标、配送绩效指标和客户服务绩效指标构成的关键绩效指标体系。

此外，还包括覆盖整个汽车售后配件供应链全流程的跨职能关键绩效指标。

10.3.3　汽车售后配件供应链关键绩效指标体系的主要指标

汽车售后配件供应链关键绩效指标体系包括采购、库存和仓储、配送、客户服务和全流程五个方面的关键绩效评价指标。

（1）采购关键绩效指标。采购环节是供应链业务流程的起始端，是供应链管理的首要单元，在采购环节中，主要是对供应商的可靠性、准时交付率、采购价格、采购成本、采购质量进行评估，降低采购成本，提高采购效率。采购关键绩效指标有以下四个。

① 供应商可靠率。该指标考量的是供应商按时供货的能力。由于厂家通常会在与供应商签订的供货合同中规定多种进货方式（如一般进货、紧急进货等），因此需要根据进货方式判定是否符合按时要求。该指标反映了供应商的管理水平、运输商的可靠性等。

$$\text{KPI} = \frac{\text{按时进货的订单行数}}{\text{总的进货的订单行数}} \times 100\%$$

② 采购定点管理成本（占总销售额的百分比）。该指标考量的是厂商从内部和外部采购配件的成本。

$$\text{KPI} = \frac{\text{采购定点管理成本}}{\text{总销售额}} \times 100\%$$

采购定点管理成本包括以下几方面的成本：

- 挑选与确认供应商；
- 与供应商进行协商和合同谈判；
- 采购订单处理；
- 处理退货和索赔；
- 计划和监控采购过程；

● 对供应商付款等。

③ 准时交付率。该指标是考量供应商对各种配件订单（普通订单、紧急订单）的按时交付率。

$$KPI = \frac{按时交付的订单数}{配件订单售额} \times 100\%$$

④ 平均采购周期。采购周期是采购方从下订单开始，经过供应商确认、订单处理、生产计划、采购原料、质检到采购货物发送的整个流程时间。平均采购周期即多次采购中每次间隔的天数，多用平均采购天数计算。采购周期过长会造成库存成本提升，采购周期过短又会增加每次的采购成本。

$$KPI = \frac{\sum（该配件本次采购数量 \times 每次进货的间隔天数）}{本期内该配件的采购总量}$$

（2）库存与仓储关键绩效指标。库存控制环节是供应链业务流程的物流控制环节，也是供应链管理的策略单元，在库存控制环节中，主要是采用库存策略合理确定库存控制点，降低库存成本，提高库存周转率；采取仓储管理措施，降低仓储管理费用，提高库房的利用率。库存控制与仓储关键绩效指标主要有以下六个。

① 库存周转数。该指标考量的是厂商将全部库存补货完毕的速度，它反映了厂商的库存计划和物料管理的水平。同时，该指标还要结合服务水平和库存投资一同来考虑。

$$KPI = \frac{每年从配件仓库中售出的配件的价值}{年平均库存价值}$$

② 库存废弃率。该指标考量的是每年仓库里的配件中不能够卖给客户的比例，它反映了厂商库存计划的能力以及对配件生命周期管理（特别是替换件管理）的能力。

$$KPI = \frac{过时配件的库存成本 + 报废配件的库存成本}{年平均库存价值} \times 100\%$$

③ 库存周转率。该指标是衡量汽车配件在企业中流动速度的标准，它反映了企业对库存的管理程度。

$$KPI = \frac{本年度销售产品成本}{本年度平均库存价值} \times 100\%$$

④ 仓库管理成本（占总销售额的百分比）。该指标考量的是配件存储在仓库里的所有的计划、管理和操作成本。

$$KPI = \frac{仓储管理业务成本 + 库存操作成本 + 租赁/折旧成本}{总销售额} \times 100\%$$

仓库管理成本包括以下几方面的成本：

● 库存计划与物料管理；
● 运输计划和管理（备货、选择发运商、规划发运路线等）；
● 配件操作（收货、质检、拆包、包装、上架、取货等）；
● 库存持有成本；
● 仓库厂房和设备的租赁和折旧等。

⑤ 单位仓库面积存放库存配件的价值。该指标考量的是单位面积仓库里的平均配件价值，它反映了仓库存放配件的密度和对存储空间的利用率。

$$KPI = \frac{平均库存配件价值}{仓库总面积} \times 100\%$$

⑥ 全年平均每位仓库工人发货的订单行总数。该指标反映了仓库员工的生产效率和管理水平。

$$KPI = \frac{仓库全年发货的订单行数}{该仓库工人全年工作小时数/平均每位工人的全年有效工作小时数}$$

（3）配送关键绩效指标。配送环节是供应链业务流程中的物流环节，也是供应链管理的关键单元，在配送环节主要是建立配送网络，准时配送，提高配送效率，保证准时交付，使产品以正确的数量、正确的品质，在正确的地点以正确的时间和最佳的成本送达用户手中，从而优化整个作业流程，提高供应链上各个环节的效率。配送关键绩效指标主要有以下三个：

① 配送成本（占销售额的百分比）。该指标考量的是厂商的供应链配送管理的水平，指在每个配送环节上成本占总销售额的比例。

$$KPI = \frac{\sum 供应链各环节之间配送成本}{总销售额} \times 100\%$$

② 准时交货率。该指标考量的是企业对各种配件订单交货的准时性，该指标的高低体现了配送绩效的大小和客户服务水平的高低。

$$KPI = \frac{按时交付的订单数}{配件订单售额} \times 100\%$$

③ 配送网络满足率。该指标考量的是在 24 小时内从配送网络的所有仓库里使用库存配件对订单发货的比例，它反映了企业整个配送网络的仓库管理和库存优化水平、协同能力和订单执行的效率。

$$KPI = \frac{在 24 小时内从配送网络的任何一个仓库中发货的订单行数}{在 24 小时内厂商承诺应该发货的订单行数} \times 100\%$$

（4）客户服务关键绩效指标。客户服务环节是供应链业务流程中的末端环节，是供应链管理的核心单元。在客户服务环节中，重点考察顾客满意度。顾客满意度表示的是顾客对产品或者服务的期望值与最终获得值的匹配程度，是一个相对的概念。围绕着客户满意度，企业需要对汽车售后配件产品服务质量、产品价格水平、服务可靠性和供应链的柔性等方面进行量化与评价。此外还要考察企业为满足客户需求所付出的成本。

① 配件产品服务质量。该指标考量的是客户对汽车售后配件或服务质量的满意程度。通过产品合格率、报修退货率、准时交货率、产品交付周期、售后服务质量、顾客抱怨处置时间等指标来反映。

● 产品合格率：主要反映供应链能够提供给客户的配件质量的优劣，可以用某段时间内生产的质量合格的产品数量和总产品数量的比值来表示。

$$KPI = \frac{合格产品数量}{总产品数量} \times 100\%$$

● 报修退货率：主要反映客户对配件产品质量的满意程度，可以用客户对汽车配件报修退货数量与产品销售总量的比值来表示。

$$KPI = \frac{报修退货数量}{总销售数量} \times 100\%$$

● 准时交货率：主要反映企业能否按照与客户确定的时间准时为客户提供满意的产品，可以用准时交货发生的次数与总交货次数的比值来表示。如果准时交货率低，则说明企业的生产能力达不到客户的需求。

$$KPI = \frac{按时交付的订单数}{配件订单售额} \times 100\%$$

● 产品交付周期：主要反映供应链从接收客户订单到最终将产品交付给客户共花费的时间。一般说来，产品交付周期越短，客户满意度就越高。

● 客户抱怨处置时间：主要反映从客户发出抱怨起到抱怨得到圆满解决所花费的时间。一般说来，处置时间越短，客户满意度就越高。

② 汽车售后配件产品价格水平。该指标考量的是配件产品价格水平或价格变化对客户满意度的影响。通过同比平均价格优势、产品性能价格比率等指标反映。

● 同比平均价格优势：主要反映与其他同类配件产品相比在一定时期内获得的平均价格优势。

● 产品性能价格比率：主要反映配件产品性能与价格水平之间的比值，用来权衡汽车售后配件的可买性。配件的品质越好，性价比越高。

③ 服务可靠性。该指标考量的是汽车配件企业能够向客户兑现承诺的能力。一般来说，企业服务可靠性越高，表明客户信任度越高，客户忠诚度越高，反之，客户满意度和忠诚度就会降低。通过订单流失率、顾客抱怨率、完好订单率等指标反映。

● 订单流失率：主要反映企业未能提供给客户满意的产品和服务，造成订单的流失现象发生的概率。用某段时间内流失的订单数量与获得的总订单数量的比值来表示。

$$KPI = \frac{流失的订单数量}{总订单数量} \times 100\%$$

● 客户抱怨率：主要反映企业最终提供的产品和服务达不到客户的要求，导致发生被客户投诉的概率。用某段时间内客户抱怨次数与成功交易次数的比值来表示。

$$KPI = \frac{客户抱怨次数}{成功交易次数} \times 100\%$$

● 完好订单率：主要反映配件企业能够按照既定的要求提供给客户满意的产品和服务的能力。

④ 供应链柔性。该指标考量的是供应链适应顾客需求发生变化的能力。通过产品柔性、时间柔性和数量柔性等指标反映。

● 产品柔性：主要反映供应链在某段时间内通过研发或者引进的获取新产品的能力，用新产品的数量与产品总量的比值来表示。

$$KPI = \frac{新产品数量}{产品总数} \times 100\%$$

● 时间柔性：主要反映供应链能够对客户需求进行快速响应的能力。

● 数量柔性：由于客户需求的不确定性会导致客户对最终产品的需求数量发生变化，数量柔性主要反映供应链适应这种数量发生变化时的能力，可以表示供应链能够获得经济效益的产品数量的范围。

⑤ 订单管理成本（占总销售额的百分比）。该指标考量的是汽车配件企业履行客户订单的流程效率。

$$KPI = \frac{订单管理成本}{总销售额} \times 100\%$$

订单管理成本包括以下几方面的成本：

- 处理客户的询问与报价；
- 收到、录入和验证客户订单；
- 调配库存和确认发货时间；
- 对订单进行整合；
- 未结订单的处理；
- 呼叫中心的支持功能；
- 处理需要返修或替换的配件；
- 处理退货和索赔；
- 发票管理等。

（5）全流程关键绩效指标。随着供应链管理理论的发展，对供应链绩效评价更加注重对整体供应链运营效果、供应链伙伴关系、供应链上下游协同等方面的绩效评价。因此，我们用供应链运营成本和供应链信息共享程度来反映整个供应链综合绩效。

① 供应链运营成本。该指标考量的是供应链运营的效率，可以通过供应链物流成本和需求满足成本两个指标反映。

- 物流总成本（占总销售额的百分比）：主要反映整条供应链的性能，表示物流系统的成熟度。

$$KPI = \frac{运输成本 + 仓储成本 + 需求满足成本}{总销售额} \times 100\%$$

- 需求满足成本（占总销售额的百分比）：主要反映订单管理和采购定点的效率。

$$KPI = \frac{订单管理成本 + 采购定点管理成本}{总销售额} \times 100\%$$

② 供应链信息共享程度。该指标考量的是供应链成员企业之间通过信息共享实现供应链协同的程度。实践证明，供应链成员企业通过信息技术的广泛应用可以大大增强供应链成员企业之间产品、信息和资金的流动效率，提高供应链各成员企业之间的协调性和整合供应链内外部资源的能力。可以通过信息传递准确率和信息传递及时率两个指标反映。

- 信息传递准确率：主要反映供应链中有业务往来的成员企业通过信息传递进行沟通的正确性。一般而言，做出正确的决策必须以正确的数据信息为基础，可以用某段时间内准确传递信息的次数和信息传递总量的比值来表示。

$$KPI = \frac{某段时间准确传递信息的次数}{信息传递总数} \times 100\%$$

- 信息传递及时率：主要反映因不同企业信息传递方式的差异而要求供应链中有业务往来的成员企业达成一项协议，以确定恰当地传递信息的时间间隔。可以用某段时间信息实际传递次数与应对传递次数的比值来表示。

$$KPI = \frac{某段时间信息实际传递的次数}{信息应当传递的次数} \times 100\%$$

10.3.4　汽车售后配件供应链关键绩效指标体系

前面集中讨论了汽车售后配件供应链的重要绩效指标，并对它们的含义进行了详细解释。以上讨论的关键绩效指标贯穿于供应链的四个重要环节：采购、库存、配送、交付，由此构建了一个汽车售后配件供应链关键绩效评价体系框架，如图 10-3 所示。

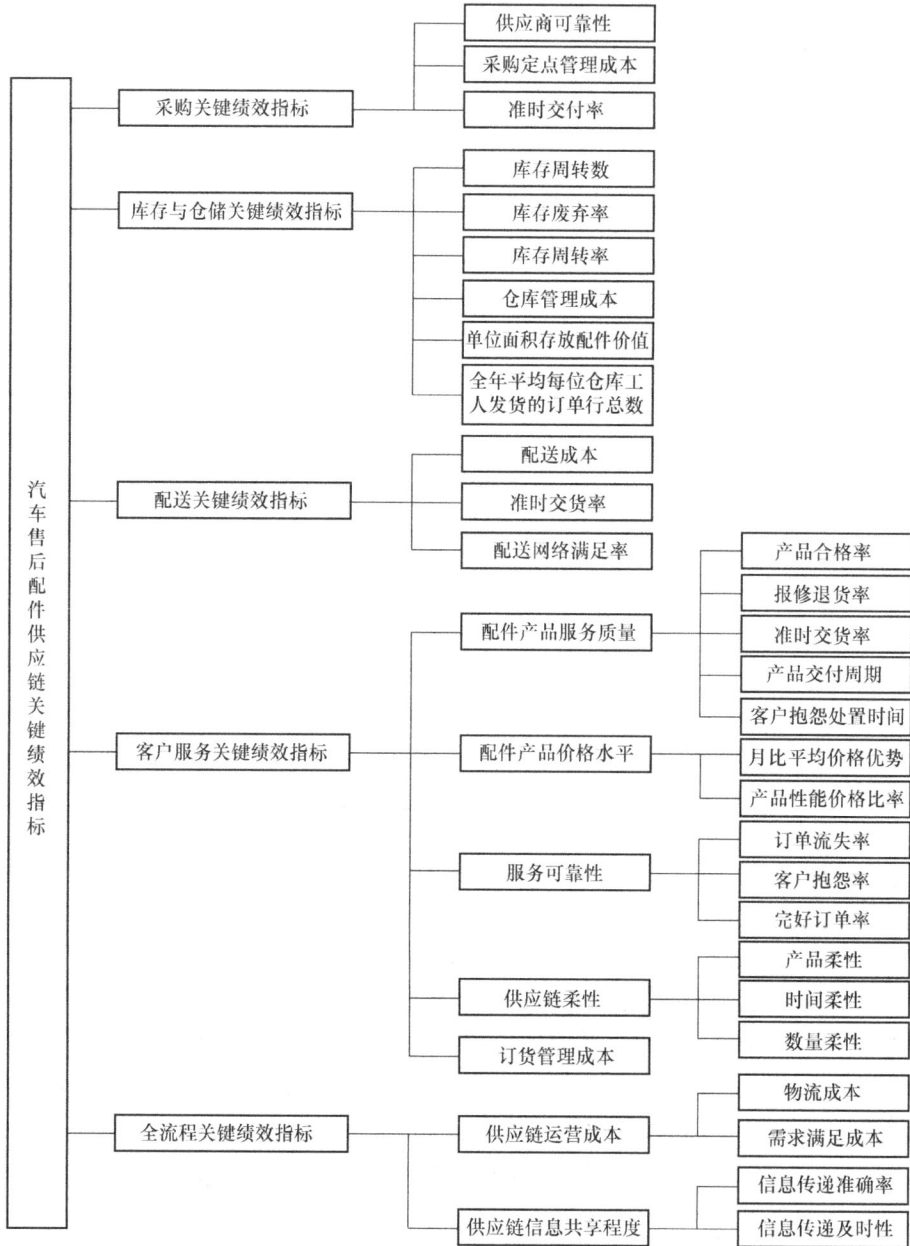

图 10-3　汽车售后配件供应链关键绩效指标体系

10.4　汽车售后配件供应链绩效评价方法

供应链绩效评价方法是供应链绩效评价的具体手段，通过建立供应链绩效指标体系并进行计算，最后得出供应链的综合绩效指标值。合适的绩效评价方法对最终得出准确、客观的供应链绩效非常重要。在汽车售后配件供应链绩效评价中常用的评价方法主要有层次分析法、数据包络分析法和模糊综合评价法。

10.4.1　层次分析法

层次分析法（Analytic Hierarchy Process，AHP）是由美国运筹学家 T. L. Saaty 在 20 世纪 80 年代初创立的。

层次分析法是一种相对比较完善、计算简便，适合于多目标、多准则的系统评价方法。该方法综合定量分析与定性分析，可以对很多种类型的问题，特别是一些很难完全定量化的问题进行有效的分析以及决策。具有实用性、系统性、简洁性的特点。

层次分析法解决问题的基本思路是：将需要分析的问题层次化，根据问题的性质和要达到的总目标将问题分解为不同的组成因素，按因素间的相互关联影响以及隶属关系将因素按不同层次聚集组合，形成一个多层次的分析结构模型，并最终把系统分析归结为最低层相对于最高层（总目标）的相对重要性权值的确定或相对优劣次序的排序问题。

基于层次分析法的建模可以分四个步骤：建立次序的层次结构模型；构造出每一个层次的判断矩阵；层次单个的排序以及一致性检验；层次总的排序以及一致性检验。

层次分析法融合了定性判别与定量判别，简单、灵活而且实用；该方法提供了一种基于层次的思维框架，评价过程结构严谨，思路清晰；该方法通过对比进行标记，增加了分析的客观性。但是，层次分析法也存在着很多不足之处，主要体现在：当需要评价的因素太多时，标记的工作量将增大，容易引起测评专家的反感，进而导致混乱判别的出现，不能用于精度要求较高的决策问题；由于对测评专家的数量和质量重视不够，容易导致对判断矩阵的合理性考虑不周全；往往没有充分考虑已有定量信息，令大量定量指标形同虚设；它最多只能排除思维过程中的严重非一致性，但无法排除决策者个人可能存在的严重片面性，因此在很大程度上依赖于人们的经验，主观因素影响很大。

汽车售后配件供应链绩效评价是一个多目标决策问题，因此需运用层次分析法进行汽车售后配件供应链的绩效评价。

10.4.2　数据包络分析法

数据包络分析（Data Envelopment Analysis，DEA）是集数学、运筹学、数理经济学和管理科学的一个新的交叉领域，以相对效率概念为基础发展起来的一种效率评价方法。数据包络分析自从提出以来，广泛用于评价具有多输入、多输出的决策单元之间的相对效率。

数据包络分析使用数学规划（包括线性规划、多目标规划、具有锥结构的广义最优化、半无限规划、随机规划等）模型进行评价具有多个输入，特别是多个输出的"部门"或"单位"，也称为决策单元（Decision Making Unit，DMU）间的相对有效性（称为 DEA 有效）。使用 DEA 对 DMU 进行横向效率评价，不仅可以获知 DMU 的有效性（是否达到最大输出或资源充分利用），还可以利用 DEA"投影原理"进一步分析各个决策单元非 DEA 有效的原因（即优化方向），从而为管理者提供更多的管理决策信息和绩效改进的依据。

DEA 是将一个经济系统或一个生产过程看作一个实体（一个单元），在一定可能的范围内，通过投入一定数量的生产要素并产出一定数量的"产品"的活动，再由众多 DMU 构成被评价群体，通过对投入或产出比率的分析，以 DMU 的各个投入或产出指标的权重为变量进行评价运算，确定有效生产前沿面，并根据各 DMU 与有效生产前沿面的距离状况，确定各 DMU 是否 DEA 有效，同时还可用投影方法指出非 DEA 有效或弱有效 DMU 的原因及应改进的方向和程度。

DEA 特别适用于评价具有多个输入与输出的复杂系统。因为 DEA 方法具备以下特点：

（1）各输入、输出向量对应的权重是通过效率指数进行优化来决定的，从最有利于决策单元的角度进行评价，从而避免了确定各指标在优先意义下的权重。

（2）假定每个输入都关联一个或多个输出，而且输入、输出之间确实存在某种关系。DEA 方法不需要确定这种关系的明确表达式。这有利于处理输入、输出权重信息不清楚的问题，同时也排除了很多主观因素，因而具有很强的客观性。

（3）DEA 方法强调在被评价单元群体条件下的有效生产前沿的分析，而不是像传统的统计模型着眼于平均状态的描述，从而使研究结果更理想。

（4）DEA 方法致力于每个 DMU 的优化。

（5）DEA 方法可直接采用统计数据进行计算，简明易操作。

10.4.3 模糊综合评价法

模糊综合评价法是一种基于模糊数学隶属度的理论将定性评价转变为定量评价的一种综合评价方法。它把普通集合的绝对隶属关系中的非此即彼的特性推广到了单位区间 $[0，1]$ 中的任意一个数值，进而定量地实现对不确定性问题的模糊性质描述，也就是基于模糊数学的方法对多种因素约束的事物或者对象给出了一个总体的评价。

在实际的汽车售后配件供应链绩效评价中，绩效指标既包括定量指标，也包括定性指标，多层级的模糊综合评价法能将定量与定性指标结合起来，进而实现对汽车售后配件供应链的绩效评价。

运用模糊综合评价法评价一般包括以下步骤：构造绩效评价指标体系；建立模糊综合评价因素集，计算评价指标的特征值矩阵，确定隶属关系；建立模糊评价矩阵，给定各级指标层权重；建立评价等级集，进行模糊矩阵的运算，得到模糊综合评价结果。

模糊综合评价法分析结果清晰易懂，系统性强，能比较高效地解决模糊、难以量化的问题，适合各种非稳定性问题的解决；包含的信息比较丰富，评价结果是一个向量，而不是一个点值，既可以较为准确地描述被评价对象，又可以通过进一步的分析从而得到其他的参考信息。但是，模糊综合评价法方法也存在不足之处，主要是：计算过程复杂，在对指标权重进行确定时，具有比较强的主观性；模糊评估过程的本身并不能解决评估指标间由于相关性而造成的评估信息的重复问题；在加权向量之和为 1 的限制下，并且当评价指标集合的数目比较多时，会造成相对隶属度以及权重的系数偏小，得到不匹配的权重向量与模糊矩阵，因此难以区分出某一个更高的隶属度，以至于得到失败的评判结果；在模糊综合评价中，指标权重很大部分是由人为来制定的，其中包含的主观随意性较大，对于是否能够充分反映客观的实际情况，仍然需要精确把握。

———— ★ 本 章 小 结 ★ ————

汽车售后配件供应链绩效评价是汽车售后配件管理的一个重要内容，也是汽车售后配件管理关键绩效评价在供应链管理中的应用。为了客观评价汽车售后配件管理的绩效水平，本着可行性、成本效益均衡、分层分类、关注流程、广泛参与的原则构建绩效评价体系，对汽车售后服务供应链的整体运营效果和供应链节点企业之间的关系基于流程的绩效评价。绩效评价工作的重点是设计关键绩效指标和选择绩效评价的方法。汽车售后配件供应链关键绩效指标是基于汽车售后配件供应链业务流程设计的，覆盖整个供应链的全部业务流程。根据汽车售后配件管理的目标，对供应链的重要环节绩效评价，包括采购、库存、仓储、配送与客户服务五个环节的绩效评价，因此形成了由采购关键绩效指标、库存与仓储关键绩效指标、配送关键绩效指标、客户服务关键绩效指标、整个供应链全业务流程的跨职能关键绩效指标构成的汽车售后配件供应链关键绩效指标体系。实施绩效评价中广泛使用包括层次分析法、数据包络分析法、模糊综合评价法等一些数学方法在内的绩效评价方法，这些方法在实践中不断发展。

本章思考题

1. 试分析供应链绩效中的支持绩效、运作绩效、结果绩效之间的关系。
2. 简述汽车售后配件供应链绩效评价体系的构成要素。
3. 如何构建汽车售后配件供应链绩效评价体系？
4. 从业务流程的角度分析汽车售后配件关键绩效指标设计思路。
5. 按照关键绩效指标设计思路，设计某汽车配件企业的关键绩效指标体系。
6. 试比较层次分析法、数据包络分析法、模糊综合分析法的优缺点。

本章案例
汽车零件集团通过供应链绩效评价提高竞争力

戴姆勒－克莱斯勒公司的 Mopar 零件集团年销售额 40 亿美元，在美国和加拿大地区经营汽车零配件的分销。Mopar 有一个极为复杂的供应链，有 3000 个供应商、30 个分销中心和每天来自 4400 个北美经销商的 225 000 个经销商订单。然而，售后零配件销售极难预测，因为它不是直接被生产所驱使，而是被如天气、车辆地点、车辆磨损和破坏，以及顾客对经销商促销的反应等不可预测因素所决定的。顾客不愿意为替换零件而花费等待的时间，因此零售商不得不寻求可替代的零配件资源以避免顾客不满和失去市场份额。为了保证经销商不使用非 OEM 零件，汽车公司一般都因订货管理、库存平衡、供应奖励收费等导致高昂的补货成本。Mopar 零件公司就面临着这样一个困境。

戴姆勒－克莱斯勒公司意识到了未来的竞争力在于甄别、理解、采取解决行动并防止昂贵的服务供应链问题的能力。因此，他们开始投入到了 SCPM 系统的实施之中。

Mopar 的 SCPM 系统通过监测未来需求、库存和与预先确定的目标相关的供应链绩效关键指标来甄别出绩效例外。然后，用户利用该系统探究问题，找到个别的或相互关联的可选方案。导致问题的潜在根本原因包括非季节性天气（或者更好或者更坏）、竞争性促销、对预测模型的不准确假设。理解问题和可选方案后，系统用户就采取解决问题的行动了。Mopar 集团通过削减安全库存和不必要的"过期"（不可能被接受）运输，每年节约数百万美元的成本。仅仅在第一年，戴姆勒－克莱斯勒公司就将他们的决策周期从几个月缩短到几天，减少了超额运输成本，将补货率增加一个百分点，还节约了 1500 万美元存货。

因此，戴姆勒－克莱斯勒公司从 SCPM 系统中获得了竞争力的巨大提升。

延伸阅读
平衡计分卡在供应链绩效评价中的应用

1. 平衡计分卡

平衡计分卡（Balanced Score Card，BSC）是由卡普兰和诺顿于1992年提出的一套绩效理分析工具。经过多年的发展，平衡记分卡的应用和研究已取得了重大的突破，2000年，两位学者又推出了《战略中心型组织》一书，标志着平衡计分卡已从最初的业绩衡量转变成为用于战略执行的新绩效管理体系。

平衡计分卡是以"平衡"为主要诉求点，追求的是财务指标与非财务指标之间的平衡；领先指标与落后指标之间的平衡；长期指标与短期指标之间的平衡；外部指标与内部指标之间的平衡。管理的注意力从短期目标的实现转移到兼顾战略目标实现，从对结果的反馈思考转向到对问题原因的实时分析。

平衡计分卡模型主要从四个维度：财务、客户、内部运营和学习与成长来评价企业的绩效，如图10-4所示。

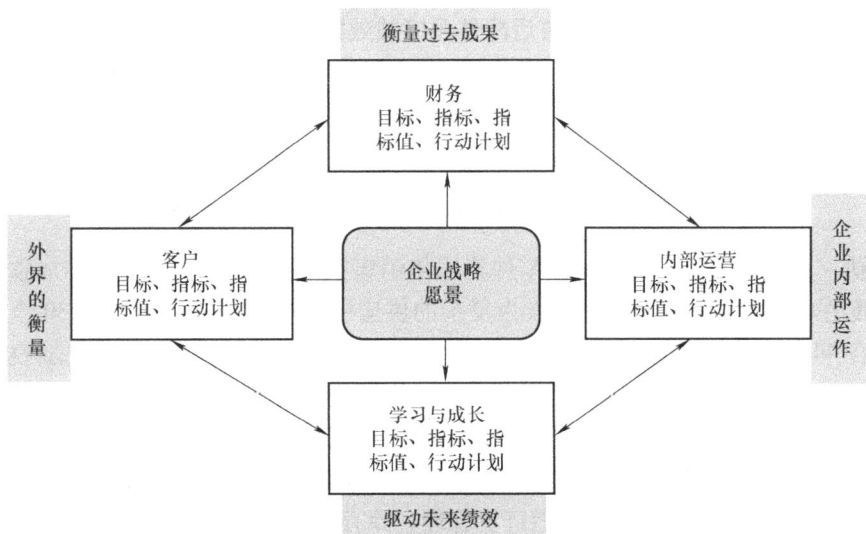

图10-4　平衡计分卡模型框架

（1）财务层面。财务业绩指标可以显示企业的战略及其实施和执行是否对改善企业盈利做出贡献。财务目标通常与获利能力有关，其衡量指标有营业收入、资本报酬率、经济增加值等，也可能是销售额的迅速提高或创造现金流量。

（2）客户层面。管理者确立业务单位面临的客户和市场以及业务单位在这些目标客户和市场中的衡量指标。顾客层面指标通常包括客户满意度、客户保持率、客户获得率、客户盈利率以及在目标市场中所占的份额。客户层面使业务单位的管理者能够阐明客户和市场战略，从而创造出色的财务回报。

（3）内部业务流程层面。管理者要确认组织必须擅长的关键的内部流程，这些流程帮助业务单位提供价值主张，以吸引和留住目标细分市场的客户，满足股东对卓越财务回报的期望。

（4）学习与成长层面。确立企业要创造长期的成长和改善就必须建立的基础框架。平衡计分卡的前三个层面一般会揭示企业的实际能力与实现突破性业绩所必需的能力之间的差距。为了弥补这个差距，企业必须投资于员工技术的再造、组织程序和日常工作的理顺，这些都是平衡计分卡学习与成长层面追求的目标，如员工满意度、员工保持率、员工培训和技能等，以及这些指标的驱动因素。

2. 平衡供应链计分卡

近年来，随着供应链管理的发展，平衡计分卡模型应用到供应链绩效评价中。以卡普兰和诺顿的平衡计分卡作为基础，经过扩展而成为供应链系统绩效的评价工具，建立了一种新的供应链绩效评价方法——平衡供应链计分卡（Balanced SCM Scorecards，BSC – SC）。根据BSC 的特征和供应链运作框架所涵盖的范围，提出了BSC 四个角度的关系，用以反映BSC – SC 在各个角度的目标和任务，如图10-5 所示。

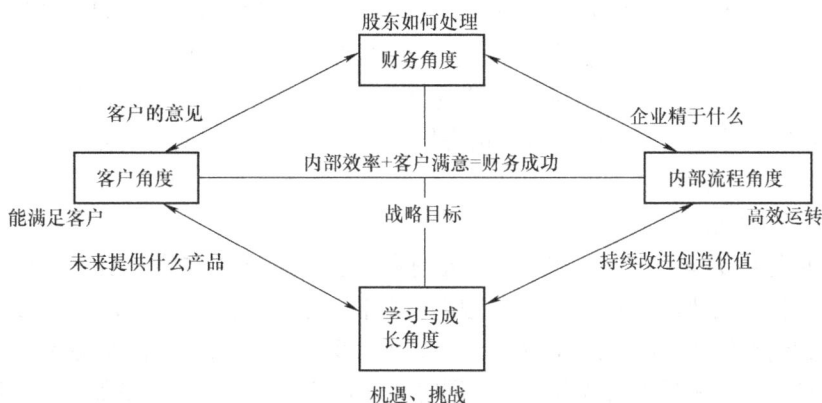

图 10-5　BSC 四个角度的关系

（1）客户方面。供应链的目标之一是为整个供应链中的客户提供持久稳定的收益。因此，供应链管理核心之一就是客户管理，了解客户的需求以及评价满足客户需求的程度的大小，用以调整供应链的经营方法和策略。客户所关心的事情分为四类：时间、质量、性能与服务、成本。循环期（生产周期）可以衡量供应链满足客户需求所需的时间，供应链订单完成的循环期给出了相关的测度，并就完成订单的各个阶段在实现客户需要中的作用进行评估；质量作为供应链竞争的必需手段，它已经不再是必要的竞争优势，而是作为一项硬指标存在；性能与服务成为客户保有以及获取新客户的重要因素。除了质量、时间、性能与服务之外，客户对其所负担的产品成本也保持着很高的敏感性。客户与供应商的交易过程中，价格只是其负担的成本的一部分，其他由与供应商交易造成的成本，包括对产品的订货、安排订货到付款、产品的接收、检验处理以及产品造成的废品返工等，从中节约的成本能够为客户提供相当多的价值增值，为客户价值的评价提供了相关测评。

① 供应链订单完成的总循环期。供应链订单完成的总循环期是评价整个供应链对于客户订单的总体反应时间。其中包括了订单的接单时间、从投料到生产的时间、从生产到发运的时间、从发运到客户签单的时间、从客户签单到客户收到的时间。

② 客户保有率。供应链持久利润的来源是核心客户。若想通过特定的客户群体保持或增加市场份额，最为方便的就是留住现有的客户。努力保持和客户的关系，按照客户的要求

给予满足。允许客户积极参与合作项目或产品的开发设计过程，使客户能够成为持久利润的来源。客户保有率就是"从绝对或相对的意义上来说，留住客户，与客户保有关系的比例"。除了留住客户之外，供应链管理还要从与现有客户交易量的分析上衡量客户的忠诚度。

③ 客户对供应链柔性响应的认同。客户对供应链柔性响应的认同用于评价客户在供应链提供的运营服务中对客户化以及响应速度的认同。这个指标反映两个目标：第一，调查数据将反映客户是否能自由地就订单的包装、产品性能等提出客户化的要求；第二，评价客户是否感到这种客户化的要求能够以及时的方式得以表现，也就是说它反映了客户对客户化要求的自由度以及服务及时性的要求。

④ 客户价值。客户价值反映在为客户提供产品或服务时为客户节约或增值方面做出的贡献，提高客户对供应链的依赖度。客户价值率等于客户对供应链所提供服务的满意度与服务过程中发生的成本进行比较所获得的价值比。不同于以前在时间、质量、柔性方面所进行的评价，客户价值的评价主要偏重于导致客户发生的成本指标方面。

⑤ 客户销售增长以及利润。表现为供应链产品的年销售增长和利润率。这类指标反映了供应链下游在三个主要方面的绩效：销售量按年增长的情况；对于特定客户服务所获的收益是否随着合作关系的增进而进一步提高；接受服务的基数是否增加。扩大销售量、增加新客户都将获得新的利润点。

（2）供应链内部运作方面。客户绩效指标很重要，但必须在将其目标转化为内部流程的指标后才能得以反映。优秀的客户绩效毕竟来自于组织的流程决策和运作。供应链内部运作方面回答如何经营才能满足或超越顾客的需求。BSC－SC的内部测量指标应当测出对客户利益、财务价值影响最大的业务流程，同时确定自己的核心能力以及保证供应链保持持久市场领先的关键技术。

供应链的内部流程可以大致分为三个部分：改良创新、供应链经营过程、客户服务过程（售前、售后）。

① 产品改良、创新过程评测。在传统业务的供应链中，研究开发工作被认为是某种业务的辅助或是支援，而非确定价值的基本因素。一方面因为评价的标准难寻，投入产出的关系不明确；另一方面企业对于产品的创新重视力度不足，资金的投入有限，人们容易忽视产品开发设计的业绩评价。

产品改良和创新作为供应链价值实现的长期影响因素，必须进行测评，其测评指标主要包括：新产品在销售中所占的比例；比原计划提前推出新产品的时间差；开发下一代新产品的时间；第一次设计出全面满足客户要求的产品百分比。

这一衡量方法综合了产品开发过程的三个至关重要的因素：第一，公司在开发过程中收回开发成本，必须着眼于开发的成果，同时着眼于开发过程中投资的收回；第二，强调利润；第三，强调时效，鼓励开发人员先于竞争对手推出产品。

② 经营过程评测。经营过程对于供应链在创造价值时是一个短周期过程，这一过程包括自企业收到客户订单开始，到向客户发售产品和提供服务为止的全部内容。供应链运作面实现的目标主要有四个方面：缩短提前期；弹性响应；减少单位成本；敏捷结构。首要的非财务指标主要集中于四个绩效考察方面：运作质量指标；时间指标；弹性指标；目标成本指标。集成信息系统在帮助供应链企业分解、诊断集成指标中发挥了极其重要的作用。

- 供应链有效提前期率。供应链有效提前期率反映了供应链在完成客户订单过程中的有效时间在运作总时间中的比率，其中包括供应链响应时间和供应链增值活动总时间两个指标。

- 供应链生产时间柔性。生产柔性是指系统对于外部或内部干扰导致的变化所能做的调整。根据 SCOR 提出的定义，这个指标反映出在意识到由市场需求变动导致非计划产量增后，供应链内部重新组织、计划、生产所消耗的时间。随着柔性制造系统（FMS）、成组技术（GT）以及计算机集成制造（CIM）先进生产技术的应用，为提高供应链整体柔性创造了条件。

- 供应链目标成本达到比率。该指标从单一产品和流程的角度分析其在质量、时间和柔性上的流程改进是否达到预定的目标成本。目标成本从产品开发开始就嵌入到整个流程中，和供应链的战略紧密联系。目标成本合理化而非最小化是供应链运作所要达到的主要成本目标。

- 供应链运作质量。供应链运作的质量综合反映在其运作对象——原材料、WIP、产品/服务的质量上。

- 完美的订单完成水平。指物流运作质量的最终测量标准，也就是说完美订单关注总体整合的供应链厂商绩效，而不是单一的功能。它衡量一份订单是否顺利通过了订单管理的全过程，而且每一个步骤都没有差错、快速而正确。

- 货品状态良好。当前最好的物流组织报告可达到 55% ~ 60% 的完美订单绩效，大多数组织的完美订单的绩效低于 20%。

（3）未来发展性方面。供应链未来发展性直接关系到供应链的价值。严峻的全球竞争要求供应链必须不断地改进和创新，发掘整合供应链内部和外部的资源，提高现有流程、产品服务和开发新产品的能力。供应链的改善是一个动态的过程，持续改善主要通过四个方面进行：第一，重新设计产品及其流程；第二，通过企业集成在组织间进行有效的调节和整合；第三，持续改善供应链的信息流管理，使得供应链伙伴能够共享决策支持所需要的准确信息；第四，每个供应链需要随时注意外部市场的潜在威胁和机遇，重新定义核心价值。指标包括新产品开发循环期、新产品销售比率、流程改进效率，等等。

（4）财务价值方面。虽然供应链绩效的评价侧重于流程导向以及非财务指标，平衡计分卡依旧将财务目标作为所有目标的中心。当供应链伙伴目标得以实现之后，供应链应该取得财务上的成功。经营目标的实现使得成本大为降低，提高了边际收益率；现金流得以更好地优化，有着更高的收益和资本回收率，可以理解以上三个方面绩效的提高能够保证财务方面的长期收益，因此整个供应链的财务优化依旧是重中之重。由于财务指标基于现金流和传统的财务会计，使其缺少了对未来盈利能力的直接的参考价值。供应链资本包括应收账款、厂房设备、资本以及库存，资本流动性的降低或增长都会影响供应链的财务价值的效率。我们试图将财务评价的基础建立在现金流的驱动上，即驱动现金流的行为和流程。

① 供应链资本收益率。该指标是由客户的利润与在此期间使用的供应链的平均资产的比值得出，它反映了使用其资产的增值性。

② 现金周转率。该指标是用来评价供应链运作过程中现金用于原材料采购、支付人工费用、在制品和完工产品占用直至现金回收的全过程的时间长短。供应链通过先进的信息技术以及产品流集成，使合作伙伴之间的协调运作实现更快的现金周转期。

③ 供应链总库存成本。很大程度上财务绩效是可以从整个物流成本上反映的。物流成本是整个供应链生产运作中最为显著的潜在成本源。供应链中，库存包括了原材料、生产装配中的在制品、成品以及在途的库存成本。将供应链总库存成本进行分类，包括采购、库存、质量以及交货失误等方面。供应链成本的评价包括订货、发运、进货质量控制的总和。供应链库存成本包括供应链过程中发生的成本：原材料、WIP、完工产品的库存成本以及滞销和在途的库存成本。供应链质量成本是指在运作过程中由于质量问题而导致的沉没成本，包括产品残缺成本、维修成本和质量保证成本；而交货失误性成本包括缺货成本、误投成本等。这些指标可以单一地进行评价计算，以更好地分析物流各部分的成本绩效。

④ 供应链的库存天数。该指标反映了资本在供应链运营中的以库存形式占用的天数，它等于某个时期的物料、WIP、产品以库存形式占用的时间。

BSC – SC 在此四个方面上提出绩效评价指标如表 10-1 所示。

表 10-1　供应链绩效评价平衡计分卡框架

财务价值角度		业务运营角度	
目标	测评指标	目标	测评指标
收益 成本 效率	供应链资本收益率 供应链总库存成本 现金周转率	减少提前期 柔性响应快 成本运作低 设计革新	有效提前率 时间柔性 目标成本 新产品销售率
未来发展性角度		客户服务角度	
目标	测评指标	目标	测评指标
流程化 信息集成 组织协调	产品最后组装点 信息共享率 团队参与程度	订单时间 客户保有 服务及时 客户价值	订单总体前期/循环期 客户保有 客户响应时间认同 客户价值率

参 考 文 献

[1] 国务院发展研究中心产业经济研究部. 中国汽车产业发展报告（2011）（2014）（2015）［M］. 北京：社会科学文献出版社, 2011, 2014, 2015.

[2] 汪燕. 我国汽车售后服务业发展研究［D］. 上海：华东师范大学, 2007.

[3] 李宪友. 我国汽车后市场售后服务企业发展战略研究［D］. 长春：吉林大学, 2007.

[4] 景海芳. 汽车售后服务分析及对策研究［D］. 西安：长安大学, 2009.

[5] 王俊喜, 马骊歌. 汽车售后服务管理浅见［J］. 汽车工业研究, 2010（12）.

[6] 李琳琳. 我国汽车售后服务现状及其分析［J］. 商业经济, 2013（3）.

[7] 李响. 2015 年汽车配件零售市场的四大趋势［N］. 中国青年报, 2015.

[8] 郑颖杰. 汽车配件与物流管理［M］. 北京：机械工业出版社, 2014.

[9] 隋立春. 一汽－大众汽车售后服务备件管理策略研究［D］. 天津：天津大学, 2012.

[10] 彭俊松. 汽车行业售后配件管理系统［M］. 北京：电子工业出版社, 2007.

[11] 朱希远. S 公司汽车售后配件服务供应链改善［D］. 上海：上海交通大学, 2007.

[12] 刘小丰. 汽车配件需求预测研究及其系统设计［D］. 沈阳：东北大学, 2010.

[13] 张彤, 陈玉庚. 采购与供应管理［M］. 北京：中国物资出版社, 2009.

[14] 马士华, 林勇. 供应链管理（第 3 版）［M］. 北京：机械工业出版社, 2011.

[15] Wallace J Hopp. 供应链管理［M］. 徐捷, 吴琼, 译. 北京：机械工业出版社, 2009.

[16] 翟光明. 制造企业物料控制与仓储管理［M］. 北京：中国劳动社会保障出版社, 2009.

[17] 陈文华. 汽车及配件营销［M］. 北京：人民交通出版社, 2009.

[18] 汝宜红, 宋伯慧. 配送管理［M］. 北京：机械工业出版社, 2010.

[19] DonaldWaters. 库存控制与管理［M］. 李习文, 李斌, 译. 北京：机械工业出版社, 2009.

[20] 张红. 汽车配件供应链环境下库存优化策略［D］. 西安：长安大学, 2012.

[21] 张彤, 么居标. 如何解决汽车 4S 店配件缺货问题［J］. 中国物流与采购, 2009（6）.

[22] 张彤. 汽车售后配件供应链多级库存优化［J］. 中国物流与采购, 2009（11）.

[23] 罗勇来. 汽车售后配件多级库存优化研究［D］. 上海：上海交通大学, 2011.

[24] 林勇. 供应链库存管理［M］. 北京：人民交通出版社, 2008.

[25] 裴卫东. 汽车售后配件配送运输优化方案的研究［D］. 上海：上海交通大学, 2007.

[26] 王晓博. 电子商务下物流配送系统优化模型和算法研究［D］. 哈尔滨：哈尔滨工业大学, 2008.

[27] 李海刚. 电子商务物流与供应链管理［M］. 北京：北京大学出版社, 2014.

[28] 陆薇, 宋秀丽, 高深. 汽车企业物流与供应链管理及经典案例分析［M］. 北京：机械工业出版社, 2013.

[29] 张彤, 牛雅丽. 基于汽车售后配件分销渠道模式的分析［J］. 北京汽车, 2008（6）.

[30] 李向文. 汽车物流信息化［M］. 北京：北京理工大学出版社, 2013.

[31] 梁玲, 迟琳娜, 谢家平. 汽车逆向物流的回收渠道策略［J］. 当代经济管理, 2015（1）.

[32] 李富仓. 汽车电子商务［M］. 北京：人民交通出版社, 2011.

［33］郭崇慧，赵作为. 基于客户行为的 4S 店客户细分及其变化挖掘［J］. 管理工程学报，2015.

［34］叶开. O2O 实践互联网＋战略落地的 O2O 方法［M］. 北京：机械工业出版社，2015.

［35］张波. O2O 移动互联网时代的商业革命［M］. 北京：机械工业出版社，2015.

［36］韩梅. 汽车零部件通用互换的意义及改制代用方法［J］. 农机使用与维修，2008.

［37］郑重. 汽车配件进销存管理信息系统的分析与设计［D］. 北京：北京邮电大学，2013.

［38］杨连波. 汽车零部件的改制与代用［J］. 农机使用与维修，2009.

［39］曲盛恩. 供应链绩效评价的系统研究［D］. 哈尔滨：哈尔滨商业大学，2006.

［40］王伟雄. 供应链绩效评价体系研究［D］. 长沙：湖南科技大学，2009.

［41］张春娇. 服装品牌供应链绩效评价及案例研究［D］. 上海：东华大学，2012.

［42］卡普兰，诺顿. 战略中心型组［M］. 北京：人民邮电出版社，2003.

［43］殷裕品，兰凤云，刘芳. 物流企业绩效分析与评价［M］. 北京：北京大学出版社，2013.

［44］杨明雯. 供应链绩效评价：基于 DEA 的方法［D］. 上海：上海交通大学，2013.

［45］龙少良. 汽车制造物流管理［M］. 北京：北京理工大学出版社，2015.

［46］朱海伟. 面向柳州汽配行业的供应链绩效评价体系研究［D］. 柳州：广西工学院，2012.

［47］张佳倩. 汽车企业精益供应链绩效评价研究［D］. 长春：吉林大学，2014.